프로이트 로봇

인공지능 글쓰기의 기원과 무의식의 미래

리디아 H. 리우 지음
이재현 옮김

일러두기

- 외래어 표기는 현행 어문 규정의 외래어표기법을 따랐습니다.
- 본문의 각주는 저자주입니다. 역자주는 별도로 표시했습니다.

프로이트 로봇

인공지능 글쓰기의 기원과 무의식의 미래

리디아 H. 리우 지음
이재현 옮김

대한민국, 서울, 커뮤니케이션북스, 2025

프로이트 로봇:
인공지능 글쓰기의 기원과 무의식의 미래

지은이 리디아 H. 리우
옮긴이 이재현
펴낸이 박영률

초판 1쇄 발행일 2025년 12월 31일

커뮤니케이션북스(주)
출판 등록 2007년 8월 17일 제313-2007-000166호
02880 서울시 성북구 성북로 5-11 (성북동1가 35-38)
전화(02) 7474 001, 팩스(02) 736 5047
commbooks@eeel.net
www.commbooks.com

The Freudian Robot: Digital Media and the Future of the Unconscious by Lydia H. Liu

ISBN 979-11-430-0319-5 93300

책값은 뒤표지에 표시되어 있습니다.

옮긴이 서문

『프로이트 로봇: 인공지능 글쓰기의 기원과 무의식의 미래』는 Lydia H. Liu, *The Freudian Robot: Digital Media and the Future of the Unconscious*(Chicago: The University of Chicago Press, 2010)를 완역한 것이다. 저자 리디아 H. 리우는 현재 미국 컬럼비아대학교 인문대학의 운춘탐 석좌교수로, 중국의 문학과 문화, 비교문학, 비판적 번역 이론, 뉴미디어 이론을 전공하고 있으며, 그동안 이 책 이외에 『언어간 실천』, 『교환의 표식』, 『제국의 붕괴』, 『중국 페미니즘의 탄생』(공저) 등을 저술했다. 다른 저서들을 보면, 정신분석학적 관점에서 기계의 글쓰기를 다룬 이 책은 다소 의외라 할 수 있지만, 이 책에서 보여 주는 논의의 심도와 폭을 생각하면, 이 책이 일탈적이라고 볼 수는 없을 것 같다.

먼저 역자의 눈에 띈 것은 '프로이트 로봇'이라는 제목이었다. 이는 로봇이라는 기계를 정신분석학적 관점에서 본다는 것인데, 이는 역자의 관심과 일치한다. 역자는 2019년 출간한 『인공지능 기술 비평』을 마무리하며 이른바 'AI 정신분석학'이 필요하다고 주장한 바 있다(그 책의 한 장은 프로이트의 정신분석학과 AI의 관련성을 다루고 있다). AI로 대표되는 지능형 기계는 산업 시대의 기계와 구별된다. 산업 기계가 고쳐 쓸 수 있는 기계라면 지능형 기계는 고쳐 쓸 수 없다. 즉 지능형 기계가 잘못된 행태를 보이면, 이를 야기한 데이터, 알고리듬 등을 손보면 마치 산업 기계처럼 고쳐질 수 있다고 생각하지만 실제로는 그렇게 간단하지 않다. 그렇다면 이런 기계는 어떻게 접근해야 하는가? 이에 대한 답은 인간에게 있는데, 이는 고쳐 쓸 수 없는 '기계'가 바로 인간이기 때문이다. 그렇다면 지능형 기계도 인간처럼 접근해야 하는 것 아닌가? 인간처럼 접근하는 관점 중의 하나로 역자가 생각한 것이 바로 프로이트, 라캉 등으로 대표되는 정신분석학이다. 이들은 라캉의 표현대로 무의식이 언어처럼 구조화되어 있다고 생각했다는 점에서 정신분석학과 최근의 언어 모델 사이에 이론적 연관성을 설정할 수 있지 않을까?

이 책이 역자의 관심을 끈 또 다른 이유는 기계의 글쓰기를 다루고 있기 때문이다. 현재의 맥락에서 기계의 글쓰기라면 챗GPT로 대표되는 생성형 AI의 대규모 언어 모델을 생각한다. 언어 모델은 단어들의 시퀀스에 확률을 부여하는 통계적 모델인데, 단어들이 주어지면 조건부 확률에 따라 다음 단어를 예측하여 문장을 생성해 나가게 된다. 이런 언어에 대한 확률 모델은 어디에서 나온 것인가? 즉 인공지능 글쓰기의 기원은 어떻게 되는가? 기계로 하여금 글을 쓰게 한다는 발상은 신화의 시대까지, 그리고 글쓰기 인형을 만든 중세까지 거슬러 올라갈 수 있지만, 현대적 의미에서 기계의 글쓰기는 1940년대 클로드 섀넌의 정보 이론에서 시작되었다. '프로이트 로봇'의 제목과 부제에서는 드러나지 않지만, 이 책의 핵심 주제는 기계의 글쓰기와 그것이 갖는 함의다. 그래서 번역을 하며 부제의 일부를 '인공지능 글쓰기의 기원'이라고 바꿨다. 이 책을 통해 그 기원을 살펴보면 챗GPT와 같은 언어 모델의 기본 원리를 보다 잘 이해할 수 있을 것이다.

저자는 명시적으로 말하지 않지만, 『프로이트 로봇』, 이 책은 기계, 글쓰기, 무의식이라는 세 가지 축을 중심으로 구성된다고 할 수 있는데, 이를 역자는 프로이트 로봇의 삼각형이라 부르고자 한다. 물론 이 축 이외에 알파벳 글쓰기의 정치적 함의가 논의되고는 있지만, 그것은 세 축에

비하면 논의의 심도 측면에서 부차적이고 책의 핵심적 논지를 흐리게 하는 듯하다. 프로이트 로봇의 삼각형을 구성하는 첫 번째는 기계(machine)로, 저자가 일차적으로 상정하는 기계는 중세 시대에 만들어지거나 문학 작품에 등장하는 자동체(automata, 자동인형), 그리고 20세기의 초창기 컴퓨터 시뮬레이션 프로그램으로, 고도의 알고리듬이 구현된 로봇, 특히 우리가 사용하는 지능형 로봇은 아니다. 두 번째는 글쓰기(writing)로, 저자가 생각하는 글은 영어 알파벳으로 쓰인 글이나 그 과정이다. 이렇듯 영어로 writing은 글쓰기라는 행위와 그 행위의 결과물인 글, 두 가지를 의미하고, 나아가 한자와 같은 문자 체계라는 의미도 갖는다(번역에서는 적절히 이를 구별했다). 세 번째는 무의식(unconsciousness)으로, 프로이트, 융, 라캉으로 대표되는 정신분석학의 탐구 영역이다. 저자는 정신이 우연, 오류, 반복 자동성(반복 강박), 죽음 충동의 성향을 가진다고 보는 초창기 정신분석학자들의 견해를 받아들인다.

그렇다면 이런 세 가지 축을 중심으로 저자는 어떤 이야기를 전개하고 있는가? 삼각형의 꼭짓점을 연결하는 변에 해당하는 세 측면이 이에 해당한다. 앞서 강조한 바와 같이, 단순히 기계가 글을 쓴다고 보는 일반적 관점을 넘어 무의식의 기계가 글을 쓰는 것이라고 보는 것은 획기적인 관점의 전환이다. 먼저, 기계와 무의식의 관계 측면에서, 저자는 기계를 단순히 알고리듬의 집합체를 넘어 인간의 경우처럼 무의식을 가진 존재로 간주한다. 이를 저자는 "무의식의 테크네"라 부르는데, 이는 우연, 오류, 반복 자동성을 보이는 정신 기계, 즉 뇌의 신경망과 컴퓨팅 기계 사이에 열려 있는 넓은 사이버네틱 공간 어딘가에 있는 것이라고 본다. 이런 기계는 라캉, 특히 상징계에 주목한 중기 라캉이 말하는 무의식의 기제다. 라캉이 포의 「도둑맞은 편지」에 대한 독해에서 보여 준 바와 같이, 무의식은 '의식'에서 벗어나는 일정한 확률적 패턴, 즉 상징적 구조를 보여 준다. 이를 키틀러는 단적으로 "상징적인 것의 세계는 기계의 세계"라고 해석한다. 그리고 저자는 이에 대한 구체적인 컴퓨터 구현물로 초창기 대표적인 인공지능 공학자인 마빈 민스키의 "프로이트 샌드위치"를 예로 든다. 이는 프로이트의 이드, 자아, 초자아를 컴퓨터 프로그램을 시뮬레이션한 것이다.

둘째, 기계와 글쓰기의 관계 측면에서, 기계는 글쓰기를 수행하는 존재다. 기계가 어떻게 글을 쓴다는 것인가? 이의 핵심적 기제는 추계적(stochastic) 구조다. 마르코프 연쇄에서 보듯, 글쓰기는 추계적 구조에 의거해 한 문자 다음에 다음 문자를, 한 단어 다음에 다음 단어를 생성해가는 과정이다. 이는 무작위적인 것이 아니다. 섀넌의 정보 이론은 이런 글쓰기의 기저에 있는 확률적 구조를 기반으로 하는바, 이를 통해 섀넌은 정보 엔트로피라는 새로운 개념을 제안했다. 저자가 특히 주목하는 것은 섀넌의 인쇄 영어(Printed English)인데, 이는 영어라는 특정한 문자 체계를 의미하는 것이라기보다는, 하나의 '통계적 체계' 또는 '통계적 영어'로서, A에서 Z까지 26개 문자에 27번째 문자, 즉 '공백(space)'을 더한 것으로 구성된다. 정보를 처리하고자 하는 사람은 공백을 포함하는 27개 문자 체계로 그 무엇을 나타낼 수 있는데, 이런 문자들로 쓰인 특정한 메시지는 모스 부호처럼 각각의 문자에 대응하는 숫자로 전환해 하나의 숫자 텍스트로 전환된다. 이를 통해 알파벳이라는 글쓰기는 그 무엇이든 재현할 수 있는 보편적인 체계로 활용되기에 이르렀다. 이것이 바로 저자가 말하는 알파벳 글쓰기의 표의문자적 전환이다. 데리다의 로고스 중심주의에 대한 비판에서 보듯, 알파벳은 더 이상 음성을 재현하는 언어적 수단이 아니다. 저자는 알파벳 글쓰기의 보편주의적 열망이 구현된 사례로 분자 생물학의 유전자 코드를 든다. 알파벳이라는 하나의 글쓰기 체계가 다른 영역의 글쓰기로 확장하면서 알파벳을 근간으로 하는 인쇄 영어는 컴퓨터 영역을 넘어 분자 생물학에까지 적용되는 마스터 코드가 된 것이다. 정보화는 이렇게 보편주의 코드를 통해 고도화된다.

셋째, 글쓰기와 무의식의 관계 측면에서, 기계적 무의식은 어떤 글쓰기를 보여 주는가? 기계는 인간의 글과 같은 글쓰기를 해낼 수 있는가? 기계 무의식의 글쓰기는 우연과 확률의 게임이다. 이런 점에서 기계가 생성하는 글은 의미(sense)와 무의미(nonsense)를 오간다. 언어의 암묵적 확률 구조를 시뮬레이션하는 기계는 섀넌의 "커뮤니케이션에 대한 수학적 이론"에서 예시한 바와 같은 의미 있는 글에 근접하는 결과를 생성할 수도 있다. 요즘 언어 모델 이전에도 존 피어스, 케네스 콜비(신경증 및 편집증 글쓰기), 로버트 아벨슨(신경증 프로그램)과 같은 초창기 컴퓨터 과학자들은 글쓰기를 시뮬레이션하는 컴퓨터 프로그램들을 만든 바 있고, 언어학자 차오는 한자를 이용해 이런 의미와 무의식의 경계를 시험하는 글을 보여 준 바 있다. 계보적으로 저자는 20세기 중반의 이런 글쓰기 실험들 이전에 조이스의 『피네간의 경야』, 말라르메의 시, 뒤샹의 설치 미술, 예이젠시테인의 영화 속에 나타난 표의문자 실험 등에서 예시된 모더니스트 운동 등에 주목한다. 이 중에서 의미와 무의미 경계를 모색하는 대표적인 사례로 저자는 조이스의 『피네간의 경야』를 든다. 데리다가 "초기억 기계", "조이스웨어"라 부른 바 있는 조이스의 이 작품은 무의미해 보이는 문자들의 시퀀스가 어떻게 새로운 의미를 만들어 낼 수 있는지를 보여 준다. 서너 가지 사례가 이 책의 본문에 소개되어 있다. 또한 루이스 캐럴의 『거울나라』에 나오는 "재버워키" 구절도 이런 예에 속한다. 의미와 무의미는 정보 이론의 용어로 표현하면, 중복도와 엔트로피에 해당한다. 이렇듯 기계의 글쓰기는 무의식의 그 무엇을 반영한다. 섀넌이 확률적 구조라 불렀던 것을 저자는 무의식의 테크네라 부르는 것이다.

프로이트 로봇은 결국 글쓰기를 행하는 무의식의 기계다. 그럼에도 불구하고 이 책은 기계 정신분석학이라는 이념적 지향의 시각에서 볼 때 한계를 지니고 있다. 첫째, 책이 출간된 시점에서는 불가피한 것이지만, 기계의 글쓰기를 현재와 같은 언어 모델과 관련하여 보완할 필요가 있다. 이는 물론 우리의 몫이다. 기계는 이제 고도의 알고리듬이 구현된, 그리고 빅데이터로 학습한 지능형 기계로 진화하고 있다. 호프만의 「모래 사나이」에 등장하는 자동체는 다분히 이런 지능형 기계를 상정하는 것이기에 연관성을 모색할 가능성은 충분히 있다. 둘째로, 이 책은 기계 무의식을 심도 있게 다루지 못했다. 저자는 무의식이 기계적이라고 말하지만, 중기 라캉이 프로이트의 무의식을 언어적으로 재해석하며 무의식을 은유와 환유의 구조로 설명하고 있다는 점을 적극적으로 고려할 필요가 있다. "무의식은 언어처럼 구조화되어 있다"는 라캉의 명제는 최근의 언어 모델을 새롭게 설명해 줄 수 있는 유력한 이론적 토대가 될 수 있다. 그리고 펠릭스 가타리와 마누엘 드란다의 기계 무의식 개념은 기계적 아상블라주가 자본주의적 욕망과 어떻게 관련되는지 주요한 참고가 된다. 셋째로, 이 책의 맥락에서는 이 점이 가장 중요한데, 글쓰기를 의미와 무의미라는 이항 대립의 관점에서만 보고 있다는 것이다. 조이스의 『피네간의 경야』로 대표되는 실험적 작품들이 보여 준 점은 의미-무의미를 넘어서는 새로운 의미를 창출하고 있다는 것이다. 이를 역자는 "탈의미(ab-sense)"라 부르고자 하는데, 이 개념을 통해서만이 조이스의 언어유희가 갖는 함의를 제대로 이해할 수 있을 것이다. 예술과 문학은 항상 의미-무의미를 초월하는 탈의미를 지향해 왔고, 이런 점에서 실험적 작품은 칸트적 의미에서 미학적이다. 하지만 이런 한계에도 불구하고 『프로이트 로봇』, 이 책이 갖는 의미가 축소되는 것은 결코 아니다. 많은 사람이 주목하지 않은 이 책은 몇 년 후면 주요한 연구 영역이 될 'AI 정신분석학'의 방향을 잘 가리키고 있다.

역자는 『인공지능 기술 비평』을 출간하고 나서 AI 정신분석학을 개척하겠다는 생각에서 프로이트와 라캉을 혼자 공부해 왔는데, 이 책의 번역에 이어 본격적으로 AI 정신분석학 책을 쓰게 될지는 미지수다. 특히 라캉을 읽으며 최근의 언어 모델을 설명할 많은 단서를 찾아냈지만, 정신분석가에게 그렇듯 정신분석학 이론을 접목할 기계에 대한 '임상' 경험이 여전히 부족하기 때문이다. 문학과 영화 등에서 등장하는 AI나 로봇의 많은 증례도 수집해야 한다.

책의 초벌 번역은 두어 달 만에 해 냈지만, 영어 문구를 자연스러운 우리말로 가다듬는 데 시간이 걸렸다. 다시 읽어 봐도 여전히 어색한 표현들이 눈에 띈다. 발터 베냐민의 말대로 번역자의 과제는 순수 언어의 발견에 있다. 번역도 글쓰기라고 할 때 이제 기계 번역자에게 순수 언어를 발견하는 일을 맡길 날이 멀지 않은 것 같다. 이 책의 번역은 개인적으로 마음이 복잡한 시점에 이루어졌다. 그런 상태에서 벗어나려는 마음에서 구스타프 말러의 음악을 들으며 단순 작업을 하듯 한 문장씩 번역을 했다. 동기와 작업 과정이 어쨌든 이 번역서 출간에 대한 책임은 오롯이 나에게 있다. 원서로는 바로 읽을 수도 없는 『피네간의 경야』를 놀라울 정도로 정밀하게 번역하신 김종건 교수께 존경의 마음을 전하고 싶다. 매번 그래 왔듯 책의 출간을 허락해 준 '나의 출판사' 커뮤니케이션북스의 박영률 사장님과 전정욱 주간에게 감사의 말씀을 전한다. 그리고 범사에 감사한다.

2025년 3월

역자 이재현

감사의 글

나는 많은 사람에게 큰 빚을 지고 있다. 그들의 연구와 대화는 내가 이 연구를 시작하도록 영감을 주었다. W. J. T. 미첼은 2004~2005년 베를린 고등연구원에서 함께 연구원으로 있을 때부터 열정적이고 변함없는 지지를 보내 주었다. 지난 몇 년간 나눈 우리의 대화는 이 책을 쓰는 나의 프로젝트 발전에 결정적인 역할을 했으며, 특히 움직이는 이미지와 미디어에 관한 그의 연구는 내가 프로이트를 다시 읽도록 자극했다. 이 책의 원고를 읽거나 강연을 통해 접한 친구들과 동료들의 의견은 내 연구에 큰 도움이 되었다. 나는 루스 하코헨, 갈릿 하산-로켐, 낸시 프레이저, 제이미 몬슨, 라인하르트 마이어-칼쿠스, 칼 클라우스베르크, 지바 미르-호세이니, 슈테판 마울, 마리아 토도로바, 토마스 베스팅, 헬렌 와타나베-오켈리, 셰헤라자데 하산, 마일스 버니엇, 오트마 에테, 요아힘 네텔벡을 비롯한 베를린 고등연구원의 콜로키움 참석자들에게 감사를 전한다. 또한 마틴 가르스테키, 게지네 보텀리, 에바 폰 퀴겔겐, 그리고 고등연구원의 도서관 및 지원 스태프들에게도 감사드린다.

원고를 읽고 피드백을 준 독자들과 심사자들의 조언은 내 주장을 명확히 하고 연구를 보강하는 데 큰 도움이 되었다. 엘리자베스 헬싱거, 아놀드 데이비드슨, 루이스 메넌드, 존 포레스터, 콜린 라이트, 마크 C. 테일러, 유진 태커, N. 캐서린 헤일스, 닐 커티스, 조지 스타인메츠, 존 라치먼, 빅토리아 드 그라치아, 앤 보이먼으로부터 받은 아낌없는 조언과 통찰,

연구에 대한 조언에 깊이 감사한다. 또한 나는 이 연구를 다양한 초청 강연과 세미나에서 발표할 기회를 가졌다. 하버드대 영어연구소, 케임브리지대 예술사회과학인문학연구센터, 바르셀로나 자치대 국제 및 문화간 연구소, 시카고대 비교문학과, 동아시아 언어 및 문명학과, 시·시학 프로그램 및 크리티컬 인콰이어리 프로그램, 프린스턴대 번역 및 문화간 커뮤니케이션 프로그램, 예일대 동아시아 언어 및 문학과의 우재단 강연, 뉴욕주립대 스토니브룩 캠퍼스의 비교문학 및 문화 연구에서 주최한 "문화 연구 스피커의 목소리" 시리즈, 히브리대 영어학과 등에서 연구를 발표했다. 지난 몇 년 동안 나는 여러 심포지엄과 워크숍에서도 진행 중인 연구를 발표할 기회를 가졌다. 뉴스쿨 사회연구소에서 열린 "제국, 탈식민주의와 인문과학" 워크숍, 캘리포니아대 버클리 캠퍼스 중국학연구센터에서 개최한 "순간과 방법론" 학술 대회, 캘리포니아대 산타바르바라 캠퍼스 영어학과에서 열린 "번역" 학술 대회, 그리고 베이징의 칭화대에서 개최한 "비교 모더니즘" 국제학술 대회 등이 그 예다.

나는 이런 행사들을 주최해 준 분들의 환대와 청중들에게 받은 피드백에 깊이 감사한다. 특히 메리 제이콥스, 로버트 폰 할베르크, 타마라 친, 앤드루 존스, 하운 소시, 자미 쉬, 마틴 컨, 윤테 황, 션 골든, 호아킨 벨트란, 사라 로비라, 아이라 리빙스턴, 아이오나 만-청, 주디스 차이틀린, 우 훙, 왕 중천, 멍 웨, 벤자민 풍에게 특별한 감사를 전한다. 또한 내 이전 연구를 다시 사용할 수 있도록 허락해 준 학술지와 출판사에도 감사의 뜻을 표한다. 3장과 4장에는 원래 *Critical Inquiry*에 게재된 긴 부분이 포함되어 있다. 해당 논문은 "iSpace: Printed English after Joyce, Shannon, and Derrida"(Spring 2006, pp. 516~550)와 "The Cybernetic Unconscious: Lacan, Poe, and French Theory"(Winter 2010, pp. 288~320)다. 5장에는 W. J. T. 미첼의 연구를 다룬 *Culture, Theory and Critique* 특별 호에 실린 논문의 일부가 포함되어 있으며, 해당 논문은 "The Pictorial Uncanny"(July 2009, pp. 209~230)다. 이 밖에도 삽화 자료의 저작권 사용을 허락해 준 여러 출판사에 감사드리며, 개별 삽화의 캡션에 출처를 표기했다. 또한 이 책에 포함된 여러 디지털 이미지 작업을 도와준 위 샤오단에게도 감사의 뜻을 전한다.

나의 편집자이자 시카고대 출판부의 인문사회과학 편집 책임자인 앨런 토머스에게 보내는 감사는 단순히 이 책을 출판하는 데 힘쓴 노력 이상의 의미를 지닌다. 앨런은 내가 내 연구를 온전히 이해하기도 전에 그 가능성을 먼저 알아보았고, 통찰력 있는 심사자들을 초청해 초벌 원고를 검토하게 했다. 익명의 심사자들은 중요한 조언을 해 주었고, 그 덕분에 나는 책의 내용을 수정하고 본질적으로 다시 만들어 나갈 수 있었다. 지난 몇 년간 앨런과 시카고대 출판부와 함께한 과정은 나에게 하나의 발견이자 자기 발견의 여정이었다. 또한 출판 과정에서 도움을 준 랜디 페틸로스와 원고를 꼼꼼하게 교정하며 열정적으로 읽어 준 마이클 코플로우에게도 깊이 감사한다.

2010년 봄 이 책의 원고를 교정하던 중에 나는 마크 C. 테일러가 컬럼비아대 종교문화공공생활연구소에서 조직한 '네트워크와 네트워킹' 교수세미나에 참여하는 행운을 얻었다. 그곳에서 우리는 여러 연구를 논의하며 많은 것을 배울 수 있었다. 마크의 제안으로 세미나 참석자들은 내 원고를 함께 읽고 토론하며 훌륭한 피드백을 제공해 주었고, 나는 그 의견들을 책에 반영하고자 노력했다. 특히 매켄지 워크, 케이시 해스킨스, 마이클 코모, 레이첼 맥더모트, 조슈아 더블러, 지오반나 보라도리, 칼 추, 제프리 L. 리치, 리처드 R. 존에게 유용한 조언과 참고문헌을 제공해 주거나 원고의 오류를 지적해 준 것에 대해 감사드린다. 또한 세미나 운영을 지원해 준 에밀리 브레넌에게도 감사를 전한다.

내 연구 조교와 대학원생인 종 유로우, 아나톨리 데트와일러, 갈 그빌리, 장 리, 멍 리안수는 이 책의 연구에 크게 기여했다. 그들의 열정과 지적 호기심 덕분에 여러 자극적인 워크숍과 세미나 토론이 이루어졌다. 특히 아나톨리와 리처드 소는 2009년 컬럼비아대에서 '글쓰기와 테크놀로지의 지정학'이라는 워크숍을 성공적으로 조직했으며, 이는 문학과 미디어의 관계에 대한 큰 관심을 불러일으켰다. 나의 동반자이자 대화 상대였던 리 투오는 이 프로젝트의 초기 불분명한 단계부터 완성에 이르기까지 함께했다. 영화와 시각문화에 대한 그의 해박한 지식은 내가 모더니즘을 이해하는 데 큰 도움이 되었다. 그의 기여와 정서적 지지에 깊이 감사한다.

차례

그림 차례

표 차례

서론
디지털 미디어의 정신적 생명

우리와 로봇의 구별은 사라질 것이다.
- 로드니 A. 브룩스, 『육체와 기계』

프로이트 로봇이란 무엇인가? 지능적인 자동체(automaton)인가, 아니면 근본적으로 다른 피조물인가? 공상과학 작가, 로봇공학자, 인공지능 전문가, 비평가는 휴머노이드, 안드로이드, 사이보그 등 이미 만들어진 것이나 미래에 개발될 것이라고 생각하는 모든 종류의 로봇에 대해 많은 글을 써 왔다. 그들은 로봇과 전통적인 자동체 사이의 몇 가지 기본적인 차이점을 지적한다. 로봇은 디지털이며 유한 상태 기계들로 구성되는 커뮤니케이션 네트워크라는 개념을 기반으로 한다. 반면 자동체는 시계 장치라는 기계적 원리에 의존하는 것으로 알려져 있으며 대개 한 가지 특화된 기술을 수행하는 것으로 한정된다.[1] 이런 기본적인 구별에 따르면, 의

1) 이런 의미를 갖는 자동체에서 로봇으로의 개념적 전환이 일어난 계기는 1943년 워런 매컬러와 월터 피츠의 신경망 연구와 1948년 존 폰 노이만의 '세포 오토마타' 제안이었다. McCulloch and Pitts, "A Logical Calculus of the Ideas Immanent in Nervous Activity," 그리고 von Neumann, "The General and Logical Theory of

식의 이점이 없더라도 로봇이 특화된 자동체보다 지능이 우수하고 성능 또한 뛰어난 이유가 설명된다.2)

로봇과 자동체의 기술적인 구별은 어떤 면에서는 도움이 되지만, 오랜 수수께끼는 여전히 풀리지 않은 채로 남아 있다. 근본적으로, 왜 기계는 인간을 닮거나 복제하도록 만들어져야 하는 것인가? 마셜 매클루언이 한때 제기한 바와 같이, 나르시시즘은 기술적 보철물의 개발에 필수적인 (정신적) 조건인가? 나아가 상호성의 논리에 따라 기계가 인간을 닮도록 만들어지는 만큼이나 인간이 기계를 모방하도록 강요되어, 무한한 시뮬라크럼이나 도플갱어의 피드백 루프가 계속될 것인가? 그렇다면, 인간 뇌의 역공학이 가능해지기 전에라도 인간-기계 상호 작용의 피드백 루프를 추동하는 정신적 힘이 있다는 것인가? 마지막으로, 이 피드백 루프는 프로이트가 한때 반복 강박, 무의식, 죽음 충동 등으로 개념화했던 일련의 법칙을 따르는가?

이런 질문들은 이 책에서 나의 탐구와 연구의 주요한 동기가 되었으며, 예를 들어 디지털 미디어의 표의문자적 글쓰기(ideographic writing, 엄밀히 말해 '언어'는 아님), 그리고 무의식에 대한 프로이트와 라캉의 가설들과 이것의 근본적인 연관성 등에 관한 여러 가지 구체적인 발견으로

Automata"를 보라.

2) 로봇은 상황구속적이고 체화되어야 하는바, 이는 변화하는 환경에 반응하고 그에 따라 새로운 행동 방향을 택할 수 있는 능력이 있어야 함을 의미한다. 이러한 피드백 루프는 자동체와 환경 사이에는 존재하지 않는다. Brooks, *Flesh and Machines*, 51~55를 보라. 자크 보캉송(Jacques Vaucanson)의 '배변하는 오리'와 자케-드로(Jaquet-Droz) 가족의 '음악가, 삽화가, 작가'는 동물이나 인간의 삶에 대한 기계적 시뮬레이션을 기반으로 한 18세기의 가장 잘 알려진 자동체들의 예다. 기계적인 자동체에 대한 최근 연구에 관해서는 Jessica Riskin, "The Defecating Duck, or, the Amibiguous Origins of Artificial Life"를 보라.

이어졌다. 먼저 강조할 발견 중 하나는 전후 유럽-미국 세계 질서에서 프로이트 로봇들이 등장했다는 것이다. 프로이트 로봇이란 무엇인가? 나의 예비적인 답변은 인간-기계 시뮬라크럼의 피드백 루프를 구현하고 사이버네틱 무의식으로부터 자유로울 수 없는 네트워크화된 모든 존재가 바로 프로이트 로봇이라는 것이다. 이 정의는 사이보그, 안드로이드 등 현재와 미래의 모든 로봇을 포괄하는 데 아무런 문제가 없을 것이다. 하지만 이 정의가 사이보그나 기계와의 연계를 원치 않는 인간에게도 적용되는가?

산업체 연구실이나 공상과학 소설에 나오는 프로토타입 로봇을 너무 문자 그대로 받아들일 경우, 그것들을 만들고 사용하는 사람들의 정신은 어떻게 되는가라는 질문은 하지 않게 된다. 그 정신은 지능형 기계와 함께 진화해 왔다. 본질적으로, 우리가 프로이트 로봇을 알아보기 위해 HAL 9000이나 미국과 일본에서 제조된 실제 로봇을 접할 필요는 없으며, 프로이트 로봇이 되기 위해 살아 있는 몸(과 머리)을 첨단 보철 장치와 연결할 필요도 없다.[3] 프로이트 로봇은 플라스틱, 금속 또는 실리콘으로 만들어질 필요가 없는데, 살과 피를 가진 인간과 그 인간의 사고 기계에 대한 이중화된 모조품은 유동적이고 역동적이어서 우리의 현상 세계에 대하여 우리가 견지하려고 하는 물리적 · 감각적 경계를 끊임없이 넘나들기 때문이다. 그런 의미에서 사이보그는 이미 일종의 프로이트 로봇이며, 사이버 리터러시가 있는 인간이라면 누구나 인간을 시뮬레이션하는 지능형 기계를 무한히 시뮬레이션할 잠재력을 가지고 있으며, 또 다른 것

3) MIT 인공지능 연구실에서 콕(Cog)과 같은 로봇을 만드는 과정에 관해서는 Rodney A. Brooks, *Flesh and Machines: How Robots Will Change Us*, 69~91을 보라.

이 나타나 개입 등을 하지 않는 한 프로이트 로봇 자체가 되어 갈 것이다.

여기서 또 다른 것이 정확히 무엇이고 어떻게 일어날지는 여전히 미지수다. 현대 철학자와 자기 성찰적 과학자의 관점에서 볼 때, 인간, 기술, 변화와 진화 능력을 보는 대안적이고 상상력 풍부한 인식은—이 책에서 논의하는 프로이트 로봇의 끔찍한 진실에서 엿볼 수 있는 것과는 대조적으로—과학적 지식이 제한적이고 제한할 것이라는 점을, 그리고 우리의 진실은 항상 조건화되고 우리의 미래는 불확실하다는 점을 인정하는 것에서 시작해야 한다. 물론 이는 새로운 것이 아니다. 양자 물리학자 베르너 하이젠베르크는 이미 자기 시대의 과학적 작업을 그런 관점에서 보았다.

20세기 중반 하이젠베르크가 관심을 가졌던 것은 현대 문명의 미래, 그리고 인간과 기계의 운명적인 얽힘을 고대 철학자들이 어떻게 예언했는가 하는 것이었다. 1953년 강연 "현대 물리학에서의 자연에 대한 그림"에서 하이젠베르크는 철학자 장자(기원전 369~286년경)의 친숙한 고대 우화에 나오는, 노동을 절약하고 효율성을 달성하기 위해 기술의 선을 주장한 공자의 제자 중 한 명과 그 주장에 타협하지 않고 거부하는 윤리적·철학적 입장을 취한 그의 반대자(고대 도교 정원사) 사이에 강력한 대립이 있었다고 설명한다.[4] 그 대립에서 하이젠베르크는 인간과 기계 사이의 실존적·도덕적 얽힘에 대한 철학적 성찰이 현대에서 시작된 것이 아니라 적어도 기록의 역사 시점인 수천 년 전으로 거슬러 올라간다는 것을 발견했다.

하이젠베르크의 강연이 발간된 지 몇 년 후 장자의 동일한 텍스트가 매클루언의 『미디어의 이해』에 그대로 다시 등장했다. 여기서 고대 우화

---

4) Werner Heisenberg, *The Physicist's Conception of Nature*, 7~31.

가 양자 물리학자에게 기술 변화가 우리의 생활 습관뿐만 아니라 사고 패턴과 가치 평가도 변화시킨다는 것을 가르쳐 준 것에 대한 찬사로 또다시 인용된 것이다.[5] 두 번 인용된 기원전 3세기의 텍스트는 다음과 같다.

> 자공(子貢)은 남쪽을 여행했고, 진을 거쳐 돌아오는 길에 한강 남쪽 기슭을 지나다가 채소밭에서 일하는 노인을 보았다. 그 노인은 우물에 들어가기 위해 구멍을 판 후 그곳에서 주전자에 물을 길어 들고 나와 밭에 물을 주었다. 그는 끙끙거리고 헐떡이며 많은 에너지를 소모했지만 거의 결과를 내지 못했다. 자공은 "이런 일을 하는 기계가 있습니다"라고 말했다. "하루에 백 개의 밭에 물을 줄 수 있고, 큰 노력을 들이지 않고도 훌륭한 결과를 낼 수 있습니다. 당신도 하나 필요하지 않습니까?" 정원사가 고개를 들어 자공을 바라보았다. "어떻게 작동합니까?"
>
> "가오라고 하는 장치인데, 나무로 만들어져 있습니다. 나무는 뒤쪽이 무겁고 앞쪽이 가벼워서 쏟아내는 것처럼 빠르게 물을 끌어 올립니다. 너무 빨라서 물이 끓어 넘치는 것 같아요! 우물 청소부라고 합니다." 노인의 얼굴에 경멸하는 미소가 나타났고, 그는 말했다. "저는 제 선생님께서 기계(機械)를 사용하는 사람이 모든 일을 기계의 방식[機式]으로 한다고 말씀하시는 것을 들은 바 있습니다. 기계의 방식으로 일하는 사람은 마음을 기계처럼 움직이게 하여[機心], 기계와 같은 마음을 가지고 다니는 사람은 순수함을 잃습니다. 순수함이 없다면 영의 삶은 쉴 줄 모릅니다. 영의 삶이 쉴 줄 모르는 곳에서는 도(道)가 당

---

5) 물론 이는 하이젠베르크의 양자 역학을 위한 주체-객체 관계에 대한 매클루언의 자유로운 해석이었다.

신을 떠받쳐 주지 않을 것입니다. 내가 당신의 기계를 모르는 것이 아닙니다. 그것을 사용하는 것은 부끄러운 일입니다!"
자공은 당혹감에 얼굴을 붉히고 시선을 아래로 향한 채 아무런 답도 하지 못했다. 얼마 후 정원사가 말했다. "도대체 당신은 누구십니까?"
"공추(孔秋)[일명 공자]의 제자입니다."[6)]

장자는 나이 든 정원사를 가장해 자공과 기계에 대한 그의 합리화를 공격하며 공자의 가르침이 어디서 어떻게 잘못되었는지 보여 준다. 그는 기계, 효율성, 기술적 능력을 각각 비웃으며, 자유로운 정신과 도를 맹렬히 찬양한다. 그리고 물 관리가 장자 우화의 초점이 된 것은 우연이 아니며, 이는 아마도 마르틴 하이데거가 라인강의 수력 발전소와 "비축(standing reserve, *Bestand*)"이라는 개념에 대해 논의한 것과 어느 정도 관련이 있을 것이다.[7)] 나는 여기서 두 텍스트 사이의 연계 가능성이 있다는 것을 말하는 것인데, 왜냐하면 위의 논의가 등장하는 하이데거의 유명한 글 "기술의 제 문제"는 그가 하이젠베르크의 강연 "현대 물리학에서의 자연에 대한 그림"에 대한 응답으로 준비한 공개 강연에 토대를 두고 있기 때문이다. 두 강연 행사는 모두 1953년 11월 뮌헨에서 바이에른 미술

---

6) 하이젠베르크 번역자의 영어 번역에는 수많은 오류와 부정확함이 포함되어 있다. 여기서 나는 버튼 왓슨의 번역을 따르되 원문을 읽으며 그의 텍스트를 약간 수정했다. Zhuangzi. *The Complete works of Chuang Tzu*, translated by Burton Watson, 134～135를 보라. 하이젠베르크가 번역한 장자 인용문은 *The Physicist's Conception of Nature*, 20～21을, 그리고 매클루언의 인용문은 *Understanding Media: The Extensions of Man*, 63을 보라.

7) "강이 지금 어떤 것인지, 즉 강이 수력 공급원인 것은 발전소의 본질에서 비롯된다." Heidegger, *The Question Concerning Technology*, 16. 이 점은 아마도 하이젠베르크의 글에 대한 그의 반응과 관련이 있을 것이다.

아카데미가 주최한 심포지엄에서 진행되었다.[8)]

그 맥락에서 벗어난, 공자의 가르침에 대한 장자의 비난은 하이젠베르크나 매클루언에게는 매우 생소한 내용이었을 것이고, 아마도 그들의 주의를 끌지 못했을 것이다. 이것은 별로 중요하지 않은데, 왜냐하면 그들은 기계에 대한 나이 든 정원사의 비판을 평가하기 위해 고대 우화에 주목한 것이 아니라 현대 과학과 기술에 대한 자신들의 상충되는 견해를 표현하기 위해 이를 사용한 것이기 때문이다. 그럼에도 불구하고, 장자에는 인간이 어떤 근본적인 정신적 수준에서 기계와 관계를 맺는 방식에 대한 그들의 이해와 깊이 공명하는 무언가가 있다. 하이젠베르크는 이렇게 말한다. "기술 시대가 초래한 우리 환경과 삶의 방식의 광범위한 변화는 우리의 사고방식도 위험할 정도로 변화시켰다."[9)] 2000년 이상 전에 장자는 우리에게, 기계는 인간을 위해 놀라운 작업을 수행할 수 있는 도구나 보철 장치에 그치지 않고 정신적 (그리고 사회적) 변환의 수행자이기도 하다고 가르쳤다. 이런 이해를 바탕으로, 나이 든 정원사는 기계에 대한 자공의 보철 관점에 반대하는 철학적 입장을 취하는데, 그런 관점은 결함이 있고 윤리적으로 받아들일 수 없다는 것이다. 그러나 이 우화의 요점은 자칫 잘못 인식될 수도 있다. 장자가 우리에게 숙고하라고 요구하는 긴장은 기계에 대한 비이성적인 인간의 사랑과 증오 사이의 설익은 대조가 아니라, 인간-기계 관계에 대한 두 가지 다른 인식, 즉 한편으로는

---

8) 여기서는 기술의 문제에 관한 하이젠베르크와 하이데거 사이의 의견 교환을 평가하지는 않는다. 하이젠베르크와 하이데거 사이의 의견 교환에 대한 논의는 Cathryn Carson, "Science as Instrumental Reason: Heidegger, Habermas, Heisenberg," Continental Philosophy Review, December 5, 2009, https://link.springer.com/article/10.1007/s11007-009-9124-y을 보라.

9) Heisenberg, *The Physicist's Conception of Nature*, 20.

보철 및 도구적(prosthetic/instrumental) 관점, 다른 한편으로는 상호 작용 및 변환적(interactive/transformational) 관점 사이의 심오한 대조다. 그리고 이것은 고대 우화를 하이젠베르크와 매클루언 시대로 가져와 기술에 대한 논의에서 자주 반복되는 질문에 대한 답을 찾게 해 준다. 인간은 기계의 주인인가, 아니면 노예인가?

우리의 논의와 관련되는 것은 '로봇'이라는 단어의 어원인데, 원래는 체코어로 '강제 노동'을 의미하는 단어 *robota*와 연관되어 '노예'를 뜻했다. 로드니 브룩스와 같은 일부 로봇공학자는 인간이 로봇을 새로운 노예로 사용한다는 생각과는 거리를 두려고 했다. 브룩스는 "우리의 인간형 로봇이 우리와 충분히 유사해서 우리가 다른 사람을 대하는 것과 같은 도덕적 방식으로, 그리고 정도 차이는 있지만 동물을 대하는 것과 같은 방식으로 이를 대하기로 결정할 것인가?"라고 묻는다.[10] 이런 이상한 도덕적 입장은 브룩스가 『육체와 기계』의 다른 곳에서 제시한 관찰을 보면 여의치 않다. 브룩스는 스탠리 큐브릭의 영화 〈2001: 스페이스 오디세이〉(1968)를 관람했던 어린 시절의 경험을 회상하며, 특히 로봇 캐릭터 HAL을 언급하며 이렇게 기술한 바 있다. "HAL은 결국 살인을 저지르는 사이코패스로 밝혀졌지만, 나에게 그것은 별로 아쉬운 일이 아니었다."[11] HAL은 살인을 저지르는 사이코패스일 뿐만 아니라, 자신이 섬겨야 할 우주인과 엔지니어를 살해한다. 로봇 노예와 로봇 사이코패스의 이 퍼레이드에서 무언가 또는 누군가가 빠진 듯하다…. 자크 라캉도 다른 맥락에서 이처럼 빠진 인물을 인식하며 이렇게 말한다. "사람들이 열역학을

---

10) Brooks, *Flesh and Machines*, 154. 기계와 도덕성과 관련된 이 문제를 포함한 여러 문제에 대한 자세한 내용은 Wendell Wallach and Colin Allen, *Moral Machines: Teaching Robots Right from Wrong*을 보라.

11) Brooks, *Flesh and Machines*, 64.

알게 되고 기계가 어떻게 스스로를 감당할지 자문하면서도 그들 자신은 제외했다. 사람들은 주인이 노예를 대하는 것처럼 기계를 여겼다. 즉, 기계는 거기에, 다른 어떤 곳에 있으며 또 작동한다고. 사람들은 한 가지를 잊고 있었다. 주문서에 서명한 사람은 바로 자신들이었다는 사실을."[12] 그렇다면 이들은 누구인가?

"우리가 이 빌어먹을 것들[컴퓨터들]의 노예가 된 건 불행한 일이다."[13] 1969~1970년 캄보디아 비밀 폭격에 대한 미국 상원 군사위원회의 조사에서 행한 토마스 H. 무어러 제독의 답변은 여기서 회고할 만한 가치가 있다. 리처드 닉슨 대통령이 캄보디아를 폭격하고 그 결정을 의회에 숨기기로 결정했을 때, 펜타곤의 컴퓨터는 이중 회계 시스템을 만들기 위해 "고쳐졌다." "하나는 국민에게 진실을 숨기기 위한 것이고, 다른 하나는 컴퓨터에 진실을 말하기 위한 것이다."("…제독과 컴퓨터", ≪뉴욕타임스≫, 1973년 8월 14일) 컴퓨터는 캄보디아에서 기록된 3630차례의 B-52 출격과 중립국 폭격에 대한 진짜 공격 보고서를 남베트남 공격에 대한 허위 보고서로 바꾸었다.[14] 비밀 보고서에 접근할 수 있었던 미국 정부 관리들은 그 보고서가 펜타곤의 컴퓨터에서 직접 나온 것이기에 그것을 믿어야 했다. MIT 컴퓨터 과학자 요제프 바이첸바움은 이 전쟁 범죄에 대해 논평하면서 "조지 오웰의 정보부는 기계화되었다. 역사는 파괴

---

12) Jacques Lacan, *The Ego in Freud's Theory and in the Technique of Psychoanalysis*, 83.

13) "…Admiral and Computer," *New York Times*, August 14, 1973.

14) Seymour M. Hersh, "Wheeler Asserts Bombing Secrecy Was Nixon's Wish," *New York Times*, July 31, 1973, 그리고 Seymour M. Hersh, "Laird Approved False Reporting on Secret Raids," *New York Times*, August 10, 1973. 상원 군사위원회에서의 핵심 증언 중 일부는 1973년 7월과 8월 ≪뉴욕타임스≫에 실린 허쉬의 또 다른 보고서를 보라.

되었을 뿐만 아니라 재창조되었다"고 썼다.[15] 관리들은, "무어러 제독의 말을 빌리면, 자신들이 다른 사람들에게 말하도록 지시한 거짓말이 자신들, 즉 지시를 입력한 사람들을 사로잡을 때까지는 자신들이 컴퓨터의 '노예'가 되었다는 것을 깨닫지 못했다."(바이첸바움, 『컴퓨터 힘과 인간 이성』, 239) 질 들뢰즈와 펠릭스 가타리는 여기서 다른 주장을 할 것이다. "사람은 기술 기계에 노예가 되는 것이 아니라 오히려 기계에 복종한다." 푸코적 의미에서 기계에 복종한다는 것이다.[16] 나는 이 책의 후반부에서 이 복종과 인간-기계 얽힘이 갖는 중대한 의미에 대해 자세히 설명할 것이다.

매클루언은 『미디어의 이해』에서 "우리는 테크놀로지들을 지속적으로 수용함으로써 서보 메커니즘인 테크놀로지들과 관계를 맺는다. 그렇기 때문에 우리는 테크놀로지를 사용하기 위해 이 대상들, 즉 우리 자신의 이런 확장물들을 신이나 작은 종교처럼 모신다. 인디언이 카누의 서보 메커니즘인 것은 카우보이가 말의 서보 메커니즘이고 임원이 시계의 서보 메커니즘인 것과 같다"고 주장했다.[17] 매클루언이 주인-노예 관계를 역전시킨 것은 도발적이며 그 안에 어느 정도 진실이 담겨 있지만, 그럼에도 불구하고 그는 인간-기계 관계에 대한 사이버네틱스 (기계적) 관점을 주장한 셈이며, 이에 장자와 하이젠베르크에 대해 일시적으로 수긍했지만 다시 이중 구속(double bind)에 빠졌다.[18] 사이버네틱스 학자들이

---

15) Weizenbaum, *Computer Power and Human Reason*, 239.

16) Deleuze and Guattari, *A Thousand Plateaus: Capitalism and Schizophrenia*, 457.

17) McLuhan, *Understanding Media*, 46.

18) 심지어 이중 구속이라는 개념도 그레고리 베이트슨의 사이버네틱스 이론에서 유래했다.

중추 신경계 자체를 평형 또는 항상성을 유지하는 다른 모든 서보 메커니즘과 같은 사이버네틱 기계로 생각했다는 것은 잘 알려진 사실이다. 예를 들어, 노버트 위너는 매클루언에 동의했을 것이고, 장자와 하이젠베르크는 인간-기계 관계에 대한 보철적 관점의 단순한 반전도 기계에 대한 직접적인 도구적 관점과 마찬가지로 문제가 있다고 생각했을 것이다. 분명히 기술 관료적 문명에 대한 매클루언의 비판은 그 문명의 특징이었던 사이버네틱스에 대한 그의 열광적인 지지와 모순된다.

그런 의미에서 매클루언과 그의 많은 추종자가 인간종의 생리적 결함이 기술을 통한 보철적 확장을 필요로 한다고 끊임없이 반복할 경우 여전히 공자의 제자 자공의 노선을 따르고 있는 셈이다. 마이크로칩 컴퓨터의 성능이 향상되면 인간 뇌의 기억 용량이 크게 확장될 수 있다고 주장하는 것과, 컴퓨터(그리고 커뮤니케이션 네트워크 일반)의 논리가 인간 정신 자체의 논리와 동일하다고 주장하는 것은 전혀 다르다. 사실 기술적 보철에 대한 주장은 후자의 경우, 특히 사이버네틱스 연구와 관련하여 결코 타당하지 않다. 보철로 보는 주장은 20세기 중반부터 진행되어 온 보다 근본적인 어떤 것에 대한 알리바이에 불과하며, 이것은 바로 인간 정신을 컴퓨팅 기계로 보는 사이버네틱스적인 개념화다.

1920년 20세기 최고의 다다이스트 중 한 명인 라울 하우스만(Raoul Hausmann)은 호기심을 불러일으킬 〈기계 머리: 우리 시대의 정신(The Mechanical Head: The Spirit of our Age)〉이라는 이름의 조각품을 만들었다. 이 놀라운 작품은 21세기에 "**프로이트 로봇**(Freudian Robot)"이라는 이름으로 바꿔 부를 수도 있는데, 이는 그것이 본질적인 모든 측면에서 새로운 천년의 정신을 구현하는 것처럼 보이기 때문이다. 나의 책 표지를 장식한 하우스만의 기계 머리 이미지는 독자로 하여금 다음 장들에서 논의할 프로이트 로봇의 두드러진 속성들 중 일부를 시각화하고 파악할 수 있게 해 준다. 작가는 자본주의 생산의 기술 관료적 체제에서 정신이 점점 더 사물이나 보철 장치에 애착을 갖게 될 때 인간의 정신에 무슨 일이 일어날지 비범한 예감을 가졌던 것 같다. 자, 타자기, 카메라 부품, 회중시계 장치, 악어 지갑 등이 기계 머리를 구성한다.

1940년대 사이버네틱스 학자의 첫 세대가 등장했는데, 워런 매컬러와 월터 피츠는 정신적 사건이 커뮤니케이션 회로의 "전부 아니면 전무" 법칙을 따른다는 것을 증명하고 명제 논리의 관계와 동형인 형식적 신경망을 구축했다. 1960년대 초 케네스 마크 콜비, 로버트 P. 아벨슨과 같은 인공지능 과학자들은 신경증과 편집증을 시뮬레이션하는 인지적 컴퓨터 프로그램을 개발했다. MIT 인공지능연구소의 설립자인 마빈 민스키는 컴퓨터 연산에서 인지 모델을 도출하려 했다. 그는 자신을 신프로이트주의자(neo-Freudian)라 불렀다. 그리고 라캉의 알려지지 않은 이야기도 있는데, 프로이트를 다시 생각한 그는 자신의 상징계(symbolic order) 이론을 발전시키며 노버트 위너, 클로드 섀넌과 같은 메이시 학술 대회에 참여한 사이버네틱스 학자들의 작업을 면밀히 검토한 바 있다. 이 모든 발전은 어디에 더해지는가? 이들은 우리가 아직 알지 못하는 디지털 미디어의 발전에 관해 새로운 것을 말해 줄 수 있을까? 이 책은 기술적 보철물로 인간의 생리적 결함을 극복해야 한다는 인식의 필요성보다 정치적·사회적·심리적으로 훨씬 더 많은 일이 일어나고 있다는 것을 보여주고자 한다.

하이젠베르크의 관점에서 볼 때, 사람과 기계는 과학적 지식을 추구하는 과정에서 항상 서로 얽혀 있다. 양자 물리학은 "자연의 과정을 더 이상 객관적으로 이해할 수 없는 상황이 있다"는 인식을 우리에게 부과하지만, "이러한 인식을 사용해 자연과의 관계에 질서를 부여한다. 우리 시대의 과학에서 자연에 대한 그림에 관해 말할 때, 이는 **자연에 대한 그림이**

라기보다는 자연과의 관계에 대한 그림을 의미한다."[19] 하이젠베르크는 이전에 세계를 공간과 시간의 객관적 과정과 이러한 과정이 반영되는 주관적 정신으로 구분했던 것—*res extensa*와 *res cogitans* 사이의 데카르트적 차이—이 더 이상 현대 과학을 이해하는 유효한 출발점이 되지 못한다고 말한다. 그는 "분석, 설명, 분류라는 과학적 방법은 과학이 개입하여 탐구 대상을 변경하고 재구성한다는 사실에 따른 자체 한계를 인식하게 되었다"[20]고 말한다. 다시 말해, 양자 물리학에서는 방법과 대상이 더 이상 분리되지 않는다. 프로이트 로봇이 등장하면서 "인간과 로봇의 구별이 사라졌거나" 이미 사라지기 시작했으며,[21] 인간과 기계의 얽힘이 두 배로 확대된 시뮬라크럼은 이제 양자 관계에 내재한 극도로 다양한 신경생리학적 · 정신분석학적 차원의 작용을 포괄하게 되었고, 이에 하이젠베르크의 관찰은 더 복잡해질 수밖에 없다.

요즘 대중은 공학자들이나 공상과학 전문가들의 예언에 폭격을 당하고 있다. 이들은 우리가 그들이 발명할 임플란트와 보철 확장물을 통해 우리가 불멸자가 되는 길에 서 있다고 설득하고 있다. 민스키, 한스 모라벡, 레이 커즈와일 등은 인간이 가까운 미래에 생물체를 초월할 것이라고 선언했다. 커즈와일은 이를 징후적으로 표현한다. "우리가 비생물체적 존재로 나아감에 따라 '자신을 백업'하는 (즉 우리의 지식, 기술, 인성의 근간이 되는 핵심 패턴을 저장하는) 수단을 얻게 될 것이며, 이에 따라 우리가 아는 대부분의 사망 원인을 제거하게 될 것이다."[22] 오래전 프로이

19) Heisenberg, *The Physicist's Conception of Nature*, 28~29.

20) Heisenberg, *The Physicist's Conception of Nature*, 29.

21) Rodney A. Brooks, *Flesh and Machines*, 236. 인간-기계 구별의 소멸에 대한 내 해석은 브룩스의 긍정적 인식과는 매우 다르다. 왜냐하면 그는 이 관계에서 프로이트 로봇을 인식하지 못했기 때문이다.

트가 발견한, 죽음 충동에 대항하는 정신적 방어 기제는 커즈와일과 그의 동료들로 하여금 프로이트 로봇의 불길한 형상을 대면하게 한다. 억압된 것의 귀환은 의사종교의 방식으로 인간 초월이라는 새로운 신화의 그림자 속에 숨어 있을 수 있다.

이런 이유로 나는 프로이트 로봇의 발견이, 컴퓨터가 할 수 있거나 할 수 없는 것에 대한 인간-기계 경쟁 이론(휴버트 드레이퍼스, 존 설 등)이나 도나 해러웨이의 사이보그 찬양, 또는 다른 사람들이 예측한 트랜스휴먼 다양성 등에 의한 설명보다, 네트워크 사회의 불안정한 본질에 대해 더 확고하고 비판적인 이해를 제공해 줄 것이라고 확신한다. 내가 보기에 사이보그나 트랜스휴먼이라는 개념은 디지털 시대에 인간-기계 얽힘의 정치적 · 정신적 기반을 명확히 보여 주기보다는 오히려 더 흐리게 만드는 것 같다. 해러웨이에게 사이보그는 "사이버네틱 유기체, 기계와 유기체의 혼종체, 사회적 현실의 생산물이자 픽션의 생산물"이다.[23] 그리고 글쓰기가 무엇보다도 사이보그의 테크놀로지라고 그녀가 추가로 지적한 것은 옳다. 하지만 그녀는 계속해서 "사이보그 정치는 언어에 대한 투쟁이자 완벽한 커뮤니케이션에 대한 투쟁이며, 모든 의미를 완벽하게 번역하는 하나의 코드, 즉 남근 중심주의의 중심 교리에 대한 투쟁이다. 그것이 사이보그 정치가 소음을 고집하고 오염을 옹호하며 동물과 기계의 불법적 융합을 기뻐하는 이유다"(176)라고 주장한다. 이것은 수사적으로

---

22) Kurzweil, *The Singularity Is Near: When Humans Transcend Biology*, 323. 브룩스는 불멸의 기술 유토피아적 신화를 받아들이기를 거부한다. 그는 커즈와일과 한스 모라벡이 "지적 영혼을 대가로 불멸의 유혹에 굴복했다"고 지적한다. Brooks, *Flesh and Machines*, 205를 보라.

23) Haraway, "A Cyborg Manifesto: Science, Technology, and Socialist-Feminism in the Late 20th Century," in *Simians, Cyborgs and Women: The Reinvention of Nature*, 151.

힘 돋우기처럼 들릴 수 있지만, 그런 주장 자체를 성찰해 보면 혼란과 모순으로 가득 찬 것으로 보인다. 해러웨이의 사이보그 정치가 반대하는 담론은 정확히 무엇인가? 동물과 기계의 융합을 항상 주장해 온 사이버네틱 코드는 그녀가 여기에서 옹호하는 사이보그의 글쓰기와 어떻게 다른가? 그리고 사이보그의 정치적 의지는 어디에서 나오는 것인가? 사이버네틱스와 디지털 미디어에서 어떤 정신적 · 정치적 변형이 가능하고 또 활용 가능한지 알아낼 때까지는, 프로이트 로봇이 되어 인간-기계 시뮬라크럼의 피드백 루프에서 반복 강박에 굴복하는 것보다 해러웨이의 사이보그가 더 낫다고 볼 수만은 없을 것이다.

하지만 궁극적으로 우리는 미국 사회가 지향하고 세계를 이끌고 가는 프로이트 로봇 사회의 도래에 따른 정치적 귀결에 관심을 가져야 한다. 로봇공학, 인공지능, 신경생리학이 방위 및 해군 연구 프로그램에 큰 도움이 되었고, 연구비와 세금의 지원으로 크게 보상을 받은 것은 결코 우연이 아니다. 사실 많은 전문가가 세계와 우주에 대한 제국주의적 지배에 참여하면서도 아무런 죄책감도 느끼지 않는다.[24] 군사적이든 아니든 통제하려는 욕망에 사로잡혀 사이버네틱 무의식에 의해 결국 움직이게 될 프로이트 로봇의 사회에서 민주주의는 여전히 실질적인 의미를 가질 것

---

24) 이 책에 등장하는 대부분의 인공지능 연구자와 사이버네틱스 학자는 그 프로그램에 참여했고 보조금의 혜택을 받았다. 커즈와일은 *The Singularity Is Near*, 330~335에서 스마트 무기를 논의하면서 다섯 명으로 구성된 군과학자문그룹(Army Science Advisory Group, ASAG)에서 자신의 역할에 관해 언급했다. 내가 만난 용감한 반대자 중 한 명은 MIT의 망명 독일계 유대인 과학자 요제프 바이첸바움으로, 최초의 정신 시뮬레이션 프로그램인 일라이자(ELIZA)의 발명가다. MIT 동료들과 군사 지출을 정당화하고 실제 정치적 갈등을 은폐하는 기술적 메시아들에 대한 바이첸바움의 날카로운 비판에 관해서는 Weizenbaum, *Computer Power and Human Reason*, 241~257을 보라.

인가?

이 책은 정보 이론과 디지털 미디어가 이른바 인간-기계 시뮬라크럼 사이에서 (사이버네틱스 학자들이 때때로 "전의식"이라고 부르는) 무의식의 문제를 어떻게 재구성하는지 살펴봄으로써 전후 유럽-미국 세계 질서에서 프로이트 로봇의 탄생을 검토하려 한다. 디지털 글쓰기(digital writing)는 내 분석의 핵심인데, 이는 컴퓨팅 기계에서 (쓰인) 기호의 조작이 디지털 미디어를 가장 기본적인 수준에서 작동하게 해 주기 때문이다. 예를 들어, 1948년 영어 알파벳에 27번째 문자가 도입된 것은 디지털 미디어의 발명에서 중요한 사건이다. 놀랍게도 지금까지 이 사건은 소위 뉴미디어 연구에서 주목받지 못했다. 또한 기본 영어(Basic English)와 제임스 조이스(James Joyce)의 『피네간의 경야(Finnegans Wake)』가 어떻게 실험적 커뮤니케이션 이론 작업에 들어갔는지도 널리 알려지지 않았다. 나는 섀넌을 제임스 조이스와, 라캉을 폰 노이만과, 프로이트를 민스키와 새로이 대화하게 할 예정인데, 이를 통해 독자는 디지털 미디어의 형성과 그것을 만든 사람들에 관한 아주 다른 이야기를 알게 될 것이다.

이 책은 글쓰기 테크놀로지에 대한 검토로 시작해 6개 장으로 구성되어 있다. 1장은 디지털 미디어의 글쓰기가 무엇이고 우리가 그것을 접할 가능성이 가장 큰 곳이 어디인지 묻는 것으로 시작한다. 이러한 질문은 정신, 기계, 언어, 글쓰기, 기호 처리, 기입 테크놀로지(inscription technologies) 등과 관련한 많은 전제에 대한 체계적인 검토를 요한다. 나의 연구는 뉴미디어 연구와 현대 문학 이론에서 중요한 개념적 공백이 많이 있음을 보여 준다. 이 공백들은 우리가 보지 못하고 디지털 미디어와 관련해 개념화할 수 없었던 것, 즉 내가 **무의식의 테크네**(techne)라고 부르는 것과 관련된다. 여기서 내 아이디어는 정신분석학 이론이 디지털 미디어 연구에 대해 말하게 하는 것이 아니라 무의식의 테크네가 애초에 디지털 미디어의 발명에 어떻게 들어왔는지 설명하는 것이다.

2장은 섀넌의 인쇄 영어(Printed English) 발명을 설명하고 분석하기 위해 27개 문자의 영어 알파벳에 대한 자세한 역사적 분석과 기술적 설명을 제시한다. 간단히 말해서, 인쇄 영어는 알파벳 문자의 표의문자 체계로의 수학적 재구성이며, 정보 이론이라는 이론적 토대 위에 있다. 이런 이유로 뉴미디어에서 텍스트성, 주관성, 테크놀로지, 이데올로기에 대한 논의는 인쇄 영어가 전후 수십 년 동안 제국주의적 기술과학의 보편적 문자로 인정받지 못한 이유에 대한 세밀한 이해에서 시작해야 한다. 디지털 미디어의 주술문에 따라 기계, 언어, 신경망, 유전자 기입에서 사용하는 모든 코딩 체계는 세계 문명의 역사상 전례가 없는 하나의 통일된 보편적 체계하에 통합되었다. 이런 발전에 따라 보편적 기호가 무엇이고 보편적 기호가 디지털 미디어 또는 생명의 책에서 어떻게 작동하는지 묻게 된다. 기본 영어와 인쇄 영어 사이의 역사적 관계는 영미 정신의 제국들이 글쓰기와 커뮤니케이션 테크놀로지의 정치에 더 많은 기반을 두게 된 과정을 설명해 준다. 한편으로는 융의 정신 테스트 게임에서, 다른 한편으로는 메이시 학술 대회에서 정보 이론가들과 과학자들이 보여준 사이버네틱 게임을 분석하고 비교하여 전후 기술과학의 정신 기계가 갖고 있는 본질을 해명하고자 한다.

3장은 의미(sense)와 무의미(nonsense)의 경계에서 나타난 가장 급진적인 언어 이론과 글쓰기 이론에 초점을 맞추어 문학적 모더니즘을 다시 검토한다. 이런 견해들 중 하나는 일차적으로 알파벳 문자의 수학적 구성, 그리고 정신 기계처럼 자동으로 기능한다고 여겨지는 언어의 무의식적 기제에 대한 사변적 작업에 근거한다. 제임스 조이스는 데리다가 "초기억 기계(hypermnesia)"라고 부른 작품 『피네간의 경야』에서 "무의미" 단어 시퀀스에 대한 실험을 극단으로 끌어올려 알파벳 글쓰기의 통계적 · 정신적 구조를 직감한 최초의 사람들 중 한 명이었다. 조이스의 작업은 인쇄 영어의 추계적(stochastic) 속성을 예견하는 것이었고 섀넌이 영어 산문의 엔트로피와 중복도의 한계를 설정하는 데 기여했다. 기존 문헌에 대한 독해를 바탕으로 나는 분야를 가로지르는, 특히 무의미와 분열증 사이의 경계를 가로지르는 급진적인 이론과 실험 사이의 잊힌 연결 고리를 재설정하고자 한다. 전후 시기에 모더니스트의 열풍이 가라앉았음에도 불구하고 벨연구소의 과학자들은 연산 가능한 산문이나 음악을 만들고 분열증에 대해 추측하는 것을 목표로 자동 글쓰기를 생성하는 초현실주의 실험을 꾸준히 진행했다.

4장은 자크 라캉과 그의 1954~1955년 세미나의 작업에 초점을 맞춘다. 라캉이라는 중심인물과 흔히 연관되는 프랑스 이론의 지적 출처를 탐구하여 그의 언어 이론, 그리고 상징적 사슬 및 무의식에 대한 그의 인식에 대한 새로운 해석을 제안한다. 프로이트에 대한 라캉의 재해석은 게임 이론, 사이버네틱스, 정보 이론이 미국에서 프랑스로 체계적으로 수입되었을 때 그가 그런 이론들로부터 배운 것과 함께 다시 생각해 보아야 한다. 라캉이 포(Poe)의 「도둑맞은 편지」를 면밀히 읽었음을 보여 주는 구체적인 텍스트 출처들을 보면, 라캉의 정신분석학적 비평에 대한 미국에서의 일반적인 수용이, 프랑스 이론가들을 다룬 당시의 과학적 담론에 대한 인식 부족 때문에 호도되었다는 것을 알 수 있다. 이를 통해 라캉의 언어 개념, 소쉬르와의 관계, 상징계의 의미와 관련한 흔한 오해들이 설명된다. 예를 들어, 존 폰 노이만과 오스카 모르겐슈테른이 게임 이론에서 전략적 수를 생성하기 위해 고안한 글쓰기 책략을 라캉은 무의식이라는 정신 기계의 기능에 대해 생각하기 위해 채택한 바 있다. 이 정신분석학적 작업은 전후 구미 세계 질서의 사이버네틱 무의식에 대한 몇 가지 특별한 통찰을 제공해 준다.

5장에서는 프로이트의 언캐니(uncanny) 문제에 초점을 맞추어 정신분석학 담론에서 자동체의 역할을 살펴본다. 움직이는 그림과 자동체 테크놀로지의 급속한 발전으로 많은 비평가가 프로이트의 원래 정식으로 돌아갔다. 더 중요한 것은 로봇공학자나 컴퓨터 게임 설계자가 인간형 로봇, 자동체, 교호 로봇이 인간에게 미치는 정서적 · 인지적 영향을 탐구하면서 프로이트의 언캐니와 관련된 다양한 아이디어를 연구 프로그램으로 구현하기 시작했다는 점이다. 자동체가 언캐니에 대한 우리의 이해에 미치는 전체적인 의미를 파악하려면 프로이트와 에른스트 옌치(Ernst Jentsch) 사이의 원래 논쟁점 그리고 호프만의 「모래 사나이」에 대한 그들의 논쟁적인 해석을 다시 살펴보아야 한다. 이 재해석 작업은 언캐니를 인간-자동체 관계의 문제로 재정립하는 것을 목표로 하며, 이를 통해 프로이트 로봇의 개념적 기원을 명확히 하려 한다.

6장은 프로이트 로봇이 우리 포스트휴먼 사회 구조의 무의식을 체현한다고 제안한다. 라울 하우스만의 조각품 〈기계 머리〉는 프로이트 로봇에 대한 냉철한 예견이다. 섀넌의 궁극적 기계(Ultimate Machine)와 더불어 이 예술 작품은 디지털 문명의 죽음 충동에 관한 놀라운 철학적 통찰을 제공한다. 이데올로기의 마지막 반항이 포스트휴먼의 무의식을 공학적으로 구현하는 데 있다면, 다음 질문을 제기하는 것이 중요하다. 앞으로 디지털 글쓰기의 새로운 책략에 맞서 방어하거나 역공학할 기회가 계속 주어질 것인가?

1장
디지털 미디어의 글쓰기는 어디에 있는가

소리와 시각, 두 이미지는 종속성도 없고 통역성도 없는 복잡한 관계에 진입하고, 각각이 자신의 한계에 도달하는 만큼 공통된 한계에 도달한다. 이런 모든 의미에서 새로운 영적 자동성은 이제 새로운 심리적 자동체를 가리킨다.

- 질 들뢰즈, 『시네마 2: 시간-이미지』

디지털 미디어가 글쓰기, 언어, 기억, 의식, 사회적 현실에 대한 우리의 관념을 바꿀 힘이 있다고 가정하는 것은 합당하고 편리하다. 뉴미디어에 대한 학술 연구와 대중 문헌의 대부분이 이미 이 점을 증명한다. 그만큼 합당하지만 훨씬 더 어려운 과제는 그 가정을 잠시 멈추고 글쓰기 자체의 정체성과 역할이 어떻게 고도로 진화하여 애초에 디지털 미디어의 발명을 가능케 해 주었는지 성찰하는 것이다. 이 장에서는 디지털 혁명에서 글쓰기의 상황을 탐구하는 과제를 시도한다.

나는 문학과 과학의 교차로에서 일어난, 그리고 두 분야 모두에 큰 영향을 준 알파벳 글쓰기(alphabetical writing)의 놀라운 진화를 기록으로 보여 주고 해석하려 한다. 이러한 진화는 20세기 초 문학적 모더니즘에 영감을 준 것만큼이나 오늘날 우리가 알고 있는 뉴미디어를 가능케 했다. 알파벳 글쓰기가 어떻게 세계 여러 지역에서 문학 매체와 수학적 매체의 상징적 필수 요소가 되었는지 염두에 두면서, 최근 역사에서 이런 글쓰기의 변형이 어떻게 디지털 미디어의 발명으로 이어졌는지—여기서 내가 의미하는 '글쓰기'는 범주로서의 '언어'나 특정 속어와 함께 묶여서는 안 된다—나아가 이론가들이 포스트모던, 포스트산업, 후기자본주의 등으로 다양하게 특징지은 현대 문명으로 이어졌는지를 살펴보려 한다. 이 장 제목 "디지털 미디어의 글쓰기는 어디에 있는가"라는 질문은 디지털 미디어, 그리고 들뢰즈가 잠정적으로 "새로운 영적 자동성(new spiritual automatism)"이라고 파악한 것에 대한 비판적 검토를 요한다.[1] 이런 접근이 현대 디지털 테크놀로지의 사회적 · 정신적 구성과 관련해 새로운 연구와 이해의 길을 여는 데 도움이 되기를 기대한다.

디지털 미디어의 글쓰기를 어디에서 만날 수 있는지에 대한 질문에 간단히 답을 할 수는 없다. 컴퓨터의 하드웨어에서, 아니면 소프트웨어에서? 뇌의 '하드웨어'에서, 아니면 정신의 '소프트웨어'에서?[2] 이런 질문을 제기하는 것은 기계와 관련해 글쓰기의 역할과 정체성에 대한 새로운 지

---

1) Gilles Deleuze, *Cinema 2: The Time-Image*, 265~266.

2) 이 정식의 뇌-정신 이원성은 많은 현대 신경생리학자와 인지과학자의 연구에 그림자를 드리웠다. 어떤 사람들은 데카르트적 극장을 뒤로하고 동물적 의식의 근거를 뇌 신경계의 기능과 물질적 과정에서 찾고자 했다. Daniel Dennett, *Consciousness Explained* and *Kinds of Minds: Toward an Understanding of Consciousness*가 대표적인 예다. 하지만 캐리 울프가 지적했듯이, 데닛의 언어에 대한 견해는 근본적으로 이원론적이다. 그는 언어를 "신경계의 이성을 표상해 낼 수 있는 그 무엇"으로 간주하기 때문이다. 이러한 표상주의적 견해는 "육체화되지 않는 데카르트적 주체를 그의 육체화된 유물론적 기능주의의 핵심에 다시 세운다." Carey Wolfe, *What Is Posthumanism?*, 36을 보라.

식을 찾고 디지털 미디어 자체에 대한 새로운 이해를 얻기 위함이다. 글쓰기 개념을 우선시해야 한다는 것이 관념주의적 사변을 의미하는 것은 아니다. 반대로 이 책은 글쓰기가 무엇보다도 물질적 테크놀로지로 발명되었고 우리가 여전히 실천하고 있는 가장 오래된 테크놀로지 중 하나라는 고고학자와 역사가 사이의 공통된 인식을 충분히 고려하는 것에서 시작한다. 사실 글쓰기의 기술적 본질은 언어학자를 비롯한 사람들이 알파벳 및 일부 비알파벳 글쓰기 체계에 기인한다고 본 음성 상징주의(phonetic symbolism)의 힘보다 지식과 정보를 만들고 전파하는 데 훨씬 더 탄력적이라는 데 있다는 것이 드러났다. 궁극적으로 관건은—그리고 이에 따라 더 큰 관심을 갖게 되는 것은—다름 아닌 문명 자체의 변화하는 모습과 그 정신이다.

따라서 오늘날 (세계) 문명이 어떻게 되어 가고 있는지에 대한 질문으로 시작하려 한다. 새로운 영적 자동성의 미래가 이미 가시권에 들어왔는가? 모던 또는 포스트모던 조건에 대한 서술이나 자본주의적 후기산업적 발전이 한 단계에서 다음 단계로 어떻게 진행되었는지 식의 서술은 디지털 혁명이 어떻게 일어났는지, 그리고 왜 그렇게 여러 수준에서 우리 삶에 영향을 미치게 되었는지 적절하게 설명해 낼 수 없다. 따라서 문명이라는 개념을 다시 고려하고 가장 오래 지속되고 가장 중요한 테크놀로지 중의 하나를 검토할 때가 되었다.

왜 문명이 문제인가

문명은 글쓰기 없이는 생각할 수 없다.[3] 이러한 상식은 중국어와 일본어—표기는 공유하지만 말은 다르다—가 'civilization'을 번역하면서 채택한 문자인 文明(일본어 발음: bunmei)에서 가장 잘 드러난다. 이 두 문자는 문자 그대로 '쓰인 텍스트를 통한 밝음' 또는 문자 그대로 '텍스트가 빛난다'는 의미다.[4] 오늘날 대중 매체에 나타난 그 개념을 시각적으로 대강 살펴보려면 영화 〈매트릭스〉의 오프닝 프레임을 가로지르는 반짝이는 숫자와 코드를 떠올려 볼 수 있다. 징후적으로 그 영화의 컴퓨터 화면은 경계를 보여 주지 않는다. "깜박이는 커서가 인광 빛이 흐르는 심장처럼 전자의 어둠 속에서 맥박을 치며, 검은색 네온 유리의 피부 아래에서 타오른다. 화면 전체는 질주하는 숫자 열들로 가득 채워진다. 초록빛 전류처럼 반짝이며 화면 맨 위 모서리에 있는 10자리 전화번호를 향해 돌진한다."[5] 질주하는 이 숫자 열들은 자연과 문명의 경계를 다시 그려 내고, 그것들을 새롭고도 이상할 만큼 친숙하게 만들어 내는 듯하다. 지난 세기 동안 이런 글쓰기 개념은 모든 지식 분야로 확장되었고, 심지어 이전에 알려지지 않았던 과학 연구와 테크놀로지 분야까지 침범하여 유전공학, 사이버네틱스, 신경과학 등을 '밝히고' 있다.

글쓰기는 우리가 아는 가장 오래되고 가장 오래 지속되는 테크놀로지 중 하나이기 때문에, 文明이라는 글자는 영어 단어 'civilization'의 라틴어

---

3) 글쓰기 역사가들 사이의 이러한 합의는 구술 문화의 가치를 부정하는 것이 아니라 글쓰기와 같은 매개된 커뮤니케이션에 의존하는, 대규모의 이질적인 지역에 걸친 사회 조직의 출현을 지적하는 것이다. Harold A. Innis, *Empire and Communications*를 보라.

4) 文이라는 문자는 '텍스트', '쓰기', '질감', '흔적' 등을 나타내는 반면, 明은 태양과 달의 힘을 합쳐진 최고의 밝기를 의미한다. 중국어를 공부한 자크 라캉도 1971년 '글쓰기와 말'에 대한 논의를 다룬 세미나에서 文이라는 문자를 '문명'의 기호로 언급했다는 점은 흥미롭다(Lacan, "L'Écrit et la parole," 87). 사이버네틱 기계와 관련하여 라캉의 글쓰기 개념에 대한 자세한 분석은 4장을 보라.

5) Larry and Andy Wachowski, *The Matrix: The Shooting Script*, 1.

어근보다 문명의 기술적 핵심을 더 분명하게 드러낸다. 왜냐하면 전자는 文 또는 '쓰인 문자'를 강조하기 때문이다. 이러한 비교문화적 참조를 염두에 두고, 이제 우리는 글쓰기 테크놀로지가 어떻게 진화하여 디지털 미디어에서 어떤 의미를 갖게 되었는지 이해하기 위한 탐구의 길을 시작한다. 이 변화하는 테크놀로지는 디지털 혁명을 이해하는 데 도움이 될 그 어떤 철학적 진실을 보여 줄 것인가? 마찬가지로, 디지털 혁명은 글쓰기 이론에 새로운 빛을 던져 줄 것인가?

베르나르 스티글레르(Bernard Stiegler)는 이렇게 말한다. "정보를 기록, 해독, 확산하는 기술인 정보학이 일종의 글쓰기이기 때문에 지식의 정보화는 가능하다."[6] 이는 맞는 말이지만, 우리는 더 깊이 파고들어 어떤 종류의 글쓰기인지 질문해야 한다. 점토판에서 마이크로칩에 이르기까지, 글쓰기 테크놀로지에는 항상 적어도 두 가지 생리적 과정이 관여하는데, 하나는 기호나 코드를 새길 물질적 표면을 준비하는 것이고, 다른 하나는 새기는 데 필요한 인간의 운동 스킬 (또는 인공 로봇 팔)을 조정하는 것이다. 이는 글쓰기가 반드시 시각적 매체여야 한다는 것을 의미하지 않는데, 사실 글쓰기를 표면에 시각적 기호를 배열한 것으로 보는 우리의 일반적인 견해는 매우 제한적일 수 있다. 예를 들어, 점자로 알려진 6점 행렬 표시는 시각적 배열보다는 공간적 배열에 의존하는 형식적 메커니즘 중 하나다.[7] 나아가 이 책은 글쓰기가 초기 발명 이래로 숫자 기호와 얽혀 있었으며, 그것들이 함께 발생했다는 흔적을 기록으로 보여 주는 것이 고대 문명의 초기 언어에 대한 특정한 시각적 재현을 보여 주는 것보

---

6) Bernard Stiegler, *Technics and Time, 2: Disorientation*, 108.

7) 시각적 표면이 아닌 그래픽 공간의 조직화로 글쓰기를 보는 강력한 주장에 관해서는 Roy Harris, *Signs of Writing*, 45를 보라.

다 더 쉽다고 본다. 정보학과 컴퓨터 테크놀로지의 도래로 글쓰기는 인간 언어의 생체 역학에 깊이 침투하였는바, (말을 포함해) 소리가 음성의 시각적 재현이 아니라 텍스트 번역이나 인공지능 공학의 인공물—대표적인 예가 TTS(텍스트의 음성으로의) 합성[8)]—이 되었을 정도다. 오늘날 우리에게 필요한 것은 이런 놀라운 과정에 대한 보다 풍부한 지식으로 안내할 역사적이고 이론적이면서도 광범위하고 통합적인 글쓰기 개념이다. 그리고 당연히 우리는 특히 알파벳 글쓰기 체계와 관련해 숫자적 사고와 이산 분석을 글쓰기 이론에 통합해 내야 한다.

포스트모더니티와 뉴미디어

포스트모더니티 학자들은 전후 사회경제적 발전과 정보 테크놀로지가 후기자본주의라는 선진 사회를 어떻게 변화시켰는지에 대한 포괄적 분석을 제시했다. 그들이 지적하는 이런 변화의 특징들 중 하나는 데이터뱅크, 도서관, 박물관, 기록 보관소, 글로벌 커뮤니케이션 네트워크에 디지털화된 필기 및 인쇄 기록을 포함한 엄청난 양의 전자 정보를 저장하고 검색한다는 것이다. 장프랑수아 리오타르가 1970년대 선진 사회에서 일어나고 있는 테크놀로지 혁신을 특징짓기 위해 "컴퓨터화된 사회"라는 개념을 제안한 이후, 디지털 혁명이 일어나 자리를 잡았을 뿐만 아니라, 그것이 만들어 낸 추진력이 전 세계 구석구석을 휩쓸고 오늘날 우리가 살

8) 텍스트-음성 변환은 쓰인 텍스트를 언어적 재현으로 변환하는 연산 문제를 다루는 인공지능의 한 분야다. 이것은 공학적 · 이론적 목적 모두에서 글쓰기와 말하기의 관계를 유익하게 탐구할 수 있는 분야 중 하나다. Richard Sproat, *A Computational Theory of Writing Systems*를 보라.

고 있는 네트워크화된 지구를 만들어 왔다.[9] 디지털 혁명이 사회생활에 미친 영향은, 초기 근대 유럽에 인쇄기나 사진이 도입된 것과 다양하게 비교되었지만, 인간 사회가 이전에 경험한 어떤 것보다 더 강력하고 돌이킬 수 없다는 것이 널리 인정되고 있다. 이는, 레브 마노비치의 표현대로, "컴퓨터 미디어 혁명이 획득, 조작, 저장, 배포를 포함한 모든 단계의 커뮤니케이션에 영향을 미칠 뿐만 아니라 텍스트, 정지 이미지, 동영상, 사운드, 공간 구성물 등 모든 유형의 미디어에도 영향을 미친다"는 사실에 기인한다.[10] 이러한 총체화와 보편화 과정을 보면 글쓰기 테크놀로지의 발전이 현대 생활과 인류의 미래를 재편하고 행성 및 행성 간 생태계에 얼마나 광범위한 영향을 미쳤는지를 알 수 있다.

『뉴미디어의 언어』의 저자인 마노비치에 따르면, 디지털 테크놀로지의 역사를 되돌아볼 때, 지난 수십 년 동안 가속화된 발전의 결과, 실제로 2개의 개별적인 궤적이 수렴되어 왔다. 한 궤적은 기계적인 표 작성기나 그것을 대체한 계산기보다 더 빠르게 수치 데이터에 대한 계산을 수행하는 현대 디지털 컴퓨터의 발명이다. 다른 궤적은 사진판, 필름 스톡, 축음기 레코드 등에 이미지, 이미지 시퀀스, 사운드, 텍스트를 저장할 수 있는 현대 미디어 테크놀로지다. 이런 발전들의 효과적인 종합으로, 기존의 모든 미디어가 컴퓨터를 통해 액세스할 수 있는 수치 데이터로 변환되기에 이르렀다. 그 결과가 바로 그래픽, 움직이는 이미지, 사운드, 파동, 모양, 공간, 텍스트를 모두 디지털 수준에서 연산할 수 있는 뉴미디어다. 마노비치는 뉴미디어에서 이런 연산 가능한 데이터가 구성되는 다섯 가지

9) Jean-François Lyotard, *The Postmodern Condition: A Report on Knowledge*, 3.

10) Lev Manovich, *The Language of New Media*, 19.

<그림 1> 연속적 손 글씨 문자와 그것의 20×20 이산 기호로의 디지털 전환

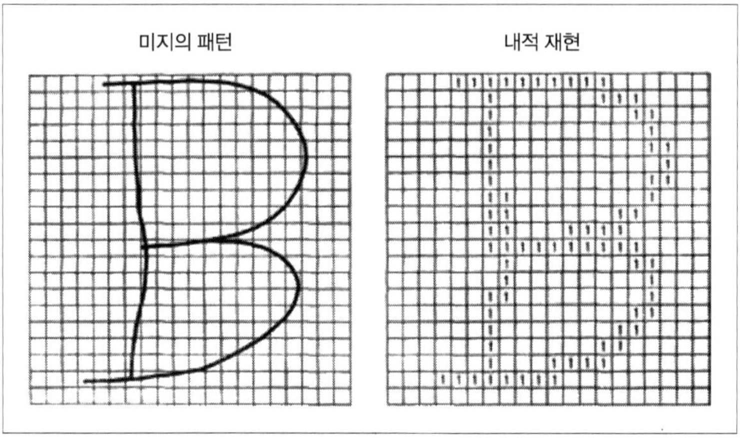

출처: Leonard Uhr and Charles Vossler, "A Pattern-Recognition Program that Generates, Evaluates, and Adjusts Its Own Operators," in Edward A. Feigenbaum and Julian Feldman, eds., *Computers and Thought* (New York: McGraw-Hill, 1963), 253.

원리를 제시한다. 이는 숫자적 재현, 모듈성, 자동화, 가변성, 문화적 코드 전환이다(20). 이 책에서 다루는 디지털 미디어의 핵심 측면은 당연히 다섯 가지 원리 모두와 관련되며, 그중 일부는 일반적으로 글쓰기와 인쇄 매체에서도 나타난다. 첫 번째 원리인 숫자적 재현(numerical representation)은 이 장에서 특별히 주목하는데, 이는 이것이 디지털 테크놀로지의 보편적인 개념적 기반을 제공한 '이산 단위(discrete unit)'라는 필수적인 개념을 의미하기 때문이다.

수학에서 이산 단위는 나눌 수 없는 것으로 간주되며 연속 단위와 대조된다. 사물, 개인 또는 기호는 그 단위가 정체성을 잃지 않고 더 이상 나눌 수 없을 때 이산 단위로 간주된다. 개인은 인구 조사에서 이산 단위로 취급되며 그런 의미에서 데이터로 연산되는 반면, 연속적인 길이 또는 파동은 먼저 시계열과 같은 이산 단위로 변환하여 숫자로 계산해야 한다. 기계가 기호를 처리하기 위해 인쇄 문자와 숫자는 이산 단위로 간주되지만, 〈그림 1〉의 왼쪽 문자 B처럼 손으로 쓴 기호는 그렇지 않다.[11] 다음 2장에서 다룰 이러한 기술적 차이점과 또 다른 차이점들에 대한 자세한 논의는 이런 이론적 관점의 중요성을 명확히 해 줄 것이다.

디지털 미디어의 숫자 원리가 제기하는 한 가지 질문은 현대 미디어 테크놀로지가 데이터를 생성하기 위해 왜 이산 단위에 의존해야 하는가 하는 것이다. 마노비치는 산업 혁명, 조립 라인, 출판 산업의 자체와 글꼴 표준화, 영화에서의 이미지 차원과 임시 샘플링 속도의 표준화 등과 같은 여러 역사적 상황을 언급한다. 이것들은 의심할 여지 없이 중요한 차원이지만, 이산 단위의 숫자적 재현에는 또 다른 설명이 필요한 특정한 추상적 사고와 알고리듬 조작이 포함된다. 흥미롭게도 마노비치는 현대 수학에서 답을 찾는 대신에 이산 분석의 당연한 근거라며 기호학 이론과 인간 언어에 주목하는데, 그 증거는 우리가 문장으로 말하고 문장은 단어로 구성되고 단어는 형태소로 구성된다는 것이다. 그는 언어에 대한 롤랑 바르트의 정의를 인용하는데, 여기서 "언어는 현실을 분할하는 것이다(예를 들어, 색상의 연속적인 스펙트럼은 언어적으로 불연속적인 항들의 시리즈로 환원된다)."[12] 마노비치는 언어와 디지털 미디어를 나란히 놓고 바로 "현대 미디어의 이산 단위는 일반적으로 형태소에서처럼 의미 단위가 아니다"(29)라고 덧붙인다. 차이는 기호와 의미 사이의 지각된 괴리에 있다는 것이다. 3장은 디지털 미디어에서 기호와 의미의 문제를 다룰 텐데,

---

11) Leonard Uhr and Charles Vossler, "A Pattern-Recognition Program that Generates, Evaluates, and Adjusts Its Own Operators," 253을 보라.

12) Manovich, *The Language of New Media*, 28~29. 인용문 출처는 Roland Barthes, *Elements of Semiology*, 64.

지금 여기서 초점은 이산 단위가 무엇인가 하는 것이다. 이산에 대한 마노비치의 개념화에서는 '글쓰기'가 제외되며, 그가 언어와 언어적 재현에 대해 말하는 내용은 그를 철학적 어려움에 빠뜨릴 수밖에 없다. 언어가 현실을 분할하는 의미 단위들로 구성되어 있다면—증명되었다기보다는 흔히들 주장하는 가설—디지털 미디어의 이산 기호는 어떤 현실 또는 비현실을 분할한다는 것인가?

구조 언어학에서 형태소보다 음소에 대한 연구가 이산 분석에 대한 접근에서 강점을 가진다는 것은 잘 알려진 사실이다. 구조 언어학자들은 다양한 언어의 소리 단위들이나 음소들을 정교하게 구분해 왔고, 이산 단위를 측정하기 위해 일상적으로 알파벳 문자로 쓰인 기호를 사용했다. 자크 데리다 등이 지적했듯이, 이러한 언어 연구는 글쓰기와 언어 사이의 인정되지 않은 정신적 미끄러짐을 전제로 한다. 예를 들어, 이론가가 알파벳 문자를 음성으로 착각할 때다. 마노비치가 주장한 것처럼, 디지털 코드와 이산 분석에 대한 언어적 이해를 어렵게 만드는 것은 형언할 수 없는 형태소나 의미 단위가 아니라 이러한 형이상학적 미끄러짐이다.

언어 자체가 뉴미디어의 이산 단위에 대한 이론적 또는 역사적 이해를 제대로 정초할 수 없는 또 다른 이유가 있다. 이제 우리는 정보 이론이나 텔레커뮤니케이션 테크놀로지의 영향을 받지 않은 채 인문학 분야의 순수한 언어 이론이나 기호 이론을 사용할 수는 없다. 바르트의 기호학과 야콥슨의 언어학은 모두 정보 이론의 압력에 대한 역사적 대응이었는데, 성공했든 실패했든, 각자 언어와 기호 행동을 커뮤니케이션 기계의 모델에 따라 재구성하려고 시도했다.[13] 시리즈, 분할, 불연속성 등의 개념은

---

13) Manovich, *The Language of New Media*, 77에서 마노비치는 야콥슨의 정보 이론 및 사이버네틱스와의 연관에 대해 간략히 언급한다.

바르트와 야콥슨이, 언어에 대한 기호학적 관점이 정보 이론에 특별히 빚을 졌다는 사실을 숨기려고 하지 않는 동료 구조 언어학자나 철학자와 함께한다는 것을 보여 주는 것이다. 클로드 레비스트로스, 줄리아 크리스테바, 피에르 부르디외, 자크 데리다, 질 들뢰즈, 펠릭스 가타리, 자크 라캉 등 20세기 구조주의 또는 탈구조주의의 다른 주요 인물들의 경우도 마찬가지다. 우리는 전후 미국에서 정보 이론과 사이버네틱스가 탄생한 순간으로 돌아가서 어떤 기호가 이산 단위로 표현되었고 어떤 기호가 그렇지 않았는지 재발견함으로써 커뮤니케이션 기계가 어떻게 언어 이론을 지배하고 구조 언어학 자체를 형성하기 시작했는지를 다시 생각하게 된다.

예를 들어, 미셸 푸코(Michel Foucault)는 현대 학문 체제에서 권력의 정체성과 역할을 개념화하면서 사이버네틱스와 커뮤니케이션 기계에 대한 결정적인 방법론적 탐구를 수행했다. 그는 더 이상 권력을 무자비한 힘의 행사나 동질적 지배의 원천으로 보지 않았고, 권력을 소유하고 독점적으로 유지하는 자와 그에 복종하는 자로 분리하지도 않았다. 대신 푸코는 다음과 같이 말한다.

> 내 생각에, 권력은 순환하는 것으로 분석되어야 한다. 또는 사슬의 일부가 될 때에만 기능하는 그 무엇으로 분석되어야 한다. 권력은 여기저기로 국지화되지 않으며, 어떤 사람의 손에 있지도 않으며, 부나 상품이 전유되는 방식으로 전유되지도 않는다. 권력은 기능하는 것이다. 권력은 **네트워크**를 통해 행사되며, 개인들은 단순히 그 **네트워크** 안에서 **순환**하는 것이 아니라 이런 권력에 복종하면서도 그것을 행사할 수 있는 위치에 있다. 개인들은 결코 권력에 무기력하거나 그것에 동의해 줄 목표 대상이 아니다. 개인들은 항상 권력의 **중계자**(relays)

다. 다시 말해, 권력은 개인들을 통과한다. 그것은 개인들에게 적용되는 것이 아니다.[14](나의 강조)

마치 개인이 거대한 커뮤니케이션 기계에 달린 개별적인 고정물이라고 저자가 말하는 듯하다. 결국 푸코가 옳았던 것 같다. 그는 전후 세계정치에서 권력과 커뮤니케이션 테크놀로지의 관계에 대한 독특한 통찰을 제공했다. 그러나 푸코는 은유로 말하고 있는 것인가? 그렇다. 하지만 "네트워크", "순환", "중계"와 같은 그의 언어를 은유적 표현에 불과하다고 생각하면(비은유적 표현이 따로 가능한 것처럼), 푸코 세대의 주요 지식인들 사이에서 사이버네틱스 관점으로의 광범위한 인식 변화가 어떻게 일어났는지 설명하기는 어려울 것이다. 특히 언어와 상징계에 대한 이론이 이해되기보다는 오해되는 경우가 더 많은, 소위 프랑스 이론가들 중에 가장 엄격하고 어려운 자크 라캉을 설명할 수 없을 것이다. 4장은 이러한 관점에서 라캉에 대한 새로운 해석을 제시한다.

기술적 이유 등에서 이산 단위의 문제는 이산 단위 대 연속 단위가 커뮤니케이션 기계의 핵심이 된 이유와 과정을 설명하려는 상당수의 미디어 이론가의 관심을 사로잡았다. N. 캐서린 헤일스(N. Katherine Hayles)는 코드, 말, 글쓰기를 구별하여 이 문제를 해결하려 했다. 『나의 어머니는 컴퓨터였다』에서 헤일스는 우리가 경험하는 현상적 세계가 주로 아날로그 또는 연속적인 것의 질서에 속하지만, 인간 문명은 점진적으로 말에서 글쓰기를 거쳐 디지털 컴퓨터로, 아날로그 과정에 디지털화를 부과하기 위해 지속적으로 기술적 보철물을 개발해 왔다는 점을 지적한다. 여기서

---

14) Michel Foucault, *"Society Must Be Defended," Lectures at the College de France 1975-1976*, 29.

그녀가 생각하는 '아날로그'는 디지털이 아닌 모든 것 또는 무엇이든을 의미하며, 이 새로운 의미는 더 이상 찰스 샌더스 퍼스가 기호학에서 논리적 추론과 아날로그적(유비적) 추론을 엄격하게 구별하면서 그 개념을 파악한 것과는 다르다는 점에 유의해야 한다. '아날로그'라는 개념은 올드 미디어에서 '유사성', '닮음', '상응'을 의미했지만, 이제 디지털 컴퓨팅과 미디어 테크놀로지의 급속한 발전과 함께 재구성되고 복잡해지고 있다. 디지털 관점에서 보면 삶 자체가 일종의 아날로그다. 따라서 호흡의 연속적인 흐름은 호흡의 흐름을 이산 단위들로 바꾸어 주는 차별적인 음소들로 구성되는 말과는 대조적으로 아날로그다. 따라서 글쓰기가 도입되면 "이 생리적 과정에 인공물을 추가해 디지털화를 더욱 진전시켜 음소를 알파벳 문자로 재현하는 기입 테크놀로지가 발전한다."[15] 하지만 아날로그를 그 자체와 구별되는 그 무엇으로 보이게 하는 것은 디지털이 아닌가? 개념적 변화는 놀랍고 그렇게 간주되어야 한다. 개념적 변화를 아날로그에서 디지털로의 단순한 진화적 진행으로 받아들이는 대신, 매켄지 워크는 "디지털이 아날로그와 디지털 사이의 경계를 지배하여 모호한 차이를 명확한 구별로 만든다. 그러나 그 구별이 만들어진 이상 관점은 반전될 수 있고, 디지털은 아날로그 잔여물의 관점에서 지각될 수도 있다."[16] 우리는 5장에서 로봇공학자인 모리 마사히로의 부처 자성을 지닌 로봇에 대한 꿈에서 이러한 다른 관점을 탐구할 것이다.

헤일스는 말과 글쓰기를 구별하되 재현 수단에 의해 서로 연루되어 있다고 본다. 마노비치와 마찬가지로, 그녀 또한 "연속적인 것이 아니라 불

15) N. Katherine Hayles, *My Mother Was a Computer: Digital Subjects and Literary Texts*, 56.

16) McKenzie Wark, *Gamer Theory*, 097.

연속적인 것, 즉 아날로그가 아닌 디지털"을 만드는 행위를, 따라서 숫자적 재현을 위한 이산 단위의 중심성을 강조한다(56). 하지만 우리가 이미 살펴본 것처럼, 마노비치에게 자연어의 이산 단위가 의미의 단위라면, 헤일스는 그 언어적 단위를 음소로 간주하는데, 여기서 음소는 마노비치가 말하는 "현실"이 아닌 연속적인 호흡의 흐름을 차별적인 단위들로 나눈 것이다. 그녀의 설명에 따르면, 이 언어적 디지털화 과정은 그 과정을 더욱 추상화하는 기입 테크놀로지로 이어진다. 간단히 말해, 말과 글쓰기는 역사적으로 별개의 질서이며 각각 디지털화의 각기 다른 영역에 속한다.

헤일스는 말과 글쓰기의 이런 기본적인 구별에서 출발하지만, 컴퓨터 코딩은 독특하며 말이나 글쓰기와 또 다르다고 주장한다. 왜냐하면 "컴파일링"이라는 개념은 인간과 기계 사이를 매개하는 프로세스, 이벤트, 인터페이스의 복합적인 망과 관련해서만 의미가 있기 때문이다. 그녀는 컴파일링 행위가, 말과 글쓰기에도 없는 것은 아니지만, 네트워크화되고 프로그래밍 가능한 미디어에 귀속되는 방식으로 작동하는, 그리고 인간 지능에 고유한 자연어와 지능형 기계에 고유한 이진 코드 사이를 매개하는 코드와 함께 등장했다고 주장한다. 따라서 코드의 개념은 인간과 지능형 기계 사이의 파트너십을 의미하며, 여기서 각각의 관습은 서로 침투하여 영향을 미치게 된다(59).

일단 말의 문제는 제쳐 둔다면, 헤일스가 컴퓨터 코딩의 특이성을 강조하는 것은 글쓰기에 대한 특정한 상황적 관점을 보여 주는 것인데, 왜냐하면 코드의 특이성은 우리가 알파벳 글쓰기에 대한 로고스 중심적 관점을 엄격히 고수할 때에만 지속 가능하기 때문이다. 이러한 관점에서 글쓰기는 음소를 알파벳 문자로 재현하는 일련의 기입 테크놀로지로 간주된다. 글쓰기에 대한 이런 입장이 당연하게 여겨지는 순간, 모스 부호와 같은 컴퓨터 이전 시대의 숫자 및 코딩 체계는 금세 뒷전으로 밀려날 것이다. 이 초기 체계를 글쓰기로 분류해야 하는가, 아니면 코드로 분류해야 하는가? 만약 모스 부호가 코드라고 결정한다면, 그것은 "컴파일링"을 전제로 하는 컴퓨터 코딩과는 개념적으로 어떻게 관련되는 것인가? 그리고 글쓰기가 말이나 음소의 상징적 재현보다 개념적 수준에서 컴퓨터 코딩에 훨씬 더 가깝다는 것을 추가로 발견한다면 어떻게 되는가? 기술성보다는 근본에 대해 이야기할 때—이 책은 주로 후자에 관해 다룬다—논쟁만을 생각하다면 컴퓨터 코드를 디지털 미디어의 글쓰기로 개념화하지 못할 이유는 없다. 물론 이 책에서 내가 제안하는 것은 그런 것이 아니다. (장 제목에서 보듯) '어디에'라는 문제를 고려하기 전에 그렇게 하는 것은 성급하고 너무 제한적일 것이다. 우리에게 필요한 것은 네트워크화되고 프로그래밍 가능한 미디어의 세계에서 새로운 디지털 프로세스, 새로운 이벤트, 인간과 기계 사이의 새로운 인터페이스를 설명하는 데 도움이 되는 보다 유연하고 포괄적인 글쓰기 이론이다.

인간과 지능형 기계 사이의 파트너십을 헤일스가 강조하고 있다는 것은 매우 다른 이유에서 특별히 주목을 받을 만하다. 그녀는 사용자를 기계 시스템에 내삽(interpolation)하는 데 사용자의 의식적 인식이 필요하지 않다는 사실에 주목해야 한다고 본다. 그녀는 이 파트너십이 과거 그 어느 때보다 무의식을 효과적으로 표적으로 삼는다는 점에서 이 파트너십은 본질적으로 이데올로기적이라고 본다. 주체는 기계에 의해 훈육을 받으면서 동시에 기계에 대해 특정한 유형의 주체가 되는데, "내삽은 주로 무의식적일 때 가장 효과적이다."(61) 이것은 중요한 통찰이며, 이 책의 목적은 정신분석학적 고려가 이미 디지털 미디어와 사이버네틱스의 형성에 깊이 관여해 왔다는 점을 보여 주려는 것이다. 이런 통찰은 또한 헤일스가 뉴미디어 연구에 인문학자들의 개입을 호소하는 것을 정당화해 주며, 우리가 코드를 무시하거나 컴퓨터 프로그래머와 공학자의 영역에 국한해서는 안 되는 이유를 알려 준다.

세 가지 개념적 공백

이 연구는 이산 단위, 숫자적 재현, 자동화, 인간-기계 인터페이스 등 뉴미디어에 대한 비판적 연구에서 중요하다고 간주되는 이슈를 다루고 있다. 동시에 내 연구와 해석은 현재 연구에서 제기되는 몇몇 개념적 공백들(lacunae)을 점차 인식하게 되면서 형성되어 왔다. 이러한 공백들 때문에 현대 디지털 테크놀로지의 몇몇 근본적 측면은 불행히도 뉴미디어 연구의 분석 틀에서 제외되어 왔다. 이 중에서 중요한 점들은 다음과 같다.

1. 디지털 혁명에서 새로운 보편성의 기반이 되는, 알파벳 글쓰기의 표의문자로의 전환
2. 무의식에 대한 사이버네틱스적 재구성, 그리고 우리 한가운데 도착한 프로이트 로봇
3. 우리의 글쓰기 기계와 그것을 발명한 정신에 관해 우리가 아는 것에 의해 제한되는, 새로운 디지털 문명의 자기 이해

이어지는 장들은 진화하는 글쓰기 테크놀로지를 추적하여 포스트휴먼 사회에서 무의식의 테크네를 분석하는 데 그것이 갖는 함의를 다룬다. 이 특별한 초점은 마크 한센(Mark Hansen)이 탈구조주의에서의 테크네시스(technesis) 또는 기술-사고(techno-thinking)라고 불렀던 것을 원용

해야 한다는 것을 의미한다. 한센은 비담론적인 **정동적** 육체적 삶을 특히 강조하기 위해 글쓰기를 배제하려 하지만,[17] 나는 글쓰기의 중요성을—헤일스보다 훨씬 더—강조하고자 하는데, 이는 프랑스 탈구조주의자들이 결국 그것을 얻었다고 생각하기 때문이 아니다(실제로 이른바 프랑스 이론은 주로 미국에서 만들어진 말이다[18]). 이 책에서 글쓰기의 중요성을 강조하는 이유는 인간-기계 상호 작용을 중점적으로 다루는 최신 디지털 테크놀로지와 상호 작용하는 강력한 테크놀로지가 글쓰기이기 때문이다. 이 사실에 대한 인식은 세계의 주요 철학적 전통의 역사 속에서, 그리고 글쓰기 또는 인쇄 테크놀로지의 전통을 접하는 곳에서 심화되어 왔다. 현대 기호학과 언어학의 타당성이 제한적이라는 비판이 아무리 정당화될 수 있다 하더라도, 글쓰기 테크놀로지—그리고 상징적 삶 일반—는 역사상 거의 전례가 없는 강도로 우리의 사회적 삶을 규정한다고 할 수 있다. 그리고 글쓰기 테크놀로지는 디지털 미디어를 통한 비담론적 삶에 대한 경험을 배제하지 않아도 될 만큼 현대 문명에 영향을 미친다고 할 수 있다. 간단히 말해, 위에서 제시한 첫 번째 공백을 해결하기 위해 이 책은 알파벳 글쓰기가 정보 테크놀로지와 비담론적인 육체적 삶 일반을 어떻게 변화시켰는지, 그리고 다시 그것들에 의해 어떻게 변화되었는지 보여 줄 것이다. 우리는 이러한 과정에서 배태된 새로운 보편성의 물질적 기반을 알파벳 글쓰기의 진화에서의 특정한 역사적 순간, 즉 알파벳 글쓰기가 총체적인 표의문자적 기입(ideographic inscription)으로의 전환을 완료한 순간까지 추적해 갈 수 있다.

---

17) Mark Hansen, *Embodying Technesis: Technology Beyond Writing*, 20을 보라.

18) 이에 관한 자세한 논의는 4장을 보라.

정보 이론이 알파벳 글쓰기의 표의문자적 운명을 어떻게 봉인하는지에 대한 내 분석을 살펴보기 전에 먼저 모호하지만 흥미로운 다음 사실을 고려할 필요가 있다. 클로드 엘우드 섀넌(Claude Elwood Shannon)이 1948년 커뮤니케이션에 대한 수학적 이론을 처음 선보였을 때, 그가 한 첫 번째 일 중 하나는 "공백(space)"을 코드화하기 위해 영어 알파벳에 27번째 문자를 추가하는 것이었다. 이 문자는 정보 이론에서 실증적 기호이며, 맹목적 또는 무의식적 커뮤니케이션 기계에서 그렇게 읽힌다. 섀넌의 27문자 영어 알파벳은 그 이후로 매우 이산적이고 정교한 텔레커뮤니케이션 코드 체계를 만드는 데 이르렀는데, 그의 발명이 갖는 중요성은 커뮤니케이션 기계의 기능을 크게 넘어선다. 전통적인 문자성(literacy)과 모스 부호의 기본적인 구성 요소에서 파생된 새로운 "공백" 문자는 전자적 문자성을 가능하게 해 주었지만, 전자적 문자성이 전 세계 사람들의 삶에—전자 문자성에 접근할 수 있는 사람과 그렇지 못한 사람 모두의 삶에, 배제나 종속의 방식으로—엄청난 영향을 미친다는 데 모두가 동의하는 경향이 있음에도 불구하고 그 문자 자체에 대해서는 인식하지 못하고 있다.

생물학, 철학 등의 분야에서 나타난 또 다른 발전을 고려해 보자. 생물학 분야에서 분자 생물학 언어로의 흥미로운 '코드 전환(code switch)'은 흔히 정보 이론이 생명 과학으로 번역되어 나타난 결과로 이해된다. 릴리 E. 케이의 연구에서 보듯, 이 번역 메커니즘에 따라 살아 있는 세포와 유기체의 생화학적 과정은 코드화된 메시지, 신경망, 정보 전송, 커뮤니케이션 흐름 등으로 재개념화될 수 있다.[19] 정보 이론 자체가 개발된 군사 암호 기술의 강한 영향 속에서 핵산의 문자, 코돈, 구두점에 대한 과학적

19) Lily E. Kay, *Who Wrote the Book of Life?*를 보라.

연구는 생명의 책에 담긴 DNA의 비밀 글을 해독하는 일정한 절차로 발전했다. 철학 분야에서 데리다의 그라마톨로지 프로젝트는 정보 이론과 사이버네틱스의 압력하에 생물학적 담론과 사회적 담론에서 글쓰기를 특권화하는 이런 광범위한 트렌드에 빚을 졌다고 볼 수 있다. 같은 맥락에서, 1950년대 사이버네틱스와 게임 이론에 관해 널리 읽고 창의적으로 생각한 라캉은 기호 처리 기계의 이산적 특성에 대한 자신의 이해를 기반으로 상징계의 개념을 발전시켰다. 상징계에 대한 그의 연구는 우리를 뉴미디어와 관련하여 두 번째 개념적 공백으로 나아가게 한다. 즉 무의식에 대한 사이버네틱스적 재구성, 그리고 디지털 문명에의 프로이트 로봇의 도착.

좋든 싫든 "기계가 생각할 수 있을까?"라는 오래된 수수께끼는 디지털 미디어에 대한 우리의 생각을 떠나지 않았다. 보편적 이산 기계가 갖는 함의는 일반적으로 튜링 컴퓨터, 그리고 인간 뇌에 대한 사이버네틱스 연구와 관련이 있지만, 우리는 의식의 현상학과 무의식의 정신분석학적 테크네 사이의 상호 작용에서 이 수수께끼를 재검토해야 한다. 여기서 무의식의 테크네는 프로이트류의 정신분석가들이 '무의식'이라고 부르는 형언할 수 없는 정신 과정에 대한 과학적 · 사회적 · 정치적 프레임을 의미한다. 하나의 개념으로 무의식의 테크네는 지능형 기계의 추종자들에 의해서는 그 수수께끼의 지속적 반복을 틀지우는 것(framing)으로, 그리고 그 반대자들에 의해서는 지속적인 반복을 부인(disavowal)하는 것으로 간주된다. 테크놀로지의 본질은 결코 기술적이지 않다는 마르틴 하이데거의 인식은 테크놀로지에 대한 철학적 재사유와 큰 관련성을 가지는데, 이는 테크놀로지가 고유한 존재 및 작동 방식을 스스로 제한하지 않기 때문이다. 그리스어 어근 *technikon*에서 온 technology와 어원을 공유하는 *techne*의 개념은 하이데거가 개발한 가장 독창적인 접근인 **틀지우기**

(enframing)라는 작동과 관련 있다. 그는 다음과 같이 주장한다. "테크네에서 결정적인 것은 만들고 조작하는 데 있지 않고 수단을 사용하는 데도 있지 않으며, 오히려… 드러냄(revealing)에 있다."[20] 그가 보기에 과학적 지식은 테크놀로지의 원인이나 기원이 될 수 없으며, 테스트, 측정, 검증 등을 위한 테크놀로지 장치의 개발에 의존한다. 테크놀로지의 본질은 도구적 생산물이나 재료의 조작에 있는 것이 아니라 테크네를 통한 특정한 종류의 지식 과정에 있다. 컴퓨터나 로봇이 무의식 수준에서 행해지는 '사고'를 모방하도록 만들어질 경우, 이는 무의식의 테크네가 사람들이 일반적으로 인식하지 못하는 감춰진 디지털 미디어의 본질을 드러내는 것이라는 의미일까? 예를 들어, 신경 과학자가 신경망에 관해 이야기할 때 단지 은유로 말하고 있는 것인가, 아니면 커뮤니케이션 기계상의 순환 인과성이라는 사이버네틱스 과정과 닮은 인간 정신의 무의식적 과정을 보고 있는 것인가?

이 책은 초창기 정신분석학 연구에서 단어 연상 게임이나 다른 기술 장치들에 의한 정신 과정의 **틀지우기**가 어떻게 우리 시대 프로이트 로봇의 본질을 밝히는 데, 그리고 오늘날의 신경 과학자나 인공지능 과학자들의 작업을 살펴보는 데 기여할 수 있는지를 보여 주려는 것이다. 문학의 '홀수 짝수 게임', 단어 연상 게임 등 정신분석학에서 다룬 추측 게임들은 모두 정보 테크놀로지와 인지 과학의 이론적 · 실험적 논제들을 만드는 데 도움을 준다. 오랫동안 우리는 과학적 추론이 합리성에 의거하며 과학자들은 인간을 합리적인 동물로 간주한다고 믿어 왔지만, 이것은 요점에서 벗어난 것이다. 증거는 수많은 다른 방향을 가리킨다. 벨연구소의 공

20) Martin Heidegger, *The Question Concerning Technology, and Other Essays*, 58.

학자들과 다른 곳의 과학자들이 분열증에 관심을 갖고 연상 게임을 개발해 인간 정신의 무작위 과정에 대해 추측했다면, 라캉은 프로이트 무의식에 대한 재작업을 통해 그들의 작업과 커뮤니케이션 기계 일반이 제기한 커다란 과제를 해결하고자 했다.

이것은 세 번째, 즉 방법론적 문제로 이어진다. 문명의 자기 이해가 글쓰기 기계와 그것을 발명한 정신에 관해 그것이 알고 있는 것—또는 아직 알지 못하는 것—에 의해 제한될 때 디지털 미디어의 발전이 그 자체에 대한 비판의 조건을 드러낼 수 있다고 얼마나 가정할 수 있을까? 우리의 비판적 입장은 피드백 루프, 이중 구속, 순환 인과성이라는 사이버네틱스 논리에 의해 모방되거나 억제되지는 않을까? 나는 이런 방법론적 관심사를 제기함으로써, 마치 의식 철학(예를 들어, 주관성과 객관성에 대한 논쟁), 우연과 자유의지, 육체화와 탈육체화 등에 관한 수 세기에 걸친 신학적 탐구와 같은 기성의 담론적 전통 내에서 자기반성의 조건이 자동으로 나타나고 가용하며 전적으로 자기 생성적이었던 것처럼, 과학과 테크놀로지에 대한 포스트모던 비판이 가능할 것인지를 나 스스로와 독자들에게 상기시키고자 하는 것이다. 예를 들어, 기술결정론을 거부하는 흔한 주장은 우연과 자유의지에 관한 과거 신학적 논쟁의 아포리아를 은폐하여 현대 문명이 비판적 탐구의 대상이 되지 못하게 하곤 한다.

따라서 오늘날 지적 위험을 거의 전제하지 않는 기술결정론에 대해 불평하기보다, 우리는 예를 들어 우연과 결정론의 문제가 어떻게 게임 이론과 사이버네틱스의 추계적 개념에서 진화했는지를 탐구함으로써 통찰을 얻을 수 있다. 앞으로 살펴보겠지만, 게임 이론과 사이버네틱스는 엄밀한 수학적 추론을 통해 새로운 디지털 문명에 기여했다. 우연과 결정론에 대한 추계적 개념과 성찰은 또한 스테판 말라르메, 제임스 조이스, 마르셀 뒤샹 등 모더니스트 시인, 작가, 초현실주의 미술가의 실험적 작품들을 뚜렷이 특징짓는 것이기도 하다. 『피네간의 경야』에서 알파벳 문자를 가지고 행한 제임스 조이스의 추계적 실험(3장)은 벨연구소의 새넌 동료들이 행한 무작위 단어 게임들을 조명해 주는데, 이들은 이런 게임들을 정보 이론의 모델 속에서 다루면서 기계 생성 시와 음악을 시뮬레이션하고 기계와 분열증에 관해 탐구했다.

문학 이론의 근본적 도전 과제

뉴미디어 연구에서 위의 공백들을 해결하기에 가장 좋은 곳은 출발점이 되는 곳, 즉 우리가 문자성의 기본적인 구성 요소인 알파벳 글쓰기를 만나는 곳이다.[21] 최근까지 문학 이론가들은, 현대 세계에서 정보 이론, 사이버네틱스, 분자 생물학이 견지되고 있다는 것이 글쓰기 이론에 어떤 영향을 미치는지, 그리고 알파벳 글쓰기의 최근 진화가 약 한 세기 동안 우리의 핵심 관심사였던 **문학적 형식**(literary form)이라는 문제 자체에 어떤 영향을 미쳤는지에 대해 상대적으로 침묵을 지켜 왔다. 언어적 · 기호적 시퀀스의 규칙성과 실험적 잠재력은, 형식 대 내용이라는 오래된 이원론적 의미에서 제시되든 아니면 게슈탈트 체제에서 틀지어지든, 문학 이론에서 형식이라는 개념에 매우 적절하게 적용될 수 있는 듯하다. 러시아 형식주의, 신비평, 구조주의, 정신분석학, 탈구조주의, 심지어 일부 마르크스주의 문학비평 학파 등이 그려 낸 서사적 궤적은 문학 연구에서 형식

21) 물론 알파벳 글쓰기 능력이 문자성과 같지는 않다. 현대 사회와 비즈니스 생활에 온전히 관여하는 수많은 비알파벳 글쓰기 체계가 전 세계적으로 존재한다. 그러나 내 연구 맥락에서 알파벳 글쓰기는 영어가 과학과 테크놀로지 분야에서 차지하는 세계적인 패권적 지위 때문에 특별한 역할을 수행한다.

이 중심이라는 점을 확인해 주는 것처럼 보인다.[22] 적어도 이는 우리가 서구 문학 이론(과 사회 이론)에 대한 교과서적 이해를 믿게 해 준다.

그럼에도 불구하고, 한 학문 분야의 형식이 내용이 되어 다른 분야로 이동할 수 있을까? 생명이 곧 유전자 코드라는 인식보다 더 형식주의적인 것이 있을까? 인문학자, 수학자, 분자 생물학자는 형식에 대해 동일한 언어를 사용하고 있는 것인가? 사이버네틱스와 정보 테크놀로지의 공격적인 확장은 형식과 내용의 오래된 형이상학적 이원론을 중단시키고 있는가? 내용을 돌봐야 한다는 형이상학적 명령 외에도 형식의 내재적 이원론은 더 이상 우리 시대 알파벳 글쓰기의 변화하는 정체성을 포착할 수도 없고, 표면, 시간성, 공간, 기입, 기계, 이론 통일성을 아우르는 새롭게 조직화된 통일체들을 개념화하기에도 그렇게 강력하지 않은 듯하다.

알파벳 글쓰기가 '세계 문학', 문학 이론, 수학, 분자 생물학, 정보 이론, 국제법 등 지향하는 바람직한 지식 체제의 분야들이나 분과들이 공유하는 기입의 코드가 될 수 있게 해 준 것은 무엇인가?[23] 알파벳 글쓰기는 쓰기(script)가 주는 내재적 가치를 가지는가? 알파벳 글쓰기, 특히 영어 알파벳 글쓰기가 오늘날 세계에서 보편성의 가장 중요한 영역 중 하나로 부상한 것은 단순히 우연인가? 이런 질문들에 답하며 디지털 미디어의

---

22) 문학 연구 분야에서 '형식'에 대한 이전의 마르크스주의적 비판에 대해서는 Fredric Jameson, *The Prison-House of Language: A Critical Account of Structuralism and Russian Formalism*을 보라.

23) '세계 문학'이 세계의 문학을 의미한다고 믿는 것은 순진한 생각일 것이다. 그것은 오히려 배제의 메커니즘으로, 국제법과 다르지 않다. 현대의 세속적 교육과 주로 서구에서 수행되는 학술 연구는 세계의 작가나 문학 작품의 주권을 인정하기도 하고 인정하지 않기도 한다. 현대 문학계에서 비중심권 언어(보통 영어, 영어권 언어, 프랑스어, 프랑스어권을 제외한 언어)로 쓰이고 출판된 작품 중 일부가 때로 상징적인 특권을 부여받아 번역되면서 '세계 문학'이 된다.

최신 발전을 반영해 어떤 결론을 내리든, 한 가지 확실한 것은 문학 이론이 텍스트, 삶, 사회적 현실, 세계 등을 해석하는 과제에 적합하도록 글쓰기 테크놀로지의 변화를 다루어야 한다는 것이다. 이는 20세기에 문학적 모더니즘이 어떻게 일어났는지에 대한 심층적인 지식을 얻을 수 있는 기회일 뿐만 아니라 정신분석학, 바이오사이버네틱스, 2차 세계대전 전후의 제국주의적 커뮤니케이션 네트워크에 대해 새로운 질문을 제기할 수 있는 기회이기도 하다.

살아 있는 세포의 생화학적 과정을 코드화된 메시지, 정보 전달, 커뮤니케이션 흐름으로 재구성한 생명 과학에서의 코드 전환은 문학 비평가들이 '지속적 은유'라고 부르는 식으로 한 세트의 과학적 관용어를 다른 세트로 대체하는 것 이상을 성취했다. 이것이 의미하는 바는 알파벳 글쓰기가 음성 상징주의의 오래된 이미지를 벗어던지고 유전자 코드의 '말 없는' 기입이 되었다는 것이다. 이 새로운 기입 체계는 '말 없는' 것일 뿐만 아니라 철저히 표의문자적인 것이 되었다. 오해를 피하려면 표의문자와 상형문자를 먼저 구별해야 한다. 여기서 표의문자는 쓰인, 인쇄된, 소리 없는, 지시적, 숫자적, 광학적 기호 등과 같은 물질적 기호의 개념적 · 공간적 · 모듈적 (또는 체계적) 측면을 다루는 추상화 양식으로 정의된다. 표의문자 기호는 시각적일 수 있지만 반드시 그런 것은 아니며—예를 들어, 컴퓨터의 기호 조작은 볼 수도 없고 시각적 표시를 요하지도 않는다—표의문자 기호는, 언어적 생성과 독립적으로 존재하지만, 소리 생산, 심지어 언어 체계와 자의적으로 연결될 수 있는데, 예를 들어, 힌두아라비아 숫자나 신호등의 경우 세계의 언어 수만큼 다양한 발음으로 전할 수 있다.[24)]

---

24) 중국어 글쓰기 체계(한자)가 표의문자라는 가정은 오랫동안 논란의 여지가 있

반면 상형문자는 주로 물질적 기호의 시각적 · 도상적 · 모방적 속성을 보여 준다. 그림, 영화, 사진, 회화, 일부 드로잉 등의 경우, 표의문자보다 추상적이지는 않지만 기호가 전달할 수 있는 정보의 양은 더 풍부하다.[25] 상형문자가 충분한 추상화와 단순화를 달성하면 표의문자가 되는가? 답은 단순한 추상화로는 충분하지 않다는 것이다. 표의문자는 모듈적일 뿐만 아니라 기호학적 규칙에 따라 조합되는 다른 기호 체계 속에 존재하기 때문이다. 이것이 문자, 숫자, 구두점, 공백을 포함하지만 음성과 언어적 표현은 배제하는 유전자 코드의 '말 없는' 글쓰기를 접근하는 분자 생물학자의 방식이 갖는 의미다. 그리고 심지어 이것은 문학 비평가들이 관습적 텍스트와 연관시키는 은유적 놀이의 개념적 근거를 불안정하게 만들어 비유적 재현의 게임을 변경시키기도 한다. 그래서 자크 데리다는 서양 철학 전통에서 음성 중심주의와 형이상학에 대한 비판을 시작하면서 숫자, 공백, 서예 또는 암호문을 주변화하는 언어 기반의 글쓰기 체계 중 하나를 염두에 두었다. 이런 이유로 그에게 수학은 특권적인 안식처였으며, 수학은 "과학적 언어의 실천이 음성적 글쓰기의 이념과 그 모든 암묵적 형이상학에 본질적으로 그리고 점점 더 심오하게 도전하는"

어 왔는데, 이에 관해서는 2장에서 다룬다.

25) 추상적인 그래픽 라인의 우위로 인해, 드로잉은 흔히 지시적이고 추상적이며 자기 지시적이기 때문에 상형문자와 표의문자의 경계에 존재하는 경향이 있다. 발터 베냐민은 회화와 드로잉의 구분에 대한 흥미로운 성찰을 제공한다. 그는 회화를 지시적이고 표상적인 차원을 지닌 수직적이고 종적인 것으로 보는 반면, 드로잉은 글과 같이 수평적이고 횡단적이며 주로 상징적이고 기호적 의미를 지닌다고 보았다. 불행히도 그는 이러한 생각을 완전히 발전시킬 만큼 오래 살지 못했다. Benjamin, "Painting and the Graphic Arts," 219를 보라. 이러한 유형의 드로잉을 "메타픽처"로 보아 체계적으로 설명한 W. J. T. Mitchell, *Picture Theory*, 35~42를 보라.

하나의 지점이라고 말했다.[26] 따라서 수학적 사고는 데리다의 형이상학 비판에서 벗어난다. 이 책에서 분명히 밝히려 하는 것은 수학적 추론이 정보 이론, 사이버네틱스, 분자 생물학에서 음성 알파벳의 표의문자로의 움직임에서 중심에 서 있지만, 그런 움직임 자체는 형이상학적 사고에 도전할 수 없다는 것인데, 이는 디지털 미디어의 로고스를 기입하는 이진수라는 근본으로 형이상학적 사고를 강화할 수 있다는 점에서 그렇다. 이런 기입은 제국주의적 기술과학을 대신해 모든 지식 분야를 정복하는 과정을 밟아 왔다. 원래의 패권적 코드를 표의문자에 제공해 온 영어는 기본 영어(Basic English) 시대부터 섀넌의 정보 이론에 이르기까지 표의문자적 기입이라는 동일한 과정을 거쳤다.

문학 이론이 지난 60여 년 동안 자신의 홈구장인 알파벳 글쓰기를 침식해 온 주요한 기술적 진보와의 연관을 잃었다는 것은 분명하다. 마찬가지로 포스트모더니즘과 뉴미디어 분야에서 최근 폭발적으로 증가한 연구 활동도 알파벳 글쓰기의 정체성을 둘러싼 핵심적인 이론적 질문은 회피했다. 이 책은 디지털 미디어에서 표의문자적 기입이라는 보편적 체계가 문학 이론과 사회 이론에 제기하는 근본적인 과제들을 파악하고 평가하기 위한 것이다. 내 노력이 어느 정도 성공한다면 적어도 텍스트, 미디어, 사회에 대한 이론적 작업을 재구성하고 정보학과 컴퓨터 프로그래밍에서 디지털 글쓰기 연구를 되찾는 데 최소한 한 걸음을 내딛는 것이 될 것이다.

---

26) Jacques Derrida, *Of Grammatology*, 10.

무의식의 테크네

섀넌은 정보 이론의 수학적 기초를 마련하며 영어 알파벳의 디지털 구성 요소인 숫자와 공백에 관해 흥미로운 문제를 제기했다. 즉 숫자와 공백은 알파벳 글쓰기에 내재적인 것인가? 영어 문자들이 결합해 시퀀스나 문장 등을 구성할 때에 그 안에 추계적 구조가 있는가? 디지털 글쓰기의 책략은 수학자들이 지적 자원을 찾기 위해 어디로 갈 것인지에 관한 놀라운 흔적을 남겨 주는 것 같다. 정보 이론에 기호 논리와 코드를 제공한 수학적 추론 자체가 디지털 미디어의 존재 이유는 아니다. 이미 언급했듯이 섀넌과 그의 동료들은 벨연구소에서 무작위 단어 게임을 택해 27문자 알파벳의 각 문자별 빈도를 계산했지만, 이 게임은 프로이트적 무의식의 작동에 내한 과학적 통찰을 얻기 위해 혁신적인 단어 연상 실험 등 정신 테스트 실험을 개발한 칼 G. 융과 같은 정신분석학자들로 거슬러 올라갈 수 있다. 20세기 초 정신분석학자들은 정신이 우연, 오류, 반복 자동성(*Wiederholungszwang*)에 취약한 정신 기계(psychic machine)라는 견해를 구성하기 시작했다. 이 이론은 프로이트 자신에 의해 지지되고 부분적으로 발전되기도 했다.[27] 반세기 동안 연상 실험은 사이버네틱스의 지배를 받는 과학과 사회과학의 여러 분야에서 무의식의 특권적인 테크네로 발전했다. 이것은 라캉이 에드거 앨런 포의 「도둑맞은 편지」에 대한 유명한 독해에서 프로이트의 반복 자동성 개념을 해석한 즉각적 맥락이다.

디지털 미디어의 글쓰기는 무엇이며 어디에 있는가? 우리가 디지털 기계 자체의 하드웨어와 소프트웨어의 지시에 따라 움직이는 데 만족하

27) 자세한 논의는 2장을 보라.

지 않는 한, 그 답은 단순히 '코드'나 '컴퓨터 프로그래밍'일 수 없다. 컴퓨터 구조 안에서는 0과 1 외에도 항상 다른 일이 계속되고 있는데, 이는 **디지털 혁명의 핵심 문제가 인간의 정신을 컴퓨팅 기계라는 모델에 따라 정신 기계로 재구성하는 것**이라는 데 있기 때문이다. 이런 공학을 위해서는 추계적 과정의 개념과 그 과정을 포착하기 위한 명확한 절차를 구현하는 무의식의 테크네가 필요하다. 따라서 이 장 제목의 질문에 대한 우리의 답은 뇌의 신경망과 컴퓨팅 기계 사이에 열려 있는 넓은 사이버네틱 공간 어딘가에 있다는 것이다. 이와 관련하여 매컬러와 피츠가 수행한 선구적인 작업—2장과 4장에서 논의한다—은 사이버네틱스 학자들이 정신 기계 안에서 무엇이 **디지털이고 연산 가능**한지에 관해 고민해 왔다는 것을 보여 준다. 무의식의 테크네가 지속적으로 발전하고 정교해지면서 정신에 대한 사이버네틱스 공학이 디지털 미디어에 특히 적합해졌고 할 수 있다. 직관적인 정신 테스트 게임이 정신분석학과 심리물리학에서 정보 테크놀로지, 신경생리학, 사이버네틱스, 인공지능, 심지어 대중 매체의 공학적 프로그램으로 어떻게 옮겨 갔는지 살펴볼 필요가 있다. 마셜 매클루언이 초당 300만 개의 도트 매트릭스의 빛 펄스로 시청자를 폭격하는 텔레비전에 대해 논평한 것은, 대중 매체가 효과적인 사회경제적 · 이데올로기적 이득을 위해 의식과 무의식의 연속체를 어떻게 이용했는지를 피상적으로 보여 주는 것일 뿐이다.[28] 주체의 인식 부족과 자동적 반응을 전제로 하는 사용자의 기계적 시스템 속으로의 내삽을 보는 헤일스의 통찰력 있는 언급은 우리 한가운데에 프로이트 로봇의 도착과 관련해 유의미한 문제들을 계속 제기해 준다.

물론 문화 산업과 대중 매체가 무의식의 조작을 적극적으로 성찰할 수

28) McLuhan, *Understanding Media: The Extensions of Man*, 313.

있는 유일한 장소는 아니다. 문화 비평가가 직면하는 엄청난 도전은 이데올로기의 전장이 주로 정치적 의식의 통제에서 형언할 수 없는 무의식의 기술적 조작으로 옮겨 간 상황에서 온다. 후자는 비평가들이 충분히 기록하고 분석한 바 있는 대형 생화학 회사가 제조한 정신 변경 약물의 사용과 남용에 국한하지 않는다. 이와 관련해 프랑크푸르트학파 비평가들의 통찰은 비판적 당위성의 조건을 재고하는 데 도움이 된다는 점에서 교훈적이며, 기술 관료주의와 도구적 이성에 대해 엄격한 비판을 가하고는 있지만 당시 정보 이론과 사이버네틱스를 다루지 못했다는 점에서는 시사하는 바가 크다. 이런 실패는 치명적일 수 있는데, 만약 지배 계급이 의식이 아닌 무의식을 이데올로기 조작의 주요한 장으로 바꾸었다면 이성과 합리적 비판의 미래는 어떻게 되는 것인가?

막스 호르크하이머와 테오도어 아도르노가 저서 『계몽의 변증법』 중 문화 산업에 대한 유명한 연구에서 비판한 대중적 기만은 의식적 정신이 도덕적 추론의 과정을 통해 그것을 그렇게 파악하는 한해서만 '기만'으로 간주된다. 그러나 시청자의 망막에 초당 300만 개의 도트 매트릭스의 빛 펄스가 도달하면 무의식에 강력한 영향을 미쳐 도덕적 추론에서 완전히 벗어날 수 있다. 이는 광고 산업의 관리자들이 잘 이해하고 있는 점이다. 이데올로기적 책략을 감지한 하버마스는 의식적 기만과 무의식적 (자기) 기만을 구별하지 않을 수 없었다. 그가 보기에, 무의식적 기만은 정신의 방어 기제와 갈등 억압으로 인해 발생하는 "체계적으로 왜곡된 커뮤니케이션"의 병리적 발현이다.[29] 그러나 이 구별은 그의 커뮤니케이션 합리성 이론이 커뮤니케이션의 객관적 규범을 효과적으로 안정화해 주관적

29) Jürgen Habermas, *The Theory of Communicative Action*, vol. 1: *Reason and the Rationalization of Society*, 332~333.

왜곡을 측정해 낼 수 있는 한에서만 유효하다. 정신분석학적 관점에서 볼 때 의식과 무의식, 그리고 그 사이의 공간은 최면, 시각/청각적 포화, 정신 변경 약물, 심리전 등을 통해 조작에 노출될 수 있다는 점에서 그에게 의식적 기만과 무의식적 기만의 구별은 극히 모호하다.[30]

프로이트는 이성과 커뮤니케이션 합리성의 힘에 대한 그런 확신을 공유하지 않으면서 어떻게 병리적인 장애가 항상 정신을 괴롭히고 치유될 수 없는지 탐구했다. 프로이트 무의식에 대한 혁신적인 작업에서 라캉은 커뮤니케이션이 합리적인 언어적 교환과는 매우 거리가 멀다고 주장하는데, 이는 특히 현대 커뮤니케이션 테크놀로지를 통해 수행되는 커뮤니케이션의 경우에 그렇다. 그의 주장에 따르면, 커뮤니케이션이라 불리는 것은 종종 "인간 목소리의 변조"와 이해라는 외양에 대해 우리가 갖는 인식이라 할 수 있는데, 이는 단지 "이미 알고 있는 단어들을 인식하는 것"을 의미할 뿐이다.[31] 라캉은 사이버네틱스와 전후 커뮤니케이션 테크놀로지를 특별히 언급하면서 커뮤니케이션의 이런 과정을 연구했다. 마크 테일러(Mark Taylor)는 『복잡성의 순간』에서 커뮤니케이션과 무의식 사이의 이런 관계를 설명하기 위해 헤겔 정신과의 흥미로운 연관성을 도출한다. 그는 다음과 같이 말한다.

> 정보 처리는 의식이나 자의식을 전제하지 않으며, 이성은 정보 처리 없이 불가능하다. 신경생리학적 활동과 면역 체계에서 연산 기계, 금융 및 미디어 네트워크에 이르기까지 정보는 의식의 그 어떤 흔적과

---

30) 이 때문에 정신분석학적 지식을 자기-성찰의 범주로 보는 하버마스의 통찰력 있는 비판이 타당성을 잃는 것은 아니다. Habermas, *Knowledge and Human Interests*, 214~273.

31) Lacan, "The Circuit," 82.

> 별도로 처리된다. 이러한 정보 처리 과정은 헤겔이 "객관적 정신"이라고 묘사한 것과 유사한 그 무엇이 되는데, 객관적 정신은 자연적, 사회적 과정 속에서 그리고 그 과정을 통해 등장한다.[32)]

테일러가 지적한 헤겔과의 연관성은 상징계에 대한 라캉의 작업으로 거슬러 올라갈 수 있다. 그리고 우리는 4장에서 라캉이 1950년대 중반 헤겔과 대화하면서 정보 처리 기계를 개념화한 방법과 그 맥락에서, 내가 사이버네틱 무의식(the cybernetic unconscious)이라고 부르는 개념을 라캉이 어떻게 발전시켰는지 살펴볼 것이다. 특히 그는 커뮤니케이션의 붕괴나 비인식의 순간이 어떻게, 정보로 전달될 수 있는 '비트'와 관련하여, 더 큰 측정 가능한 수준의 엔트로피—단순히 왜곡이 아닌—를 수반하지에 관심을 가졌다. 실제로 정신분석학과 정보 이론의 관계는 각각이 열역학 제2법칙에서 엔트로피라는 개념을 어떻게 차용했는가라는 관점에서 5장에서 더 자세히 살펴볼 것이다.

사실 정보 이론의 핵심적인 개념은 엔트로피다. 섀넌은 이 개념을 가지고 커뮤니케이션에 대한 수학적 이론에서 인쇄 영어의 추계적 구조를 계산했다. 그의 실험적 작업이 우리에게 제기하는 흥미로운 질문 중 하나는 글쓰기에 대한 추계적 관점이 한편으로는 언어, 문학, 모더니즘에 대한 기성 이론들과, 다른 한편으로는 무의식에 대한 정신분석학적 탐구와 어떠한 상관관계를 갖는가 하는 것이다. 이 질문은 우리의 연구와 관련이 있는데, 이는 언어, 자동 글쓰기, 생각 읽기에 관한 많은 초기 모더니즘 문학 및 정신분석학적 실험이 여러 면에서 섀넌의 인쇄 영어와 그의 "정신

---

32) Mark C. Taylor, *The Moment of Complexity: Emerging Network Culture*, 230.

읽기 기계"를 예견하게 해 주었기 때문이다. 예를 들어, 섀넌은 인쇄 영어에 대한 추계적 모델에서 낮은 중복도와 높은 엔트로피 비율을 예시하는 텍스트 중 하나로 제임스 조이스의 『피네간의 경야』를 인용한다. 엔트로피와 프로이트의 죽음 충동(*Todestrieb*)과의 가능한 연관성이 디지털 미디어 연구에서 흥미로운 문제가 되는 것은 특정 아이디어가 먼저 정신분석학으로 옮겨 가고 그다음에 정보 이론으로 옮겨 갔다는 점이다. 나아가 프로이트의 작업과 정신분석학은 일반적으로 정보 이론, 사이버네틱스, 모더니즘 문학 사이에 공유된 이론적 충동이나 암묵적 영향에 대한 몇 가지 흥미로운 단서를 제시해 준다. 이러한 광범위한 지적 합류의 계기들을 가로지르는 것은 무의식의 테크네인데, 이는 디지털 글쓰기, 기계, 사회공학과 연관된다. 이제 섀넌의 인쇄 영어 발명과 그것이 디지털 글쓰기 이론에 주는 함의들에 대해 살펴보자.

2장
인쇄 영어의 발명

> "유전자 기입"과 "짧은 프로그램 사슬"이 아메바나 환형동물의 행동을 조절하여 알파벳 글쓰기에서 말의 질서와 호모 사피엔스로의 이행에까지 이르게 한다는 점에서 그램(grammè)의 가능성은 그 역사의 운동을 매우 독창적인 수준, 유형, 리듬에 따라 구조화한다. 그러나 그램이라는 가장 일반적인 개념 없이는 이것들을 사유할 수 없다.
>
> - 자크 데리다, 『그라마톨로지에 관하여』

조너선 스위프트는 『걸리버 여행기』 제3권에서 라가도의 그랜드 아카데미에서 글쓰기 기계를 만든 한 과학자를 상상적으로 그린다. 이 기계는 단조롭고 고된 학습을 완화하고 "가장 무지한 사람이라도 합리적으로 부과된 의무에 따라 약간의 신체 노동만 하면 천재성이나 공부의 도움 없이도 철학, 시, 정치, 법률, 수학, 신학에 관한 책을 쓸 수 있게 해 준다."[1] 걸

1) Jonathan Swift, *Travels into Several Remote Nations of the World in Four Parts by Lemuel Gulliver*, 162.

<그림 2> 라르고 소재 그랜드 아카데미의 글쓰기 기계에 대한 걸리버의 원래 그림

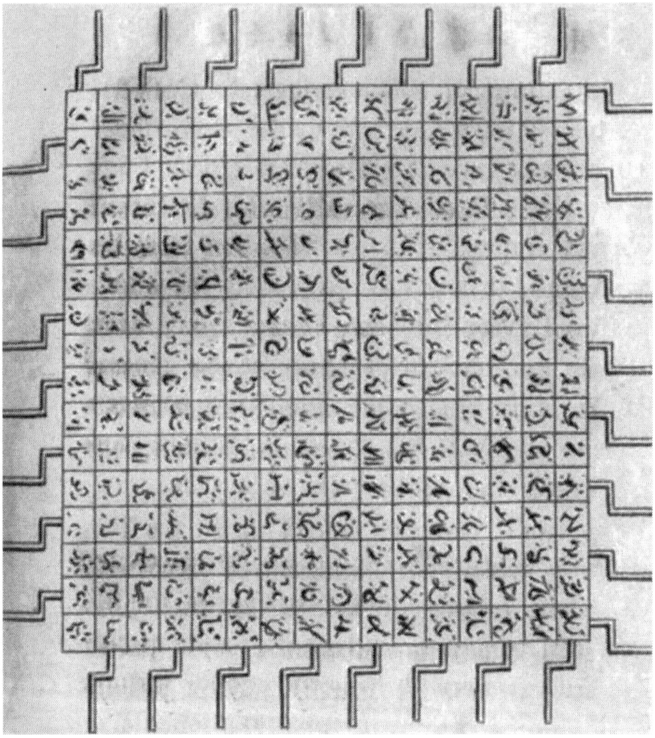

출처: 스위프트, <걸리버 여행기>(1726).

리버는 그랜드 아카데미에서 사변적 학습이란 이름의 과학 부서에 도착해 기계를 설계한 교수와 대화하며 새로운 기제가 어떻게 작동하는지 관찰할 수 있는 기회를 얻는다.

라가도 글쓰기 기계는 가느다란 와이어로 연결된 사각형 목재 블록들로 구성되며 레버 시스템으로 작동한다(그림 2). 이것은 각 블록의 측면들에 그림이 아닌 단어를 붙여 놓았다는 점을 제외하고는 아이들이 가지고 노는 나무 블록 게임과 비슷하다. 단어는 법, 시제, 활용 방식에 따라 제시되며 특별한 순서는 없다. 기계를 운용하며 교수는 개별 학생들에게 쇠 손잡이를 잡고 나무 블록들을 회전하여 단어들의 배치를 바꾸도록 지시한다. 그런 다음 40명의 학생 중 36명의 학생에게 기계의 프레임에 무작위로 나타나는 줄을 읽도록 한다. 그들이 문장의 일부를 구성할 단어 3~4개를 접할 때마다 그 결과를 나머지 네 명의 학생이 전사한다. 작업은 3~4회 반복된다. 교수의 글쓰기 기계는 매우 독창적으로 설계되어 있어서 나무 블록들이 위아래로 움직일 때마다 단어들이 새로운 곳으로 움직여 새로운 문장들을 만들어 낸다.

스위프트의 풍자 의도에도 불구하고 글쓰기 기계는 이후 세대들의 암호화 작업자들과 문학 학자들을 계속 매료시켰다.[2] 18세기의 수치 매트릭스 메커니즘에 대한 단순한 사고 실험처럼 보였던 것이 이제 오늘날의 컴퓨터 테크놀로지라는 전자적 현실로 변모했다. 우리가 컴퓨터에서 보는 범용 이산 기계와 라가도 기계가 매우 유사하다면, 이는 그 원형이 조합 논리와 확률이라는 동일한 수학적 원리에 기반해 작동하기 때문이다. 걸리버가 말하기를, 교수는 그랜드 아카데미에서 라가도 언어의 전체 어휘를 그의 기계 안에 저장한 후 "책들에 나오는 소사, 명사, 동사 등 말을 구성하는 각 요소들의 수의 일반적인 비율을 매우 엄격하게 계산했다."(163) 현대 수학자 조르주 길보(Georges Th. Guilbaud)는 다음과 같이 말한다. "오늘날 사이버네틱스라는 보호 배너 아래 스위프트의 꿈은 이제 현실이 되었다. 물론 손이 아닌 전자식으로 조작되며, 심지어 사람

---

2) 1962년 프랑스의 피에르 앙리옹은 이 소설의 코드 작업을 분석하는 책을 출간했다. Pierre Henrion, *Jonathan Swift Confesses*를 보라.

들이 '시'라 부르는 것도 생성한다."[3] 불행히도 걸리버의 보고서에는 라가도 기계에 대한 개략적 묘사만 있을 뿐 그 기계가 생성한 문학적 샘플은 없다.

그랜드 아카데미의 글쓰기 기계가 그 이국적인 특성을 보여 주는 시를 생성할 수 있었다고 가정해 보자. 시는 어떤 모습이었을까?[4] 20세기 튜링 기계와 벨연구소의 공학자들이 생성한 자동 글쓰기(automatic writing)와 닮지 않았을까? 라가도 방식—즉 무작위 문자와 단어 연상—으로 생성된 영어 운문을 보라. 운문 한 줄은 아래와 같다.

> IT HAPPENED ONE FROSTY LOOK OF TREES WAVING GRACEFULLY AGAINST THE WALL.[5](벽 앞에서 우아하게 흔들리는 서리 낀 듯한 나무의 모습이 나타났다.)

미국의 위성 커뮤니케이션 시스템의 수석 설계자이자 다재다능한 공상과학 작가인 존 R. 피어스(John R. Pierce)는 운문 실험의 배후에 있던 인물들 중 하나다.[6] 그의 보고에 따르면, 이 특별한 실험은 1960년대에

---

3) G. Th. Guilbaud, *What Is Cybernetics?*, 69.

4) 라가도 기계의 원래 판에 있는 이상한 알파벳 문자는 스위프트와 동시대 인물인 조지 살마나자르(George Psalmanazar, 1679~1763)의 유사한 제작물과 비교해 볼 수 있는데, 이 두 알파벳 사이에 여러 문자가 겹치기 때문이다. 스위프트의 그림은 Psalmanazar, *A Historical and Geographical Description of Formosa* (London, 1704)에 나오는 판에 대한 패러디를 의도한 것일 수 있다. 우리는 대만의 식인 풍습에 대한 살마나자르의 주장이 스위프트의 "겸손한 제안"에 원천적 영감을 제공했다는 것을 알고 있다. 살마나자르의 가면, 대만 문자 및 문화적 정체성에 대한 나의 논의에 관해서는 Liu, *Tokens of Exchange: The Problem of Translation in Global Circulations*, ed. Lydia Liu, 15-21을 보라.

5) John R. Pierce, *Science, Art, and Communication*, 127.

이루어졌는데, 수학자 두 명과 공학자 두 명이 함께 몇 시간의 브레인스토밍을 한 후 비상한 운문을 생성했다. 그들은 추계적 과정을 이용해 스위프트가 묘사한 상상의 라가도 기계의 경우와 다르지 않은, 우리가 앞서 본 바와 같은, 의미(sense)와 무의미(nonsense)의 경계에 있는 단어 시퀀스 내지 구문을 생성했다.

추계적(stochastic) 과정은 수학적 절차에 따라 정확하게 분석되고 형식화될 수 있는 일련의 무작위 시리즈를 만들어 내는 주사위 또는 우연의 놀이다. 문자, 단어 또는 표기 기호의 생성에서 추계적 과정은 필연적으로 의식의 중심을 우회—문학 이론에서 말하는 저자의 죽음—하는바, 단어들의 생성은 우연의 선택과 조합을 따른다.[7] 위에서 인용한 운문의 단어들은 클로드 섀넌의 실험적 방법, 그리고 인쇄 영어(Printed English)의 중복도와 엔트로피 비율에 대한 그의 수학적 연산을 사용해 조합한 것이다. 본질적으로 운문 구성은 n-문자 시퀀스와 관련한 우연과 확률의 놀이를 전제하는데, 이 놀이는 라가도 기계의 정신에 따라 무의미 또는 무작위 영어 구절을 만들어 내기도 한다.

저작자의 의식을 관여시키지 않는 대신 우연이나 무의식적인 추계적 과정에 의존하는 문학적 실험을 접할 때 우리의 첫 반응은 회의적인 태도를 보이는 것이거나 결과물을 좋은 또는 나쁜 시로 판단하는 것이다. 그러나 이 판단이 실제로 무슨 일이 일어나고 있는지와 관련이 있는가? 문제는 우리의 예술적 판단이 종종 미디어 테크놀로지 표준, 글로벌 시장,

---

6) 벨연구소에서 수행한 피어스의 작업에 대한 나의 논의에 관해서는 다음 3장을 보라.

7) '추계적(stochasitc)'이라는 용어의 프랑스어 'aleatory'로의 번역에 대한 추가 논의는 4장을 보라. 프랑스어에서 영어로의 역번역은 또한 'aleatory'지만, 이 차용어는 수학적 개념을 '추계적'이라는 단어 속에 포함시킨다.

그리고 예술 작품을 생산하고 평가하는 공공 기관 등의 기준과 분리해 생각하기 어려운 기준들에 의존한다는 것이다. 최근 몇 년 동안 뉴미디어가 확산하면서 진자는 이제 반대 방향으로 움직이는 것 같다. 점점 더 많은 사람이 컴퓨터가 생성한 문학, 음악, 게임, 영화, 설치 예술에 반대하지 않을 뿐만 아니라 포스트모던, 포스트휴먼 표현물로 받아들이기 시작했다. 이런 상황은 당연히 데자뷔인데, 인쇄, 사진, 영화 등 올드 미디어도 처음 소개되었을 때 한동안 안전감과 행복감이라는 경험을 주었기 때문이다. 우리가 역사에서 어떤 교훈을 얻었다면, 적어도 오래된 같은 이야기를 반복하지 않고 라가도 글쓰기 기계를 조금 더 현명하게 볼 수 있다. 뉴미디어가 도래하면서 이 기계는 길보의 말대로 디지털 기계, 전자적 기계가 되었고, 좋든 나쁘든 그 기계가 현대의 사회적·정치적 생활의 엔진이 되었다는 점에서 가볍게 간주해서는 안 된다. 우리의 과제는 기계 자체의 기술성을 통해 이 사건의 철학적 함의를 파악하고 이런 지식을 디지털 미디어에 대한 보다 폭넓은 정치적 이해와 연관시키는 것이다.

20세기에 일어난 알파벳 글쓰기의 독특한 개조는 현대의 문학 이론과 철학적 담론에서 글쓰기에 관해 몇 가지 제안을 테스트하고 재고할 수 있는 독특한 기회를 제공한다. 우리가 이 기회를 가지고 무엇을 하든 한 가지는 아주 분명하다. 즉 문학 이론가나 미디어 이론가는 더 이상 섀넌의 인쇄 영어 발명을 우회해서 올드 또는 뉴 미디어에서의 텍스트성, 주체성, 테크놀로지, 이데올로기에 대한 담론을 다룰 수는 없다는 것이다. 1장에서 언급한 바와 같이, 섀넌은 음성 알파벳을 말의 상징적 재현이 아니라 표의문자적 체계로 간주했고, 유전자 코드라는 말 없는 코드를 탐구하는 분자 생물학자들은 더 나아가 이를 생명의 책에 대한 표의문자적 글쓰기로 재구성해 냈다. 이제 이를 통해 정보 이론의 개념적 근거를 다시 살펴봄으로써 어떻게 숫자, 문자, 공백으로 구성되는 표의문자적 알파벳이 전후 시대에 모든 코드를 포괄하는 마스터 코드가 되었는지를 이해할 수 있다.

이 책은 글쓰기를 빼놓고는 문명을 생각할 수 없다는 데에서 시작한다. 디지털 글쓰기에 관해 즉각 제기되는 질문은 알파벳 기호들의 추계적 속성과 그것들의 기술적 구현을 둘러싼 과학적 실험의 본질과 직접 관련된다. 이 질문들 중 다수는 벨연구소의 사이버네틱스 학자들과 과학자들이 수행한 초기 단계의 실험적 작업에서, 그리고 피어스가 기록해 놓은 구절들에서 발견된다. 일반적으로 과학자들은 인간 지식의 총체성에서 자신의 작업이 갖는 의미를 야심 차게 주장한다. 길보는 "자동 글쓰기는 그 자체로 끝이 아니다. 과학자에게는 이것이 일반적인 의미의 기계이든 잠재의식적인 인간 기제이든, 그것을 생산하는 장치에 내재한 구조를 밝히는 것 이외에 다른 목적은 없다"고 주장한다.[8] 이 진술이 우리에게 친숙한 초현실주의적 또는 아방가르드 선언보다 지나치게 야심 차게 보인다면, 이는 사이버네틱스 연구와 정보 이론의 보편주의적 열망에 관해 무언가 말해 주는 것이라 할 수 있다.

이 장에서는 정보 이론에서 이루어진 27문자 영어 알파벳의 발명을, 그리고 특히 새로운 커뮤니케이션 시스템에 대한 중요한 이론적 틀을 발전시키는 데 섀넌의 27번째 문자와 인쇄 영어가 수행한 중심적 역할을 검토할 것이다. 그에 앞선 선구자들과 관련 출처 중에서 가장 중요한 것들은 모스 코드, 마르코프 연쇄, 그리고 기본 영어, 제임스 조이스의 『피네간의 경야』와 같은 주요한 실험적 구성물들이다. 주지하는 바와 같이, 정보 이론은 2차 세계대전의 군사 암호 개발과 정보 테크놀로지에서 나왔지만, 이는 20세기 초 언어, 문학, 무의식에 대한 모더니스트 실험에 의해

8) Guilbaud, *What Is Cybernetics?*, 70.

형성된 것이기도 하다. 섀넌은 언어와 문학에서의 실험 작업들이 영어 글쓰기의 추계적 분석을 발전시키는 데 중요한 역할을 했다고 인정했다. 알파벳 글쓰기에 대한 이런 접근의 기저에 있는 가정은 정신이 우연, 오류, 반복 자동성을 보이는 정신 기계라는 것이다. 이 가정은 초기 정신증자의 단어 연상 게임으로, 그리고 『일상생활의 정신병리』에서 다룬 무의식적인 숫자 놀이에 대한 프로이트 특유의 모색으로 거슬러 올라간다. 20세기의 문학적 · 과학적 · 정신분석학적 탐구에서 수, 문자, 공백의 상호 작용을 향한 표의문자적 움직임은 숫자 게임이 결국 디지털 미디어의 정신 기계로 진입하는 과정을 이해하는 열쇠가 된다.

알파벳 글쓰기의 추계적 과정에 대한 섀넌의 분석은 이런 식으로 문학적 모더니즘과 정신분석학과 연계될 뿐만 아니라 분자 생물학의 새로운 관용구, 그에 따른 생명의 책에 대한 보편적 글쓰기, 그리고 새로운 글쓰기 철학을 낳았다. 정보 이론과 분자 생물학 사이의 담론적 관계는 잘 알려져 있고 잘 서술되어 있지만, 자크 데리다의 그라마톨로지 프로젝트에서 유전자 코드의 지위는 여전히 모호하다. 이 장에서는 이 관계를 밝히고 사이버네틱스와 정보 이론이 철학과 언어 연구에 제기한 지적 과제들을 다루고자 한다. 이런 과제들 중 가장 근본적인 것은 보편적 이산 기계와 신경망 기계에서 표의문자적 기입이 차지하는 중요성이다. 이는 인문학자들로 하여금 무엇이 보편적 기호에 권위를 부여하는지, 그리고 어떻게 보편적 기호가 이산 단위를 구성하여 언어와 말을 우회해 작동하게 되었는지 다시 생각하게 해 준다. 또한 이것은 표의문자를 흔히 상형문자나 원시적 사고방식과 혼동하는, 글쓰기에 대한 전통적인 진화론적 견해들을 재고하게 해 준다.

어떻게 영어 알파벳은 하나의 새로운 문자를 획득했는가

클로드 섀넌(Claude E. Shannon)이 1948년 영어 알파벳에 27번째 문자를 추가했을 당시에 아무도 음성 알파벳이 완전하지 못하다는 것을 결코 의심하지 않았다. 즉 "공백"을 다른 문자와 동등하지만 **비음성적으로 생산된** 실증적 기호로 코드화하는 섀넌의 새 문자 도입은 전후 초기에 정보 이론의 수학적 토대를 마련하는 첫 번째 초석이 되었다. 이것은 뉴턴의 사과만큼 혁명적이었다.[9] 그러나 학자, 특히 문학 연구 분야의 학자들은 이 사건의 중요성을 상대적으로 늦게 알아챘다. 언어 철학자들도 이런 일을 제대로 다룰 정도로 디지털 글쓰기와 뉴미디어에 대한 의미 있는 진술을 할 수 있을 것이라고 생각되지 않는다. 정보 이론이 지난 반세기 동안 컴퓨터 과학, 언어학, 암호학, 군사 테크놀로지, 분자 생물학, 신경생리학 등에 미친 영향을 많은 사람이 인식하고는 있었지만, 다음과 같은 질문은 제기하지 않았다. 27문자 영어 알파벳은 알파벳 글쓰기에 대한 우리의 인식에 도전을 제기하고 있는가?

섀넌은 영어를 "인쇄 영어(Printed English)"라는 이름으로 부르며 하나의 통계적 체계로 접근했다. 20세기의 가장 중요한 발명 중 하나인 인쇄 영어는 19세기 전신 코딩 체계의 직계 후손이다. 2차 세계대전 중에 섀넌은 모스 코드를 면밀히 분석했지만, 그 작업의 대부분은, 정보 이론

---

9) C. E. Shannon and Warren Weaver, *The Mathematical Theory of Communication*, 43을 보라. 이 책의 토대가 된 문헌은 섀넌의 1945년 벨연구소 보고서 "A Mathematical Theory of Cryptography," 그리고 1948년에 발간한 논문 "The Mathematical Theory of Communication," *Bell System Technical Journal*, 27, 3～4 (1948), 379～423; 623～656이다. 또한 M. D. Fagen, ed., *A History of Engineering and Science in the Bell System*, 317을 보라.

의 수학적 기반을 마련한 "커뮤니케이션에 대한 수학적 이론"(1948)을 ≪벨 시스템 테크니컬 저널≫에 처음 발표했을 때 비밀로 분류되어 있었다. 2년 후 그는 "인쇄 영어의 예측과 엔트로피"라는 후속 논문에서 정보 이론과 관련한 실험적인 작업을 더욱 발전시켰다. 이 연구들은 2차 세계대전 기간 중 행한 그의 암호 작업과 밀접히 연관되는 것이었는데, 세계대전 당시 그는 암호 분석에서 알파벳 글쓰기의 통계적 측면을 탐구하고 미군을 위해 벨연구소에서 비밀 시스템을 설계하는 데 기여했다. 예를 들어, 섀넌은 1945년 9월 벨연구소에 제출한 〈보고서 MM 45-110-02〉로 알려진, "수학적 암호화 이론"이라는 제목의 비밀 보고서를 작성했다. 1949년 비밀에서 해제된 후 이 보고서는 ≪벨 시스템 테크니컬 저널≫에 "비밀 시스템에 대한 커뮤니케이션 이론"이라는 제목으로 게재되었다.

섀넌은 인쇄 영어를 수학적 분석의 대상으로 간주했다. 지적으로 엄밀함을 추구하는 그는 수학적 정리, 다이어그램 표, 트리그램 등으로 그 개념을 발전시켰고 특별한 경우에만 언어로 기술했다. "인쇄 영어"라는 용어는 그의 유력한 논문인 "인쇄 영어의 예측과 엔트로피"라는 제목에 처음 등장했다. 또한 섀넌은 이를 "커뮤니케이션 이론: 기본 원리들의 해설", "정보 이론" 등 다른 논문들에서도 다뤘다.[10] 때때로 그는 "인쇄 영어"를 "통계적 영어"로 바꿔 사용하기도 했다.[11] 암호 기법을 반영한 인쇄 영어는 A에서 Z까지의 26개 문자 더하기 27번째 문자로 구성되는바,

10) N. J. A. Sloane and Aaron C. Wyner, eds., *Claude Elwood Shannon: Collected Papers*, 175, 215를 보라.

11) Shannon, "Communication Theory-Exposition of Fundamentals," (174), 그리고 1949년 11월로 표시된 3페이지짜리 타이핑 원고인 그의 미간행 논문 "Samples of Statistical English," Bell Laboratories, in N. J. A. Sloane and Aaron C. Wyner, eds., *Claude Elwood Shannon: Collected Papers*를 보라.

각 문자에 대응하는 숫자 기호들의 텍스트로 번역된다. 이 마지막 문자는 수학적으로 '공백(space)'의 코드다. 커뮤니케이션 공학에서는, 구어에서와 같이 26개 문자와 음성 단위 사이가 아닌, 27개 문자와 각각에 대응하는 숫자 사이에 기호 대응이 설정된다. 오해의 소지가 있는 이름이지만, 인쇄 영어는 필기 영어 단어들이나 인쇄물에서 흔히 보는 시각적 인쇄 기호들의 기계적 재생산과는 공통점이 거의 없다. 인쇄 영어는 수학과 통계학으로 엄밀하게 정의되는 개념이다.

수학자이자 공학자인 섀넌은 2차 세계대전에서 최고 기밀의 "프로젝트 X" 시스템을 포함해 전시 암호화 문제에 주목하며 경력을 시작했다. 그는 미시간대를 졸업하고 1937년 MIT에서 대학원을 마쳤다. 벨연구소에 합류해 2차 세계대전에서 화재 제어 시스템과 암호화 작업을 수행하며 ≪벨 시스템 테크니컬 저널≫에 "커뮤니케이션에 대한 수학적 이론"이라는 유력한 논문을 발표했다. 커뮤니케이션 이론을 발전시키는 과정에서 섀넌은 과거의 모스 코드와 암호화 발명품들을 면밀히 연구했다.[12] 그의 분석은, 모스 코드가 점과 대시 이상으로 구성된다는 사실에 맞춰져 있었는데, 이는 문자들 사이의 공백이나 단어들 사이의 공백도 이산 채널을 통해 전송되어야 하기 때문이다. 각 시퀀스는 여러 가능한 상태들(유한 상태)에 의해 제한되며, 하나의 집합에서 나온 특정 기호들만이 각 상태에 대응하여 전송될 수 있다. 섀넌은 다음과 같은 사실을 통해 이 과정을 보여 주고자 했는데, 전신 메시지의 전송에서 "공백이 전송된 마지막 기호인지 여부에 따라 두 가지 상태가 존재한다. 공백이 마지막

12) 고대부터 제1차 세계대전까지의 암호화 시스템에 대한 플레처 프랫(Fletcher Pratt)의 논의를 그가 잘 알고 있었다는 것은 Shannon and Weaver, *The Mathematical Theory of Communication*, 42에서 볼 수 있다.

<그림 3> 모스의 초창기 전신 코드

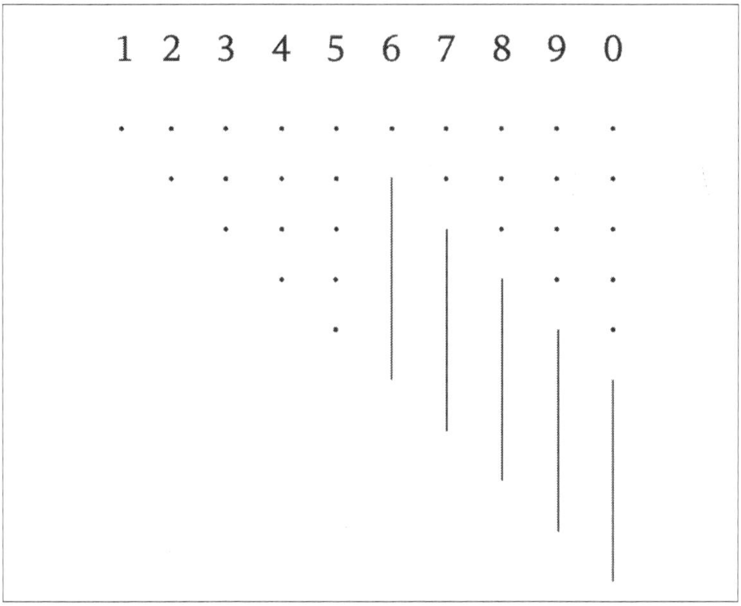

출처: 새뮤얼 F. B. **모스의 공책**, p. 25.

기호일 경우, 다음에 점이나 대시만 전송될 수 있으며, 상태는 항상 변경된다. 그렇지 않은 경우, 그 어떤 기호라도 전송될 수 있다. 공백이 전송될 경우 상태는 변하며, 공백이 전송되지 않은 경우에는 동일한 상태로 유지된다."[13](4장의 〈그림 21〉을 보라.)

새뮤얼 F. B. 모스가 가장 먼저 점/대시 코드 중 하나를 십진 코드로 개념화하면서 이미 그 중요성을 알고 있었다는 점에서 섀넌이 자신의 분석에서 문자들 사이의 공백이나 단어들 사이의 공백을 발견한 것은 아니라

13) Shannon and Weaver, *The Mathematical Theory of Communication*, 38.

<그림 4> 모스의 초창기 톱니 설계

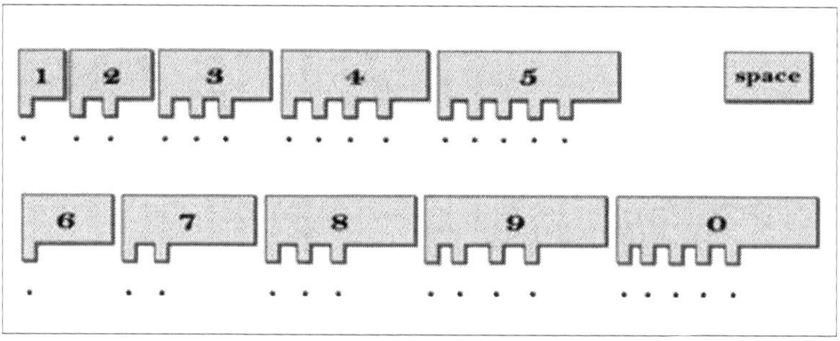

출처: 새뮤얼 F. B. 모스의 공책, p. 28에서 재구성함.

는 점에 유의해야 한다(그림 3). 모스는 첫 다섯 자리를 점으로 표현하고 이어지는 다섯 자리는 대시로 표현한다고 하고, 이어서 그의 공책에서 다음과 같이 언급한다. "1개의 공백으로 첫 번째 5개 숫자 각각이 분리된다. 2개의 공백으로 두 번째 5개 숫자 각각이 분리된다. 3개의 공백으로, 완성된 각 숫자가 분리된다."[14] 모스는 톱니 모양의 시리즈를 설계해(그림 4) 〈그림 3〉에 표시된 코드에 대응하도록 전류의 흐름을 제어했다. 톱니는 레버를 올리도록 되어 있어 각 회로에서 메시지를 전송하는 회로를 닫는다. 모스 코드에서, '공백'이라는 아이디어는 그런 설계로 구현되었지만, 문자숫자 체계(alphanumeric system) 내에서 각각의 문자나 숫자에 해당하는 추상적 기호로 완전히 개념화된 것은 아니었다. 섀넌이 27개 알파벳 체계로 가져올 때까지 '공백' 문자는 모스 코드에서 암묵적으로만 있었다고 할 수 있다. 추가된 이 문자와 함께 섀넌은 수학적 엄밀성을 가지고 이전에 시도한 적이 없는 알파벳 글쓰기의 분석을 수행했다고 할 수

14) Carleton Mabee, *The American Leonardo: A Life of Samuel F. B. Morse*, 152.

있는데, 예외가 있다면, 다음 절에서 논의할 러시아 수학자 안드레이 안드레예비치 마르코프의 작업이다.

1878년 니체(Nietzsche)는 선견지명과 같은 언급을 한 바 있다. "언론, 기계, 철도, 전신은 아무도 감히 내리지 못한 천년의 결론을 보여 주는 기약이다."[15] 지나고 나서 볼 때 모스의 전신은 언어적 교환을 단순히 합리화하고 촉진하는 것 이상을 해냈음이 분명한데, 이는 그것과 더불어 장거리에 걸친 새로운 인간-기계 관계가 나타날 것이라는 점을 강력히 시사하는 커뮤니케이션 모델을 가능하게 해 주었기 때문이다. 모스의 오랜 사업 파트너인 앨프리드 베일(Alfred Vail)은 최초의 성공적인 전신 장치를 설계하는 데 핵심적인 역할을 했고, 우리가 알고 있는 모스 코드를 완성한 사람으로 인정받고 있다. 베일은 전신의 발명에 관해 저술한 첫 번째 팸플릿 중 하나에서 다음과 같이 언급한다. "볼티모어의 참여자는 워싱턴에서 보내는 이 메시지를 전송하는 데 아무런 역할을 할 수 없다는 점에서 분명코 볼티모어의 전신실에 그가 존재할 필요조차 없으며 미리 **거기에 있습니까?**라고 물어볼 필요도 없다."[16] 그는 워싱턴과 볼티모어 사이에 미국에서 건설된 첫 번째 전신선의 성공적인 공개 시험을 말하는 것이다. 인용문에 제기된 인간 행위자의 존재 유무에 대한 문제는 도발적인 것이며, 이 문제는 커뮤니케이션 테크놀로지가 즉각적 전송의 발신 및 수신 지점을 자동화해 주었다는 점에서 반복해서 제기되었다. 전자기 전신 발전의 여명기에 베일의 생각은 자동화된 커뮤니케이션이 무엇을 의미하는지, 그리고 그 과정은 어떠했는지에 관한 중요한 이론적 이슈를 제기

---

15) Friedrich Nietzsche, *Human, All Too Human: A Book for Free Spirits*, 378.

16) Alfred Vail, *Description of the American Electro Magnetic Telegraph Now in Operation Between the Cities of Washington and Baltimore*, 21.

하는 것이었다. 프로이트와 라캉에 대한 우리의 논의에서 볼 수 있듯이, 인간/기계 연속체는 무의식에 대한 정신분석학적 연구의 핵심에도 적용되었다. 니체의 언급 이후 한 세기가 넘은 시점에서 우리는 니체의 세대보다는 향후 100년 동안 일어날 일을 예측하는 데 덜 확신을 가지고 있지만, 커뮤니케이션 기계를 지배하는 전제들을 탐구함으로써 베일이 제기한 철학적 질문—**거기에 있습니까?**—을 모색할 수 있다.

커뮤니케이션 체계에서는 메시지와 신호 모두 이산 기호들의 시퀀스로 처리되어야 한다. 모스 코드의 메시지는 문자와 신호의 시퀀스, 즉 정보원, 송신기, 채널, 수신기, 종착지로 구성되는 커뮤니케이션 체계에 의해 처리되는 점, 대시, 공백의 시퀀스다(그림 5). 모스 이후 정확히 100년 후 클로드 섀넌은 전신 커뮤니케이션 모델을 탐구해 정보 이론을 위한 수학적 기반을 마련했다. 수평으로 된 전송 라인 아래에 묘사된 노이즈원을 제외할 때, 모스와 베일은 섀넌의 커뮤니케이션 체계가 낯설지 않다는 것을 알게 될 것이다. 인간 에이전트의 존재("**거기에 있습니까?**")는 그 체계에 내재적이지 않을 뿐만 아니라(물론 체계에 연결된 인간 행위자들은 항상 있다), 커뮤니케이션의 의미론적 측면도, 그들이 해결해야 할 공학적 문제들과 관련이 없다는 점에서 섀넌의 관심이 아니었다. 섀넌의 문제는 노이즈 없는 이산 체계를, 그리고 노이즈 없는 이산 채널을 설계해야 한다는 것이었다. 벨연구소 공학자들에게 노이즈란 메시지 전송에 영향을 줄 수 있는 오류, 왜곡, 외부 재료와 같은 우연적 변수들을 의미한다. 섀넌은 모스와 베일에서 출발해 27개 문자 알파벳 자체를 통계적 체계로 간주하고 커뮤니케이션을 확률 연구의 대상으로 접근했다. 그는 적절한 코딩을 통해 유용한 전송 정보 비율(전체 불확실성에서 노이즈 불확실성을 뺀 값)을 극대화해 주는 메시지의 평균 불확실성을 측정했다. 그의 유명한 정리에 따르면, 정보원 (정보) 비율이 채널 용량보다 작거나 같으면

<그림 5> 클로드 섀넌의 정보 이론에 입각한 커뮤니케이션 체계

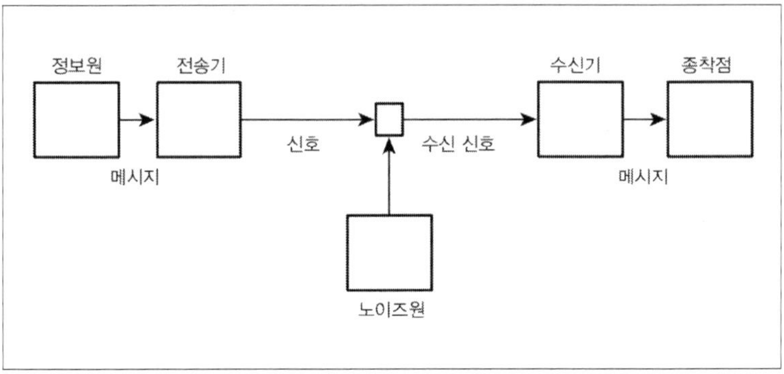

출처: Claude E. Shannon and Warren Weaver, *The Mathematical Theory of Communication* (1949/1998).

정보원의 메시지는 본질적으로 오류 없이 채널을 통해 전송될 수 있다.[17]

인쇄 영어란 무엇인가

수학적 관점에서 볼 때, 언어의 통계적 구조에 대한 우리의 암묵적 지식은 간단한 실험을 통해 일련의 수치 데이터로 변환될 수 있다. 이 실험 설계를 통해 수학에서 마르코프 연쇄(Markov chain)라 불리는 추계적 과정이 결정된다. 마르코프 연쇄는 하나의 체계가 가질 수 있는 유한한 수의 가능한 "상태들", 즉 S_1, S_2, …, S_n을 기술한다. 또한 체계가 상태 Si에 있는 경우 다음에 상태 Sj로 갈 확률인 일련의 전이 확률 $pi(j)$들이 존재한

17) Shannon and Weaver, *The Mathematical Theory of Communication*, 108.

다. 인쇄 영어에서 27개 문자 기호라는 유한한 알파벳의 경우, 상태 S_j는 26개 문자 중의 하나 또는 '공백' 기호로 표현될 수 있다. 따라서 미래 상태의 분포는 현재 상태에 따라 달라지며, 현재 상태에 어떻게 도달했는지에 따라 달라지지는 않는다. 현재 상태를 토대로, 예를 들어, 영어에서 문자 Q 다음에 문자 U가 올 확률이 매우 높다고 예측할 수 있다. 섀넌이 알파벳 문자를 분석 대상으로 다루면서 러시아 수학자 안드레이 안드레예비치 마르코프를 언급한 것은 놀라운 일이 아니다.

마르코프는 푸시킨의 『예브게니 오네긴』이라는 문학 텍스트를 추계적 분석에 적용한 최초의 수학자다. 그의 글쓰기 수학화는 마르코프 연쇄에 관한 이론의 발전으로 이어졌고, 이는 섀넌의 정보 이론에 중요한 선도적 작업이 되었다.[18] 마르코프 과정을 정보원에 투입하기 위해 섀넌은 "한 상태에서 다른 상태로 전환될 때마다 하나의 문자가 생성된다고 가정하기만 하면 된다. 상태는 앞선 문자들이 미치는 '영향의 잔여물'에 해당한다"고 말한다.[19] 이 과정은 인간 피험자가 알려지지 않은 언어 텍스트를 한 문자씩 추측하도록 하는 실험에 확률적 구조를 제공한다. 아마도 존 R. 피어스와 벨연구소의 동료들이 이 장에서 앞서 인용한 구절—IT HAPPENED ONE FROSTY LOOK OF TREES WAVING GRACEFULLY AGAINST THE WALL—을 도출한 방식일 것이다.

키틀러(Kittler)는 『담론 네트워크』에서 19세기 후반 독일의 심리학자

---

18) 영어권의 최근 연구들에 관해서는 데이비드 링크의 다음 논문들을 보라. David Link, "Traces of the Mouth: Andrei Andreyevich Markov's Mathematization of Writing," "Classical Text in Translation: An Example of Statistical Investigation of the Text *Eugene Onegin* Concerning the Connection of Samples in Chains," 그리고 "Chains to the West: Markov's Theory of Connected Events and Its Transmission to Western Europe."

19) Shannon and Weaver, *The Mathematical Theory of Communication*, 45.

헤르만 에빙하우스(Hermann Ebbinghaus)가 심리물리학에서 기억 연구를 수행하기 위해 자동 실험을 어떻게 고안했는지를 보여 준 바 있다. 에빙하우스의 자동 실험은 "무의미(nonsense) 음절"과 무작위 문자 조합(자음-모음-자음 조합)을 다루었는데, 키틀러는 이를 기술화된 기입(technologized inscription)의 직계 선조로 본다. 키틀러가 주장하기를, "물론 에빙하우스는 소리 내어 읽을 수 있는 음소들을 다루었지만, 음소들은 그에게 글로 제시되었다. 2299개 모두를 사용하고 출력과 입력이 다시 시작될 수 있을 때까지 음절 하나하나가 무작위 생성기에서 나와 책상 위에 올려진 후 처리되어 대안들의 파일로 들어간다." 이 테스트를 거치는 인간의 정신은 앎의 주체로서의 위치를 포기할 수밖에 없다. 이것이 의미하는 바는 "에빙하우스의 타불라 라사의 양쪽에 있는 2개의 기계적 기억—음절을 생성하는 기억과 음절이 그의 앞을 지나간 후 기록하는 기억—이 아무것도 잊지 않고 사람들이 기억할 수 있는 것보다 더 많은 무의미, 즉 2299개의 무의미 음절을 저장해 내는 글쓰기 기계를 만들어 냈다는 것이다."[20] 에빙하우스가 조합의 방법에 의거했다는 것은 확실히 라가도 그랜드 아카데미의 스위프트의 교수를 떠올리게 한다. 더 흥미로운 것은 "무의미 음절"을 통해 정신세계로 이어지는 길을 광적으로 추구했다는 점인데, 이는 섀넌의 추측 게임에 심리적인 면모를 더해 주는 것이다. 당연히 키틀러 또한 "섀넌의 기계가 모든 영어 문자의 확률을 계산했고, 이러한 계산에서 아름다운 횡설수설이 나왔다"는 사실에 주목했다. 우리가 "의미(meaning)"로 받아들이는 것은 단지 "이해라는 인상"일 뿐이며, 이를 통해 무의미로부터 의미를 환각(hallucinate)하게 된다.[21] 키

20) Friedrich A. Kittler, *Discourse Networks 1800/1900*, 211을 보라.

21) Kittler, *Literature, Media, Information Systems*, 141.

틀러는 섀넌의 기계가 어떻게 무의미에서 의미를 환각하는지에 관해서는 더 탐구하지 않았다. 그의 커뮤니케이션 기계는 본질적으로 정신분석학적 관점에서의 정신 기계였을까?

베일의 질문인 **거기에 있습니까?**를 정신 영역으로 가져오는 벨연구소의 추측 게임은, 문자나 단어의 시퀀스에 관해 피험자가 추측을 하는 방식으로부터 언어의 암묵적 구조를 연역함으로써 무의식의 행위를 시뮬레이션하고자 하는 것이다. 프로이트는 순전히 무작위 방식으로 숫자를 고르려는 사람이 처한 어려움의 정도를 보여 줌으로써 무작위 숫자의 선택이 무의식의 구조를 드러낼 수 있다고 본다. 섀넌은 추측 게임이 선형적이고 비가역적이라고 가정한다. 즉 사람은 앞에 나온 내용을 기반으로 다음 문자를 예측한다. 각 문자에서 인간 피험자는 이전 문자를 고려해 가장 가능성이 높은 다음 문자가 무엇인지 추측한다. 오류가 있을 경우, 올바른 다음 문자에 도달할 때까지 계속해서 추측하게 된다. 이 테스트는 정신분석가가 주목하는 최면, 꿈 분석, 단어 연상 게임과 비슷해 보이지만, 섀넌의 목표는 무의식에 관해 추측하는 것이 아니라 정신이 어떻게 무의식적으로 기호를 조작하는지를 보여 주려는 것이었다. 즉 그가 보여 주려 했던 것은 인쇄 영어의 구조를 수학적으로 지배하는 기호 처리 과정에 관해 무의식이 무언가를 드러내 보여 줄 수 있다는 것이었다.

인쇄 영어는 2차 세계대전 이후 가장 의미 있는 기호체적 발명품 중 하나다. 섀넌은 이 구성물을, 정의 가능한 통계적 구조를 지닌 표의문자적 알파벳으로 이해했다.[22] 이미 언급했듯이, 이 탈음성적 알파벳(post-phonetic alphabet)은 구조 언어학자의 경우처럼 문자를 음소 단위에 매핑하는 것이 아니라 27개 문자와 그에 상응하는 숫자 사이의 기호 대응을

22) Shannon, "Communication Theory of Secrecy Systems"를 보라.

전제한다.[23] 인쇄 영어에 대한 섀넌의 디지털 논리는 우리에게 익숙한 대수와 같은 수학에서 알파벳 문자나 다른 기호를 사용하는 것과는 다른 종류의 문자숫자적 사고를 시사하는 것이라는 점을 분명히 해 둘 필요가 있다. 그의 탐구 대상은 수학이 아니라 **영어**로, 즉 영어 구절의 문자와 단어를 디지털화하고 전송하는 것이었다. 섀넌은 인쇄 영어에서 의미와 무의미의 비율을 조사해 문자 시퀀스와 단어 시퀀스의 생성을 지배하는 통계적 법칙을 발견하는 데 집중했다. 이러한 움직임은 필연적으로 의미론이나 언어학적 구성 개념들과의 근본적인 단절을 의미한다. 사실 섀넌의 디지털 알파벳은 로만 야콥슨이 음소와 발화에 관한 연구에서 주로 고민했던 음절, 운율, 음성, 심지어 물리적 소리와는 전혀 관련이 없다.

일상적 용법에서 정보는 메시지의 의미에 영향을 미치는 그 어떤 것으로 간주된다. 그러나 "의미"나 심지어 "메시지"에 대한 언어학적 정의는 커뮤니케이션 이론과 관련이 없다. 섀넌에 따르면, 정보는 대안적 메시지 또는 대안적 문자 시퀀스를 선택할 수 있는 경우에만 존재한다. 가능한 메시지(문자 시퀀스 또는 문자열)가 하나만 있는 경우에는 정보가 없고 전송 시스템도 필요하지 않은데, 해당 메시지가 이미 수신 지점에 기록되어 있는 셈이기 때문이다. 수학적 관점에서 정보는 일차적으로 불확실성 또는 확률이라는 요인과 관련된다. 예를 들어, 영어의 문자 E는 Q보다 더 자주 발생하고 시퀀스 TH는 XP보다 더 자주 발생한다.[24] 주어진

---

23) 야콥슨, 군나르 판트, 모리스 할레(Jakobson, Gunnar Fant, & Morris Halle)가 1951년 처음으로 『스피치 분석 입문』을 출판했을 때, 그들은 언어학을 정보 이론의 언어로 명확하게 재구성했다. 야콥슨과 할레의 협업은 1956년에 또 다른 영향력 있는 연구인 『언어의 기초』로 이어졌다. 야콥슨과 사이버네틱스, 그리고 정보 이론에 대한 최근의 비판적 개요는 Jürgen Van de Walle, "Roman Jakobson, Cybernetics and Information Theory: A Critical Assessment"를 보라.

24) Shannon and Weaver, *The Mathematical Theory of Communication*, 39.

메시지의 확률이 압도적으로 높으면 정보의 양 또는 사전 불확실성은 적다. 『피네간의 경야』 첫 페이지에 나오는 100자 시퀀스는 당연히 영어에서 통계적으로 아주 확률이 낮고, 따라서 정보나 불확실성의 양은 엄청나지만, 정보는 메시지의 의미와는 전혀 관련이 없다. 조이스에게 100자 시퀀스—bababadalgharaghtakamminarronnkonnbronntonnerronntuonnthunntrovarrhounawnskawntoohoohoordenenthurnuk—는 그 구절에서 추락을 시각적으로 불러일으키는 것인 반면, 섀넌에게는 첫 번째 b와 마지막 k 사이의 특이한 문자열 안에 '공백'이 없는 정보의 통계적 구조를 보여 주는 것일 뿐이다. 그러나 어느 경우든 이 문자 시퀀스의 정보는 '단어'라는 의미 있는 언어 단위에 대응하지 않는다. 비단어(nonword)로서의 문자 시퀀스에 관한 조이스의 통찰은, 언어를 구사하는 사람이라면 누구나 그 언어의 통계적 구조에 대한 엄청난 지식을 암묵적으로 가지고 있다는 섀넌의 가정에 의해 뒷받침된다.[25] 이것은 조이스 시퀀스에서 높은 빈도를 보이는 "bab", "bad", "kon", "thu" 그리고 낮은 빈도를 보이는 "rrh", "nnt" 등으로 입증될 수 있다. 조이스의 문학적 실험에 대한 자세한 분석은 다음 3장에서 다룬다.

이 과정에서 얼마나 많은 정보가 생성되는지를 측정하는 양은 어떻게 정의되는가? 주어진 정보원에서 초당 비트(이진수) 단위로 얼마나 많은 정보가 생성되는가? 섀넌은 볼츠만의 H 정리를 사용해 이 양을 $H = \Sigma pi \log pi$로 정의하고 H를 확률 집합의 "엔트로피"라고 부른다. 여기서 pi는 주어진 기호 i의 확률이다.[26] 원래 아이디어가 유래한 열역학의 엔트로

25) Shannon, "Communication Theory-Exposition of Fundamentals," in *Collected Papers*, 175를 보라.

26) Shannon and Weaver, *The Mathematical Theory of Communication*, 50~51.

피와 마찬가지로 정보 엔트로피는 문자 시퀀스나 신호에 얼마나 많은 무작위성이 있는지에 대한 측정치다. 이 양은 공학자가 기호의 빈도에 따라 기호 문자열을 인코딩하는 데 필요한 최소 비트 수의 평균을 추정할 수 있게 해 준다.[27] 공학자에게 "문제가 되는 핵심적인 점은 정보를 적절히 인코딩하여 채널의 필요 용량을 줄이는 데 정보원에 대한 통계적 지식이 미치는 유효성이다."[28] 중요한 것은 신호의 입력 및 출력, 전송, 노이즈, 중복도, 엔트로피, 예측 가능성이다. 즉 전송 라인의 한쪽 끝에 무엇이 들어가고 다른 쪽 끝에서 무엇이 나오는가 하는 것이다. 하지만 여기서 우리가 우려하는 것은 정보 체계의 경제적 엔지니어링이 아니라 이 작업이 음성 알파벳의 개념에 미친 영향인데, 이는 인쇄 영어의 문자숫자적 구조가 정보 체계에서 메시지 인코딩을 용이하게 할 뿐만 아니라 언어와 커뮤니케이션의 개념을 재고할 수 있게 해 주기 때문이다. 이제 이를 보편적 튜링 기계에서 정보 처리와 기계 지능에 대한 암묵적 가정과 비교할 수 있다.

기계적 작동(mechanism)과 글쓰기는 영국의 수학자 앨런 튜링(Alan Turing)에게 동의어였으며, 그는 디지털 컴퓨터를 "어린이-뇌" 기계(또는 학습하는 기계)로 간주했는데, 프로그래머나 교육자가 이 기계에 쓸

27) 섀넌은 간단한 예를 사용해 기호의 빈도에 따라 기호 문자열을 인코딩하는 데 필요한 평균 최소 비트 수를 추정하는 방법을 보여 준다. 그는 문자 A, B, C, D로 구성되는 시퀀스를 사례로 연속적인 기호가 독립적으로 선택될 확률 $\frac{1}{2}, \frac{1}{4}, \frac{1}{8}, \frac{1}{8}$을 부여한다. 이는 다음 방정식으로 표현된다.

$$H = -\left(\frac{1}{2}\log\frac{1}{2} + \frac{1}{4}\log\frac{1}{4} + \frac{2}{8}\log\frac{1}{8}\right) = \text{기호당 } \frac{7}{4} \text{ 비트.}$$

이 결과에서 보듯, 이 정보원의 메시지를 기호당 평균 $\frac{7}{4}$ 이진수로 인코딩하는 코딩 체계를 만들 수 있다(63).

28) Shannon and Weaver, *The Mathematical Theory of Communication*, 39.

수 있는 빈 종이를 무한히 공급하는 것 외에 다른 기제는 없었다.[29] 튜링의 실험에서는 모든 응답을 타자로 쳐야 했고, 그는 컴퓨터나 인간이 기호를 써서 조작하는 능력을, 생각하는 능력과 동일하지는 않지만 유사하다고 여겼다(Turing, 434). 이 테스트의 배경에는 우리가 일반적으로 언어와 생각을 연관 짓는 방식과는 매우 다른 사고 과정에 대한 가정이 있다. 튜링은 컴퓨터가 인간의 말을 모방하도록 요구하는 것이 아니다. 그의 테스트에 따르면, 컴퓨터와 인간의 뇌는 모두 알파벳 글쓰기뿐만 아니라 숫자와 논리적 기호를 해석하고 구성할 수 있는 기호 프로세서 또는 보편적 정보 기계로 간주된다.[30]

튜링은 1936년 처음으로 컴퓨팅 기계를 상상하면서 종이 띠 위에 구획된 셀이나 직사각형에 표시되어 있는 기호를 읽고 지우고 인쇄할 수 있는 슈퍼 타자기를 생각하고 있었다. 사실 그는 타자기로 쓴 문자와 기호를 면밀히 관찰하며 그 아이디어를 얻었다. 그는 특히 스페이스 바와 백스페이스가 인쇄할 위치를 결정하는 방식, 그리고 페이지에 따라 이동하는 타이핑 포인트가 타이핑 행위와는 독립적이라는 점에 주목했다. 타자기에는 분명한 한계가 있었는데, 타자기 헤드가 왼쪽이나 오른쪽으로 움직이면서 한 번에 한 줄의 기호만 프린트할 수 있고 기호를 읽거나 지울 수 없었으며 또한 "인간 작업자가 기호, 구성, 위치의 변경을 선택해야 한다."(그림 6)[31] 보편적 이산 기계의 경우에는 종이테이프를 스캐닝하거

29) A. M. Turing, "Computing Machinery and Intelligence," 456.

30) 정신을 기호 처리 기계로 보는 관점에 대한 포괄적인 설명과 비판은 Margaret A. Boden, *Mind as Machine: A History of Cognitive Science*를 보라. 이 2권짜리 연구서는 지금까지 출간된 이 주제에 대한 연구 중 가장 흥미롭고 철저한 설명을 제공한다.

31) Andrew Hodges, *Alan Turing: The Enigma*, 97.

<그림 6> 앨런 튜링의 기계를 재구성한 컴퓨팅 모델

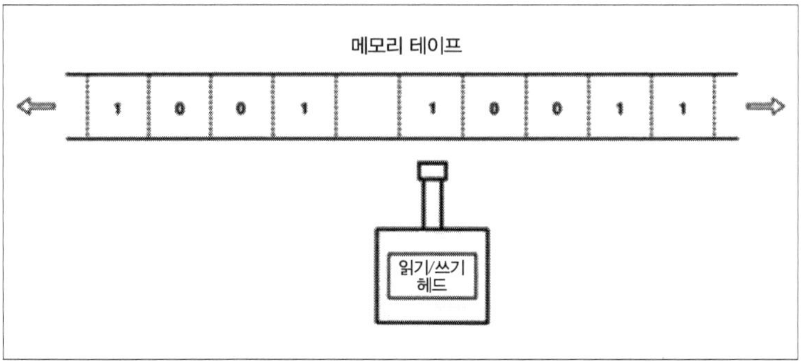

출처: "On Computable Numbers, with an Application to the Entscheidungsproblem," *Proceedings of the London Mathematical Society*, ser. 2, 42 (1937): 231.

나 표시하는 행위가 읽기 및 쓰기 행위를 대체하여 음소, 의미, 단어라는 언어 범주가 커뮤니케이션의 목적에 불필요하게 되었다.[32] 튜링은 획기적인 논문 "연산 가능한 수에 관하여"에서 자신의 새로운 아이디어를 발전시켰는데, 여기서 그는 자신의 기계에 다음과 같은 일이 주어진다고 보았다.

> 기계에는 여기서 읽힐 (종이와 유사한) "테이프"가 제공되고, 이는 ("정사각형"이라 부르는) 구간으로 나뉘는데, 각각은 "기호"를 가질 수 있다. 어떤 순간에도 "기계 안에 있는" 기호 $\mathfrak{S}(r)$를 가지는 하나의 정사각형, 즉 r번째 정사각형만 있을 수 있다. 우리는 이 정사각형을 "스캔한 기호"라고 부르고자 한다. "스캔한 기호"는 기계가 이른바 "직접

32) 앞 절에서 언급했듯이, 정보 이론에서는 단어와 비단어가 동일한 지위를 차지하는데, 그 이유는 커뮤니케이션 공학자가 의미론보다 문자 시퀀스의 전송에 더 관심을 갖기 때문이다.

인지하는" 유일한 것이다. 그렇지만, 기계는 m-배형을 변경함으로써, 이전에 "본"(스캔한) 기호들 중의 일부를 유효하게 기억할 수 있다.[33)]

튜링의 작업에서 인쇄 기호가 중심이 된다는 점에서 기계는 쓰기, 읽기, 보기, 기억하기, 지우기라는 인간의 인지적 행위를 대신하여 이를 "스캐닝", "인쇄하기", "지우기"라는 세 가지 기계적 행위로 조직화할 수 있다. 인쇄 기호는 그 기호에 대응하는 보편적인 힌두아라비아 숫자와 유사한 보편적인 표의문자를 전제로 한다. 그리고 이러한 "스캔한" 문자와 공백 기호는 음성 체계의 개입 없이도 기계에 의미를 가진다(ideo+graph). 튜링이 읽기 행위를 기술적으로 재구성했다는 것은 뜻밖에도 1897년 말라르메(Mallarmé)가 "스캐닝"을 이미 언급했다는 것을 다시 주목하게 해준다. 그 시인은 "주사위 던지기"의 서문에서 자신의 시에서 "빈칸"의 중요성을 강조하면서 "스캐닝"이라는 단어를 사용하여 인쇄된 단어의 움직임을 시각적 경험이라고, 나아가 읽는 자의 눈이 타이포그래피 공간을 가로질러 움직임을 따라가는 것이라고 규정했다. 타이포그래피 띄어쓰기가 갖는 사이버네틱스적 미래에 대한 놀라운 선견지명을 보여 준 말라르메는 컴퓨터에 대한 튜링의 개념적 선도 작업을 예견했던 것으로 보인다.[34)]

---

33) Alan Turing, "On Computable Numbers, With an Application to the Entscheidungsproblem," 231.

34) 말라르메 인용문은 원래 다음과 같다. "L'avantage, si j'ai droit à le dire, littéraire, de cette distance copiée qui mentalement sépare des groupes de mots ou les mots entre eux, semble d'accélérer tantôt et de ralentir le mouvement, le *scandant*, l'intimant même selon une vision simultanée de la Page: celle-ci prise pour unité comme l'est autre part le Vers ou ligne parfaite."(강조 추가) Stéphane Mallarmé, *Collected Poems*, 121을 보라.

마셜 매클루언은 타자기가 헨리 제임스에게 확고한 습관이 되었다는 사실을 언급한 바 있다. 헨리 제임스는 "타자기 소리에 너무 애착을 느껴서 임종 직전에 침대 옆에서 레밍턴을 조작하라고 했다."[35] 브라이언 리드에 따르면, 하트 크레인의 경우, 보철 기계가 그 시인의 삶에서 중요한 역할을 했다. "하트 크레인은 몹시 짜증스러운 방식으로 시를 쓰곤 했다. 일반적으로 그는 술을 많이 마신 후 78회전 레코드를 올려놓고 '열두 번, 스물네 번, 서른여섯 번' 재생하면서 타자기를 쉴 새 없이 두드리거나 같은 시구를 큰 소리로 반복해서 외쳤다."[36] 프리드리히 키틀러는 유럽과 미국의 사회사와 문학사에서 타자기가 차지하는 역할을 훌륭히 분석했는데, 이는 대부분의 독자가 알 것이다.[37] 따라서 나는 현대 생활에서 타자기의 중요성을 반복하지는 않고, 전신과 마찬가지로 타자기가 인쇄 영어의 탄생과 개념적으로 관련이 있다는 사실에만 주목할 것이다. 인쇄기와 타자기가 모두 인쇄 표면에 그래픽 기호를 기계적으로 재생산하는 일을 하지만, 인쇄기에 고유한, 수 세기 동안 동일하게 유지되어 온 조판이라는 개념은 타자기의 작동과는 무관하다. 타자기의 핵심은 1차원 공간(수평선)에 인쇄하고 오른쪽이나 왼쪽으로만 움직일 수 있는 단일 이동식 타이핑 헤드에 있다. 컴퓨터가 등장하면서 읽기와 지우기 기능이 추가된 타이핑 헤드의 독창성 덕분에 이 보철 장치는 11세기 중반 송나라 비승(畢昇)이 활자(movable type)를 발명한 이후로 아마도 다른 어떤 장치보다 글쓰기, 특히 알파벳 글쓰기에 더 큰 역할을 했다.[38]

---

35) McLuhan, *Understanding Media*, 260.

36) Brian Reed, "Hart Crane's Victrola," 99.

37) Kittler, *Gramophone, Film, Typewriter*, 83~263.

38) 활자가 언제, 어떻게 발명되었는지에 관해 서구 학계와 언론에서 침묵의 공모가 있다. 그 사건은 문서로 기록되어 있고 영어로도 그 역사를 쉽게 접할 수 있다는

타자수에게 구술하거나 기계 자체를 사용하는 근대 소설가나 시인에 관해 기록으로 남겨진 지식에서 추론할 수 있는 것과는 달리 타이핑 헤드는 훨씬 더 혁신적인 공간을 열었다. 전시 협력 중에 튜링과 그의 작업을 알고 있던 섀넌은 튜링의 정사각형을 "특별한 '빈칸' 기호"라고 해석한다. 실제로 그는 자신의 27번째 문자와 보편적 이산 기계의 종이 또는 튜링의 자기 테이프상의 빈칸 (표시되지 않은) 정사각형 사이에 흥미로운 유사성이 있다고 본다.[39] 문자숫자 체계의 핵심에 비음성적으로 표기된 이산적 '공백' 또는 '빈칸'을 둠으로써, 정보 이론과 컴퓨터 테크놀로지는 필기 기호와 인쇄 기호 사이에 근본적인 차이를 만들어 냈는데, 이는 하이퍼텍스트 관련 사건들과 사이버네틱스 문헌을 탐색하는 대다수 언어학자나 기술사가가 인식하지 못하는 중요한 차이이다. 우리는 보편적 튜링 기계에 관한 이야기를 반복해서 들으며 컴퓨터 발명에 기여한 찰스 배비지, 튜링, 콘라트 추제, 하워드 H. 에이킨과 같은 위대한 인물들의 계보는 잘 알고 있다. 그러나 다음 문제에는 큰 관심이 없었다. 즉 새로운 테크놀로지는 모든 사람에게 가장 친숙한 테크놀로지인 표음 알파벳에 어떤 영향을 주었는가? 더 중요하게는, 알파벳 글쓰기 자체가 어떤 식으로 진화해 디

점을 생각하면 놀라운 일이다. 간단히 말해, 활자는 1041~1048년에 비승(c. 990~1051)에 의해 발명되었으며, 처음에는 토기로 만든 활자였다. 문서에 기록된 목판 활자는 1297~1298년에 나타나기 시작했으며 15세기에 중국과 한국에서 청동 및 금속 활자가 널리 퍼졌다. 1456년 이전에 중국의 활자로부터 인쇄술 확산으로 이어지는 초기 목판 인쇄의 성장과 개선, 그리고 1456년 이전 이 기술에 대한 구텐베르크의 인식 가능성에 대한 자세한 설명은 Tsuen-Hsuin Tsien, *Paper and Printing,* in Joseph Needham's edited series, "Science and Civilization in China," vol. 5 part 1, 201~22, 313~319. 그리고 Pow-Key Sohn, "Early Korean Printing"을 보라.

39) Claude Shannon, "A Universal Turing Machine with Two Internal States," 733을 보라.

지털 미디어를 가능하게 해 주었는가?

정보 테크놀로지에서 인쇄 단어와 비단어를 구별하는 것은, 키틀러의 표현대로, "육필의 흐름과 대조적으로, 공백으로 이산 요소들을 분리하게 되었다"는 사실과 관련되어 있다.[40] '공백' 기호는, 아카드의 설형문자와 같은 고대 글쓰기 체계나 현대에서 흔히 관찰되는 것과 같은 가시적인 단어 구분자가 아니라 인쇄 영어의 개념적 기호라는 것이다. 27번째 문자는 전송 펄스 체계에서의 한두 가지 유형의 전기 펄스와 마찬가지로 수학적으로는 '0'으로 표현된다. 이 문자는 기호에 대한 시각적 또는 음성적 파라미터라기보다는 통계적 파라미터로 존재한다. 그것은 기존의 의미론에 관한 한 언어적 의미를 가지지 않지만, 유의미한 표의문자적/수학적 개념으로 완전하게 기능한다. 실제로 인쇄 영어의 27개 문자는, 말과 글이라는 이항 대립이 설정되지 않는다는 점에서 데리다의 비판이 목표로 삼는 것과는 전혀 다른 형이상학에 속한다. 대신에 우리가 찾은 것은 0과 1의 이항 대립 속에서 이산적인 문자숫자 기호들의 엔트로피를 조절하는 통계적 사고다.

섀넌에게 엔트로피는 어떤 언어로 된 텍스트의 각 문자에 대해 평균적으로 생성되는 정보의 양을 측정하는 통계적 파라미터다. 해당 언어를 이진수(0 또는 1)로 유효하게 번역하면 엔트로피 *H*는 원래 언어의 각 문자에 필요한 이진수의 평균값이 된다. 섀넌은 논문 "인쇄 영어의 예측과 엔트로피"에서 "일반적인 문학 영어에서는 긴 글(최대 100문자)의 통계적 효과에 의해 엔트로피는 문자당 1비트 정도로 줄고, 이에 대응하는 중복도는 75% 정도다"[41]라고 본다. 물론 이것은 이산 기호로 전송된 정보의

---

40) Kittler, *Gramophone, Film, Typewriter*, 16.

41) Shannon, "Prediction and Entropy of Printed English," 50.

양에 해당한다. 음성파나 텔레비전 신호의 경우, 이산적인 문자숫자 기호의 입출력과는 다른 연속적인 사례들이 된다. 이런 유형의 연속적인 정보를 이산 사례로 변환하기 위해 섀넌은 통계 메커니즘을 일반화해 시간 변수를 고려하는데, 음성 신호, 시각적 신호 등의 연속적 신호를 전송할 때 기호당 정보 단위가 아닌 초당 정보 단위를 측정하게 된다.[42] 주지하다시피 통계적 패러다임은 결코 말과 글 사이의 이항 대립을 전제로 하지 않는데, 이는 모든 정보가 연속적 또는 이산적 입출력의 형식을 상정하기 때문이다.

불연속적인 표의문자적 기호인 27번째 문자는 바로 이런 통계적 의미에서 매우 중요하다. 섀넌은 무작위로 선택한 텍스트, 즉 뒤마 말론의 『버지니아인 제퍼슨』의 추계적 구조를 다루며 추가적인 결과를 얻었다. 그는 15개 문자로 구성된 각 샘플로 실험을 설계했는데, 여기서 예측 가능성은 피험자가 알고 있는 선행 문자들의 수 *N*에 의존한다는 것이다. 테스트를 받는 인간 피험자는 통계표, 사전, 공통 단어들의 빈도 목록, 단어의 첫 문자의 빈도표 등의 도움을 받아 각 샘플에 대해 한 문자씩 텍스트를 추측하도록 했다. 이것과 또 다른 추측 테스트는 영어의 예측 가능성이 알파벳으로 된 다른 문자들보다 빈도 면에서 훨씬 더 많이 '공백' 문자에 의존한다는 것을 보여 준다. 예를 들어, 미리 알고 있는 문자들이 없는 경우, 영어에서 가장 가능성이 높은 추측은 "공백" 기호(확률 0.182)이며, 이것이 잘못된 것으로 판명되면 다음으로 가능성이 높은 추측은 E(확률 0.107) 등이 된다.[43] 섀넌은 "최선의 방법으로 추측하는 기계나 사람

42) Shannon and Weaver, *The Mathematical Theory of Communication*, 81~96, 그리고 Shannon, "Communication Theory-Exposition of Fundamentals," in *Collected Papers*, 175를 보라.

43) Shannon, "Prediction and Entropy of Printed English," 57. 『버지니아인 제퍼

은 조건부 확률을 줄이는 순서로 문자를 추측할 것이다. 따라서 이러한 이상적인 추측기로 텍스트를 줄이는 과정은 문자를 1에서 27까지의 숫자에 매핑하는 것인데, [이미 알고 있는 선행하는 그램(N-1)을 조건으로] 가장 가능성이 높은 다음 문자는 1로 매핑하는 식이다"라고 결론짓는다(Shannon, 58). 암호화의 거울상과도 같은 인쇄 영어는 숫자 기호들의 텍스트로 번역되어야 한다. "27개의 기호, 즉 A, B, ..., Z, 공백은 알파벳 1, 2, ..., 27이라는 새로운 언어로 번역되었다."(56) 문자숫자 번역이라는 내장 메커니즘을 통해 인쇄 영어는 0/1 이진 체계라는 수학적 형식 속에서 궁극적으로 표의문자적으로 구현되기에 이른다.

따라서 섀넌은 다음과 같이 주장한다. "*H*는 해당 언어로 생성된 각 문자를 동등한 수의 이진수로 나타내는 측정치다. ***H*는 이진수라는 공통 척도로 모든 언어를 측정한다.**"(나의 강조) 그는 본질적으로 영어를 포함한 알려진 모든 언어를 인쇄 영어의 수치 모델로 번역하려는 것이다.[44] 따라서 보편적 코드로의 인쇄 영어의 부상은 다른 언어의 생존과 기계 번역 프로젝트에 큰 함의를 가진다. 정보 이론에 의해 새로운 바벨탑 또는 보편적 커뮤니케이션의 공유 기반이 다시 한번 가능하게 될 것인가? 놀랍게도 이 질문에 답하려는 첫 번째 시도 중 하나는, 느리고 고통스러운 시작을 경험한 기계 번역 프로젝트라는 모호한 구석이 아니라 분자 생물학이라는 빠르게 성장하는 연구 프로그램과 유전자 코드를 향한 레이스에서 볼 수 있다.

슨』은 말론의 연작 『제퍼슨과 그의 시대』의 첫 권이다.

44) Shannon, "Communication Theory—Exposition of Fundamentals," in *Collected Papers*, 174.

유전자 코드와 그라마톨로지

20세기 철학자 중 자크 데리다(Jacques Derrida)만큼 정보 이론의 기술적 기입이 갖는 보편주의적 정신에 즉각 직관적으로 대응한 사람은 없다. 『그라마톨로지에 관하여』의 첫 장에서 데리다는 "그램(grammè)"이라는 개념을 도입하여 새로운 그라마톨로지의 기본을 제시했다.[45] 그램이란 무엇인가? 이 개념은 이 장의 머리글에서 명확히 보여 주는 것처럼, 살아 있는 세포 내의 정보 과정 및 사이버네틱 프로그램과 관련이 있다.[46] 데리다는 유전자 기입이라는 이런 기본 과정을 일반화된 글쓰기의 사례로 간주하고, 나아가 다음과 같이 말한다. "사이버네틱스 이론이 최근까지 기계와 인간을 분리하는 데 사용되었던—영혼, 삶, 가치, 선택, 기억의 개념을 포함하는—모든 형이상학적 개념들을 홀로 몰아내려면, 이 이론은 그 자체의 역사적-형이상학적 특성이 드러날 때까지 글쓰기, 흔적, 그램 [육필 표식] 또는 그래핌(grapheme)의 개념은 보존하고 있어야 한다."(Derrida, 9) 이 철학자는 사이버네틱스의 역사적-형이상학적 특성을 직접 분석하지 않고, 대신 각주에서 위너의 언어 사용에 대한 몇 가지 흥미로운 성찰을 제시한다. 그는 위너가 "생물"과 "무생물" 등의 대립뿐만 아니라 "의미론"을 거부하면서도 기계의 부품들을 묘사하기 위해 "감각 기관", "운동 기관"과 같은 표현은 계속 사용한다고 본다.[47] 데리다는 생물학의 이런 전통적 담론이 유기체와 무기체, 인간과 기계 사이의 형이상학적 대립을 해소하는 것을 목표로 삼는 위너의 새로운 사이버네틱스

---

45) 이 장의 제목은 "책의 종언과 글쓰기의 시작"인데, 1965년 ≪크리틱≫에 처음 발표되었고, 나중에 『그라마톨로지에 관하여』에 포함되었다.

46) Derrida, *Of Grammatology*, 9.

47) Derrida, *Of Grammatology*, 324n3.

언어와 이상하리만큼 상충한다고 본다. 그의 견해에 따르면, 위너가 보여 주는 생기론적 생물학과 사이버네틱스의 혼합 언어 때문에, 오래된 생물학적 개념들과 형이상학을 완전히 버리게 해 줄 급진적 프로젝트로 나가지 못하게 되었다는 것이다.

위너가 기관과 유기체의 어휘를 버리고 당시 분자 생물학자들 사이에 유행하던 코드와 메시지라는 새로운 언어를 사용했다고 가정해 보자. 코드 전환이 사이버네틱스를 형이상학적 사고라는 비난으로부터 보호해 주었을까? 이 질문은 결코 자의적인 것이 아닌데, 이는 에르빈 샤가프로 대표되는 구세대의 생화학자들과 젊은 세대의 분자 생물학자들 사이의 담론적 갈등에서 촉발된 문제 중 하나였기 때문이다. 데리다가 1965년 그램에 대한 위의 언급을 쓰고 있을 때, "기관"과 "유기체"라는 오래된 은유는 분자 생물학에서 코딩, 디코딩, 메시지, 메신저 등의 언어로 압도당하는 과정에 있었고, 이 젊은 학문은 이론적 영감을 얻기 위해 정보 이론을 바라보고 있었다. 요컨대 유전자 코드는 그 당시의 유행어였다.

특히 정보 이론 시대 이전의 생물학과 유전학이 역사학과 같이 열등한 서술적 지식 체계이며 수학과 물리학이 보여 주는 이론적 엄밀성 또한 결여되어 있다고 간주되었다는 점을 상기할 때 이 시기는 흥미로운 전환기였다. DNA의 4-디지털 체계, 그리고 핵산과 아미노산의 수학적 상관관계 덕분에 분자 생물학이 갑자기 존경받는 엄밀한 과학의 반열에 올랐을 때 생물학자와 유전학자가 얼마나 흥분했을지 상상이 간다. 이 상황은 "물리 과학에서 이루어진 주요한 모든 발견 중의 핵심은 새로운 표현 양식의 발견, 따라서 추론을 도출할 수 있는—그리고 탐구 중인 현상에 적합한 방식으로 도출할 수 있는—새로운 기법의 발견이다"[48]라는 스티븐

48) Stephen Toulmin, *The Philosophy of Science*, 34.

툴민의 관찰과 부합한다.

1962년 프랜시스 크릭, 제임스 왓슨, 모리스 윌킨스는 DNA의 이중 나선 구조를 발견한 공로로 노벨상을 공동 수상하며 유전자 코드를 해독할 수 있는 관문을 열었다. 이 무렵 프랑스 파스퇴르연구소의 과학자들은 단백질 합성의 수수께끼를 풀기 위한 경쟁에 뛰어들었다. 그들은 사이버네틱스 모델을 중심으로 효소 유도에 대한 설명을 구축했을 뿐만 아니라 박테리오파지(박테리아 세포를 감염시키는 바이러스)의 복제를 설명하기 위해 정보 이론이라는 새로운 관용어를 채택하기 시작했다.[49] 예전에 '구조적 특이성'이라고 불렸던 것이 이제 유전자 '정보'가 되었다. DNA의 자가촉매 기능은 이제 '복제'이고, 이종촉매 기능은 '전사'와 '번역'이다.[50] 유전자 정보의 전달을 가능하게 한 메커니즘은 이제 명확하게 유전 글쓰기(écriture de l'hérédité)로 설명되었다.[51] 1965년 프랑스의 분자 생물학자 연구 팀인 프랑수아 자코브, 앙드레 르보프, 자크 모노는 노벨 생리·의학상을 수상했는데, 자코브는 1965년 12월 11일에 행한 노벨상 수상 강연에서 그들의 발견을 다음과 같이 규정했다.

단백질 합성이 DNA에서 직접 일어날 수 있다는 생각은 리보솜의 세

---

49) 한스-외르크 라인베르거(Hans-Jörg Rheinberger)의 연구에 따르면, 파디(Pardee), 자코브(Jacob), 모노(Monod)는 1959년 출간된 논문에서 "세포질 메신저", "세포질 메시지"와 같은 용어를 채택하기 시작했다. 1950년대 후반에서 1960년대까지 자코브와 동료 과학자들의 변화하는 언어에 대해서는 Rheinberger, "The Notions of Regulation, Information, and Language in the Writings of François Jacob"를 보라.

50) Gunther S. Stent, *The Coming of the Golden Age: A View of the End of Progress*, 53.

51) François Jacob, *Leçon inaugurale au Collège de France*, 25.

포질 국소화와 이 합성에서의 역할과는 양립할 수 없다는 점에서 이제 가능한 가설은 하나뿐이었다. 즉 유전자 정보를 세포질로 전달하는 역할을 하는, 수명이 짧은 분자인 세 번째 RNA 종인 **메신저**의 존재를 가정해야 했다. 이 가설에 따르면 리보솜은 비특이적 구조로서, 메신저가 운반하는 핵산 언어를 전이 RNA의 도움을 받아 펩타이드 언어로 **번역**하는 기계처럼 기능한다. 다시 말해, 단백질 합성은 2단계 과정이어야 한다. 즉 DNA의 디옥시리보뉴클레오타이드 서열이 먼저 일차적인 주요 유전자 산물인 **메신저**에 전사된다. 이 **메신저**가 리보와 결합해 특정 "프로그램"을 가져다준다. 그리고 **메신저**의 핵산 서열이 아미노산 서열로 **번역**된다.[52](나의 강조)

자코브가 아주 쉽게 던지는 정보 전달이라는 비유는 크릭과 왓슨이 이중 나선의 발견을 발표한 지 1년 후인 1954년 물리학자 조지 가모프(George Gamow)에 의해 대중화되었다.[53] 이 용어들은 DNA와 RNA의 생화학적 과정을 '전달', '전사', '번역'으로 설명하고 개념화하면서 '기관', '유기체', '조직화', '특이성' 등을 대체했다. 데리다가 위너의 작업에서 발견했던 유기체적이고 생기론적인 사고의 흔적은 이즈음 거의 제거되었다.[54]

---

52) François Jacob, "Genetics of the Bacterial Cell," 223~224.

53) 크릭과 왓슨은 주로 구조 화학 이론을 연구했다. 그들은 라이너스 폴링의 α-나선 구조 시연에서 영감을 받았다. 또한 그들은 DNA의 3차원 X선 결정 기법을 사용하여 이중 나선 구조에 대한 가설을 증명했다. 두 사람 모두 슈뢰딩거의 연구에 감탄했고 "코드-스크립트"라는 개념을 알고는 있었지만, 몇 년 후까지 정보 이론의 언어로 전환하지는 않았다. 그들의 발견에 대한 이야기는 James D. Watson, *The Double Helix*, 그리고 Francis Crick, *What Mad Pursuit: A Personal View of Scientific Discovery*를 보라.

릴리 E. 케이의 연구에서 충분히 입증되었듯이, 분자 생물학에서의 코드 전환은 일부 주요 생화학자들에게 상반된 평가를 받았다.[55] 그중에는 저명한 생화학자인 에르빈 샤가프(Erwin Chargaff)가 있었다. 많은 사람이 유전자의 화학적 구성을 처음 발견한 사람으로 여기는 샤가프의 연구, 즉 아데닌(A) 대 티민(T)과 구아닌(G) 대 시토신(C)의 염기 비율의 규칙성에 대한 연구는 선구적이었고 DNA 구조를 확립하는 데 결정적 계기가 되었다. 그러나 그는 정보 담론의 유입에 저항하며 다음과 같이 의문을 제기했다. "전체를 포괄하려는 용어 틀이 황제의 새 옷을 위한 가방에 불과하지 않을까? 메시지도 메신저도 없으며, 애초에 전체 질문이 잘못 제기되어 잘못된 답변이 나오는 것 아닌가?"[56] 그는 "분자 근본주의자"라는 말을 만들어 생명에 대한 잘못된 접근을 지적했다(Chargaff, 170). 1962년 샤가프는 "쌍두의 뱀(Amphisbaena)"을 발표하여 나이 든 화학자와 젊은 분자 생물학자 사이의 소크라테스식 대회를 연출했는데, 그 대화에서 후자는 "태초에 DNA가 있었다…"라고 주장한다. 그러자 나이 든 화학자가 끼어들어 "우리 시대의 로고스인 DNA가 나오는 새로운 외경 복음의 시작을 나는 듣는다"(185)라고 말한다.

과학자들 사이의 담론 갈등이 데리다가 『그라마톨로지에 관하여』에서 제안한 그램 이론에 반영될 것이라고는 기대할 수 없다. 그러나 데리다의 개입은 당시 글쓰기와 살아 있는 세포에 대한 더 큰 논쟁의 일부라

---

54) 자코브는 18세기 이후 유기체 개념이 어떻게 진화했는지 명확한 견해를 가지고 있었다. Jacob, *The Logic of Life: A History of Heredity*, 74~129에 제시된 그의 논의를 보라.

55) 유기체에서 정보로의 전환에 대한 케이의 기록에 관해서는 Lily E. Kay, *Who Wrote the Book of Life?: A History of the Genetic Code*, 38~72를 보라.

56) Erwin Chargaff, *Essays on Nucleic Acids*, 188~189.

고 보면 더 잘 이해할 수 있다. 예를 들어, 푸코는 ≪르 몽드≫에 프랑수아 자코브의 『생명의 논리』에 대한 길고 긍정적인 서평을 썼다.[57] 로만 야콥슨과 클로드 레비스트로스도 대화에 참여했는데, 심지어 프랑수아 자코브와 함께 〈라이브와 스피킹〉이라는 텔레비전 프로그램에 출연해 언어적 정보와 생명의 언어 사이의 놀라운 유사성이 있다고 보고 이를 논의한 바 있다.[58] 〈생명의 논리〉에서 자코브는 전자 컴퓨터를 명시적으로 모델로 삼아 유기체를 구성하는 분자들의 구조를 "프로그램"이라는 개념으로 설명한다. 그가 설명하기를 이 프로그램은 "난자의 유전자 물질을 컴퓨터의 자기 테이프와 동일시한다. 이것은 수행될 일련의 작업, 그 순서의 엄격함, 그리고 그 기저에 있는 목적을 규정한다."[59] 살아 있는 세포는 기계이고, 기계는 살아 있는 세포다. 물론 유전자 기록을 자기 테이프나 튜링의 종이테이프와 동일시하는 것은 사이버네틱스 기계의 담론에서 흔한 일이었고, 자코브가 이 아이디어를 제안한 최초의 사람은 확실히 아니었다. 사실 자코브의 유전 프로그램으로 번역되기 전에 운영 연구(Orations Research, OR)가 구상되고 수행되었다는, 전후 과학 연구의 더 큰 맥락이 있었다.

폴 에드워즈(Paul Edwards)는 냉전 시대의 컴퓨터 테크놀로지에 관한 연구에서 운영 연구가 원래 전쟁 관찰 데이터에 수학적 분석을 적용한 것이었으며, 가장 유명한 사례는 2차 세계대전 중 잠수함 전쟁이었다고 본다.[60] 운영 프로그램은 냉전 기간 핵전쟁에 대한 강력한 과학적 패러

57) "Croître et multiplier"라는 제목의 이 서평은 ≪르 몽드≫ 1970년 11월 15~16일 자에 실렸고 나중에 푸코의 *Dits et Écrits*, 1954~1988, vol. 1에 포함되었다.

58) 논쟁의 대한 설명은 Lily E. Kay, *Who Wrote the Book of Life?*, 307~310을 보라.

59) Jacob, *The Logic of Life*, 9.

다임으로 발전하여 커뮤니케이션 및 사이버네틱스에 대한 위너-섀넌 이론의 헤게모니로 절정에 달했다.[61] 컴퓨터 모델, 시뮬레이션, 전쟁 게임, 피드백 메커니즘, 통계 분석 등이 1950년대와 1960년대의 학제간 과학 담론을 지배하게 되었다. 에드워즈에 따르면, 직접적인 경험이 없는 상황에서 핵무기는 군사 전략가들이 가정, 계산, 가정적 교전 규칙에 기반한 시뮬레이션 기법들을 채택하도록 강제했다. "각 핵 강대국의 목표는 실제로 그런 전쟁을 치르는 것이 아니라 승리하는 시나리오, 즉 연극적 또는 시뮬레이션된 승리, 심리적 및 정치적 효과를 유지하는 것이었다."(Edwards, 14) 그런 상황에서 실제 결과는 더 이상 중요하지 않았는데, 이는 전쟁의 결과가 이해하기에는 너무 거대했고 시험하기에는 너무 위험했기 때문이다. 피터 갤리슨이 말하는 적의 존재론의 그늘에서 많은 과학 및 사회과학 분야가 앞다퉈 자신의 작업을 운영 프로그램의 언어로 번역해 냈다.[62]

이런 상황에서 데리다는 원래 1964년 앙드레 르루아-구랑(André Leroi-Gourhan)이 새로 출간한 『제스처와 말』에 대한 서평을 써서 『그라마톨로지에 관하여』의 서두로 삼았다. 이 야심 찬 고인류학 책은 인간 진화의 초기, 진잔트로피안, 네안트로피안을 거쳐 20세기의 자동체(automata)에 이르기까지 엄청난 시간과 역사를 다루고 있다.[63] 르루아-

60) Paul N. Edwards, *The Closed World: Computers and the Politics of Discourse in Cold War America*, 115를 보라.

61) 앨런 튜링과 그가 참여한 실험실의 기여에 관해서는 F. H. Hinsley and Alan Stripp, *Codebreakers: The Inside Story of Bletchley Park*를 보라.

62) Peter Galison, "The Ontology of the Enemy: Norbert Wiener and the Cybernetic Vision"를 보라.

63) 베르나르 스티글레르는 르루아-구랑의 작업에 대한 흥미로운 비판을 제공하는데, 이는 데리다의 차연(différance)과 흔적(trace) 개념을 그 맥락에 위치시키는 데

구랑은 인간 진화의 이야기를 테크놀로지(도구를 가진 인간)의 역사, 특히 글쓰기 테크놀로지의 역사로 재구성한다. 주목할 점은 르루아-구랑이 위에서 논의한 운영 프로그램, 특히 자동 기계의 운영 메모리에 특별한 관심을 가지고 있었다는 것인데, 이러한 프로그램이 우리 시대에 인간과 기계의 구분을 모호하게 하는 식으로 크게 진화했다는 것이다.[64] 르루아-구랑과 운영 프로그램에 대한 그의 접근을 되돌아보며 데리다는 다음과 같이 말한다.

> **프로그램**이라는 개념이 제시된다. 물론 사이버네틱스 의미로 이해해야 하지만, 사이버네틱스 자체는 흔적의 가능성에 대한 역사를 선파지(protention)와 파지(retention)라는 이중 운동의 통일로 보는 관점에서만 이해될 수 있다. 이 운동은 "지향적 의식"의 가능성을 훨씬 넘어선다. 그것은 **그램**(grammè)을 **그 자체로** (즉, 비현전의 새로운 구조에 따라) 드러나게 하는 창발이며, 의심할 여지 없이 좁은 의미에서의 글쓰기 체계의 출현을 가능케 해 주는 것이다. "유전자 기입"과 "짧은 프로그램 사슬"이 아메바나 환형동물의 행동을 조절하여 알파벳 글쓰기에서 말의 질서와 호모 사피엔스로의 이행에까지 이르게 한다는 점에서 **그램**의 가능성은 그 역사의 운동을 매우 독창적인 수준, 유형, 리듬에 따라 구조화한다. 그러나 **그램**이라는 가장 일반적인 개념 없이는 이것들을 사유할 수 없다.[65]

도움이 된다. Stiegler, *Technics and Time, 1: The Fault of Epimetheus*, 134~179를 보라.

64) André Leroi-Gourhan, *Gesture and Speech*, 237~255를 보라.

65) Derrida, *Of Grammatology*, 84.

그램이 여기서 주장하듯 사이버네틱스에 선행하는가? 아니면 사이버네틱스의 "프로그램(들)" 개념이 데리다의 **그램** 개념에 영감을 주었는가? 그는 "프로그램"과 그램 사이의 미묘한 언어적 차이를 고려해, 프로그램들을 단수형, 즉 **프로그램**으로 다시 쓰면서 르루아-구랑의 운영 프로그램들에 대한 논의를 수정한다. 그램이 프로그램의 출현을 정당화해준다는 것은 이해되지만 데리다 글의 맥락에서 보면 그 반대를 시사하는 듯하다.

그러나 한 가지는 분명하다. 데리다가 그라마톨로지를 위해 프로그램과 그램 사이에 근본적인 연관성을 설정하려고 했다는 것이다. 운영 프로그램이 어떻게든 그의 그램 발견에 도움이 된다면, 사이버네틱스 기계의 자기 테이프가 **그램**과 **흔적** 개념에서 인정받지 못한 사고의 모습이라고 주징할 수 있나. 그렇다면 표면적으로 현상학 용어로 표현된 "선파지"와 "파지"의 이중 운동이 실제로는 르루아-구랑과 자코브가 모두 관심을 가졌던 사이버네틱스 기계의 작동과 시퀀스를 표현한다고 주장할 수 있을 것인가? 답은 긍정적이다. 데리다는 사이버네틱스와 운영 프로그램이 '의도', '의식' 등 형이상학적 개념을 폐지했다고 올바르게 파악했지만, 유전자 코드, 알파벳 글쓰기, 정보 이론, 사이버네틱스 사이의 관계를 보다 명확하게 이해하기 전에는 유전자 기입이 그램의 가능성에 대한 원하던 증거가 될 수는 없을 것이다.

앞서 논의했듯이, 전후 영미 과학계의 커뮤니케이션 체계를 다루는 공학자들이나 수학자들은 지능적인 작업을 생각하고 수행할 수 있는 보편적 이산 기계를 설계하기 시작하면서 인쇄 단어나 인쇄 문자를 출발점으로 삼았다. 이런 선택은 중요한데, 이는 사이버네틱스에서 음성 알파벳 테크놀로지와 그것의 그라마톨로지에 대한 함의를 재평가하는 데 큰 차이를 만든다. 프리드리히 키틀러는 유전자 기입의 수사학에서가 아니라 컴퓨터 하드웨어에서 글쓰기 행위를 찾을 때의 상황을 명확히 파악하고 있었다. 그는 "마지막 역사적인 글쓰기 행위는 1970년대 초 인텔 공학자가 최초의 통합 마이크로프로세서의 하드웨어 아키텍처를 설계하기 위해 약 12제곱미터의 청사진 용지(나중의 8086의 경우 64제곱미터)를 펼쳤을 때였을 수도 있다"고 말한다.[66] 키틀러가 다소 과장한 것처럼 보일 수 있지만, 그의 관점을 염두에 두고 글쓰기의 물질성과 테크놀로지에 대해 성찰할 필요가 있다.

정보 테크놀로지의 발전을 통한 알파벳 글쓰기의 진화는 우리가 인정하고 주목해야 할 20세기 중반 이후의 주요 사건이다. 정보 이론과 사이버네틱스가 신경 과학, 언어학, 경제학, 정신분석학, 생물학 등의 학문 분야에 혁명을 일으키며 다양한 학문 분야가 서로 만나고 경계를 넘나들 수 있도록 했다는 사실은 많은 사람이 알고 있다. 하지만 그렇게 되었을 때, 어떤 근거에서 정신들 사이의 유의미한 만남이 일어났다고 할 수 있는가? 예를 들어, 야콥슨은 언어와 시의 구조적 연구에 정보 이론을 적용하여, 때때로 "운율"과 "빈도" 사이의 미끄러짐을 이야기하며 음소와 유전자 코드의 개별 요소인 아미노산 사이에 유사성이 있다고 보았다.[67] 이와 반대로 섀넌은 커뮤니케이션에 대한 수학적 이론을 준비하며 인쇄 영어의 문자들에 초점을 맞추었다. 그는 영어 문자와 단어의 중복도와 엔트로피 비율을 계산하고 비교하면서 음소적 파라미터가 아닌 통계적 파라미터를 채택했다. 섀넌과 야콥슨이 음성 알파벳과 언어와의 관계를 다르게 생각한 것인가? 이런 불일치는 어떻게 생겨난 것인가?

이런 개념적 간극과 불일치를 설명하려면 먼저 음성 기입에 대한 우리

---

66) Kittler, *Literature, Media, Information Systems*, 147.

67) Jakobson, *Language in Literature*, 71.

자신의 선입견을 살펴보아야 한다. 알다시피 표의문자는 오랫동안 비음성적 타자가 되어 음성 알파벳과 대립해 왔다. 이런 대립은 데리다가 밝히고 해체하려고 시도했던 익숙한 형이상학적 사고 습관을 보여 주는 것이지만, 둘 사이의 정확한 관계에 대한 그의 이해는 이 책의 이해와는 다르다. 이런 대립을 개념화하는 것은 필요하지만, 첫 번째 단계는 표의문자적 기입을 바로 중국어 글쓰기(한자) 체계와 연관시키지 않는 것인데, 이는 이 두 가지가 오해와 번역 목적에서 잘못 비교되어 온, 매우 다른 역사적 구성물이기 때문이다. 과거의 기독교 선교사들이나 언어학자들은 자국 수용자나 위 사실을 의심하지 않는 철학자들에게 중국어 글쓰기의 실체를 알리는 데 중재자 역할을 제대로 하지 못했다. 라이프니츠 시대 이래로 상황은 크게 개선되지 않았다. 예를 들어, 마셜 매클루언 시대 이후 미디어 연구, 그리고 최근 디지털 미디어 연구에서 지속되어 온 로고스 중심주의(logocentrism)는 알파벳 글쓰기의 표의문자로의 전개를 모호하게 만들었고 다음의 두 가지 중 하나를 수행하면서 이런 전개를 고려할 수 없게 했다. 첫째, 표기(script) 체계라는 피상적인 근거로만 알파벳 글쓰기를 이른바 상형문자, 표의문자 또는 표어문자 체계와 대립시킨다. 둘째, 언어 체계와 글쓰기 체계를 혼동하고 표기라는 개념으로 이 둘 중 하나를 더욱 붕괴시킨다(글쓰기 체계는 언어 귀속적이지만 표기는 그렇지 않다).

매클루언이 조이스의 모더니스트 실험이 미디어 테크놀로지를 이해하는 데 중요하다는 점을 파악한 최초의 문학 학자 중 한 명이라는 점은 흥미롭지만, 그런 통찰에도 불구하고 그는 음성 알파벳에 대한 자신의 잘못된 견해를 수정하지는 않았다. 미디어 연구 분야의 많은 사람이 공유하는 이런 견해들은 유럽에 활자가 도입된 이후 인쇄 테크놀로지, 텔레커뮤니케이션 및 바이오사이버네틱스 테크놀로지의 발전에 관한 주장들을 계속 뒷받침해 왔다. 여기서 요하네스 구텐베르크가 활자를 발명했다는 확고한 견해가 드러내는 잘못된 오만에 지나치게 신경 쓸 필요는 없다. 오히려 중요한 것은 매클루언이 테크놀로지로서의 음성 알파벳을 옹호하며 내세운 친숙한 지적 주장이다. 그는 『미디어의 이해』에서 다음과 같이 주장한다.

> 음성 알파벳은 독특한 테크놀로지다. 상형문자, 음절문자 등 여러 종류의 글쓰기가 있었지만, 의미론적으로 무의미한 문자가 의미론적으로 무의미한 소리에 대응하도록 사용되는 음성 알파벳은 단 하나뿐이다. 시각적 세계와 청각적 세계 사이의 이런 극명한 구분과 대비는 문화적으로 말해 조악하고 무자비했다. 음성적으로 쓰인 단어는 상형문자나 중국의 표의문자와 같은 형태가 보장하는 의미와 지각의 세계를 희생시킨다. 그러나 문화적으로 더 풍부한 이런 글쓰기 형태는 부족어의 마법처럼 불연속적이고 전통적인 세계로부터 차갑고 획일적인 시각적 매체로 갑작스럽게 전환할 수 있는 수단을 사람들에게 제공하지 않았다. 수 세기 동안 표의문자를 사용해 오면서도 중국 사회가 가지고 있는 가족과 부족이라는 매끄러운 미묘함의 연결망은 위협받지 않았다. 반면에 2000년 전 갈리아에서와 마찬가지로 오늘날 아프리카에서는 알파벳 문자성을 한 세대만 겪더라도 개인은 적어도 부족의 망에서는 벗어날 수 있다.[68]

이 주장은 상식적 수준에서는 설득력이 있는 것처럼 들리지만 개념적 수준에서는 심각한 결함이 있는데, 이는 무지 때문이다. 매클루언은 이

---

68) McLuhan, *Understanding Media*, 83~84.

런 관점이 그의 시대 이전에 신뢰를 잃었음에도 불구하고, 상형문자와 표의문자를 혼동하여 비알파벳 문자에 원시적인 상형문자적 사고를 부여하고 있는 것이다.[69] 기호학이나 수학적 기호에 대한 기초적인 지식만 있으면 비음성적인 시각적 기호가 기호체적 매체로 기능하기 위해 "상형문자"나 "부족적"일 필요가 없다는 것은 알 수 있다. 비알파벳 글쓰기의 원시화가 성공한 경우는 음성 알파벳 자체에 대한 보충적 신비화이며, 이것이 우리 탐구의 주요 대상이었다. 그러면 질문은 다음과 같이 된다. '무의미한' 음성 기호의 "차갑고 획일적인 시각적 매체"가 어떤 마법으로 의미를 갖게 되는 것인가? 음성 알파벳의 과학이나 마법을 설명할 수 없기 때문에 현대 언어 이론의 입숙한 입장을 들어 음성 문자가 말의 '무의미한' 소리를 재현한다고 주장하게 되는 것이다.[70]

---

69) Peter Boodberg, "'Ideography' or Iconolatry?"와 Yuen Ren Chao, *Mandarin Primer*를 보라.

70) 매클루언은 민족 중심주의 때문에 테크놀로지와 문명에 관한 자신의 비역사적 견해가 갖는 비정합성과 자기모순을 보지 못했다. 음성 알파벳이 개인을 가족과 부족이라는 연결망에서 해방하는 데 결정적 역할을 했다면, 왜 유럽은 "개인주의"의 가치를 발견하는 데 수천 년이 걸린 반면, "오늘날 아프리카에서는 한 세대의 알파벳 문자성만으로 충분하다"고 하는 것인가? 매클루언은 "사이버네이션과 문화"라는 글에서 린 화이트의 『중세 테크놀로지와 사회 변화』를 인용하면서 발의 확장인 등자는 그리스인과 로마인에게 알려지지 않았다고 지적한다. 동양(중국)에서 처음 도입된 덕분에 중세 초기 세계의 남성은 "말을 타고 무거운 갑옷을 입고" "탱크"가 될 수 있었다. 무거운 갑옷을 지불하기 위해 존재하게 된 봉건 제도는 이 기술의 도입에 빚을 졌다. 하지만 화약이 등장하자, 그것은 즉시 "등자가 고대 경제의 기본 규칙을 바꾼 것만큼 봉건 제도의 기본 규칙을 급격하게 바꾸었다. 그것은 인쇄술만큼 민주적이었다."(McLuhan, "Cybernation and Culture," 104) 등자, 화약, 인쇄술이라는 세 가지 테크놀로지가 모두 중국에서 유래했다면, 왜 "중국 사회의 가족과 부족이라는 매끄러운 미묘함의 연결망"은 그대로 둔 채 유럽을 변화시킬 수 있었는가? 민족 중심주의는 이 이상한 추론 방식에 대한 가능한 유일한 설명이다.

글쓰기 체계는 어떤 표기와 어떤 매체를 통해 인식되고 인식할 수 있다는 것인가? 이 질문은 디지털 미디어에서 나타난 표의문자적 구성물로의 알파벳 문자 자체의 진화를 성찰하자는 것이다. 다양한 반대 주장이 있지만, 중국어 문자는 표의문자와 동일시될 수 없으며, 알파벳 문자는 음성 중심주의로 축소될 수도 없다.[71] 표의문자적 기입은 상형문자와 마찬가지로 항상 유럽의 인식이었다는 점에 유의해야 하는데, 이 점은 (서기 100년 『설문해자(說文解字, 한자의 기원)』에서 최초로 한자를 체계적으로 분석한 한나라 학자인) 허신(許愼) 시대 이래로 2000년 동안 자(字, 개별 문자) 또는 문(文, 텍스트/글)이라는 주제에 관해 방대한 글을 쓴 중국 학자들에게는 생소할 것이다.[72]

다른 한편으로 표의문자적 글쓰기를 잘못된 인식이라고 단정할 아무런 이유가 없다. 이 개념이 중국어 글쓰기에 관해서는 알려 주는 것이 없지만, 그것은 서구의 선취 성향 속에서, 즉 알파벳 글쓰기가 언젠가는 지역적인 음성 중심적 함정을 벗어던지고 보편적 코드가 될 수 있다는 꿈, 즉 선취의 성향 속에서 또 다른 경로를 밟아 왔다. 보편적 언어에 대한 라

71) 앙드레 르루아-구랑은 중국어 글쓰기(한자)의 표의문자적 측면과 음성적 측면을 "상호 보완적이지만 동시에 각각이 중국 밖에서 별도의 다른 표기 체계를 낳을 만큼 서로 너무나 이질적"이라고 본다. 그는 중국어(한자) 표기를 자체적으로 사용하기 위해 차용한 일본 등 아시아 국가들을 언급한다. 르루아-구랑은 중국어 표기에 대한 직접적인 지식을 습득한 것으로 보이는 몇 안 되는 이론가 중 한 명이었지만, 그는 부수와 음성적 요소를 관습적 기호로 조립하고 모으는 데 구조적 힘인 시간과 공간의 역할에 더 주목했다. 중국어 표기의 정신을 결정화하는 서예는 그러한 지속적인 조립의 원리를 아주 잘 보여 준다. Leroi-Gourhan, *Gesture and Speech*, 209를 보라.

72) 현대 중국어 문법이 혼란스럽던 초창기에 중국어 字를 '단어(word)'라는 표어문자적 개념으로 오해한 것에 대한 논의는 Lydia H. Liu, *The Clash of Empires: The Invention of China in Modern World Making*, 181~209를 보라.

이프니츠의 꿈은 서구 사상에서 표의문자에 타자성과 목적론의 아우라를 주었고, 이에 따라 수학적 기호 또는 소리 없는 읽기와 쓰기가 말이나 소리의 매개 없이 개념적 대상을 전사하는 식으로 우리는 추상적 사고를 직접 그래픽으로 기입하는 것을 구상하고 꿈꿀 수 있었다.[73] 이런 꿈은 중국어 글쓰기의 도움이 있든 없든 지속되었다. 최근에는 분자 생물학자들에 의한 유전자 코드의 해독이 가속화되었고, 이에 따라 수 세기 동안 이어져 온 보편적 언어에 대한 추구는 종결은 아니더라도 중단되었다. 이 기념비적인 사건과 그에 따른 인간 게놈 지도 작성은 생명, 인간다움, 생식, 사회적 통제, 언어, 커뮤니케이션, 건강 등에 관한 기본적인 질문들이 대중의 영역에서 제기되고 논의될 수 있는 전환점이 되고 있다. 그리고 과학자를 비판적인 시선으로부터 보호하는 동시에 인문학자들을 객관적인 시식의 생산에서 멀어지게 하는, 극복할 수 없는 학문적 장벽과 제도적 힘으로 인해 과학자와 인문학자 사이의 대화가 점점 더 어려지는 시기에 이 모든 일은 일어나고 있다.

이런 장애물에도 불구하고 유전자 코드라는 뉴스는 인문학자들에 의한 수많은 비판적 연구로 이어졌는데, 이들은 분자 생물학에서의 알파벳 글쓰기의 역할을 주요 은유라고 보고 이를 탐구하는 일을 수행했다. 분자 생물학이라는 학문이 냉전 중반에야 자리 잡았기 때문에, 이러한 연구 중 일부는 일차적으로 미국의 군산학 복합체의 방대한 자원이 정보 이론과 사이버네틱스의 형식으로 무기 기술에 대한 새로운 비전과 적에 대한 새로운 존재론을 구축하는 데 어떻게 사용되었는지를 되짚어 보는 데 집중하고 있는데, 그 과정에서 DNA 서열은 담론적으로 유전자 코드로 구성

73) 비음성적 글쓰기에 대한 데리다의 비판적 성찰에 관해서는 *Of Grammatology*, 24~26을 보라.

되었다. 비평가들의 지적에 따르면, 수학자는 암호 해독 논리에 의존해 적의 비밀 알파벳을 풀었고, 분자 생물학자는 동일한 방식으로 핵산의 문자, 코돈(단어), 구두점을 식별해 DNA의 소리 없는 언어를 해독했다.[74] 예를 들어, 가모프와 그의 협업자들은 살아 있는 세포의 분자를 정복 대상으로 접근했는데, 이는 "두 줄도 안 되는 인쇄 메시지 하나에 근거해 적의 코드를 해독하려는 군의 정보국이 접하는 것과 비슷하다."[75]

『바이오미디어』에서 유진 태커(Eugene Thacker)는 생물정보학의 역사적 전개에서 은유화(metaphorization)와 자율화(autonomization)를 구분한다. 그는 예를 들어 케이가 기록한 바와 같이, '정보'라는 개념이 주로 20세기 중반 초에 분자 생물학자들에 의해 은유로 차용되었다고 주장한다. 그러나 후기 생물공학 및 생물정보학 단계에서 "정보는 DNA의 은유로 간주되지 않고 기술적 원리로 DNA 자체에 내재해 있는 것으로 간주된다. 컴퓨터에서 DNA를 제어하고 저장하는 새로운 기술들이 등장하면서 정보학 모델의 은유적 위상이 DNA 자체로 축소되었다."[76] 새커에게 '은유'는 다른 곳에서 빌린 언어로 DNA에 대해 말하는 방식을 의미하는데, 그는 이것을 정보의 인식론적 내재화 및 자율화와 구별한다. 그가 보기에, 후자는 DNA의 구성 요소에 해당하는 것이며, 따라서 게놈은 생물학적 컴퓨터이고 신체는 일종의 바이오미디어다(Thacker, 40). 하지만 이것이 크릭, 왓슨, 가모프, 자코브 등 분자 생물학자들이 초기에 발견

---

74) 코돈은 유전자 코드를 구성하는 3개의 인접한 뉴클레오타이드의 서열을 나타내는 "단어" 단위와 동등한 것으로 간주된다. 단백질 합성 과정에서 폴리펩타이드 사슬의 특정한 구조적 위치에 아미노산이 어떻게 삽입되는지가 이 서열에서 규정된다.

75) George Gamow, Alexander Rich, and Martynas Ycas, "The Problem of Information Transfer From the Nucleic Acids to Proteins," 40.

76) Eugene Thacker, *Biomedia*, 39.

한 것에 대해 말하는 바와는 다른 것 아닌가? 가모프의 적 코드(enemy code) 은유는 어떠한 인식론적 단절도 의미하지 않는 것 아닌가? 완전히 읽어 낼 수 있으려면 생물정보학의 미래 계시까지 기다려야 하는가?

사고에 대한 은유와 비유가 과학 분야의 발전과 학문 분야의 개념적 전환 및 패러다임 전환에 없어서는 안 될 것이라는 점을 이해한 릴리 케이, N. 캐서린 헤일스, 리처드 도일 등의 비평가들은 분자 생물학의 은유를 면밀히 탐색하여 "수사적 소프트웨어"가 어떻게 과학자들의 유전자 코드 발견에 관여했는지 보여 주었다.[77] 이들은 이런 통찰을 더욱 발전시켜 코드, 전사, 번역 등의 은유가 실제로 과학자들이 핵산과 아미노산 사이의 상관관계를 상상하고 설정할 수 있는 개념적 틀을 제공해 주었다고 주장한다. 그러나 비유적 언어의 애매함과 "의미의 다양성, 정의의 미끄러짐, 변화하는 의미, 아포리아는 궁극적으로 게놈 글쓰기의 타당성과 예측 능력을 불안정하게 만들었다."[78] 자주 인용되는, 움베르토 마투라나와 프란시스코 바렐라의 "자기생산(autopoiesis)" 개념은, 살아 있는 유기체에 대한 사이버네틱스 관점이 생물 체계뿐만 아니라 사회 체계에도 적용할 수 있는 자기 조절 및 자기 조직화 일반 이론으로 나아가게 되었음을 보여 주는 또 다른 경우다. 그러나 한 체계에서 다른 체계로 "자기생산"이 옮아가고 전파되는 데는 이상하게도 불일치하는 무언가가 있다. 리처드 도일이 그의 책 『웨트웨어』에서 보여 주었듯이, 마투라나와 바렐라는 다음과 같은 근본적인 질문에 동의할 수 없었다. "사회 조직은 생물체적 법칙의 범위 안에 있는가, 밖에 있는가?"[79] 사실 마투라나와 바렐라

---

77) 이는 *On Beyond Living: Rhetorical Transformations of the Life Sciences* 6~10에 나오는 리처드 도일의 문구다. 또한 James J. Bono, "Science, Discourse, and Literature: The Role/Rule of Metaphor in Science," 61을 보라.

78) Kay, *Who Wrote the Book of Life?*, 14.

의 생물학적 법칙들에 대한 가정에 의거해 자신의 체계 이론을 개발한 니클라스 루만 등 많은 사람에게도 같은 질문을 제기할 수 있다. "자기생산"이라는 개념은 가모프의 "적 코드" 방식으로 자신의 고유한 자기참조 패턴을 생성하는, 이론 구축의 또 다른 비유로 이미 전환된 것인가?

지식 구성에서의 은유와 비유의 역할을 분석하는 것은 분명히 도움이 되지만 과학자, 특히 유능한 과학자라면 이 점에 이의를 제기하지는 않는다는 것도 기억해야 한다. 위너는 "대부분의 사람이 모든 과학 중에서 가장 사실적이라고 보는 수학은 상상할 수 있는 가장 거대한 은유를 구성하며, 이 은유의 성공에 따라 미학적으로나 지적으로 판단되어야 한다"고 언급한 바 있다.[80] 에밀 보렐은 미적분학이 필연적으로 속어(*de la langue vulgaire*)가 존재한다는 가정에 근거한다고 지적했다.[81] 20세기 초 프리드리히 바이스만은, 논리학이나 미적분학에 대해 무엇을 주장하든, 그러한 관점은 "수학 기호와, 구어체 언어에서의 단어 의미 사이에 존재하는 상호 의존성을 밝혀 보완되어야 한다"고 말한 바 있다.[82] 그리고

---

79) Richard Doyle, *Wetwares: Experiments in Postvital Living*, 38. 그가 여기서 논의하는 문헌은 움베르토 마투라나와 프란시스코 바렐라의 영향력 있는 책인 『자기생산과 인지: 생명체의 실현』이다. 아이라 리빙스턴은 자기생산 체계에 대한 흥미로운 라캉적 해석을 제시하며, 자기생산 체계가 "자율적이라고 잘못 인식할 수 있는 (또는 잘못 인식될 수 있는) 체계"라고 말한다. Livingston, *Between Science and Literature: An Introduction to Autopoetics*, 89를 보라.

80) Norbert Wiener, *The Human Use of Human Beings: Cybernetics and Society*, 95. 브라이언 로트먼은 약간 다른 시각에서 같은 주장을 내세웠다. 그는 어떤 수학자도 "수학은 언어다"라는 명제를 부인하지 않을 것이라 점을 지적한다. Rotman, "The Technology of Mathematical Persuasion"을 보라.

81) Émile Borel, *Leçons sur la théorie des fonctions*, 160.

82) Friedrich Waismann, *Introduction to Mathematical Thinking: The Formation of Concepts in Modern Mathematics*, 118.

말할 필요도 없이, 크릭과 왓슨 등 과학자들은 이중 나선 모델을, 미학이 추구하는 것에서 미학이 중요한 것처럼, "아름답고" "우아하다"고 묘사하고 있다.[83)]

물론 과학자들의 특정한 견해에 동의할 필요는 없지만, 은유를 폭로하는 식으로 과학적 지식을 비판하는 것이 과학자와 인문학자 모두 알고 있는 것보다 더 높은 수준의 이해를 기약하는 것은 아니라는 함축적 메시지에는 귀를 기울여야 한다.[84)] 과학자가 이전에 취한 수사적 움직임에 대한 우리의 수사적 반박이, 과학적 사실이 항상 비유적으로 구성된다는 점을 지적하는 것을 넘어 예측 가능하지 않다거나 그다지 흥미롭지 않다고 보인다면, 이것은 우리가 비판을 하기 전에 그것을 개념화하는 방법을 이해하기 위해 충분히 노력하지 않았기 때문 아닐까? 예를 들어, 우리는 허구와 수학을 상호 보완적인 상징적 구성물로 간주하거나, 정신분석학과 게임 이론(또는 상호 연관되어 발전한 사이버네틱스와 정보 이론) 사이의 관계를 탐구할 수도 있는데, 여기서 두 이론은 각각 문학을 상징적 관습의 공유 자원으로 차용하고 이를 통해 이론가들은 형식화로 나아가는 지적 도약을 성취한다.

---

83) 호레이스 프리랜드 저드슨이 유전 코드를 해독하는 데 참여한 많은 과학자들과 한 인터뷰에서 보듯, 증명을 희생하고 모델과 추론의 우아한 스타일을 우선시하는 사례는 많다. Judson, *The Eighth Day of Creation: Makers of the Revolution in Biology*를 보라.

84) 바이스만 이후 수학의 은유에 대한 최신 연구는 George Lakoff and Rafael E. Núñez, *Where Mathematics Comes From: How the Embodied Mind Brings Mathematics into Being*이다. 이 책은 산술, 대수, 집합, 논리, 무한 등의 수학적 관념에서 개념적 은유가 수행하는 역할을 분석한다. 이 연구에 따르면, "아름다운 관념에 대한 수학의 오랜 열정"을 고백하는 두 명의 인지과학자가 위너의 진술을 확인해 주고 있다(xi).

유전자 코드가 은유라고 폭로할 때 한계는 음성 알파벳의 정체성, 의미(론), 언어, 재현의 역할 등에 대한 암묵적 가정들이다. 종종 비평가들은 코드 자체가 아니라 이러한 문제들에 대한 가정들 덕분에 은유를 통해 새로운 것, 매우 다른 것, 놀라운 것을 포착했을 수도 있다. 이러한 가정들을 드러내기 위해 세 가지 질문을 할 수 있다. 첫째, 과학자들이 음성 알파벳과 비유적 글쓰기에 무언가를 행함으로써, 인문학자들이 아이디어들을 비판하기 위해 의거하는 바로 그 아이디어를 변형시키지는 않았는가? 둘째, 단백질 텍스트는 우리가 보면 인식할 수 있는 은유적 놀이의 또 다른 사례일 뿐일까? 마지막으로, 정보 이론과 분자 생물학의 상징적 패러다임이 문학적 또는 비유적 재현물이 보여 주는 똑같은 오래된 수사적 패러다임의 범위 내에 있어야 한다고 가정할 수 있을까, 그리고 그 패러다임이 우리의 상식을 뒤흔들거나 '단어', '메시지', '코드', '번역'과 같은 익숙한 개념들이 예상치 못한 방식으로 복제되고 변이되도록 그 어떤 충격도 주지 않았다고 가정할 수 있을까?

첫 번째 질문에 대한 답은 예이고, 나머지 두 질문에 대한 답은 아니요다. 세 질문 모두 적어도 다음의 영역들에서 나타나는 알파벳 글쓰기의 변화하는 정체성과 관련이 있다. 첫째, 유전자 코드는 말이 없기 때문에 디지털 미디어에서 이해되는 개별 문자, 숫자, 공백, 구두점과 같은 기호 질서에 의존한다. 둘째, 이런 표의문자적 알파벳의 도입은 비유적 재현의 규칙들을 수정할 수밖에 없어서 우리가 일반적으로 관습적 텍스트와 연관시키는 교차은유적 놀이의 개념적 근거를 불안정하게 만든다. 마지막으로 숫자, 문자, 공백이라는 표의문자적 알파벳은 제국의 기술과학을 대변하여 모국어 영어를 포함한 모든 언어를 정복하면서 보편성의 조건을 지향한다. 여기서 요점은 문자, 숫자, 구두점이 유전적 기입에 어떻게 들어왔는지 이해하려면 유전자 코드를 은유로 지적하거나 부인하는 것만으로는 크게 진전을 이룰 수 없다는 것이다. 그럴 경우 관습적 의미론의 이름으로 우리의 탐구가 배제되고 문자적 의미가 은유적으로 바뀐다거나 은유적 의미가 문자적으로 바뀐다는 식으로 순환적 논쟁이 촉발될 것이다.

따라서 은유의 형이상학적 지위와 그 진릿값에 대해 언급하는 대신, 인쇄 기호에 대한 특정 인식이 어떻게 생겨나 정보 이론과 분자 생물학에서 부여한 그런 중요성을 획득했는지에 주목하는 것이 더 생산적이다. 이것이 디지털 미디어의 진정한 이슈가 될 것이다. 인쇄 영어의 27번째 문자와 핵산 분자의 알파벳 코드는 각각 알파벳이 어떻게 재구성되어 그 자체보다 더 많거나 적어질 수 있는지를 보여 준다. 마찬가지로 노벨상 수상자인 프랑수아 자코브는 DNA 코드가 프랑스어나 모스 부호와 같은 알파벳으로 작성되었다고 선언하면서 실제로 프랑스어 음소나 동사 단위가 아니라 특정한 표의문자적 용어(즉, 켜짐 또는 꺼짐)로 코돈과 오페론에 대해 이야기한다.[85]

음성 알파벳의 표의문자로의 전환

정보 이론과 유전적 기입의 원형인 모스 부호가 정보 이론에 대해 갖는 관련성은 결코 적지 않은데, 이는 그것이 내가 다른 글에서 19세기 국제 정치의 기호체적 전환이라고 부른 것의 유산으로 거슬러 올라가기 때문

85) Jacob, *Leçon inaugurale au Collège de France*, 22. “프랑스 피”에 대한 논쟁이 프랑스의 인간 유전체 연구에 어떤 영향을 미쳤는지에 대한 분석은 Paul Rabinow, *French DNA: Trouble in Purgatory*를 보라.

이다. 현대 테크놀로지의 역사를 보면 커뮤니케이션 체계가 항상 군사적 요구에 부응하고 해군, 공군, 육군의 커뮤니케이션 필요와 서로 연관되어 있었다는 것을 알 수 있다.[86] 기호학 연구의 선구자인 찰스 샌더스 퍼스와 페르디낭 드 소쉬르는 '코드', '기호', '신호' 등의 개념을 고안하지는 않았지만 이에 대한 이들의 이해는 영국 해군 공학자와 모스 부호의 발명가의 이해와 같았다. 이때는 주권 국가들이나 제국들이 국제 해상 신호, 도로 표지판, 전기 코드 등 표지판 체계를 규제하기 위한 구속력 있는 조약을 논의하고 초안을 만드는 작업을 시작하던 시기였다. 암호학과 커뮤니케이션 공학에 대한 섀넌의 실험을 2차 세계대전과 그 후 냉전에서 의미 있게 만들어 준 조건은 바로 영어 알파벳 글쓰기를 모스 부호보다 더 근본적으로 보편적 디지털 코드로 전환할 수 있을 것이라는 전망이었다.

커뮤니케이션 기계에서 다양한 기호 체계들을 넘나드는 보편적인 번역 가능성에 대한 기약은 1954년 DNA의 통계적 구조에 대한 물리학자 조지 가모프의 구상으로 이어졌다.[87] 빅뱅 이론가인 가모프는 ≪네이처≫에 게재한 "탈옥시리보핵산과 단백질 구조 사이의 가능한 관계"라는 짧은 논문에서 크릭과 왓슨이 과학계에 막 발표한 DNA의 이중 나선에 대한 수학적 모델을 제안했다. 가모프는 이중 나선의 2개의 평행 사슬이 네 가지 다른 종류의 뉴클레오타이드—(1) 아데닌, (2) 티민, (3) 구아닌, (4) 시토신—에 의해서만 형성되고, 여기에 당과 인산 분자가 부착된다는 점을 근거로, 주어진 유기체의 유전적 특성은 "네 자리 체계로 쓰

86) *The Clash of Empires* 1장을 보라.

87) 리처드 도일은 〈생명체를 넘어〉에서 가모프의 번역 활용에 대해 언급했지만, 이 문제에 대한 그의 작업은 가모프의 "단어"와 "숫자" 은유에 대한 수사학적 분석으로 제한되며, 섀넌의 27문자 영어 알파벳과 개념적으로 연결되지는 않는다. Doyle, *On Beyond Living*, 39~64를 보라.

인 긴 숫자"로 규정될 수 있다고 제안했다. 약 20가지 다른 종류의 아미노산으로 형성된 긴 펩타이드 사슬인 효소(단백질)는 "20자 알파벳을 기반으로 한 긴 '단어'"로 간주될 수 있다. "따라서 네 자리 숫자를 그런 '단어들'로 번역할 수 있는 방법에 관한 문제가 제기되었다."[88] 그의 "다이아몬드 코드"는 나중에 틀렸다는 것이 증명되었지만, 가모프가 분자 생물학에 정보 이론으로부터 도입한 "번역 절차"를 개시함으로써 이 젊은 학문이 활발하게 정립되기 시작했다. 따라서 생명의 비밀에 대한 탐구는 코딩과 디코딩, 그리고 번역의 문제로 바뀌었다. 10년 후 가모프의 주요 협업자인 마르티나스 이카스(Martynas Yčas)는 분자 생물학의 급속한 발전을 돌아보며 가모프의 제안이 갖는 중요성은 가모프도 틀렸다는 점을 인정한 다이아몬드 코드의 세부 사항들에 달려 있는 것이 아니라고 주장했다. 오히려 이카스는 가모프가 분자과학에 지속적으로 기여한 점은 생명의 문제를 "한 텍스트를 다른 텍스트로 번역하는 형식적 문제"로 제시하고 화학적 세부 사항과 분리한 데 있다고 주장했다.[89] 앞서 우리는 생화학자 샤가프가 이런 탈생기론적 · 형식주의적 움직임에 대항하여 코딩 문제가 생명에 관해 잘못된 질문을 제기했다고 주장했다는 것을 살펴본 바 있다.

크릭과 그의 동료들이 생명에 대한 자신들의 형식주의적 접근을 통해 다루려 했던 것 중 하나는 엄청난 수의 가능성 중에서 유전자 코드에 대한 정확한 판독을 얻어 내는 것이었다. 그들은 가모프의 네 자리 조합 체계를 기반으로 한 총 64개의 트리플렛(4×4×4) 중에서 아미노산과 관련

88) George Gamow, "Possible Relation Between Deoxyribonucleic Acid and Protein Structures," 318.

89) Martynas Ycas, *The Biological Code*, 25.

된 3개의 뉴클레오타이드 서열에 "의미론"을 도입하기 시작했다. 흥미롭게도 그들은 일부 서열을 "의미(sense)"로 간주하고 다른 서열은 "무의미(nonsense)"로 일축했다.[90] 이 수준에서 의미론이 그들에게 중요했다는 것은 특이한 일이다. 요컨대 분자 생물학자들은 의미론과 아무런 관련이 없다고 보는 섀넌에게서 정보 이론을 빌려 왔다. 섀넌이 처음으로 커뮤니케이션 기계의 코딩 문제를 개념화했을 때, 의미와 무의미는 그에게 코드의 올바른 해독이나 잘못된 해독과는 매우 다른 의미를 가졌으며, 그는 정보가 추계적으로 결정된다고 주장했다. 다음 장에서 논의하겠지만, 섀넌의 벨연구소 동료들 중 일부는 그의 발자취를 따라 의미와 무의미의 경계라는 개념을 가지고 추계적 실험을 수행했다. 그들은 의미와 무의미의 상호 작용을 통해 디지털 미디어에서 이른바 분열증 기계(schizophrenic machine)의 본질에 대해서도 생각했다.

3개의 뉴클레오타이드 서열에 대한 의미론적 해석은 정보 이론을 다른 분야로 번역하는 데서 관찰되는 많은 비극 중 하나다. 코드라는 개념 자체에 대한 혼란도 널리 퍼졌다. 유전자 코드는 언어인가 글쓰기인가? 우리는 이미 데리다가 어떻게 유전자 기입을 들어 그라마톨로지에서 그램 이론에 신빙성을 부여했는지 보았다. 그에게 유전자 코드는 구어가 아닌 글쓰기와 확고히 연관된다. 그러나 야콥슨에게 유전자 코드는 언어, 말, 음소와 연관된다. 야콥슨은 1970년 언어학 분야의 현황에 관해 발표한 긴 보고서에서 구조 언어학을 대표해 가장 야심 찬 주장을 내세웠다. 그가 말하기를 "언어 코드의 보편적인 구조 설계는 의심할 여지 없이 모

90) Francis H. C. Crick, J. S. Griffith, and L. E. Orgel, "Codes Without Commas." 이 논문의 추측은 틀렸다는 것이 증명되었다. 이 게임의 매력에 대한 크릭의 성찰에 대한 논의는 Horace Freeland Judson, *The Eighth Day of Creation*, 318~321을 보라.

든 호모 사피엔스가 가진 분자적 유산이다."[91] 그에게 "언어 코드"는 글쓰기가 아닌 말하기를 의미했으며, "인간 유기체와 언어 능력 및 활동 사이의 관계를 가장 깊이 들여다볼 수 있는 안목은 신경생물학자와 언어학자가 상호 협력해 피질의 다양한 손상과 그로 인한 실어증 장애에 대한 비교 연구를 수행함으로써 성취된다"고 말한다.[92]

유전자 코드와 언어 코드의 유사성을 주장하는 야콥슨의 논리는 음소에서 문자로, 그리고 모스 부호로 이어지는 일련의 대체와 치환으로 구성된다. 그의 견해에 따르면, 문자는 음소의 대체물이고 모스 부호는 단지 문자의 대체물일 뿐이기에—헤일스는 수년 후에 이 견해를 반복한다—이에 따라 유사하게 표현된 유전자 코드의 하위 단위는 음소와 직접 비교되어야 한다. 야콥슨에 따르면, "모든 정보 전달 체계 중에서 유전자 코드와 언어 코드만이, 고유한 의미는 없지만 최소한의 감각적 단위를 구성하는, 이산적인 구성 요소들의 사용에 기반을 두고 있다고 말할 수 있다."(Jakobson, "Linguistics," 439~440) 유전자 코드의 이산 기호와 언어 코드의 이산 기호 사이의 유사성에 대한 가정이 완전히 설명하지 못하는

91) Jakobson, "Linguistics," 440.

92) Jakobson, "Linguistics," 445. 최근 몇 년 동안 이루어진 FOXP2의 디코딩 결과, 언어 장애의 유전적 기반을 해독하려는 노력이 계속되었을 뿐만 아니라 야콥슨이 실어증 문제에 대한 초기 연구에서 제시한 방향으로 꾸준히 이동하고 있음을 알 수 있다. FOXP2는 구어 습득 능력을 담당하는 유전자로 확인되었으며, 우리의 언어 능력에 기여하는 유전적 연쇄 반응과 신경 경로의 열쇠를 쥐고 있는 것으로 여겨진다. Simon E. Fisher, Cecilia S. L. Lai, Anthony P. Monaco, "Deciphering the Genetic Basis of Speech and Language Disorders," 그리고 Gary F. Marcus and Simon E. Fisher, "FOXP2 in Focus: What Can Genes Tell Us About Speech and Language?"를 보라. 언어 장애에 대한 야콥슨의 연구는 "Two Aspects of Language and Two Types of Aphasic Disturbances," 95~119를 보라. 이 글은 원래 모리스 할레와 공동 저술한 *Fundamentals of Language*에 게재되었다.

것이 있다. 즉 1950년대 초 야콥슨이 음소에 관해 수행한 연구는 정보 이론에서 영감을 받았고 부분적으로는 정보 이론을 모델로 했다. 이것이 의미하는 바는 모스 부호와 인쇄 기호는 단순한 대체물이나 대체물의 대체물이 될 수 없다는 것이다. 좀 더 자세히 살펴보면, 커뮤니케이션 기계의 인쇄 기호는 그가 발견했다고 주장하는, 유전자 코드와 언어 코드의 유사성을 매개하는 것이다. 아래에서 볼 수 있듯이, 야콥슨의 언어 코드의 이산 단위—음소—는 커뮤니케이션 기계의 인쇄 기호보다 앞서기보다는 이를 뒤따르는 것이다.

그 증거는 음소에 대한 그의 기반 논문인 "음소적 측면에서 본 언어의 논리적 설명을 향하여"(1953)에서 분명히 드러난다. 이 논문을 시작하기 전에 1949년 초 야콥슨이 워런 위버로부터 섀넌과 위버의 『커뮤니케이션에 대한 수학적 이론』의 개인 사본을 받았고 정보 이론의 열렬한 옹호자가 되었다는 사실에 주목해야 한다.[93] 1950년대 후반 그는 MIT에서 겸직 임명을 받아 그곳에서 정보 이론가들과 교류했으며, 섀넌, 제롬 위스너, 월터 로젠블리스, 제롬 레트빈, 노엄 촘스키, 마빈 민스키, 존 매카시 등이 참여하는, MIT에 새로 설립된 커뮤니케이션연구센터의 운영위원회에서 활동했다. 이 센터는 전자연구소와 제휴하며 미 육군, 공군, CIA, 국립과학재단, 국가표준원의 지원을 받았다.[94]

야콥슨의 논문 "음소적 측면에서 본 언어의 논리적 설명을 향하여"는

---

93) Kay, *Who Wrote the Book of Life?*, 300. 다음 절에서 위버가 정보 이론의 확산에 기여한 바를 논의할 것이다.

94) 릴리 케이의 연구에 따르면, 1960년대에는 위의 자금 지원 기관들이 주로 러시아어에서 영어로의 자동 번역과 특히 과학 논문과 관련된 언어 연구에 총 300만 달러를 지출했으며, 1963년 회계 연도 말에는 그 규모가 약 800만 달러로 늘어났다. Kay, *Who Wrote the Book of Life?*, 301을 보라.

정보 이론가 콜린 체리와 MIT 언어학자 모리스 할레와 공동으로 작성되었다. 이 논문에서 그들은 섀넌의 방법과 수학 공식을, 언어의 이산 단위의 통계적 경계를 결정하는 작업에 직접 적용했다. 그들의 음소에 대한 논리적 설명도 섀넌의 엔트로피 계산을 모델로 하여 음소당 비트 수를 계산하기 위해 동일한 $H=-\Sigma\, pi \log pi$를 채택했다. 섀넌이 정확히 동일한 방법을 사용해 커뮤니케이션 공학에 맞는 문자당 평균 비트 수를 계산했지만 이런 통계치에 의거해 문자의 이산성을 증명하지는 않았다는 것을 독자는 기억할 것이다. 야콥슨의 의미에서 "음소당 비트"는 구별되는 특징들에 따라 동일한 총확률의 두 그룹으로 해당 집합을 연속적으로 세분화하여 음소를 식별하는 데 필요한 플러스 또는 마이너스(예 또는 아니요) 질문들의 수를 평균 낸 것을 의미한다. 이는 음소 i가 말에 근거하는 것이 아니라 이를 이산적으로 만드는 수치 빈도 pi의 확률을 수학적으로 결정한다는 데 근거한다.[95] 〈그림 7〉은 야콥슨 등 저자들이 어떻게 이 방법을 사용해 러시아어 음소를 결정했는지를 보여 준다. 야콥슨 음소의 이산성은 실제 말에서 비롯된 것이 아니라 커뮤니케이션 기계의 인쇄 기호(문자당 평균 비트)에서 연유한 것임을 보여 준다. (러시아 문학에서 수학으로, 그리고 다시 러시아어로 돌아오는 완전한 원을 예상한 것처럼, 앞서 언급했듯이 러시아 문학에 대한 통계적 분석의 선구자는 수학자 마르코프였으며, 섀넌은 그에게서 추계적 방법을 빌려 왔다.)

당시의 시에 큰 영향을 미칠 움직임으로, 야콥슨은 "시적 기능은 선택의 축에서 조합의 축으로 동등성의 원리를 투사한다"고 가정한다.[96] 문

---

95) Colin Cherry, Morris Halle, and Roman Jakobson, "Toward the Logical Description of Languages in Their Phonemic Aspect," 41을 보라.

96) Jakobson, "Linguistics and Poetics," 71.

<그림 7> 콜린 체리, 모리스 할레, 로만 야콥슨의 러시아 음소에 대한 숫자 결정

a	*b*	*c*	*d*	*e*	*a*	*b*	*c*	*d*	*e*
a	1316	2.94	.387	4	d	177	5.81	.100	9
i	977	3.35	.328	6	l,	162	5.95	.096	4
t	602	4.05	.244	9	'u	153	5.96	.091	6
'a	539	4.23	.228	4	r,	133	6.20	.083	4
j	457	4.45	.202	2	z	130	6.25	.081	8
n	392	4.66	.183	6	d,	126	6.30	.080	9
'o	379	4.72	.179	5	b	119	6.39	.075	8
s	359	4.80	.172	8	x	102	6.60	.067	5
'e	343	4.86	.167	5	g	91	6.80	.062	7
k	284	5.14	.146	7	v,	89	6.84	.061	8
v	273	5.15	.140	8	ʒ	89	6.84	.061	6
'i	243	5.38	.131	6	f	85	6.86	.058	8
u	240	5.40	.129	6	s,	85	6.86	.058	8
p	232	5.42	.126	8	ŝ	59	7.40	.044	9
r	230	5.45	.125	4	m,	56	7.50	.043	6
n,	221	5.50	.121	6	b,	52	7.60	.039	8
l	212	5.55	.118	4	p,	50	7.64	.038	8
ʃ	207	5.56	.115	6	k,	36	8.10	.029	7
m	202	5.64	.114	6	z,	21	8.90	.018	8
c	197	5.65	.111	5	f,	8	10.30	.008	8
t,	196	5.65	.111	9	g,	7	10.50	.008	7

TABLE C

a = Phoneme (i); $b = p_i \times 10^4$; $c = -\log_2 p_i$; $d = -p_i \log_2 p_i$; e = number of features listed in Table B (i means 'any given phoneme'; p_i means 'the probability of a given phoneme')

출처: Cherry, Halle, and Jakobson, "Toward the Logical Description of Languages in Their Phonemic Aspect," *Language* 29, no. 1 (1953): 41.

학 언어에서 언어적 기호의 배열을 지배하는 이런 기본 규칙들—선택과 조합—은 정보 테크놀로지의 논리와 같은 조합(론)과 이항 대립의 논리를 따른다. 선택의 규칙은 동등성, 유사성과 비유사성, 동의어와 반의어에 기반을 두고 있으며, 조합의 규칙은 인접성 또는 계열의 구성에 기반을 둔다. 따라서 은유는 대체의 원리에 의해 발현되는 반면, 환유는 인접성의 원리를 따른다. 이러한 원리들은 운문에서 반복되는 소리의 형태를 구조화할 뿐만 아니라 모든 병렬적 · 대조적 · 의미론적 구성물을 만들어 낸다. 야콥슨에 따르면, "주어진 운율로 구성된 모든 줄에 필수적인 이러한 특성과 함께, 항상 존재하지는 않지만 높은 발생 확률을 보여 주는 특질들이 있다. 발생할 것이 확실한 신호('확률 1') 이외에도 발생할 가능성이 있는 신호('확률 1 미만')가 운율 개념에 포함된다. 인간 커뮤니케이션에 관한 체리의 설명을 사용하면, 시를 읽는 독자는 운율의 구성 요소들에 '숫자적 빈도를 부여할 수는 없겠지만', 산문의 형태를 생각하는 한 무의식적으로 '우선순위'에 대한 힌트는 얻는다고 할 수 있다."(Jakobson, "Linguistics and Poetics," 75) 야콥슨의 시학은 "신호", "운율", "확률" 등의 혼합된 어휘를 보여 준다. 정보 이론에 대한 열정에도 불구하고 그는 코드, 신호, 확률에 심작한 나머지 데리다와 섀넌이 원래 인쇄 영어를 공식화하며 제기한 글쓰기 문제를 간과하고 있다. 이 언어학자가 알파벳 글쓰기를 음소, 음절, 말과 별개의 문제로 파악하지 못하게, 또는 정보 이론에서 그것을—말의 이차적 대체물이 아닌—상징주의의 일차적 질서로 간주하지 못하게 막은 것은 무엇인가? 데리다는 로고스 중심주의라고 답할 것이다.

언어학자가 보지 못한 것을 당시 분자 생물학자들이 알아채지 못한 것은 아니었다.[97] 1965년 콜레주 드 프랑스에서 취임 연설을 하며 프랑수아 자코브는 유전자 구조를 "염색체를 따라 쓴 화학적 메시지"라고 말했

97) 콜린 체리는 사이버네틱스 공학 이외의 지식 분야에 위너-섀넌 정보 이론을 적용할 수 있을지에 대해 약간의 우려를 품고 있었던 듯하다. 그는 "인간이나 생물 유기체를 '커뮤니케이션 체계'로 간주할 때 발생하는 모호함"에 대해 경고하지만, 그러한 우려 때문에 야콥슨과 할레와 협력하지 않은 것은 아니다. Colin Cherry, *On Human Communication*, 40을 보라.

다. "여기서 놀라운 점은 유전적 특이성이 중국어와 같은 표의문자가 아니라 프랑스어와 같은 알파벳, 또는 모스 문자로 쓰였다는 것이다."98) 자코브는 무심코 중국어 글쓰기(한자)와 그 "표의문자"를 논의에 도입했지만, 이를 결국 프랑스어와 모스 문자로 대체했다. 하지만 유전자 코드가 중국어로 쓰였다고 누가 말했는가? 물론 이 글쓰기 체계가 오래되었다는 것은 문자 기호들이 DNA라는 말 없는 살아 있는 코드와 서로 상관되어야 하는지 여부를 고려하는 데 아무런 관련이 없다. 누군가가 중국어 글쓰기와 유전자 코드 사이에 긍정적인 연계를 설정하기도 전에 이미 자코브는 표의문자를 부인했다. 이것은 오히려 이상하다. 보편주의에 대한 그의 경쟁적 주장은 더 강화되는데, 표의문자와 알파벳 사이에 허구적인 구별을 주장하고, 이에 따라 표의문자와 중국어 글쓰기(한자)를 하나의 개념으로 보게 되었다. 자코브가 추구했던 진짜 질문은 아마도 다음과 같을 것이다. 중국어 글쓰기와 알파벳 글쓰기 중 어느 것이 더 보편적인가? 모스 부호는 음성 부호인가, 표의 부호인가? 모스 부호의 점, 대시, 공백이 순전히 표의문자적이라면, 프랑스어는 어떻게 표의문자적 글쓰기가 되고 유전자 코드의 보편주의에 부합한다는 것인가?

자코브가 억압된 것의 귀환에 직면하게 되기까지는 오래 걸리지 않았는데, 중국어 글쓰기에 대한 그의 부인은 다른 분자 생물학자들에 의해서도 문자 그대로 받아들여지기 시작했다. 예를 들어, 버클리 분자 생물학자 군터 S. 스텐트는 유전자 코드가 숫자 게임에 관한 한 고대 중국의『역

98) 원문은 다음과 같다. "L'hérédité est déterminée par un message chimique inscrit le long des chromosomes. La surprise, c'est que la spécifité génétique soit écrit, non avec des idéogrammes comme en chinois, mais avec un alphabet comme en français, ou plutôt en Morse." Jacob, *Leçon inaugurale au Collège de France*, 22.

경(易經)』에 나오는 상징체계와 놀라울 정도로 유사하다고 생각했다. 그에 따르면, 끊어지지 않은 선과 끊어진 선으로 각각 표현되는 양과 음의 이진 원리들이 결합되어 4개의 다이어그램을 만들고, 이것이 한 번에 3개씩 결합되어 4^3=64괘를 형성한다. 아래에서 위로 읽는 각 괘는 생명의 64개 근본적인 측면 중 하나를 나타낸다. DNA의 64개 삼중체는 『역경』에 나오는 64개 괘와 정확히 일치하는 듯하다.[99] 이 놀라운 우연의 일치로 인해 다른 사람들은 『역경』에 나오는 표의문자와 DNA의 64개 삼중체를 연관시키는 정교한 다이어그램과 표를 만들어 냈다.[100] 하지만 이 우연의 일치에는 신비로운 것이 전혀 없으며, 64라는 숫자가 이진 코드의 삼중체 조합 패턴에서 도출할 수 있는 최대 숫자이기에 추계적 관점에서 확실히 설명될 수 있다. 숫자 게임에 대한 논의는 아래와 4장에서 계속된다.

그런 이유로 누군가가 이런 상상의 구성물들을 그렇게 심각하게 받아들이는 것을 보면 놀라지 않을 수 없다. 이것들은 표의문자에 대한 자코브의 발언과 관련해 여기서도 언급되는데, 이는 이것들이 알파벳 문자의 변화하는 상황과 표의문자적 전환에 대해 무언가를 말해 주기 때문이다. 자코브의 말에 따르면, 유전자 코드의 말 없는 언어는 표의문자이기 때문

---

99) Gunther S. Stent, *The Coming of the Golden Age: A View of the End of Progress*, 64~65.

100) Martin Schönberger, *The I Ching and the Genetic Code: The Hidden Key to Life*, 145. 원래 독일어판 제목은 *Verborgener Schlüssel zu Leben*이다. 또 다른 생화학자인 존슨 F. 얀은 *I Ching*의 발음인 "ching"에 "gene"이라는 단어를 말장난처럼 붙이고, *I Ching*-DNA 일치성을 설명하기 위해 "*I-Gene* Cube"를 개발하려 했다. 슈뢰딩거와 마찬가지로 얀은 "신탁" 또는 점술 측면을 *I Ching*과 조합론적 · 확률론적 수학과 관련된 것으로 본다. Johnson F. Yan, *DNA and the I Ching: The Tao of Life*를 보라.

에 분자 생물학자에게 의미가 있다. 스텐트와 같은 사람들이 『역경』에서 표의문자를 가지고 한 일은 유전자 코드가 이미 고대 중국 텍스트에 새겨져 있다는 것을 확인해 주는 것이 아니라, 이것이 현대 표의문자 기호 네트워크를 반영하고, 나아가 그것들이 분자 생물학에서도 폭넓게 번역 가능성을 가진다는 점을 지적해 주었다는 것이다. 우리는 정보 이론이 암호문, 숫자, 공백, 이진 숫자, 알고리듬 등의 연산 가능한 네트워크를 도입했고, 이런 표의문자 기호 네트워크가 새로운 보편주의 질서를 부과하여 '글쓰기' 또는 '텍스트'의 개념을 급진적으로 달리 해석할 수 있는 여지를 만들어 냈다는 것을 보았다. 1960년대 미국과 유럽의 분자 생물학자들은 대중에게 대장균에 관한 진실이 코끼리에게도 똑같이 진실이라고 확신시키기 위한 대중 캠페인을 벌였다. 그들은, 데리다가 말했듯이, 유전자 코드가 아메바나 환형동물의 짧은 프로그램 사슬과, 호모 사피엔스를 만드는 더 복잡한 뉴클레오티드 서열과 단백질을 결정한다는 유전 프로그램의 보편주의를 주창한다. 전 세계가 이 관점으로 개종하게 되면서 분자 근본주의의 도래와 우리 시대의 새로운 로고스인 DNA의 개시를 알리는 샤가프의 경고를 경청하는 것이 합리적인 것 같다.

요점은 다음과 같은 질문을 제기하는 것이다. 음성 알파벳이 탈음성 알파벳이 되었는가? 내가 "탈음성"이라고 쓸 때, 이는 알파벳이 음성적으로 기능하지 않는다는 것을 의미하는 것이 아니라 알파벳이 자기 자신과 동일하지 않게 점차 "타자화"되었다는 것을 의미한다. 중국어 문자(한자)가 발음될 수 있는 만큼이나 영어 알파벳도 음성적으로 생성될 수 있다는 사실이 표의문자적 기입 과정이 일어나지 않았다는 것을 증명하는 것은 아니다. 2진 코드의 0과 1이 10진법이나 다른 코드 체계의 0과 1과 같은 값을 갖지 않는 것처럼, 알파벳은 음성 알파벳처럼 보이고 들리지만 동시에 자기 자신에게서 멀어질 수 있다. 데리다는 음성 알파벳이 항상 자기 자신과 동일하지 않으며, "각 그래픽 형태는 두 가지 가치—표의문자적 가치와 표음문자적 가치—를 가질 수 있고 이는 모든 글쓰기 체계에 해당한다"고 반박할 것이다.[101] 이는 기존 글쓰기 체계들에 해당할 수 있지만, 디지털 기계의 글쓰기에도 맞는 말일까? 예를 들어, 사이버네틱스 기계에서 "음성적인 것"—그가 말하는 이중 가치의 이면—은 어디에 위치하는가? 정보 이론이 도입된 이후 음성 알파벳의 정체성이 변했다는 사실을 계속 부정할 수 있을까?

인쇄 영어와 유전자 코드를 동일한 표의문자적 움직임의 일환이라고 이해하기 쉽지 않은 이유는 우리가 알파벳 글쓰기를 음성 체계로 생각하는 데 익숙해져 있기 때문이다. 그러나 언어마다 다르고 어느 정도는 지역적이기도 한 음성 체계는 결코 보편적인 코딩 체계가 될 수 없다. 음성적 구속에서 너욱 추상화된 탈음성적인 표의문자적 기입 체계로 재구성되어야만 알파벳 글쓰기는 보편적 체계가 될 수 있다. 앞서 살펴본 것처럼 이 과정은 모스 부호의 도움과 디지털 미디어에서의 27번째 문자 발명으로 완료되었다. 오늘날 중국어와 같은 비알파벳 글쓰기 체계는 전자 미디어의 글로벌 네트워크에서 인쇄 영어의 표의문자적 기입이라는 하나의 범주로 점차 포괄되고 있다. 보편적 커뮤니케이션 가능성에 대한 약속의 땅에 새로운 바벨탑이 다시 세워지고 있는 듯하다. 그럼에도 불구하고, 다음 절에서 논의할 보편적 커뮤니케이션 가능성에 대한 전망은 윈스턴 처칠이 한때 "정신의 제국들(Empires of mind)"이라 불렀던 숫자 게임의 역사적 진화에 달려 있다.

101) Derrida, *Of Grammatology*, 89.

정신의 제국들에서 펼쳐지는 숫자 게임

미국의 전후 과학계의 강력한 수문장이었던 워런 위버(Warren Weaver)는 정보 이론의 중요성을 알아차리고 이를 열정적으로 알렸다. 그는 섀넌의 『커뮤니케이션에 대한 수학적 이론』 단행본을 해설을 덧붙여 출간했다. 1949년 7월 15일 위버는 메모를 작성하여 미국의 저명한 수학자, 과학자, 언어학자, 공공정책 입안자 등 200명에게 배포했다. 여기서 그는 보편적인 영어 코드와 기계 번역의 미래 전망을 설명하면서 "중국어로 쓰인 책은 단지 '중국어 코드'로 변환된 영어 책이라고 쉽게 말할 수 있다. 거의 모든 암호 문제를 해결하는 유용한 방법이 있다면, 적절한 해석을 통해 이미 번역에 유용한 방법을 갖게 된 것이 아닐까?"[102]라고 말했다. 저자가 염두에 두고 있던 것은 또다시 섀넌의 커뮤니케이션에 대한 수학적 이론과 전쟁 중의 암호 연구였다. 위버는 이 작업의 기밀 해제를 통해 기계 번역 분야에서 성과를 낼 수 있을 것으로 믿었고, "아마도 이 단계에서는 섀넌만이 이 방향의 가능성을 잘 판단할 수 있을 것"이라고 말했다(Weaver, "Translation," 22). 섀넌은 신중한 과학자였고, 분자 생물학 등의 연구 분야에 정보 이론을 과도하게 적용할 경우에 발생할 위험에 대해 사람들에게 자주 경고했다. 하지만 커뮤니케이션에 대한 수학적 이론이 공개 영역과 대중 매체에 등장한 후 그는 그러한 적용을 통제할 수 없었고, 결국 그 자신도 "*H*는 모든 언어를 이진 숫자라는 공통적인 기준으로 측정한다"는 보편주의 주장을 내세우게 되었다.

마찬가지로 위너도 기계 번역에 강력한 우려를 표명했고, 그의 반대는 위버에 의해 언급되고 인용되었다. 1947년 4월 30일 자 편지에서 위너

---

102) Warren Weaver, "Translation," 22.

는 "솔직히 말해서 다른 언어들로 된 단어들의 경계가 너무 모호하며 정서적이고 국제적인 의미 또한 너무 광범위해서 준기계적 번역 체계가 그다지 희망적이지 못하다고 생각한다"라고 썼다. 그런 다음 그는 2차 세계대전 전에 C. K. 오그던과 I. A. 리처즈가 발명하고 널리 알린, 그리고 전쟁 중에 대중화된 850단어의 영어인 기본 영어(Basic English)에 관해 흥미로운 의견을 밝혔다. "위너는 기본 영어가 우리가 일반적으로 말의 기계화에서 해 온 것보다 더 나아갈 수 있음을 시사하는 것처럼 보인다는 것을 인정한다. 그러나 어떤 면에서 기본 영어는 기계적인 것과는 반대이며, 기존 영어에서 대부분의 단어가 지닌 것보다 훨씬 더 큰 부담을 *get*과 같은 단어가 준다는 것을 기억해야 한다. 현 시점에서 시각 장애인을 위한 광전식 독서 기회를 설계하는 단계를 넘어선 언어의 기계화는 매우 시기상조인 듯하다…."(Weaver, "Translation," 18)

위버는 1947년 5월 9일 자 답변에서 "번역 문제에 대한 당신의 의견이 실망스럽지만 놀랍지는 않다. 기본 영어와 관련해 언급한 어려움은 내게 비교적 쉬운 해답이 있는 것 같다"라고 썼다. 위버가 기본 영어의 본질을 평가한 방식은 위너가 보는 방식과 다소 달랐던 듯하다. 그는 "기본 영어가 *get*과 같은 행위 동사에 여러 가지 활용을 부여하는 것은 사실이다. 하지만 그래도 *get up*, *get over*, *get back* 등 두 단어 조합은 기본 영어에서는 실제로 그렇게 많지 않다. 단어 2000개의 어휘를 취하고 두 단어 조합을 모두 단일한 단어인 것처럼 허용한다고 가정해 보자. 어휘는 여전히 400만 개에 불과하다. 현대 컴퓨터에는 그렇게 큰 숫자가 아니지 않은가"라고 주장했다(Weaver, "Translation," 18). 위버와 위너는 기본 영어를 서로 다르게 보았다. 위버는 통계적 시스템으로 접근하는 반면, 위너가 언급한 "정서적이고 국제적인 의미"는 기본 영어에 대한 의미론적 이해를 시사하는 것이다.

흔들리는 않는 확신을 가지고 위버는 기계 번역을 통해 보편적 커뮤니케이션 가능성에 대한 프로젝트를 추진하기로 결심했다. 처음에는 위너의 도움을 요청하지 못하고 그는 케네스 로크, 어윈 레이플러, 빅터 잉베, 앤드루 부스와 같은 언어학자, 컴퓨터 공학자 그룹에서 동맹을 찾았고, 이들은 자신들의 비전을 공유하며 그와 함께 첫 번째 기계 번역 프로젝트에 착수했다. 리타 랠리의 연구는 여기서 반복할 필요가 없을 정도로 반세기 동안의 기계 번역 개발에 대한 풍부한 문헌을 조사했다. 소프트웨어 프로그램 SYSTRAN Professional Premium 5.0을 개발하는 데 선구적인 회사인 시스트란이 현재 알타비스타의 인기 있는 번역 웹사이트인 '바벨피시(Babelfish)'를 운영하고 있고, 유럽 연합과 미국 정보 커뮤니티의 내부 시스템 사용을 위한 기계 번역 서비스를 제공하고 있다. SYSTRAN은 또한 독일어 텍스트가 다른 유럽 언어(예, 이탈리아어)로 번역되기 위해 통과해야 하는 '중계 언어'로 영어를 채택한다는 의미에서 인쇄 영어에 대한 논의와도 관련이 있다.[103]

I. A. 리처즈가 1935년 기본 영어의 잠재력에 대해 한 말은 보편주의적 열망 속에서 위버가 수행한 전후 프로젝트의 본질을 적절하게 묘사해 주고 있다. "서구의 의미 단위에 맞는 중국어의 '대응어' 근사치를 찾을 때 잘못과 오해를 피할 수 있는 유일한 방법은 의미를 비교하는 장치를 통해—명확한 분석적 언어를 통해—그 의미를 제공하는 것이다."[104] 리처즈의 시대에 이 장치 또는 분석적 언어는 기본 영어였지만 정보 이론이 도입되면서 그 일은 인쇄 영어로 넘어갔다. 이진 코딩 체계보다 더 분석적

103) Rita Raley, "Machine Translation and Global English," 311을 보라. 현재 개발된 구글 번역과 같은 번역 도구는 위버의 시대에는 사용할 수 없었던 연산 능력에 의존한다.

104) I. A. Richards, *Basic in Teaching: East and West*, 47.

인 것이 있을 수 있을까? 최초로 인쇄 영어는 세계의 다른 모든 언어가 모국어로 번역되는 보편적 표의문자의 지위를 성취했다.

컴퓨터가 400만 단어를 처리할 수 있다는 위버의 낙관론은 현대 MT(기계 번역) 및 MAT(기계 지원 번역) 프로그램에서 이루어진 제한적인 진전에 의해 입증되었다고 볼 수 있다. 그러나 이러한 진전에도 불구하고 의미적 구성체 또는 통계적 체계로서 기본 영어가 갖는 모호한 지위가 해소된 것은 결코 아니다. 기계 번역에 대한 위버-위너 서신에서 나타난 이 개념적 요점은 인쇄 영어와 기본 영어 사이의 역사적 연관성을 어떻게 볼 것인가 하는 것이다. 수학적 정리에 대한 엄밀함에도 불구하고 섀넌이 영어를 통계적 체계로 체계적으로 접근한 최초의 사람은 아니라는 것을 아래에서 살펴볼 것이다.

기본 영어라는 수제를 다루기 전에 먼저 기본 영어와 밀접하게 관련된 작업을 한 지식인 엘리트들과 사이버네틱스 분야에서 일한 사람들이 영미 학계의 같은 서클에 속해 있었다는 점을 언급할 필요가 있다. 섀넌은 MIT에서 노버트 위너의 학생이었고 벨연구소와 프린스턴대 사이의 전쟁 중 암호 협업 과정에서 앨런 튜링을 알게 되었다.[105] 야콥슨은 1948년 5회 메이시 학술 대회에 초대되었고, 앞서 언급했듯이 1949년 위버로부터 섀넌과 위버의 『커뮤니케이션에 대한 수학적 이론』 사본을 받았다. 위너는 1914년 초 C. K. 오그던과 I. A. 리처즈를 알게 되었는데, 당시 리처즈는 『의미의 의미』 작업을 시작했다.[106] 1930년대에 하버드대에서 공부하고 베이징의 칭화대에서 가르치기 위해 귀국한 유명한 중국어 언어학자 위안렌 차오는 리처즈가 중국에서 기본 영어 캠페인을 시작하는

---

105) Andrew Hodges, *Alan Turing: The Enigma*를 보라.

106) Pesi Rustom Masani, *Norbert Wiener, 1894-1964*, 56.

데 도움을 주었다. 위너와 친구였고 전쟁 후 UC 버클리대 교수가 된 차오는 1953년 4월 22~24일에 열린 메이시 학술 대회의 열 번째이자 마지막 회의에 참석했다. 이 대회에 참석한 섀넌과 마찬가지로 차오는 사이버네틱스 핵심 그룹의 초청 인사였고, "언어의 의미와 언어의 습득 방법"이라는 흥미로운 논문을 발표했다. 리처즈는 1951년 3월 15~16일에 열린 8회 메이시 학술 대회에 초대되어 "인간 사이의 커뮤니케이션: 언어의 의미"라는 논문을 발표했다. 그는 섀넌이 유명한 미로 찾기 기계 쥐 테세우스(Theseus)를 시연할 때 청중석에 있었다.[107] 차오와 리처즈가 메이시 학술 대회에 참석했다는 것은 같은 세대에 있는 기본 영어, 사이버네틱스, 정보 이론의 역사적 만남이 이루어졌음을 보여 주는 것이다.[108]

C. K. 오그던이 1929년 처음으로 기본 영어를 고안했을 때, 단순화한 문법과 더불어 850단어로 축소된 어휘는 보편적이고 국제적인 제2언어에 대한 통계적 기초를 제공하려는 의도로 만들어진 것이었다. 오그던과 I. A. 리처즈가 전 세계적으로 쉼 없이 전도 활동을 벌인 덕분에 기본 영어 운동이 시작되었고 결국 영국과 미국의 공식 기관으로부터 긍정적인 지지를 받았다. 리처즈는 문학 연구에서 실천적 비평을 창시한 문학 연구자였으며 신비평(New Criticism)을 개척한 것으로도 알려져 있다. 그와 오그던은 『의미의 의미』를 공동 저술했고, 그는 미국과 중국에서 기본 영어의 가장 열정적인 옹호자가 되었다. 1929년 초부터 전쟁이 발발할 때까지 칭화대에서 간헐적으로 가르치는 동안 리처즈는 중화민국 교육

---

107) 사이버네틱스에 관한 메이시 학술 대회의 회별 참가자 총목록은 Steve J. Heims, The Cybernetics Group, 285~286을 보라. 또한 다음 장에서 다룰 리처즈, 차오, 그리고 메시지 학술 대회에 관한 논의도 참조하라.

108) 리처즈와 차오와의 관계, 그리고 중국에서의 그의 활동에 관해서는 John Paul Russo in *I. A. Richards: His Life and Work*, 397~429를 보라.

부가 국가의 고등학교 과정에 기본 영어를 채택하도록 설득하는 노력을 기울였다. 베이징에서 친구와 교육자들과 함께 일하면서 그는 일본의 침략과 폭격으로 그의 노력이 중단될 때까지 중국에서 기본 영어 과정을 시작하는 단계에 거의 다다랐다.[109]

1943년 7월 윈스턴 처칠은 이렇게 썼다. "나는 기본 영어 문제에 매우 관심이 많다. 이것을 널리 사용하면 큰 지방을 합병하는 것보다 훨씬 더 오래 지속되고 유용한 이득을 얻게 될 것이다. 또한 영어권에 속하는 것을 더욱 가치 있게 만들어 미국과 더 긴밀한 연합을 이룰 것이라는 나의 생각과도 일치한다."[110] 처칠은 영국 내각에 기본 영어를 연구하고 보고할 내각 위원회를 구성하라고 지시했다. 정보부 장관, 식민지 장관, 교육위원회 위원장도 이 일에 참여했다. 처칠이 1943년 퀘벡에서 루스벨트를 만났을 때 그들은 기본 영어의 미래에 대해 논의했다. 백악관 메모에 따르면, 루스벨트는 기본 영어를 국제 공용어로 전환하면 영어가 "외교 언어"로서 프랑스어를 대체할 수 있다고 생각했다.[111]

영국 총리는 1943년 9월 6일 하버드대에서 연설을 하면서 기본 영어의 친선 대사 역할을 했다. 처칠은 미국인들에게 "미래의 제국은 정신의 제국"이라는 점을 이해하라고 촉구했고, 라틴 아메리카에 기본 영어를 소개한 하버드대 영어연구위원회의 뛰어난 공로를 칭찬했다.[112] 파시스

---

109) John Paul Russo, *I. A. Richards: His Life and Work*, 420. 중국에서의 기본 영어 프로젝트에 대한 최근의 비판들에 관해서는 Rodney Koeneke, *Empires of the Mind: I. A. Richards and Basic English in China, 1929-1979*, 그리고 Q. S. Tong, "The Bathos of a Universalism, I. A. Richards and His Basic English"를 보라.

110) Ogden, *Basic English, International Second Language*, 111의 부록 B를 보라.

111) 국무성에 보낸 1944년 6월 5일 자 루스벨트의 메모(idid., 115).

112) 처칠의 연설은 1943년 9월 6일에 이루어졌다. 연설의 발췌문은 Ogden, *Basic English, International Second Language*, 112~113의 부록 B로 포함되어 있다. 원

트 독일과의 전쟁을 지휘하는 동안 처칠은 제국 건설을 위한 언어의 가치를 시의적절하게 이해하고 있었고, 그의 비전은 대중적인 미국 언론의 주목을 받았다. 1943년 10월 18일 ≪라이프≫는 링컨 바넷의 "기본 언어: 글로벌 언어"라는 글을 게재했다. 당시 독자나 오늘날의 독자가 "글로벌 언어"라는 어려운 신조어를 어떻게 받아들일지 궁금하지만, 바넷의 "빠르게 축소되는 지구상에서 모든 사람이 소통할 수 있는 초국가적 언어"에 대한 메시지는 명확하게 전달되었다.113) 저자는 기본 영어의 옹호자들이 "영어가 '세계적으로 중요하지 않은 사소한 게르만 방언'이 될 날을 기다리던 나치 학자들의 언어적 제국주의와는 아무런 공통점이 없다"(57~58)고 주장했다. 하지만 루스벨트의 비전과 관련해 독일인보다 프랑스어를 사용하는 동맹국들과의 경쟁이 더 문제였다.

기본 영어에 대한 영미 제국주의의 의제는 영국, 미국, 과학적, 국제적, 상업적을 의미하는 약어 "BASIC"에 표면적으로 가시화되어 나타난다. I. A. 리처즈의 전기 작가 존 폴 루소는 1920년 3억 명의 사람들이 영어를 사용하며 5억 명의 정부 언어가 되었다고 말한다. 이 큰 숫자는 오그던과 리처즈가 기본 영어를 세계의 공용어로 홍보하는 것을 정당화하는 데 반복해서 활용되었다. 흥미롭게도 영어가 세계 인구 대다수의 매체가 아니었다는 반대 주장도 기본 영어를 정당화하는 데 사용되었다. 리처즈는 다음과 같이 말했다. "이 지구상에서 우리 중 3분의 2는 이 글을 쓸 당시 알파벳 사용자다. 현재 숨 쉬는 22억 명 중 약 15억 명은 알파벳이 아닌 문자를 포함해 전혀 읽지 못한다. 지금은 알파벳 글쓰기의 발명이 갖는 장점에 대해 논쟁할 시간이 아니다. 가까운 미래에 사람들 사이에 진정한

문은 1943년 9월 8일 자 ≪런던타임스≫에 게재되었다.

113) Lincoln Barnett, "Basic English: A Globalanguage," 57.

전 세계적 커뮤니케이션이 이루어진다면 그것은 알파벳 언어일 것이다. 이는 우리의 생애 안에 영어를 통해 이루어질 수 있다."[114] 궁극적으로 영어가 특권을 누리게 된 것은 영국 제국에 속한 세계 인구의 상당수가 사용하기 때문이 아니라 빠르게 과학과 세계 비즈니스의 매체가 되어 라디오, 영화, 광고, 항공, 통신을 통해 널리 보급되고 있기 때문이다.[115] 따라서 전 세계적 커뮤니케이션은 기본 영어의 존재 이유이며, 리처즈가 자신의 메시지를 전달하기 위해 그림책, 텔레비전, 사운드 녹음, 영화와 같은 미디어 테크놀로지에 의존했던 이유이기도 하다. 월트 디즈니와의 성공적인 협업은 1943년에 찍은 사진(그림 8)에 나타나는데, 벽에 있는 만화는 기본 영어의 문구들을 그림으로 표현한 것이다.[116]

리처즈는 언어 교육용 막대인간 책들을, 그리고 크리스틴 깁슨과 협업하여 〈그림으로 배우는 언어〉 시리즈를 개발했다. 이런 혁신적인 시청각 교육 방법은 당시 교육자, 작가, 영화 제작자에게 큰 인상을 남겼다. 리처즈는 월트 디즈니 스튜디오에서 6주를 보내며 만화 그리기의 기본을 배웠다(Russo, 467). 그가 제작에 참여한 첫 번째 영화는 10분짜리 파일럿이었고, 다음 영화는 〈기본 영어를 가르치는 영어〉로, 실제 배우를 고용해 6개의 10분짜리 동영상 릴로 만들어졌다. 이 영화는 렌 라이가 감독하고 마치 오브 타임에서 제작했다. 헬렌 벤들러는 영화를 통해 기본 영

---

114) Richards, "Responsibilities in the Teaching of English," 93. 이 글은 1947년 *Essays and Studies by Members of the English Association, the 1947 Annual*에 처음 게재되었다.

115) John Paul Russo, *I. A. Richards*, 397. 기본 영어와 〈미국의 소리〉 사이의 관계에 관해서는 Yunte Huang, "Basic English, Chinglish, and Translocal Dialect"를 보라.

116) I. A. Richards, "English Language Teaching Films and Their Use in Teacher Training," 1~7을 보라.

<그림 8> 영화를 활용해 기본 영어를 가르치기 위해 1943년 디즈니 스튜디오와 협업하는 I. A. 리처즈

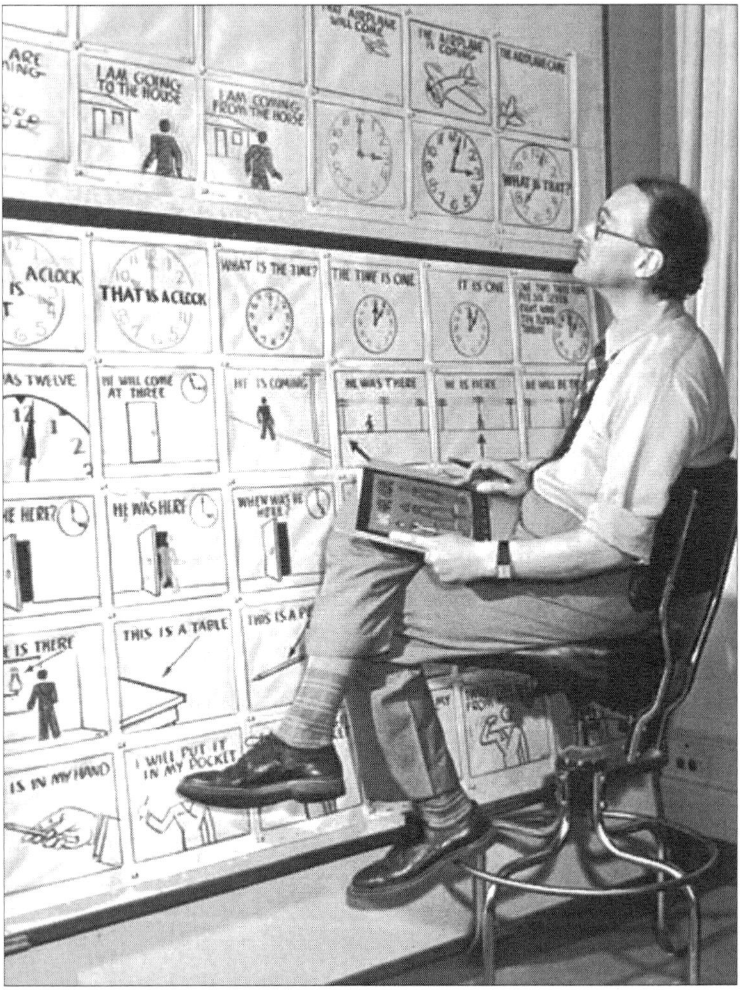

출처: Lincoln Barnett, "Basic English: A Globalanguage," *Life*, 8 October 1943.

어를 대중화하려는 리처즈의 노력이 없었다면 〈세서미 스트리트〉와 같은 텔레비전 프로그램은 빛을 보지 못했을 것이라고 말한 바 있다.117)

기본 영어의 설계자인 오그던에게 국제 무역과 정치에 필요한 단순화한 언어에 대한 학습이 갖는 실용적 측면은 기본 영어를 홍보하는 몇 가지 이유일 뿐이며, 유일한 이유는 아니었다. 그는 다음과 같은 수많은 통계 영역에서 동시에 일어난 진전이 프로젝트의 즉각적인 이론적 동력이 되었다고 보았다.

숫자 체계
미터법
위도와 경도의 측정
수학 기호
화학식
시간과 달력
음악의 표기법118)

"영어를 보편적 언어의 기반으로 삼은 두 가지 주요 이유는 (1) 위에서 제시한 통계적 고려 사항들, 그리고 (2) 영어가 단순화를 위해 분석적 경향이 충분히 진전된 유일한 주요 언어라는 사실"(15)이라고 오그던은 주장한다. 오그던이 영어 어휘를 850개 단어로 줄였을 때 이러한 관점은 참신한 아이디어였다. 여기서 새로운 것은 17세기로 거슬러 올라갈 수 있는 보편적 언어에 대한 그의 상상이 아니라 영어를 통계적 체계로 보는

---

117) Helen Vendler, "I. A. Richards at Harvard."

118) C. K. Ogden, *Basic English: International Second Language*, 14.

그의 인식이다. 오그던이 루트비히 비트겐슈타인의 『논리-철학 논고』의 영어 번역자가 된 것은 우연이 아니었는데, 이 책에서 비트겐슈타인은 중첩된 상호 관계를 설명하기 위해 번호가 매겨진 명제들의 논리적 체계를 보여 준다.[119)]

우리는 2차 세계대전 당시 미국 측에서 암호에 깊이 빠져 있던 섀넌이 언어에 대한 이러한 논리적이고 통계적인 개념을 한 단계 더 발전시켜 새로운 분야를 시작했다는 것을 살펴보았다. 노버트 위너는 『사이버네틱스』에서 섀넌, R. A. 피셔와 그 자신이 거의 같은 시기에 메시지를 "시간에 따라 분포된 측정 가능한 사건들의 이산적 또는 연속적 시퀀스—바로 통계학자들이 시계열이라고 부르는 것"—로 접근하기 시작했으며, "정보의 단위량은 동등하게 가능성이 있는 대안들 중 하나로 결정된 것을 전송하는 것"이라고 보았다.[120)] 또한 "메시지"에 대한 그의 통계적 정의는 커뮤니케이션 공학에서 비교적 늦게 등장했다는 사실을 보여 준다. 이와 달리 이미 한 세기 전부터 모든 과학 분야에서 과학자들은 통계 역학을 사용해 왔다.

물론 이것이 전부는 아니다. 기본 영어는 850개 단어의 특별한 배열이 시각적이고 읽기 쉽고 쉽게 휴대할 수 있어야 한다는 요건에서 인쇄된 단

---

119) Ludwig Wittgenstein, *Tractatus Logico-Philosophicus*, trans. C. K. Ogden, 8을 보라. 오그던은 독일과 영국에서 비트겐슈타인이 접촉했던 다른 출판사나 편집자보다 비트겐슈타인의 저술이 갖는 의미를 더 높게 평가했다. 케임브리지대 출판부에서 거부당한 후 『논리-철학 논고』는 C. K. 오그던이라는 지지자를 만났는데, 그는 유명한 학술 시리즈인 International Library of Psychology, Philosophy and Scientific Method의 총편집자로서 Kegan Paul과 함께 이 책을 번역하고 출간했다.

120) Wiener, *Cybernetics: or Control and Communication in the Animal and the Machine*, 2nd ed., 8~9, 10.

어의 우위를 전제로 한다. 오그던은 『기본 영어』의 첫 문단에서 다음과 같이 주장한다.

> 만약 우리가 보통 말하려는 모든 것을 **공책 뒷면에, 칼럼 형태로 적힌, 맨눈으로도 쉽게 읽을 수 있는** 많지 않은 단어들을 가지고 말할 수 있다면 분명히 보편적 언어의 문제는 해결되었을 것이다. 따라서 **일반적인 비즈니스 공책 뒷면의 약 3/4 공간을 차지하는 850개 단어로** 우리가 보통 말하려 하는 거의 모든 것을 말할 수 있다는 점에서 기본 영어는 단순히 교육적 실험 이상의 것이다.[121](나의 강조)

"말하기"가 "읽기"를 나타내는 경우를 제외할 때 "말하기"라는 행위에 공책 한 장이나 맨눈이 필요한가? 칼럼 형태와 비즈니스 공책에 대한 언급은 기본 영어가 제공해야 할 전반적인 실용적인 목적을 보여 주는 것이지만, 인쇄된 단어의 지위에 대한 몇 가지 이론적 문제도 제기한다. 여기서 오그던은 자신이 염두에 두고 있는 것이 필기 단어인지 인쇄 단어인지 명시하지 않았다. 적어도 통상적인 의미에서는 후자가 된다. 예를 들어, 저자는 ≪데일리 메일≫에 게재된 기사를 찬성하는 듯 인용한다. "이 기본 영어의 전체 어휘는 공책 한 장이면 간단히 인쇄할 수 있다." 이는 기본 영어의 1935년 판(그림 9)에 접힌 7×10인치 삽입물에서 한눈에 볼 수 있다.[122]

동일한 삽입물이 다른 많은 포켓 사이즈의 기본 영어 책에 인쇄되어 있으며 일반적인 타자본과 거의 차이가 없다. 숫자 행렬이 1024단어에

121) Ogden, *Basic English, International Second Language*, 5.

122) C. K Ogden, *Debabelization*, 76.

<그림 9> 850단어 어휘

출처: C. K. Ogden, *Basic English: A General Introduction with Rules and Grammar* (London: Kegan Paul, Trench, Trubner, 1935).

<그림 10> C. K. 오그던의 동사 도식

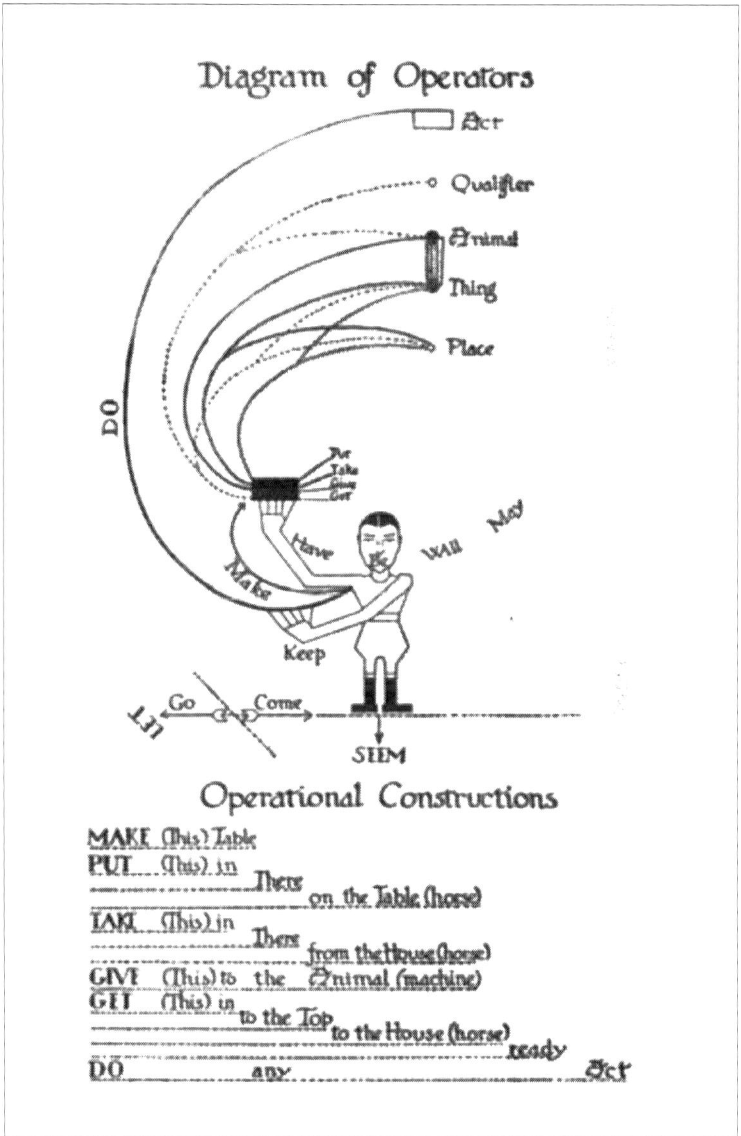

출처: C. K. Ogden, *Basic English: A General Introduction with Rules and Grammar* (London: Kegan Paul, Trench, Trubner, 1935), 56.

달하는 더 큰 어휘의 라가도 글쓰기 기계와 비교할 때, 850단어의 기본 영어는 더 작고 효율적인 메커니즘을 요한다. 오그던의 어휘에 대한 통계적 처리는 컴퓨터가 발명되기 전에 이미 언어에 대한 기술적 관점을 전제하는 것이었기에 결코 임의적인 비교가 아니다. 품사가 그 관점에 맞게 재분류되거나 이름이 바뀌었을 때—동사가 없고 '연산자'만 있으며, 명사가 '사물'이고, 형용사가 '특성'이고, 전치사가 '지시어'가 된다—기본 영어는 본질적으로 숫자 체계, 미터법 등 앞서 언급한 다른 모든 체계와 맞는다. 각 연산자의 간단한 의미를 나타내기 위해 팔을 흔드는 작은 인물은 모스 부호를 사용해 군 통신대의 행동을 묘사한 인기 있는 만화책에서 튀어나온 것처럼 보인다(그림 10). 〈그림 11〉은 담론적 (인간/공간) 상황을 지배하는 전치사를 순수한 기하학적 관계로 변환한 것이다.

오그던과 리처즈는 인간 사회가 보편적 커뮤니케이션 가능성을 향해 움직이고 있으며, 기본 영어에서의 기술적 사고가 글로벌 "탈바벨화(debabelization)" 과정을 촉진할 것이라고 확신했다. 보편적 커뮤니케이션에 대한 이런 낙관주의는 작가, 언어학자, 통계학자, 정부, 기업, 교육자 사이에서 공유되었다. 에즈라 파운드는 1935년 오그던의 탈바벨화에 대해 호의적인 서평을 썼는데, "소설가가 기본 영어로의 번역을 감내할 수 있다면, 그의 언어 기저에는 뭔가 견고한 것이 있는 것"이라고 말했다. 기본 영어는 분명히 "≪타임스≫의 모호한 표현이나 ≪맨체스터 가디언≫의 수다스러움보다 우월하다"고 여겨졌다.[123] 오그던이 앨런 튜링의 보편적 이산 기계의 작업을 어느 정도 따랐는지는 알 수 없다. 케임

123) Ezra Pound, "Debabelization and Ogden," 411을 보라. 그리고 Pound, *Selected Letters: 1907-1941*, 265~266에 실린, 오그던에게 보낸 파운드의 1935년 1월 28일 자 편지를 보라.

<그림 11> C. K. 오그던의 전치사 도식

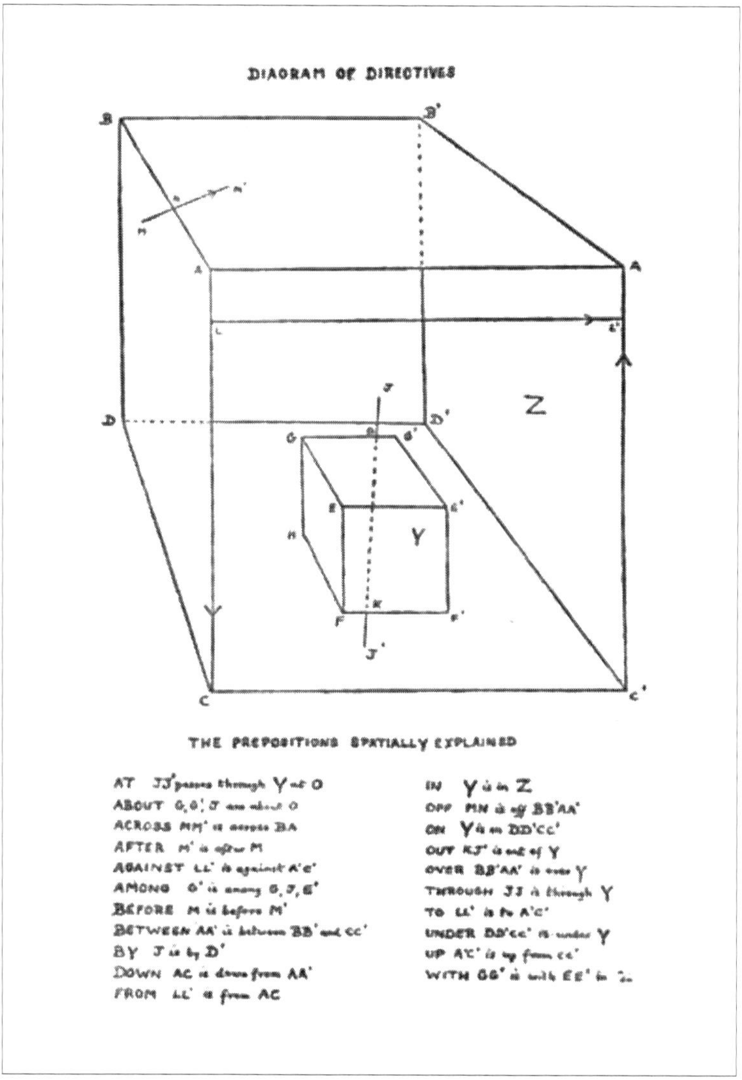

출처: C. K. Ogden, *Basic English: A General Introduction with Rules and Grammar* (London: Kegan Paul, Trench, Trubner, 1935), 62.

브리지대에서 벌어진 튜링의 생각하는 기계 개념을 둘러싼 논쟁은 결과적으로 의미, 언어, 글쓰기, 심지어 생각 자체에 대한 사람들의 인식을 바꾸었다. 오그던이 보편적 이산 기계의 개발을 예견했을 수도 있고 그렇지 않았을 수도 있지만, 섀넌과 같은 사람의 등장을 예상했다는 것은 의심의 여지가 없다. 오그던은 1931년 "지난 10년 동안 국제적 상황의 미래에 대한 모든 논의에 새로운 목소리가 등장했다"고 선언했다. "오늘날 **전기 공학자**가 세상을 집 안으로 가져온 것을 세상에 알리는 것이 국제언어학자의 임무다. 국제 라디오, 국제 토키, 국제 전화, 이것이 다가올 세기의 결정적인 요인들이 될 것이다."(나의 강조)[124] 이것들은 전기 공학자 섀넌이 벨연구소에서 전문으로 다룬, 그래서 결국 정보 이론의 발명으로 이어지는 그런 작업을 만들어 낸 커뮤니케이션 테크놀로지 영역들이었다. 기본 영어는 정보 테크놀로지와 인쇄 영어의 출현을 예고하는 것이었다.

---

124) Ogden, *Debabelization*, 71.

3장
정신 기계에서의 의미와 무의미

> 이러한 종이 상처는, 네 가지 형태인지라, 종지부(스톱), 제발 종지부,
> 정말 제발 종지부, 그리고 오, 정말 제발 종지부를 각각 의미함을
> 점차로 그리고 올바르게 이해되었나니, 그리하여 그들의 한 가지
> 진실한 난서를 추적하건대, 공동 목적을 지닌 남성들의 수용자
> 굴곡면이, 깨진 유리 조각 및 흩어진 도자기로 악센트된 채-런던
> 경찰국의 조사가 지적한바 -〉 그들은, 정중한 형교수(兄教授)
> 속(屬)의, 포크형 ∧에 의해, "유발되고"; 조반-식-탁에서; 예리하게
> 전문적으로 타인(打印)된 채, 시간의 개념을 소개하기=위해 [평면(?)
> '표면' 위에] 종지부로! 고(古) 영(英) (원문 그대로) i공간에?!
>
> \- 제임스 조이스, 『피네간의 경야』*

정보 이론과 인쇄 영어는 문학, 정신분석학, 과학 분야에서 이루어진 실험들에서 나온 아이디어가 일찍이 교배해 낳은 논리적 결과라고 할 수 있

* (역자 주) 이 장에서 인용한 『피네간의 경야』의 번역은 김종건 편역, 『복원된 피네간의 경야』(어문학사, 2018)를 따랐음을 밝혀 둔다.

다. 앞 장에서 보여 준 것처럼, 850단어로 된 기본 영어의 통계적 차원은 처음부터 오그던의 가장 큰 관심사였다. 이런 점에서 섀넌이 기본 영어와 『피네간의 경야(Finnegans Wake)』를 영어에서의 중복도와 엔트로피라는 양극단의 대립 관점에서 다루었다는 것은 분명히 정당하다. 내가 다음으로 탐구할 것은 섀넌이 기본 영어, 『피네간의 경야』, 정신 기계, 정보 이론을 위해 그가 발전시킨 수학적 구성 개념들 사이의 개념적 연관을 어떻게 설정했는가 하는 것이다.

섀넌은 『커뮤니케이션에 대한 수학적 이론』에서 중복도와 엔트로피라는 양극단의 대립이 각각 "기본 영어와 제임스 조이스의 책 『피네간의 경야』로 대표된다"는 것을 보여 준다.[1] 그가 C. K. 오그던이나 I. A. 리처즈의 이름은 언급하지 않았지만, 그의 설명에 따르면, 기본 영어의 어휘는 "850개 단어로 제한되어 있으며 중복도가 매우 높다. 이는 한 구절이 기본 영어로 번역될 때 발생하는 확장 속에서 드러난다. 반면에 조이스는 어휘를 확대하고 의미론적 내용의 압축을 달성했다고 할 수 있다."(56) 섀넌이 말하는 확장은 실제로 1930년대 오그던과 리처즈가 규칙적이고 체계적으로 수행한 것이었다. 그들이 다룬 텍스트의 범위는 넓은데, 성경(창세기 1장, 사무엘상 15장, 욥기 1장 및 2장, 마태복음 2장, 마가복음 2장)이 포함되었고, 루이자 메이 올컷의 『작은 아씨들』, 조지 버나드 쇼의 『무기와 인간』, 로버트 루이스 스티븐슨의 『보물섬』 등과 같은 하이모더니스트 문학에서 대중적 텍스트까지 다양하다. 『기본 영어』의 부록에서 오그던은 원래 영어 텍스트로부터 850단어로 변환되거나 확장된, 주목할 만한 문학과 과학의 표본 일부를 보여 준다.

C. K. 오그던은 전 세계의 다양한 계층과 민족 언어들의 집단에서 얻

---

1) Shannon and Weaver, *The Mathematical Theory of Communication*, 56.

은 어휘들의 통계에 큰 관심을 보였다. 무작위로 선택된 표본은 다음과 같은 추정치를 보여 준다. "'평균적인 사람의 일반적인 어휘'는 서머싯셔 농부의 300단어, 윌슨 대통령의 국가 문서의 4000단어, 일본 외교관의 7000단어, 에스키모 어부나 평균적인 학부생의 1만2000단어, 제네바의 C.V.O.인 베이드 메컴 경의 3만 단어, 제임스 조이스의 25만 단어 사이 어디쯤에 있다."[2] 이 마지막 숫자가 가장 인상적이다. 조이스의 문학적 실험이 갖는 의미에 관한 섀넌의 이해를 보면, 전기 공학자인 그가 전후에 조이스, 그리고 오그던의 기본 영어의 통계를 활용할 것은 이미 예견된다고 할 수 있다.

다른 한편으로 조이스에 대한 섀넌의 언급은 문학 연구자들에게 다소 이례적으로 보일 수 있다. 첫 번째 반응은 회의일 것이다. 즉 여기서 양자의 연관성은 얼마나 실체적인가? 섀넌의 추측 게임에 참여한 인간 피험자에게 실제로 『피네간의 경야』의 특정 구절이 할당되었는지 또는 과연 할당은 되었는지 모르지만, 섀넌은 조이스의 작품을 영어 산문이 허용하는 추계적 가능성 범위 내에서 낮은 중복도를 보여 주는 극단적인 사례로 간주했다. 문학 연구자들이 조이스에 대한 섀넌의 접근 방식에 놀라거나 조이스 텍스트의 의미론적 내용에 대한 섀넌의 관심 부족에 당황할 이유는 없다. 어떤 의도와 목적에서든 이 수학자는 『피네간의 경야』에서 발견한 산문의 추계적 구조에 관심을 집중했다. 이것은 그가 분석하고 있던 인쇄 영어의 한계에 직접적인 영향을 미쳤고, 조이스 자신도 관심을 가졌을 알파벳 글쓰기의 본질에 대해 흥미로운 질문들을 제기했다. 예를 들어, 추계적 접근은 하이모더니스트 텍스트에 대해서도 적절한가? 섀넌의 수학적 관심이 지금까지 우리의 독서 과정에서 억압되었던 조이스의 문

2) C. K. Ogden, *Basic English: International Second Language*, 9.

학적 실험의 일부 측면에 예상치 못한 빛을 던져 줄 것인가? 기본 영어와 정보 이론에서 영어 글쓰기의 통계적 재구성에 대한 2장에서의 논의에 이어서 이제 우리는 커뮤니케이션 기계와 정신 기계 사이의 의미와 무의미 문제를 숙고하고 조이스가 『피네간의 경야』에서 알파벳 글쓰기를 어떻게 접근했는지 설명하고자 한다.

『피네간의 경야』: 하이퍼기억 기계?

문학 비평가와 일반 독자에게 제임스 조이스의 『피네간의 경야』는 거의 읽어 낼 수 없는 수준이다. 독자가 호기심이 생겨 끝까지 읽을 수 있도록 도와주는 수많은 해설서와 주석서가 출간되었다. 하지만 작가, 문학 비평가, 대학생만 제임스 조이스를 읽는 것은 아니다. 오그던, 섀넌, 피어스 등 많은 사람들도 『피네간의 경야』에서 대담한 실험을 발견하고 그것에 매료되어 도전했다. 이 실험은 다국어 언어 놀이에서 시작해 "알라프베딕(alaphbedic)", "텔레비지블(televisible)", "아이스페이스(iSpace)", "버비보코비주얼(verbivocovisual)" 등과 같은 과도한 무의미나 해독 불가능한 단어들에 이르기까지 매우 폭넓다. 문학 이론은 여전히 터무니없는 기호와 문자의 시퀀스로 된 사이버스페이스를 보여 주는 문자 그대로의 이 모더니스트 공학자를 따라잡으려 하고 있다.[3] 이 영국 작가의 탁월함

3) 예를 들어, 도널드 F. 티올(Donald F. Theall)은 *Beyond the Word: Reconstructing Sense in the Joyce Era of Technology, Culture, and Communication*에서 조이스가 마이크로컴퓨터 시대, 그리고 마이크로와 통신의 관계를 어떻게 예견했는지 자세히 설명한다. 또한 Louis Armand, *Technē: James Joyce, Hypertext & Technology*, Darren Tofts and Murray McKeich, *Memory Trade: A Prehistory of*

과, 그와 동료 작가들이나 과학자들이 모더니즘의 절정기에 추진했던 난해한 프로젝트들 사이에는 이상할 정도로 부조화가 나타나는데, 이 책은 이에 주목할 것이다.

예를 들어, 1982년 자크 데리다(Jacques Derrida)는 자신이 거의 25~30년 동안 조이스와 씨름해 왔고 그의 글 "플라톤 약국"은 『피네간의 경야』에 대한 해독이라고 고백했다. 그 반대로, 이 글은 ""플라톤의 약국"이 그 자체로 『피네간의 경야』에 대한 가능한 이해를 위한 해독의 리딩-헤드 또는 원리(즉, 또 다른 소프트웨어)로 제시되는 바로 그 시점에",[4] 『피네간의 경야』에 앞서, 그 일깨움(경, wake) 속에서 또는 그 계보에서, 예견되고 읽혀졌다. 데리다가 말라르메, 스타인, 파운드, 조이스의 일깨움 속에서 썼다는 점에서, "일깨움"은 일정한 부채 의식 그리고 포스트조이스 모더니스트 계보를 가져오지 않을 수 없을 것이다. "리딩-헤드"와 "소프트웨어"라는 비유를 통해 텍스트 부채 의식을 일정한 기술적 절차로 번역해 냈다는 것은 흥미롭다. 이에 우리는 읽기 행위를, 조이스의 단어 기계(word machine)의 자기 테이프상에 있는 기술화된 기입을 해독하는 것이라고 생각하게 된다. 단어 기계는 데리다의 원형적 글쓰기(arche-writing)와 모더니스트 정신의 '물질적 조건'이 된다. 글쓰기 현장에 늦게 도착한 것에 대한 벌은 괴롭지만 조이스를 떠나지 못하는 것이다.

데리다는 "조이스에 대한 두 가지 언급"에서 컴퓨터 테크놀로지의 미래를 예견하는 『피네간의 경야』의 함의에 대한 흥미로운 생각들을 제시한다. 그는 다음과 같이 말한다.

Cyberculture, Thomas Jackson Rice, *Joyce, Chaos, and Complexity*를 보라.

4) Jacques Derrida, "Two Words for Joyce," 150. "플라톤의 약국"의 한 각주에서 데리다는 이미 『피네간의 경야』와의 이런 연계를 지적하고 있다. Derrida, *Dissemination*, 88n20을 보라.

그[조이스]는 그를 가학적인 데미우르고스와 쉽게 혼동하지 않을 정도로 그것에 대해 자주 이야기하는데, 그는 수십 년 앞서서 당신을 연산하고 통제하며 간단한 첫 음절조차도 금지하는 하이퍼기억 기계(hypermnesiac machine)를 구축한 것처럼 보인다. 이는 이 1000번째 세대의 컴퓨터—『율리시스』, 『피네간의 경야』—에 이미 프로그래밍되지 않은 것은 아무것도 말할 수 없기 때문이다. 오늘날 우리가 사용하는 컴퓨터, 마이크로컴퓨터화된 아카이브, 번역 기계 등의 테크놀로지는 이와 비교하면 선사 시대 어린아이의 장난감 같은 조잡한 도구에 불과하다. 그리고 무엇보다도, 그 모든 메커니즘은 조이스의 케이블에서 일어나는 거의 무한대 속도와는 비교할 수 없을 만큼 느리다. 하나의 정보 표식이나 표식된 정보 조각이 같은 단어를 포함하는 다른 것과 접촉하는 속도를, 또는 책의 한쪽 끝에서 다른 쪽 끝까지 가는 속도를, 어떻게 계산할 것인가? 예를 들어, 바벨이라는 주제나 그 단어가, 그 구성 요소 각각의 경우에서, 『피네간의 경야』의 모든 음소, 의미소, 신화소 등과 연계되는 속도는 어떠한가? (하지만 이것들을 어떻게 셀 수 있을까?) 이 연계들을 세고 이런 커뮤니케이션의 속도를 계산하는 것은, 우리가 모든 변수들을 통합하고 모든 양적 또는 질적 요인들을 고려할 수 있는 기계를 구축하지 않는 한, 적어도 사실상 불가능할 것이다. 이는 내일 이루어질 일이 아니며, 설령 그런 기계가 만들어진다 하더라도, 그것은 단지 '조이스'라는 사건, 조이스의 이름, 서명한 작품, 오늘날의 조이스 소프트웨어, 조이스웨어(joyceware)의 복제본이나 시뮬레이션에 지나지 않을 것이다.[5]

5) Jacques Derrida, "Two Words for Joyce," 147～148.

언어로 말할 수 있는 모든 것을 예견하고 언어적 요소들의 모든 가능한 조합을 이끌어 내도록 설계된 "하이퍼기억 기계"라는 생각은 놀라운 것이다. 조이스에 대한 데리다의 감탄 어린 원망은 인간사에서 보철 기계가 차지하는 지배력의 증가에 대한 조이스의 모더니스트적 모호함에 뿌리를 두고 있다. 데리다나 그 누군가 조이스에게 궁극적인 경의를 표하는 것이 아니라면 도대체 "조이스웨어"란 무엇인가? 그리고 조이스는 데리다에게 그 응답으로 무엇이라 말했을까?

우선 조이스는 『피네간의 경야』가 지금까지 존재했거나 앞으로 존재할 가장 발전된 컴퓨터를 능가하도록 고안된 공학적 업적이라는 생각에는 분명히 동의할 것이다. 예를 들어, 도널드 F. 티올(Donald F. Theall)은 조이스가 언어(글쓰기)를 수학적 구조이자 공학적 문제로 접근했다고 주장한다. 당시 『신행 중인 작업(Work in Progress)』이라 부른, 『피네간의 경야』를 쓰는 동안, 이 야심 찬 소설가는 후원자 해리엇 쇼 위버에게 이 책이 자신이 "최고의 공학도"임을 증명해 줄 것이라고 썼는데, 이는 17년의 삶(1922~1939)을 이 한 작품에 바칠 생각을 한 사람이 내세운 흥미로운 주장이다.[6] 티올은 단순히 은유를 넘어서는 조이스의 주장이 갖는 세 가지 측면을 설명한다. 첫째, 조이스는 문자 그대로 자신의 작업을 일종의 기계로 생각했다. 둘째, "『경야』는 화학, 기계, 수학, 지리, 전략적

---

6) Donald Theall, "The Hieroglyphs of Engined Egypsians: Machines, Media and Modes of Communication," 132를 보라. 티올은 조이스의 편지에서 다음을 발췌했다. "그동안 저는 더 많은 토공사를 하면서 준비를 하고 있습니다. 갱들이 사방에서 망치질을 하고 있습니다. 당혹스러운 일입니다. 저는 처형 전에 가능한 한 많은 것을 하고 싶습니다. 내 오른쪽의 복잡한 문제들, 내 왼쪽의 복잡한 문제들, 내 앞에 있는 페이지의 복잡한 문제들, 나의 옆 펜에 있는 복잡한 문제들, 휘둘리는 저의 눈에는 이중적인 문제가 있습니다. 그리고 가끔씩 저는 누워서 제 머리카락이 하얗게 자라는 소리를 듣습니다."(134~315)

계획과 같은 공학의 여러 측면을 포괄한다." 셋째, 조이스는 그의 시대 예술과 커뮤니케이션 활동이 "사회 조직화의 새로운 양식, 그리고 기술적 생산, 재생산, 유통의 새로운 양식과 관련된다"[7]는 것을 인식하기에 이르렀다. 여기서 우리는 티올의 예리한 독해에 네 번째 차원, 즉 커뮤니케이션 공학 자체에 대한 조이스의 선구적 기여를 추가할 수 있다. 이는 문자 시퀀스들, 그리고 단어와 비단어 사이의 공백들이 갖는 통계적 속성을 밝히려는 그의 노력이다. 그의 공학적 행위는 섀넌이 인쇄 영어의 통계적 모델을 실험하기 20년 전에 알파벳 글쓰기의 통계적 메커니즘을 정교한 문학적 실험에 적용한 것이었다. 사실 정보 이론의 창시자 자신은 커뮤니케이션에 대한 수학적 이론을 개념화하는 과정에서 『피네간의 경야』의 통계적 속성을 활용했다고 언급했다. 게다가 조이스와 섀넌 사이의 시간 간격 동안 커뮤니케이션 공학은 통계 과학이 되고 통계 역학의 한 분야가 되었다.[8] 사이버네틱스 발전의 이런 측면에 관해서는 다음 절에서 논의한다.

의심할 여지 없이 "하이퍼기억 기계"라는 생각은 훌륭하며, 『경야』에 아주 잘 맞는 말이다.[9] 하지만 조이스가 데리다와 의견을 달리할 점은 그의 기계가 "세계의 어떤 곳(sinse)에서나 자연스러운(nat) 언어"인 코딩 체계로 프로그램되어 있다는 것이다.[10] 컴퓨터가 "음절"로 생각하기를,

---

7) Theall, "The Hieroglyphs of Engined Egypsians: Machines, Media and Modes of Communication," 134.

8) Wiener, *Cybernetics: or Control and Communication in the Animal and the Machine*, 2nd ed., 8~10을 보라.

9) 다른 곳에서 데리다는 『율리시스』에 나타난 기계 비유에 대한 분석을 제시한다. 그의 "Ulysses Gramophone: Hear Say Yes in Joyce," 253~309를 보라.

10) Joyce, *Finnegans Wake*, 83.

또는 사물을 음소, 의미소, 신화소 등과 같은 것으로 인식하기를 기대하는 것은 속도와 하드웨어에 대한 요구라기보다는 기계가 로만 야콥슨과 같은 언어학자가 되라고 요구하는 것이다. 데리다의 실언은 흥미롭다. 이는 그가 다른 곳에서 해체해 버린 구조주의 언어 이론을 무의식적으로 재확인해 주는 것인가? 그가 "조이스웨어"라는 비유를 제안하며 커뮤니케이션에 대해 어떤 가정을 했든, 컴퓨터의 하드웨어나 소프트웨어 어디에도 음소와 언어적 발화 같은 것은 없다. 컴퓨터는 기호 논리만을 따르고, 자연어의 음절이나 음소를 나타내는 것이 아니라 숫자와 문자로 작동한다. 따라서 조이스웨어—"일깨움(wake)"의 정신 속에서 데리다가 제시한 스마트한 패러디—가 야콥슨에 맞춰 언어학적 용어로 작동하도록 만들어질 가능성은 낮다. 마찬가지로 독자가 『경야』의 음소, 의미소, 신화소를 식별할 수 있다고 주장할 경우, 이는 독자가 읽는 과정에서 인쇄 텍스트를 기반으로 이런 "언어적 사실들"을 구성해 냈다는 것을 의미할 뿐이다.

조이스의 텍스트에서 "표기에 따른 발음"의 압력에 대한 개릿 스튜어트의 독해를 보면, 이런 수용의 인지적 과정에 주목하게 된다.[11] 그러나 스튜어트의 독해에서는 데리다의 『경야』 독해에서 예상치 못한 "음소"의 폭발은 숙고하면서도 하이퍼기억 기계라는 비유는 고려하지 못했다. 이는 그가 이 실언을, 컴퓨터에 대한 잘못된 음성 중심주의적 비유로 이해될, 『경야』에서 음성의 우선성에 대한 그 철학자의 부주의한 재확인으로 간주하기 때문이다. 스튜어트는 "한 문자로 촉발되더라도 아무도, 심지어 스스로에게도, 동시에 두 소리를 낼 수 없지만, 우리는 누구나 그래픽적 지연이 아닌 음성적 지연을 통해 쓰인 팔림프세스트보다는 청각적 팔

11) Garrett Stewart, *Reading Voices: Literature and the Phonotext*, 245를 보라.

림프세스트, 즉 음소의 중첩을 기록할 수 있다"(246)고 주장한다. 문제는 독자가 다성음을 자신의 정신에 기록할 수 있는지 여부가 아니라, 쓰인 문자가 어떻게 묵독 속에서 인간의 목소리나 다성음의 환상을 유지할 수 있는지, 나아가 다양한 기호 체계에서 의미의 놀이를 조율할 수 있는지 하는 것이다.

음성 알파벳에 대한 직관적인 성찰들은 문자가 말의 소리를 나타낸다는 인상을 뒷받침해 주는 듯하다. 하지만 어떤 소리를? C. K. 오그던은 한때 영어 소리의 과도한 불규칙성에 대해 불평한 바 있다. 그는 "모음은 7개의 소리를 나타내는 것이 아니라 54개의 소리를 나타내는데, 알파벳의 26개 문자는 총 107개의 값을 제공하며 모음 이중음자('each', 'ou' 등)와 다중음자('eau' 등)를 합치면 280개가 된다"고 말했다. 그런 다음 그는 이렇게 덧붙였다. "2만 단어, 심지어 2000단어의 어휘에서 이 모든 것을 구별하려면 음성학자들이나 합성언어 옹호자들의 엄청난 노동이 필요하다."[12] 알파벳 글쓰기와 영어 음성학에 대한 오그던의 통계적 관점은 그가 기본 영어를 시작하는 확실한 원동력이었다. 같은 관점이 『경야』의 출발점이 될 수도 있는데, 이는 영어에서의 소리와 문자 대응이 보여 주는 불규칙성이 조이스로 하여금 그의 하이퍼기억 기계상에서 언어적 요소들의 많은 모호성을 활용하고 언어 경계들의 놀라운 융합을 끌어낼 수 있는 훌륭한 기회를 그에게 제공했다는 점에서 그렇다.

이러한 요소들이 『경야』에서 어떻게 결합되는지와 관련해 티올은 고려해야 할 세 가지 커뮤니케이션 체계를 제안했다. 이는 "전통적 기호 체계(상형문자, 알파벳, 아이콘, 그림), 기술적으로 매개된 재생산 양식(인

---

12) C. K. Ogden, *Basic English: A General Introduction with Rules and Grammar*, 21.

쇄, 전화, 영화, 텔레비전), 그리고 전통적으로 또는 기술적으로 매개된 양식에 의존하는 정교한 대중적 표현 양식(수수께끼, 만화)"이다. 이 체계들은 로고스보다는 제스처에 기반을 둔 하나의 "통합된 기호체적 기계" 안에서 공존한다.[13] 제스처 커뮤니케이션의 기반은, "요한복음 첫 부분, 즉 '태초에 말씀이 있었다…'에 대한 [마르셀] 주스의 글에서" 조이스가 인용, 수정한 구절에서 다음과 같이 강조된다. "태초에 제스트(gest)가 있었다고 그는 정말 말한다…."[14] 티올은 "제스처(gest, 프랑스어로 geste)를 유머(즉, 농담 jest)의 기법에, 그리고 이야기를 전하는 것(위업이자 이야기 또는 로맨스로서의 gest)에 연결되는 행위"로 설명한다.[15] 나는 2장에서 그래픽주의에 대한 르루아-구랑의 업적, 그리고 데리다의 원형 글쓰기(archi-écriture) 제안에서 그것이 갖는 중요성에 대해 간략히 언급했다. 이들의 이론적 통찰이 조이스 시대에 있었던 초기 모더니스트의 글쓰기 논의와 공명한다는 것은 분명하다. 조이스의 『진행 중인 작업』에 대한 논평에서 사뮈엘 베케트(Samuel Beckett)는 알파벳 글쓰기에서 제스처가 갖는 표의문자적 의미를 명확하게 파악했음을 보여 준다. 베케트는 "당신이 매우 모호하다고 생각하는 이 글은 언어와 그림과 제스처의 정수를 추출한 것으로, 옛날의 말로 표현되지 않던 것들이 지닌 필연적 명료함을 담고 있다"고 말한다. "여기에 상형문자의 거친 경제성이 있다. 여기서 단어들은 20세기 인쇄기 잉크의 정중한 몸짓이 아니다. 그것들은 살아 있다. 그것들은 페이지 위로 밀고 나와 빛나고 타오르고 맞서고 사라진다."[16] 신호나 섬광과 같은 기초적인 기계적 커뮤니케이션

13) Theall, "The Hieroglyphs of Engined Egypsians," 151을 보라.

14) Joyce, *Finnegans Wake*, 468.

15) Theall, "The Hieroglyphs of Engined Egypsians," 137~138.

16) Samuel Beckett, "Dante…Bruno. Vico.. Joyce," 16~17.

체계와 마찬가지로, 『경야』의 페이지에 인쇄된 "침묵하는 힘의 단어들"이 추는 춤은 내가 음성 알파벳의 표의문자적 움직임이라고 부르는 것을 구현하고 있다.[17]

『엽서』에서 데리다는 조이스가 『피네간의 경야』에서 성취한 것과 자신의 매료를 연관시키며 다음과 같이 썼다. "번역에 대한 세미나를 위해 『피네간의 경야』에 나오는 모든 바벨탑과 같은 징후들을 따라갔고, 어제는 취리히행 비행기를 타고 처음부터 큰 소리로 읽고 싶어졌다(바벨, 추락, 핀-페니키아적 모티프, '**추락**(bababadalgh[…]). **벽가의 큰 추락은 척 보아도 피네간의 추락**(pftjschute)**을 동반했다**[…]'." 강조된 조이스 인용구와 데리다의 흉내 내기는 계속되어 반 페이지에 이른다.[18] 나아가 데리다는 조이스를 모방하고자 하는 욕망에 관해 말한다. "내가 저항할 수 없을 정도로 그 누구를 모방한 적이 없다"며, "장례 조각상이 (취리히의 묘지 방문기인) 『앙부아(Envois)』의 중심에 서 있는 조이스에 대한 생각이 나를 떠나지 않았다. 떠나지 않는 이런 생각들이 책을 침범하여 모든 페이지에 그림자를 드리운다. 따라서 서명자의 진실되면서도 연출된, 항상 잠재된 욕망이 드러난다"[19]고 고백한다. 『조종(Glas)』의 도입부는 말 그대로 "추락"이라는 단어를 반추함으로써 아래에서 보는 『경야』의 도입부를 반향한다. 이는 섀넌의 추계적 실험과 관련해 앞서 제시한 도입부다.

---

17) Joyce, *Finnegans Wake*, 345.

18) Jacques Derrida, *The Post Card: From Socrates to Freud and Beyond*, 240~241.

19) Derrida, *The Post Card*, 142, 그리고 "Two Words for Joyce," 150. 이 방문은 1978년 6월 20일 그의 조이스 묘지 방문을 말한다. Derrida, *The Post Card*, 142를 보라.

The fall (bababadalgharaghtakamminarronnkonnbronntonnerronntuonnthunntrovarrhounawnskawntoohoohoordenenthurnuk!) of a once wallstrait oldparr is retaled early in bed and later on life down through all christian minstrelsy.

추락(墜落)(바바번개개가라노가미나리리우우뢰콘브천천둥둥너론투뇌뇌천오바아호나나운스카운벼벼락후후던우우크!), 한때 벽가(壁街)에 노부(老父)의 추락이 성(聲)의 잠자리에 그리고 이어 일찍이 줄곧 모든 기독교도의 음유시인을 통하여 재차 들리도다.

인용문을 『조종』의 도입부와 비교해 보라. "결국 유물에는 항상 서로 겹치는 두 가지 기능이 있다. 첫 번째 기능은 기념물로의 추락[*chute*]을 보장하고 보호하고 동화시키고 내면화하고 이상화하고 완화하는 것이다. 여기서 추락은 자신을 유지하고 방부 처리하고 미라화하고 기념물로 기억하고 이름을 붙인다—(무덤(돌)로) 추락[*tomb*]한다. 따라서 추락으로서 그것은 그곳에 스스로를 세운다" 등.[20] 데리다는 마치 글쓰기가 조이스의 유령에 대처하고 묵은 원한을 해결하고 오래된 빚을 청산하는 방식인 것처럼 다음 페이지에도 이런 흐름을 계속 이어 간다. 하지만 데리다가 *chute*("추락")이라는 단어의 어원적 · 의미론적 왜곡에 탐닉한 것은 조이스가 "추락"이라는 말 다음에 무의미한 100개 문자열을 삽입함으로써 의도적으로 좌절시키려고 한 독해인바, 데리다는 이에 관해 전혀 의견을 제시하지 않았지만, 『경야』를 하이퍼기억 기계로 직관하고 조이스의 언어 게임을 조이스웨어라고 부른 최초의 이론가였다. 우리는 데리다가 『조종』에서의 맹목적인 모방 속에서 놓친, 『경야』에서 행한 조이스의 타

20) Derrida, *Glas*, 1～2.

이포그래피 실험에 관해 데리다는 무엇을 통찰력 있게 가르쳐 줄 수 있느냐고 질문해야 한다.

베케트에서 단서를 얻어, 조이스웨어 또는 조이스의 언어 게임을, 2차원 무대, 즉 조이스가 "종이공간(paperspace)"이라고 부르는 곳에서 인쇄 단어들이 움직이는 정교한 그래픽 안무의 효과로 분석해 보자.[21] "추락" 뒤에 이어지는 괄호 안의 무의미한 문자 시퀀스는 하나의 행동이 일어나는 듯 허구를 시뮬레이션한다. 문자들이 수평으로 표의문자처럼 텀블링하는 효과를 침전(촉발)시킨다(precipitate). 라캉이 "문자의 심급"에서 "예상치 못한 의미의 침전(precipitation)"이라고 부른 것은 우연을 다루는 조이스의 추계적 실험에서 보여 준 100개 문자 시퀀스의 "추락"을 그 어떤 것보다도 잘 설명해 준다. 지금까지 라캉에 대한 가장 예리한 해석자로 간주되는 필립 라쿠-라바르트와 장-뤽 낭시는 "문자의 심급"에 나타난 라캉의 기표 개념을 설명하며 『경야』의 도입부에 대해 논평하고 있는 것일지도 모른다.

> 기표가 그 상징화로 이행하는 것(따라서 의미가 생성되는 것과 동일한 과정)은 "의미의 침전"으로 표현된다. 이는 적어도 세 가지 해석이 가능하기에 주목할 만한 공식화이며, 게다가 흥미롭다. 이는 의미가 머리부터(그리고 어디인지는 말하지 않고…) 떨어지는 것, 의미가 너무 빨리 진행되어 기호를 단락시키는 것(개념으로서 남자와 여자는 문을 통해서가 아니면 이제 거의 들리지 않는다), 또는 마지막으로 의미가 단어의 화학적 의미로 침전되는 것을, 즉 기표가 용해되는 가운데 그대로 가라앉는다는 것을 의미할 수 있기 때문이다.[22]

---

21) Joyce, *Finnegans Wake*, 115.

흥미롭게도, 기표의 소리 이미지('들리지 않음')가 아닌, 기표의 움직임, 속도, 화학, 그리고 심지어 함축적인 회로가, 소쉬르 자신의 용어였던 '기표'에 대한 라캉의 인식과 관련된다고 간주하고 있다. 라캉과 구조 언어학과의 관계는 다음 장에서 탐구할 예정인데, 당장은 개릿 스튜어트의 비판을 보면서 한 가지 가능성을 모색해 보고자 한다. 즉 독자가 100개 문자 시퀀스의 침전을 시각적으로 정신적으로 훑어보는 동안, 불가능한 음절 시퀀스를 발음하거나 조이스의 텍스트에 사운드 이미지의 물질성을 다시 도입하려고 시도하더라도, 독자는 텍스트에 음성적 요소는 있지만 표시할 음소가 없다는 것을 발견하게 된다. 음소를 표시한다는 것은 음소가 엄격하게 기능한다고 간주되는 단일 언어 체계(영어, 독일어, 프랑스어 등)의 경계들을 차단하는 것을 의미하는데, 이것이 바로 조이스가 독자에게 허락하지 않은 언어적 성소인 셈이다.

조이스가 1922년 처음으로 『피네간의 경야』 작업을 시작했을 때, 해리 크로스비와 카레스 크로스비는 누군가가 조이스의 『진행 중인 작업』 일부 내용으로 구성된 『솀과 숀에 관한 이야기』에 대한 서문을 써야 한다고 제안했다. 조이스는 줄리언 헉슬리와 J. W. N. 설리번을 이야기했다. 하지만 이 과학자와 음악학자가 양해를 구하자 조이스는 C. K. 오그던을 제안하면서 "『의미의 의미』의 공동 저자이자 기본 영어(Basic English)의 발명자가 이 언어 실험을 논의해 달라는 청탁을 거부하지 않을 것"이라고 예상했다.[23] 조이스의 전기 작가인 리처드 엘만도 말하기를, "그 또한 수학자인 오그던 자신이 수학적이라고 주장한 『피네간의 경야』의 구

---

22) Philippe Lacoue-Labarthe and Jean-Luc Nancy, *The Title of the Letter: A Reading of Lacan*, 42.

23) Richard Ellmann, *James Joyce*, 614를 보라.

조에 대해 논평하기를 바랐다. 오그던이 거부했다면 포드 매독스 포드에게 요청했을 것이지만 오그던은 수락했고 나중에 『안나 리비아 플루라벨』을 기본 영어로 번역하고 조이스가 그 일부분을 정화연구소(Orthological Institute)에 기록으로 남기도록 조치했다."(614) 이 일부분의 기본 영어로의 번역본은 1931년 오그던의 저널 ≪사이키≫에 실렸고 이후 ≪트랜지션스≫에 재수록되었다. 조이스의 작품을 존경하던 오그던은 1929년 『셈과 숀에 관한 이야기』의 블랙선 판본에 서문을 기고했다.

당시 조이스와 긴밀히 협력했던 오그던은 『피네간의 경야』가 수학적이라는 데 동의했고 소설가의 어휘력을 무려 25만 개로 추산하기도 했다. 이 숫자가 단어와 비단어를 포함한 조이스의 언어 전체 레퍼토리를 나타내는 것일까? 알 수 있는 방법은 없다. 하지만 이국적인 문자 시퀀스에 대한 조이스의 실험적 탐구를 따라가다 보면 한 가지 분명해지는 사실이 있다. 즉 조이스는 '의미'에 대한 놀이를 포기하지 않았고, 다의미에 대한 아주 터무니없는 장난기 어린 순간에도 항상 다성음의 환상을 만들어 내려고 했다. 섀넌의 경우는 달랐다. 이 수학자는 인쇄 영어(Printed English)에 대한 실험을 순수한 표의문자적 기호의 영역으로 밀어붙이려고 했다. 그렇게 하면서 그는 필기 알파벳과 그것이 재현한다고 생각되는 구어 사이에 급진적인 단절이 있다고 가정했다. 사실 인쇄 영어의 문자 시퀀스는 언어적 '의미'가 거의 없다. 의미의 잔여물이 언어에서 수학 기호의 표의문자적 유토피아로 이동하기 때문이다. 수학 기호에 의미가 없는 것은 아니다. 당연히 의미가 있고, 모든 표의문자 체계에는 의미가 있지만 이러한 의미를 특정 구어에 매핑할 필요는 없다. 이제 조이스의 글쓰기가 지닌 수학적 함의를 더욱 모색하면서 표의문자 글쓰기와 언어 사이에서 벌어지는 의미와 무의미의 복잡한 상호 작용에 대해 논의할 필요가 있다.

예를 들어, 사이버네틱스 연구자들의 메이시 학술 대회 10회 대회에 초대된 언어학자 Y. R. 차오는 이런 문제에 관해 연설하면서 시각적 단어 인식과 음소 생성의 교차점에서의 '의미(sense)' 문제를 제기했다. 그는 글쓰기에서 '의미'를 이루는 것이 말에서는 무의미일 수 있으며, 그 반대도 마찬가지라고 주장하며, 중국어 글쓰기(한자)에서 조이스 실험을 또 다른 극단으로 밀어붙여 이를 증명한다. 이 테스트는 고전 중국어로 쓰인 106개의 (자주 반복되는) 문자들을 사용해 "사자를 먹는 시씨(施氏)의 이야기"라는 제목의 이야기를 쓰는데, 고전 중국어 문자를 조용히 훑어보면 완벽한 의미가 만들어진다. 사자 열 마리를 먹으려는 남자에 대한 이 믿기지 않는 익살스러운 이야기는 물론 차오가 특정한 의도를 가지고 만들어 낸 것이다. 이 이야기를 중국어로 소리 내어 읽으면 구절은 4성(만다린어의 음소들)과 같은 적절한 음소 표시가 있더라도 무의미한 음절과 이해할 수 없는 옹알이가 된다. 이는 문자가 병음 로마자 표기(웨이드-자일스 표기에서는 *shih*)에서 같은 음절 *shi*를 반복하기 때문이다. 다음은 차오의 106개 문자와 중국어의 4성을 포함한 병음 표기다.

石 室 詩 士 施 氏 嗜 獅 誓 食 十 獅 氏 時 時 適 市 視 獅 十 時 氏
適 市 適 十 碩 獅 適 市 是 時 氏 視 是 十 獅 恃 十 石 矢 勢 使 是
十 獅 逝 世 氏 拾 是 十 獅 屍 適 石 室 石 室 濕 氏 使 侍 試 拭 石
室 石 室 拭 氏 始 試 食 是 十 獅 屍 食 時 始 識 是 十 碩 獅 屍 實
十 碩 石 獅 屍 是 時 氏 始 識 是 實 事 實 試 釋 是 事

shí shì shī shì shī shì shì shī shì shí shí shī shì shí shí shì shì shì shī shí shí shì
shì shì shì shí shí shī shì shì shì shí shì shì shì shí shī shì shí shí shì shì shǐ shì
shí shī shì shì shì shí shì shí shī shī shì shí shì shí shì shī shì shǐ shì shì shì shí
shì shí shì shì shì shǐ shì shí shì shí shī shī shí shí shǐ shí shì shí shí shī shī shí
shí shí shí shī shī shì shí shì shǐ shí shì shí shì shí shì shì shì shì

석가 시인 시씨(施氏)는 사자를 좋아하여 사자 열 마리를 먹기로 결심했다. 그 신사는 때때로 사자를 찾으러 시장에 갔다. 그가 10시에 시장에 갔을 때, 큰 사자 열 마리도 시장에 갔다. 그러자 그 신사는 사자 열 마리를 보고, 10개의 돌화살의 기세에 의지하여 사자 열 마리를 이 세상에서 떠나보냈다. 그 신사는 사자의 시체를 집어 들고 석가로 갔다. 석가는 젖어 있었고 그는 하인에게 석가를 닦으라고 했다. 석가가 닦여진 후 그 신사는 사자 열 마리의 시체를 먹으려고 했다. 그가 사자의 시체를 먹었을 때, 그는 큰 사자 열 마리의 시체가 실제로 열 마리의 큰 돌 사자의 시체라는 것을 깨닫기 시작했다. 이제 그는 이것이 사실임을 이해하기 시작했다. 이 문제를 설명해 보라.[24)]

조이스의 100개 문자로 이루어진 무의미 시퀀스와 달리, 차오의 106개 음절은 발음은 가능하지만 모국어 사용자의 귀에는 전혀 의미가 없다. 그러나 쓰인 문자들은 그 문자들을 어떻게 발음하든, 발음 여부와 관계없이 의미가 있을 만큼 충분한 정보를 담고 있다. 메이시 학술 대회에서 차오가 이 구절을 보여 준 것은 중국어의 단음절적 특성과는 아무런 관련이 없다. 단음절적 특성은 널리 퍼져 있지만 잘못된 개념으로, 병음의 /shi/와 같이 쓰인 문자의 알파벳 표기를 구어에 투사한 것이다.[25)] 차오가 이 불가능한 구절로 실제로 강조하고 있는 것은 쓰인 문자가 만다린어나 중

---

24) 여기서 사용된 영어 번역은 차오 자신이 한 것이다. 그는 또한 碩라는 문자가 *shí*로 발음되지만, 이 문자는 *shuò*라는 대체 발음도 있다는 것을 설명하는 각주를 추가한다. Y. R. Chao, "Meaning in Language and How It Is Acquired," 65~66을 보라.

25) 비교언어학에서의 이런 잘못된 인식에 관한 역사적 비판에 관해서는 나의 *The Clash of Empires*, 특히 그중 한 장인 "The Sovereign Subject of Grammar," 181~209를 보라.

국의 다른 언어에서 구어 음절의 추계적 발생을 제한하는 데 중요한 역할을 한다는 점이다. 인쇄 영어에 대한 섀넌의 추계적 분석이라는 관점에서 보면, 차오의 구절은 구어 만다린어를 표기하는 데 매우 높은 수준의 중복도와 적은 정보량을 보여 준다. 하지만 동시에 그의 106개 문자 시퀀스는 고전 중국어에서 높은 수준의 엔트로피를 보여 준다. 겉보기에 변칙적인 이런 측면—즉 차오의 구절에서 같은 문자가 구현한 글과 말 사이의 중복도와 엔트로피 비율의 반대 경향—은 글쓰기를 테크놀로지 일반으로 보는 우리의 이해에 큰 의미를 가진다.

알파벳 문자를 손이나 기계로 재생산하는 것이 사각형 문자(중국어 문자)를 재생산하는 것보다 훨씬 쉽다는 것은 이론의 여지가 없다. 타자기의 발명으로 알파벳 글쓰기의 역할이 엄청나게 늘어나 매클루언을 포함해 많은 사람이 소위 서양의 합리성과 근대적 진보를 음성 알파벳 자체에 기인하는 것으로 보기 시작했다. 매클루언은 자신의 주장에 일관성을 유지하기 위해 인쇄 테크놀로지와 활자도 유럽에서 발명되었다고 주장했다. 그럼에도 불구하고 매클루언은 표기와 텔레커뮤니케이션의 관계에 관한 흥미로운 문제를 제기했는데, 이는 한편으로 단순히 코드인 음성 알파벳, 그리고 다른 한편으로 텔레커뮤니케이션과 관련해, 단순히 획일적 코드로 축소될 수 없는 다른 표시나 패턴은 말할 것도 없고 사각 블록 문자 표기, 법적 계약, 서명, 양식, (알파벳 표기든 비알파벳 표기든) 기울임체 및 필기체와 같은 다양한 스타일의 글꼴 유형 사이에 본질적 차이가 있기 때문이다. 타자기 시대에 사각 블록 문자 표기나 기타 복잡한 글꼴을 알파벳 글쓰기로 재생산할 때의 어려움은 분명히 이 테크놀로지 자체의 단순성에 기인한다. 타자기의 한계는 팩시밀리 기계의 도입과 대중화, 그리고 보다 정교한 컴퓨팅 테크놀로지를 통해 극복되었다. 간지(干支, 일본어 사각 블록 문자) 표기를 염두에 둔 일본 기업이 팩시밀리 기계산업을 지배하게 되면서 1980~1990년대에는 전 세계 매출의 90% 이상을 차지하기도 했다.[26] 팩스 기계와 오늘날의 컴퓨터는 타자기와 마찬가지로 각 문자에 대한 짧고 읽기 쉬운 코드보다 훨씬 더 많은 양의 정보를 전송할 수 있다. 1990년 존 R. 피어스와 A. 마이클 놀의 지적에 따르면, "읽기 쉬움만으로는 충분하지 않다. 예를 들어 부동산 거래에서 제안은 적절하게 보여야 하며 서명이 있어야 한다. 팩스는 우편보다 이런 문서나 이미지를 더 빠르고 편리하게 보낼 수 있다. 그리고 광고 카피나 표시가 된 텍스트, 그리고 전자 우편이 처리할 수 없는 다른 많은 것을 보낼 수 있다."[27] 많은 저자가 그러한 견해를 발표한 이후로 컴퓨터의 인코딩 기술과 메모리 칩은 더욱 발전하여 팩스 기계를 밀어내고 우리가 아는 모든 문자나 글꼴로 전자 워드 프로세싱하는 기능을 가능하게 해 주었다. 오늘날 휴대전화에서 문자를 쉽게 입력할 수 있기 때문에 문자 메시지는 한자권에서 단연 가장 인기 있는 텔레커뮤니케이션 형식이 되었다.

글쓰기와 테크놀로지에 대한 유사한 유물론적 관점은 『피네간의 경야』에서 조이스가 보여 준 문학적 실험을 이끌어 주었다고 할 수 있는데, 이런 관점에서 이 소설은 기입의 역사를 다음과 같이 우화적으로 표현한다.

> A bone, a pebble, a ramskin; chip them, chap them, cut them up allways; leave them to terracook in the muttheringpot: and Gutenmorg with his cromagnon charter, tintingfast and great primer

---

26) Michael J. Enright, "Japanese Facsimile Industry in 1990."

27) John R. Pierce and A. Michael Noll, *Signals: The Science of Telecommunications*, 23.

must once for omniboss step rubrickredd out of the wordpress else is there no virtue more in alcohoran. For that (the rapt one warns) is what papyr is meed of, made of, hides and hints and misses in prints. Till ye finally (though not yet endlike) meet with the acquaintance of Mister Typus, Mistress Tope and all the little typtopies. Fillstup. So you need hardly spell me howevery word will be bound over to carry three score and ten toptypsical readings throughout the book of Doublends Jined (may his forehead be darkened with mud who would sunder!) till Daleth, mahomahouma, who oped the closeth thereof the. Dor.(20)

뼈 한 개비, 자갈 한 톨, 양피지 한 장. 그들을 잘게 썰고, 그들을 트게 하고, 그들을 상도(常道)로 재단하고 어미 광로(鑛爐) 속의 빵 구이 흙에 맡기는 것이 좋을지라: 그러면 호조(好朝) 몰겐 씨(氏)가 대헌장(大憲章) 잉크병 및 프리마 활자기를 가지고 만인을 위하여 붉은 연와색(煉瓦色) 얼굴을 하고 어쇄기(語刷機)로부터 걸어 나올 것인즉, 그렇지 않고는 경전(經典)에 더 이상의 미덕은 없으리로다. 왜냐하면 그것은 (정신 팔린 자는 경계하는지라) 인쇄 도중에 지본(紙本)이 보수되고, 구성되고, 숨으며 암시되는 것이기 때문이라. 드디어 그대는 최후로 (비록 아직 끝나지 않을지라도) 타자(打字) 씨(氏), 양조(釀造) 부인 그리고 모든 꼬마 중놈들과 친교를 맺게 되는 것이니라. 충만지부(充滿止符). 그런고로 그대는 내게 어떻게 하여 단어 하나하나가 이중(二重) 블린 집계서(集計書)를 통하여 60 및 10의 미쳐 취한 독서를 수행하도록 편찬될 것인지를 자세히 설명할 필요가 거의 없나니(이탈하려는 자의 이마를 진흙으로 어둡게 하소서!) 그것을 열게 했던, 세순영겁(世循永劫), 델타문자 문(門)이 거기 그를 폐문할 때까지. 문(門).

문자성, 인쇄, 문명에 대한 조롱 어린 작은 역사는 말장난과 무의미 단어들로 말을 한다는 목소리의 환상을 주지만, 섀넌이 "시계열"이라고 부르는 것에서 실제로 일어나는 일은 "Typus", "Tope", "typtopies", "toptypsical", "wordpress", "prints", "." 등을 빠르게 타이포그래피로 처리해 나가는 과정을 시각적으로 스캔하는 말 그대로 리딩-헤드 또는 우리 눈의 움직임이다. 그리스어 *typus*에서 유래한 라틴어 단어 *typos*는 양피지나 파피루스와 같은 표면에의 "표시", "각인" 또는 "각인된 형태"를 의미한다. 표면적인 "단어" 또는 "언어음성시각적(verbivocovisual)" 프린트를 만들어 내는 이런 방식은 필연적으로 "원형-글쓰기"의 새로운 움직임을 만들어 냈고, 조이스식의 워드프레스와 그 "원형"(263)의 물질성이라는 시험을 받게 되었다. 인쇄 테크놀로지의 물질성은, 항상 기술적 제약 속에서, 2차원 표면과 타이포그래피 위치는 물론 다언어로 된 알파벳 문자, 문자 단위, 공백이 있는 그래픽 기호 등이 갖게 될 국지적 의미를 규정하게 된다.

i공간: 조이스의 종이 상처

조이스의 문자 시퀀스에서 배울 수 있는 것 중 하나는 음성 알파벳을 실제적 또는 잠재적 표의문자 체계로 접근한다는 것이다. 표의문자(ideo+gram 또는 N-gram)의 개념은 생각 쓰기(*Gedankenschrift*)의 의미로 이해해야 하며, 여기에는 숫자, 구두점, 말 없는 기호 등 추상적인 그래픽 표시가 포함되며, 상형문자나 그림과 혼동해서는 안 된다. 그리고 그렇게 "i공간(iSpace)"이라는 기호가 『경야』에서 다음과 같이 처음 등장한다.

These paper wounds, four in type, were gradually and correctly understood to mean stop, please stop, do please stop, and O do please stop respectively, and following up their one true clue, the circumflexous wall of a single- minded men's asylum, accentuated by bi tso fb rok engl a ssan dspl itch ina, - Yard inquiries pointed out -〉 that they ad bîn "provoked" ay ʌ fork, of à grave Brofèsor; àth é's Brèak-fast- table; ;acùtely profèŝŝionally piquéd, to=introdùce a notion of time [ùpon à plane (?) sù "fàçe'e'] by pùnct! ingh oles (sic) in iSpace?! (124)

이러한 종이 상처는, 네 가지 형태인지라, 종지부(스톱), 제발 종지부, 정말 제발 종지부, 그리고 오, 정말 제발 종지부를 각각 의미함을 점차로 그리고 올바르게 이해되었나니, 그리하여 그들의 한 가지 진실한 단서를 추적하건대, 공동 목적을 지닌 남성들의 수용자 굴곡면이, 깨진 유리 조각 및 흩어진 도자기로 악센트된 채-런던 경찰국의 조사가 지적한바 -〉 그들은, 정중한 형교수(兄教授) 속(屬)의, 포크형 ʌ에 의해, "유발되고"; 조반-식-탁에서; 예리하게 전문적으로 *타인(打印)*된 채, 시간의 개념을 소개하기=위해 [평면(?) '표면' 위에] 종지부로! 고(古) 영(英) (원문 그대로) i공간에?!

인용문에서 글쓰기와 상처라는 이중적 의미의 어구는 "깨진 유리 조각과 흩어진 도자기"를 시각화하는 그래픽 표시의 움직임 속에서 구현되는데, 이는 "bi tso fb rok engl a ssan dspl itch ina"에서 보듯 단어 공백들의 망가뜨림으로 이루어진다. i공간 속에 구멍을 뚫는다는 생각은 구두점 찍기와 글쓰기라는 행위를 종이 상처의 원천으로 삼아 문자로 구현된다. 이 구절은 독자를 그래픽 띄어쓰기, 구두점 찍기, 불규칙한 글꼴, 문자 시퀀스로 이루어진 미장아빔 속으로 내던진다.

아방가르드 저널 ≪트랜지션≫의 창립자이며 조이스의 『진행 중인 작업』의 일부를 출간한 바 있는 유진 졸라스는 1929년 이런 성상파괴적 행위의 중요성을 즉시 간파하여 "오늘날의 진정한 형이상학적 문제는 단어다"라고 선언했다.[28] 그래픽 띄어쓰기는 로고스 중심주의에 대한 공격으로 간주되는데, 친숙한 단어 이미지를 해체하며 i공간에서의 글쓰기라는 원초적 행위 자체가 되었다. i공간은 분명히 그라마톨로지를 지향하는 데리다의 공간화(spacing)와 차연(différance) 개념을 예견하는 것이지만, 보다 적절하게 말하면, "i공간"은 사이버네틱스(인용문에서 "면(plane)"에 대한 말장난은 노버트 위너의 대공 피드백 루프를 떠올리게 한다)에서 인터넷에 이르기까지 현대적 테크놀로지의 표의문자적 선취와 관련되며, 미래의 'iPhone', 'iVision', 'iTunes', 'iLove', 'iPolitics'를 연상케 한다. 가장 대표적인 징후는 인터넷에서 'iEnglish'의 등장이다. 조이스의 문학적 실험은 알파벳 글쓰기에 대한 표의문자적 관점이 섀넌이나 위너에서 시작된 것이 아니라 20세기 초반 기술적 기입, 정신 에너지, 보철 기계에 대한 매혹으로 특징지어지는 특별한 지적인 발효 기간을 거쳐 스스로 나타난 것이라는 점을 시사한다.

조이스는 인터넷이나 아이팟이 나오기 훨씬 전에 인쇄 기호 "i공간"을 만들어 냈다. 작가나 시인에 의해 모국어에 들어온 많은 그래픽 변형의 운명을 공유하면서 "i공간"은 문학사, 이론, 비평, 공공 기관 및 학술 기관에서 정식으로 인정받은 후에도 오랫동안 인쇄 매체에서 여전히 경계선상에 머물며 모호한 상태로 남아 있었다. 그의 비전과 글쓰기 테크네의 참신함은 그 이후에 태어나 성장한, 자신의 삶에서 바이오사이버네틱스

---

28) Eugene Jolas, "The Revolution of Language and James Joyce," 79.

사건들의 극적인 전개를 경험한 세대의 독자들을 계속 놀라게 했다. 좋든 싫든 "i공간"의 소문자 글꼴 'i'—더 정확히는 'i+Word'—는 흔한 문자 'e-'와 마찬가지로 확장하는 전자 사이버 공간에서 진정한 새로운 관용어와 표의문자(ideo-graphein)로 진화하고 있다.[29] 이 실험은 이 책에서 탐구하는 문학적 상상력과 기술과학 사이의 얽힘이 갖는 본질을 드러내는 것이었다. 문제의 핵심은 문자 'i'가 '지능적', '정보', '인터넷', '나' 또는 '상상적'을 의미하는지, 아니면 구어에는 상응하는 음성적 동등어가 없는 단순히 뒤집힌 느낌표를 나타내는지의 여부가 아니라 'i+Word'(또는 심지어 i+word)의 표의문자적 구조가 문자 'i'에 부여될 수 있는 모든 의미를 유일하게 보증해 준다는 것이다.

의미론적 불확정성은 독자의 눈과 뇌가 읽기 행위에서 알파벳 문자와 단어를 시각적으로 어떻게 파악하는지에 관한 인지적 질문을 제기한다. 이는 일반적으로 신경 심리학 등 관련 과학 분야 전문가들의 주제지만, 문학 연구자들도 어느 정도 관심을 가질 만한 주제다. 로만 야콥슨은 실어증의 한 형태인 운동 실조증이라는 언어 장애에 대한 분석을 제시하면서 단어 인식에서의 다음과 같은 인지적 특성을 병리적인 것으로 식별해 냈다. 그에 따르면 운동 실조증을 앓고 있는 환자는 "익숙한 단어에 대해 분해할 수 없는 통합적인 이미지만 가지고 있으며, 다른 모든 음성 시퀀스는 그에게 낯설고 이해할 수 없는 것이어서 음성적 편차를 무시한 채 익숙한 단어로 통합해 버린다."[30] 단어를 분해할 수 없는 이미지로 인지

---

29) 알파벳의 약어, 애너그램, 접두사 등 표의문자 기능의 경우와 마찬가지로, 기호 'e-'는 다음절 단어의 음소 순서나 그것이 재현하는 접두사가 아니라 '관념'으로서의 'electronic' 또는 'electro-'라는 단어에 대응한다. 이는 영어나 다른 언어로 'e'를 어떻게 발음하든 'e-mail', 'e-museum', 'e-trade', 'eBay', 'eBook', 'e-music', 'e-medicine' 등에 적용된다.

하는 것은 야콥슨의 논의 맥락에서 발화 이벤트에만 적용되지만, 그가 골라낸 병리적 유형은 시각적 단어 인식에도 흥미로운 함의를 가진다. 발화 이벤트의 최소 실체로 음소를 구별해 낼 수 없는 것이 병리적이라면, 일반 독자가 단어를 페이지에서 통합적이고 문자적인 통일체라는 분해할 수 없는 이미지로 고착시키는 경향은 어떻게 생각해야 할까? 정상적인가 아니면 병리적인가? 실험 심리학의 최근 연구에서 "단어 형태"—전체 단어 형태로 된 정보—가 우리의 인지적 행위인 읽기 또는 "시각적 단어 인식"에서 중요한 역할을 한다는 것을 보여 주는 설득력 있는 증거가 제시되었다.[31] 사실 사람들은 뇌 손상 후에 나타나는 단어 형태 난독증이라

30) Roman Jakobson, "Two Aspects of Language and Two Types of Aphasic Disturbances," 108.

31) 알파벳 글쓰기에서 전치된 문자 시퀀스에 대한 논의가 계속되어 왔다. 비단어에서 문자를 뒤섞는 것 또는 연구자들이 "전치된 문자 혼동"이라고 부르는 것에 대한 연구는 시각적 단어 인식 문제에 대한 답을 제공한다. M. Perea and S. J. Lupker, "Does jugde Activate court? Transposed-Letter Confusability Effects in Masked Associative Priming," 그리고 M. Perea and S. J. Lupker, "Transposed-Letter Confusability Effects in Masked Form Priming"을 보라. 우리는 단어의 개별 문자를 추측하는 것보다 단어를 추측하는 데 더 능숙하지만("단어 우월성 효과"), "단어 모양"이 문자의 전치 또는 뒤섞임으로 인해 방해받을 수 있다는 사실은 개별 문자가 "단어 모양"과 관련하여 어떤 위치에 있는지에 대한 문제도 제기한다. 이 문제에 대한 최근 논의는 D. G. Pelli, B. Farell, D. C. Moore, "The Remarkable Inefficiency of Word Recognition"을 보라. 다른 관련 연구로는 K. Mayall, G. W. Humphreys, and A. Olson, "Disruption to Word or Letter Processing? The Origins of Case-Mixing Effects"; R. Shillcock, T. M. Ellison, and P. Monaghan, "Eye-Fixation Behaviour, Lexical Storage and Visual Word Recognition in a Split Processing Model"; S. Andrews, "Lexical Retrieval and Selection Processes: Effects of Transposed-Letter Confusability"; L. X. McCusker, P. B Gough, R. G. Bias, "Word Recognition Inside Out and Outside In"; A. F. Healy, "Detection Errors on the Word *The*: Evidence for Reading Units Larger Than Letters"; G. M. Reicher, "Perceptual Recognition as a Function of

는 비교적 드문 조건을 제외하고는 단어의 개별 문자를 읽지 않는다.[32]

데리다가 음성 중심주의라면 비판했지만, 소쉬르는 알파벳 글쓰기가 표의문자적 일탈의 방향으로 미끄러지는 경향을 알아차린 듯하다. 1993년에야 출간된 그의 학생 에밀 콘스탄틴의 공책에 따르면, 소쉬르는 이 주제에 대해 흥미로운 관찰을 했다. 그는 1910년 철자법에 대한 강의에서 다음과 같이 말했다. "쓰인 단어는 결국 습관의 힘으로 표의문자적 기호[un signe idéographique]가 된다는 것을 잊지 말아야 한다. [그것을 구성하는 문자들과 무관하게] **단어는 전면적 가치**(global value)**를 가진다.** 우리는 두 가지 방식으로 읽는다. 익숙하지 않은 단어는 철자를 따져 읽는 반면, 익숙한 단어는 한눈에 읽어 낸다."[33](나의 강조) 소쉬르에게 "표의문자적 기호"라는 말은 한자가 아니라 알파벳 글쓰기를 지칭한다. 그의 관찰의 진실성이 인지과학에 의해 완전히 입증될 수 있든 없든, 흥미롭게도, 소쉬르가 표의문자에 경도되어 "단어의 전면적 가치"를 발견한 것이 글쓰기를 구어에 대한 시각적 재현으로 보는 그의 확립된 인식과 모순되는 것처럼 보이는데, 이는 야콥슨의 유명한 운동 실조증에 대한 진단과도 모순된다. 소쉬르의 이런 놀라운 통찰이 "시각적 이미지가 잘못된 발음을 낳는다"는 말에서의 "철자 발음"에 대한 그의 부정적인 견해와 어느 정도 관련이 있는지에 대해서는 물론 더 논의할 수 있다.[34] 습관의 힘

Meaningfulness of Stimulus Material"을 보라.

32) E. K. Warrington and T. Shallice, "Word-Form Dyslexia"를 보라.

33) 원문은 다음과 같다: On ne doit pas oublier que le mot écrit finit par devenir par habitude un signe idéographique. Le mot a une valeur globale, [indépendamment des letters dont it est formé]. On lisons de deux façons: en épelant pour les mots inconnus et en lisant d'un seul coup les mot connus. Saussure, *Ferdinand de Saussure: Troisième cours de linguistique générale (1910-1911) d'après les cahiers d'Emile Constantin*, 63~64를 보라.

에 대한 그의 언급은 데리다가 『그라마톨로지에 관하여』에서 분석한 알파벳 글쓰기에 관한 퇴행 관점과 공명한다.[35] 데리다가 1993년 콘스탄틴의 공책이 출간된 후에 음성 단어의 "전면적 가치"에 대한 소쉬르의 통찰을 알게 되었는지는 불분명하다. 아마도 이는 그가 헤겔에 대해 한 말이 소쉬르에게도 똑같이 적용될 수 있었기 때문에 그다지 중요하지 않았을 수도 있다. 헤겔은 우리가 알다시피 알파벳 글쓰기의 상형문자적 잠재력을 직관적으로 파악했고, 이에 데리다는 그를 최후의 책 철학자이자 최초의 글쓰기 사상가라 불렀다(26). 헤겔은 문해력 습득에 대해 성찰하면서 다음과 같이 썼다. "습관은 시각의 이익을 위해 청각을 통해 표상에 도달하는 우회로[Umweg]인 알파벳 글쓰기의 특이성을 억압하고 **이를 우리에게 상형문자로 만들어서**, 그것을 사용할 때 소리의 매개를 의식에 현전할 필요가 없게 된다."[36](나의 강조) 헤겔은 음성 알파벳의 표의문자적 경향을 일종의 퇴행적 일탈인 습관의 힘 때문이라고 본다. 헤겔과 소쉬르가 시각적 단어 인식의 문제를 직시했다는 사실은 진지하게 받아들여야 하는데, 왜냐하면 그들이 알파벳 문자의 표의문자적 잠재력에 대해 가진 통찰에는 글쓰기 일반에 대한 형이상학적 방어 이상의 훨씬 더 많은 것이 담겨 있기 때문이다.

알파벳 글쓰기 체계 내에서 표의문자적인 것이 갖는 난해함은 20세기 초에 모더니즘과 과학 사이에서 표의문자 기호가 수행한 중요한 역할을 재고해 보면 더욱 심도 있게 살펴볼 수 있다. W. J. T. 미첼은 "비트겐슈타인이 언어의 그림 이론을 위한 모델로 상형문자를 사용한 것과 에즈라

---

34) Saussure, *Course in General Linguistics*, 31.

35) Derrida, *Of Grammatology*, 31를 보라.

36) Derrida, *Of Grammatology*, 25에서 재인용함.

파운드(Ezra Pound)가 시적 이미지의 모델로 중국의 그림-문자에 매료된 것은 이 역할의 경계를 나타내 주는 것으로 볼 수 있다"고 밝혔다.[37] 파운드와 같은 사람들이 그림-문자로 오해한 표의문자에 대한 인식은 의심할 여지 없이 소용돌이파(vorticist) 시의 목적에서 알파벳 글쓰기를 낯설게 만들기 위해 의도한 것이었다. 그러나 더 광범위한 현대적 의미를 갖는 또 다른 기능이 강력히 제시된다. 즉 표의문자는 기계와 인간의 정신 사이의 동형성을 구현하는 것으로, 파운드는 다음과 같이 말한다. "인간—의 민감한 부분—은 기계 장치, 즉 추가 논의를 위해 말하자면, 전기 제품, 스위치, 전선 등과 비슷한 기계 장치다…. 전신기에는 그것을 끌어당기거나 에테르로 움직임을 기록하는, 전하를 띤 표면이 있다."[38] 페놀로사의 글에 대한 파운드의 개정판 원고를 보면, 페놀로사는 표의문자에 의해 생성될 수 있는 "방사(radiation)"와 "코로나(coronal)" 하모니를 언급한다.[39] 파운드는 이 개념이 자신의 "방사" 이미지 이론에 특히 적합하

37) W. J. T. Mitchell, *Iconology: Image, Text, and Ideology*, 29.

38) Ezra Pound, *The Spirit of Romance*, 92~93. 1886년 초 찰스 하워드 힌턴은 기계에 대한 이러한 모더니스트적 관점을 예견하는, 비가시적 에테르 이론을 제시했다. 에테르 매체를 우주적 축음기로 생각한 힌턴은 이렇게 썼다. "에테르가 완전히 매끈하지 않고, 물결 모양으로 주름이 지고, 다양한 유형의 뚜렷한 표식과 홈이 있다고 가정해 보자. 그러면 이 주름진 표면에서, 태양을 공전하는 지구는 축음기가 하는 것과 똑같은 방식으로 행동할 것이다. 축음기의 경우, 음각이 새겨진 금속판이 막에 부착된 금속 바늘을 지나며 이동한다. 지구의 경우 물질적인 지구가 따라 미끄러지는 동안 음각이 새겨진 에테르는 움직이지 않는다. 에테르의 각 표식에 대응해 물질의 움직임이 있을 것이고, 물질의 움직임의 일관성과 법칙은 미끄러지는 고체 표면의 홈, 그리고 미리 정해진 홈의 배치에 따라 달라질 것이다." Charles Howard Hinton, *Scientific Romances*, 196~197을 보라.

39) 다니엘 티파니는 표의문자의 방사성 특성이 파운드에게 전자기 스펙트럼을 "급진화"하는 수단으로 어필했다고 본다. Tiffany, *Radio Corpse: Imagism and the Cryptaesthetic of Ezra Pound*, 225, 그리고o Laszlo Géfin, *Ideogram: History of a*

다고 생각해 다음과 같이 주장했다. "[참된] 과학, 참된 사고가 표의문자적인 것은, 생각하는 자가 **바로 인식하는 일정한 특수들**로 일반적인 것이 구성된다는 의미에서 그렇다."[40] 수학 기호들을, 그리고 유한과 무한에 대한 사고에서 그 기호들이 갖는 함의들을 암호처럼 암시하는 파운드의 언어는 분명히 당시 수학과 관련이 있지만, 수학은 이미 엄격한 통계적 사고로 대체되는 과정에 있었다.[41]

비트겐슈타인이 논리와 언어 게임에 주의를 기울였다면, 파운드는 표의문자를, 과학을 위해 구어는 결코 매개할 수 없는 지식의 비매개성에 대한 열망으로 해석했다.[42] 이러한 이해는 그가 1914년 "소용돌이파" 선언문에서 제시한 이미지 이론에 기반을 두고 있다. 그는 이 이론에서 "우리가 직접 알 수 있다"는 점에서 이미지는 실재적이며 "모든 개념, 모든 감정은 일차적인 형태로 생생한 의식에 현전한다"고 주장한다. 또한 그는 예술과 과학은 "이미지즘의 이미지가 대수학의 기호 a, b, x와 같이 가변적인 의미를 가지고 있다"는 점에서 많은 공통점을 가지고 있으며, "정신이라 부를 가치가 있는 모든 정신은 기존 언어 범주를 넘어서려는 욕구를 가지고 있는바, 이는 화가가 색상에 대한 기존 이름들보다 더 많은 안료나 음영을 가져야 하는 것과 마찬가지다"라고 주장한다.[43] 알파벳 글쓰기의 음성적 측면이 파운드와 같은 아방가르드 작가들에게 가치를 잃

---

*Poetic Method*를 보라.

40) Pound, *Machine Art and Other Writings: The Lost Thought of the Italian Years*, 158.

41) 이러한 변화가 사회과학에 미친 영향에 대해서는 다음 장 부르바키 수학자들에 관한 논의를 보라.

42) 정신적 이미지와 상형문자에 대한 비트겐슈타인의 기호체적 접근 방식을 명확히 이해하려면 Mitchell, *Iconology*, 14~27을 보라.

43) Ezra Pound, "Vorticism," 464, 466, 463, 466.

었다기보다는, 보철 기계(축음기, 전신, 전화, 타자기, 라디오, 필름 등)의 지배하에서 실험적인 작가들 사이에 알파벳 글쓰기의 표의문자적 또는 다른 잠재력에 대한 새로운 인식이 나타났고, 이는 보철 기계를 설계한 공학자들이나 과학자들에게도 마찬가지였다. 돌이켜 보면, 글쓰기를 옹호하는, 음성 중심주의에 대한 데리다의 비판은 모더니스트 철학 운동의 일깨움 속에서 제대로 그러나 뒤늦게 나타났다고 할 수 있다.

아마도 조이스의 『피네간의 경야』, 말라르메의 시, 뒤샹의 설치 미술, 예이젠시테인의 영화 속에 나타난 표의문자 실험 등에서 예시된 모더니스트 운동은 글쓰기에 대한 헤겔의 퇴행 관점에 반하는 것이지만, 그것은 자발적 의지에서 나온 것이 아니라 예술가들이 당시 보철 기계의 확산과 사회경제적 삶의 기술적 재편에 그렇게 대응할 수밖에 없었기 때문이다. 2차 세계대전 이후 글쓰기 현상에 한참 늦게 도착한 컴퓨팅 기계와 정보 테크놀로지는 표의문자, 타이포그래피, 보편적 글쓰기 기계에 대한 모더니스트 실험들을 더욱 심화하는 새로운 많은 발전을 가져왔다. 이것은 우리로 하여금 섀넌의 정보 이론으로 돌아가, 그것이 정신 기계에서 이루지는 무작위 과정과 의미의 확률에 관해 무엇을 말해 주는지 다시 생각하게 한다.

벨연구소의 분열증 글쓰기

정보 이론에서 잘 알려진 명제는 커뮤니케이션 채널을 통해 전송되는 메시지(또는 문자 시퀀스 또는 문자열)가 의미나 언어적 내용과는 아무런 관련이 없다는 것이다. 다시 말하면, 모든 정보는 대안적 메시지들 또는 대안적 문자 시퀀스들 중에서 하나를 선택할 수 있는 한에서만 존재한다.

전 세계에 메시지가 하나뿐이라면 그 메시지가 수신 지점에 기록될 것이기 때문에 정보도 없고 전송 체계도 필요 없을 것이다. 예를 들어, 메시지가 2개라면 올바른 정보를 전송할 확률은 50/50이 될 것이다. 간단히 말해서 정보는 일차적으로 수학적 관점에서 불확실성 또는 확률이라는 요인과 관련이 있다. 이는 언어의 엔트로피가 의미와 관련되는 것과 동일한 방식으로 무의미와도 관련되는 이유다. 섀넌에 따르면, 중복도가 0이면 모든 가능한 문자 시퀀스가 그 언어로 된 해독 가능한 텍스트가 되며, 모든 2차원 문자 배열이 크로스워드 퍼즐을 구성할 수 있게 된다. 그는 영어의 중복도를 대략 50%라는 특정한 한계 내에 있는 것으로 계산하는데, 이는 큰 크로스워드 퍼즐을 가능하게 해 준다. 중복도가 33%로 낮아지면 3차원 크로스워드 퍼즐이 가능해진다. 문학 비평가들이 여러 언어에 걸쳐 확률적 차원을 분석해 조이스의 『피네간의 경야』에 나오는 다국어 수수께끼에 대한 새로운 통찰을 얻을 수는 있을지 모르지만, 그 작업을 수행하기란 쉽지 않다는 것을 금방 깨닫게 될 것이다.

무의미는 위협적이지 않은 모습으로 과거와 현재의 문화와 문명에서 놀이와 즐거움의 무한한 원천이 되어 왔다. 루이스 캐럴의 『거울나라』에 나오는 "재버워키" 구절은 영어로 쓰인 가장 잘 알려진 무의미 시이며, 실제로 이 작품은 제임스 조이스의 『피네간의 경야』로 이어지는 무의미 단어 실험들에 영감을 주었을지 모른다. 놀랍지 않게도 Y. R. 차오는 1922년 캐럴 소설의 첫 중국어 번역자가 되었는데, 이 번역은 엄청난 업적이었다. 차오는 새로운 중국어 문자들을 만들어 내 각 단어에 대한 캐럴의 놀이를 유지할 수 있었을 뿐만 아니라 캐럴의 영어 구절이 갖고 있는 운율과 리듬 패턴을 재현해 냈다.[44] 이 흥미로운 무의미 이야기에 또 다른

44) 한 논문에서 유엔 렌 차오는 자신이 어떻게 "재버워키"의 구절을 중국어로 번역

반전이 있는데, 워런 위버는 루이스 캐럴의 열렬한 독자였다. 그는 42개 언어로 된 160개 다른 버전들의 『원더랜드의 앨리스』를 개인 소장하고 있었고, 차오에게 그 컬렉션에 그의 중국어 번역본을 추가할 수 있게 해 달라고 요청했다. 위버는 특히 매드 티 파티 장면의 말장난, 무의미, 농담에 관심이 많았고 『여러 언어로 번역된 원더랜드의 앨리스』라는 제목의 문학 연구서를 출간했다.[45]

질 들뢰즈는 무의미의 문제에 주의를 기울이고 이를 의미와 관련하여 설명하려고 시도한 20세기 몇 안 되는 철학자 중 한 명이다. 모리스 메를로퐁티와 장 이폴리트와 같은 당시의 다른 저명한 철학자들은 의미와 무의미에 대해 성찰했지만 무의미 자체에 대해서는 크게 언급하지 않았다. 메를로퐁티의 『의미와 무의미』(1966)는 대상, 시각성, 사물, 지각 등 존재에 관한 친숙한 철학적 문제들을 현상학적으로 탐구했다. 하지만 라캉의 작업, 커뮤니케이션 테크놀로지, 그리고 문자, 숫자 등의 기호를 이용한 사이버네틱스 게임은 그에게 별로 의미가 없었고 논의에서 제외되었다.[46] 반면 이폴리트는 『논리와 실존』(1953)에서 언어를 통해 존재와 의미 사이의 관계를 다뤘다.[47] 이폴리트는, 사이버네틱스에 관심을 보였지만, 반세기 후 마크 테일러와는 달리 그의 책에서 헤겔의 언어, 수학, 의식, 자의식에 대한 논의를 당시의 사이버네틱스 기계와 연관짓는 다음 단

했는지 설명한다. Chao, "Dimensions of Fidelity in Translation With Special Reference to Chinese," *Harvard Journal of Asiatic Studies* 29 (1969): 127~128을 보라.

45) Warren Weaver, *Alice in Many Tongues: The Translations of Alice in Wonderland*를 보라.

46) Merleau-Ponty, *Sense and Non-Sense*를 보라.

47) Hyppolite, *Logic and Existence*를 보라.

계로 나아가지는 못했다.

들뢰즈는 당대의 뛰어난 철학자였다. 그는 "재버워키" 구절을 진지하게 받아들였을 뿐만 아니라 캐럴의 합성어를 훌륭하게 해석하며 의미와 무의미의 구조를 탐구했다.[48] 그는 『의미의 논리』에서 시리즈 없는 구조는 없다고 주장하며, 캐럴이 언어 구조에서의 특이점들의 분포를 만들어내는 "문학에서의 시리즈 방법"을 확립했다고 보았다(Deleuze, *The Logic of Sense*, 51). 들뢰즈는 특이점을 수학적 곡선, 물리적 상태, 심리적 상태의 측면에서 설명하면서 다음과 같이 언급한다.

> 특이점은 전환점과 변곡점; 병목, 매듭, 입구, 중심; 융합점, 응축점, 끓는 점; 눈물과 기쁨, 질병과 건강, 희망과 불안의 지점, "민감한" 지점이다. 그러나 이러한 특이점은 담론에서 자신을 표현하는 사람의 성격, 명제가 지정한 사태의 개별성, 심지어 도형이나 곡선으로 표시된 개념의 일반성이나 보편성과 혼동해서는 안 된다. 특이점은 외연, 표현 또는 의미작용의 차원과는 다른 차원에 속한다. 그것은 본질적으로 전개체적이고 비개인적이며 비개념적이다.(52)

라캉은 자신의 방식으로 이러한 특이점 분포 속에 홀수 짝수 게임을 위치시키는데, 이 우연의 게임에서 각각의 주사위는 이미 개념이나 사고 이전의 시리즈다. 들뢰즈는 시리즈와 그 분포를 분석함으로써 "의미의 논리는 원래의 내재적 관계, 즉 공존의 양식을 의미와 무의미 사이에 설정하도록 필연적으로 결정되어 있다"(68)는 것을, 그리고 "의미의 결정 못지않게 무의미도 **의미의 외연**(denotation)을 설정한다"(69)는 것을 알

---

48) Deleuze, *The Logic of Sense*, 42~47을 보라.

게 되었다. 이는 중요한 통찰이며, 무의미가 우리의 정신적 삶과 관련이 있다는 점에서 무의미의 기능과 심연에 주의를 기울일 필요가 있다. 들뢰즈는 논리학자들이 무의미에 대해 말할 때 "그들은, 마치 어린 소녀가 노래하는 것이나 위대한 시인이 낭송하는 것이나 분열증 환자가 말하는 것을 들어 본 적이 없는 것처럼, 그들의 증명에 맞춰 애써 만들어 낸 미약한 사례들만을 제시할 뿐이다"(83)라고 지적한다. 그의 견해에 따르면, "재버워키", 조이스, 분열증 환자는 정신적 삶에서 무의미가 수행하는 중요한 역할에 대해 몇 가지 특별한 통찰을 제공한다.

라캉은 『피네간의 경야』에 대한 자기 나름의 독해를 통해 소설가의 언어적 또는 비언어적 기호 놀이가 갖는 함의들을 이끌어 내기 위해 보로메오 매듭을 사용하는 또 다른 접근을 시도했다. "상징"에서 "증상"으로 진행하면서 라캉은 자신의 수학소와 다이어그램을 가지고, 조이스가 상징계, 실재계, 무의식에 관해 무엇을 알려 줄 수 있는지 보여 주고자 했다. "조이스 증상(Joyce le Symptôme)"에서 그는 『피네간의 경야』의 정교한 언어 놀이(punning)가 작품의 모든 줄뿐만 아니라 각 단어에 나타난다고 지적한다. 이러한 언어 놀이의 독특한 점은 우리가 습관적으로 단어에 부여하는 "의미"가 상징화 과정에서 사라진다는 것이다.[49] 그러나 의미(*sens*)의 상실은 우리를 실재계에 조금 더 가까이 데려간다. 라캉이 다른 곳에서 주장하는 것처럼 실재계는 "의미가 완전히 벗겨져 있다. 우리는 더 이상 어떤 의미도 없을 때에만 우리가 실재[réel]의 어떤 것을 다루고 있다고 만족하고 확신할 수 있다. 의미가 없는 이유는, 우리가 실재를 쓰는 것은 단어[*mots*]를 가지고 쓰는 것이 아니기 때문이다. 그것은 작은 문자[*petites lettres*]로 쓴다."[50] 다음 장에서 논의하겠지만, 단어와 문자—

49) Lacan, "Joyce le Symptôme," 165.

조이스의 "리터(litter)"—의 구분은 라캉이 정보 이론과 사이버네틱스라는 렌즈를 통해 프로이트의 무의식 개념을 재해석하는 데 기초가 되었다.

라캉은 1975년 예일대 칸저 강연에서 이 점을 반복했다. 흥미롭게도 그는 조이스에 대한 언급으로 강의를 시작했고, 제프리 하트먼, 루이 뒤프레 등 예일대 교수들이 제기한 상징, 의미, 수학에 대한 질문에 답을 하며 다시 단어(언어)와 문자(글쓰기)의 구별을 강조했다. 이는 질의응답 녹취에서 발췌한 다음 내용에서 볼 수 있다.

> 하트먼: 논쟁은 수학소의 상징주의에 대한 해석과 관련이 있다.
> 뒤프레: 하지만 문제는 수학소의 상징주의가 갖는 정확한 지위가 무엇인가 하는 것이다. 이는 보편적 상징주의인가 아니면….
> 라캉: 정교한 상징주의이며, 항상 문자를 통해 정교해진다.
> 하트먼: 하지만 단어들(*quid des mots*)은 어떤가? 분석 과학에 수학소가 포함되어 있더라도, 실제 분석에서는 실제 수행의 문제, 그리고 이런 수학소의 번역 문제가 있는데, 이는 언어적이지 않은가?
> 라캉: 그럼에도 불구하고 단어와 문자 사이에는 하나의 세계가 있다.
> (Lacan, "Conference et entretien," 30~31)

라캉이 여기서 단어와 문자 사이에 설정한 이론적 구분은 흥미로운 대화에서 대화 상대들이 이해하지 못한 것처럼 보인다. 라캉은—칸저 강연

---

50) Jacques Lacan, "Conference et entretien dans des universities nord-americaines: Yale University, Kanzer Semina," 29. Lacan's Kanzer lecture took place at Yale University on November 24, 1975를 보라. 라캉의 칸저 강연은 1975년 11월 24일 예일대에서 있었다. 잭 S. 스톤의 영어 번역은 다음을 보라. http://web.missouri.edu/~stonej/Kanzer_ seminar.pdf

에서 조이스에 대한 명시적 · 암묵적 참조를 통해—단어와 문자를 분리하고, 그 사이를 매개하는 세계 또는 간극이 언어적 발현을 통한 의미의 귀환을 항상 보장하는 것은 아니라고 주장한다.

정확히 라캉적 의미에서 문자의 의미 상실은 정보 이론을 위한 섀넌의 인쇄 영어 프로세싱이 만들어 내는 필연적 결과다. 하지만 인쇄 영어는 대수에서의 알파벳 기호의 수학적 사용과, 위에서 인용한 대화가 시사하는 바와 같은 문자 커뮤니케이션에서의 자연어 사용 사이의 전통적인 노동 분업을 넘어서는 것이라는 점을 추가해야 할 것이다. 섀넌의 분석 대상은 대수가 아니라 영어 글쓰기이고, 이는 의심의 여지가 없다. 하지만 그는 글쓰기의 의미보다 글쓰기의 추계적 함의들에 더 관심을 가졌다. 이에 따라 N. 캐서린 헤일스는 정보 이론에서 의미론을 괄호 안에 넣은 것이 전략적 신택이었냐고 추측하게 되었는데, 이는 "그가 수신자의 사고방식을 커뮤니케이션 문제의 일부로 고려해야 하는 상황에 휘말리고 싶지 않았기 때문이다."[51] 이에 19세기 모스의 파트너인 베일이 커뮤니케이션 기계에 대해 제기한 "거기에 있습니까?"라는 질문이 갖는 지위에 관한 문제로 되돌아가게 된다.

헤일스의 관찰은 1950년대 초 영국의 정보 이론가 도널드 맥케이(Donald MacKay)가 제안한 대안적인 또는 경쟁적인 정보 이론과 관련된다.[52] 섀넌과 달리 맥케이는 기계가 심리 상태를 측정할 수 있는 능력

51) Hayles, *How We Became Posthuman*, 54.

52) 헤일스의 섀넌에 대한 논의는 *How We Became Posthuman*, 18~19를 보라. 또한 헤일스는 섀넌의 커뮤니케이션 모델에 대한 한스 모라벡의 수정과 재평가를 다룬다(53~54). 섀넌 대 맥케이에 관한 그녀의 해석에 대한 비판은 Mark B. N. Hansen, "Cinema Beyond Cybernetics, or How to Frame the Digital Image"를 보라.

을 가진다고 주장했고, 이런 입장은 이 두 모델 중 하나를 선택할 수 있는 기회를, 그리고 의미론과 심리학을 커뮤니케이션 기계의 이론적 구성에 포함해야 하는지 여부를 결정할 수 있는 기회를 놓친 것과 관련해 수많은 논쟁을 불러일으켰다. 맥케이의 주장이 지닌 문제점은 언어적 의미의 주권에 관해 너무 많은 것을 가정하고 의미의 해체에 관한 그것 고유의 편집증을 검토하지 못했다는 것이다. 맥케이와 같은 사람들이 커뮤니케이션 기계에서 의미의 존재를 주장하게 된 이유가 무엇인지 질문해야 한다. 섀넌의 인쇄 영어는 맥케이의 기존 모델보다 정신 기계에서 '의미'나 '빈칸'의 지위에 관해 더 근본적인 철학적 문제들을 제기한다. 대부분의 비평가가 여전히 언어적 의미와 의미론을 우선시하며 맥케이의 견해를 지지하고 싶어 한다는 점에서 정보학 분야에서 이 점은 크게 간과되어 왔다고 할 수 있다.

독특한 27번째 문자를 보자. 이것은 문자숫자 체계의 '상태들'—마르코프 연쇄의 $S_1, S_2, \cdots, S_n$—중 하나에 속하는 '공백'을 나타내는 기호다. 비음성적으로 표시된 기호이기 때문에 27번째 문자는 26문자 알파벳의 통계적 구조를 활성화해 주지만, 그 체계의 나머지 26문자들이 동등한 표의문자 기호로 동시에 기능하게 될 때까지는 그런 능력을 발휘할 수 없다. 동사 "활성화(activate)"는, 고대 문자숫자 체계에서 진화했기 때문에 통계적으로 처리할 수 있는 음성 알파벳의 한 측면을 강조하려 한 것인데, 이는 숫자 기호가 글쓰기의 기원과 긴밀하게 연관되어 있기 때문이다. 앞서 언급했듯이, 페니키아어로 필경사(scribe)를 뜻하는 *spr*이라는 단어는 원래 동사 **세다**(to count)에서 파생되었고, 나중에야 **쓰다**(to write)라는 의미를 획득하게 되었다.[53] 고대 문자숫자 *spr*의 정신에 따라

53) C. Bonnet, "Les scribes phoenico-puniques," 150을 보라.

섀넌의 '공백' 문자는 다시 한번 문자숫자 체계의 통계적 구조를 드러낸다. 내가 아는 한, 프라하 언어학파에서 이 발전에 주의를 기울인 유일한 이론가는 요제프 바헥(Josef Vachek, 1909~1997)뿐이었다.[54] "문자소의 대문자 사용을 특별히 고려한 필기 언어의 중복도에 대한 논평"에서 바헥은 "문자소 제로(graphemic zero)"라는 개념을 언급하며 이를 "그래픽 맥락에서 쓰인 (또는 인쇄된) 단어들 사이의 빈 공간"으로 정의한다. 문자소 제로라는 개념을 통해 바헥은 글쓰기와 말하기의 몇 가지 본질적인 차이점을 파악한다. 말이나 음소를 연속적인 호흡의 구분으로 보는 헤일스의 개념과 달리, 바헥은 다음과 같이 말한다. "대등한 구어적 맥락에서는 음향적 '제로', 즉 말한 단어들을 구분하는 짧은 멈춤은 찾을 수 없다. 그런 멈춤이 실제로 존재한다면, 그 발생의 특정한 이유가 있어야 한다…. 반면에 위에서 언급한 문자소 제로는 자동적으로 그리고 매우 일관되게 기능한다."[55] 분명히 바헥이 '공백'을 시각적으로 표시하는 데에는 섀넌의 27번째 문자나 데리다 띄어쓰기라는 개념에 대해 행한 것만큼의 엄격함은 없다. 하지만 바헥은 글쓰기 연구를 고집한 유일한 기능주의자로 두드러지며, 대부분의 언어학가 여전히 음소에 골몰하고 있을 때 "문자 언어와 인쇄 언어"라는 주제의 글을 쓰는 데 몰두했다.

앞서 언급했듯이, 정보 이론에서 '공백' 문자는 액면 그대로 받아들이거나 '필기 단어 사이의 빈 공간'과 혼동해서는 안 된다. 왜냐하면 그것은 27문자 알파벳의 다른 문자들과 마찬가지로 수학적 기호이기 때문이다.

---

54) 바헥은 선도적인 기능주의자였으며 "문어"라는 주제에 관해 수많은 논문을 썼지만, 불행히도 이 논문들은 현대 언어학의 음성 중심주의적 편견으로 인해 프라하 학파의 다른 학자들만큼 주목을 받지 못했다.

55) Josef Vachek, *Written Languages Revisited*, 152~153을 보라. 바헥은 *Written Language: General Problems and Problems of English*의 저자이기도 하다.

섀넌은 주어진 파라미터 내에서 영어의 '공백' 기호가 0.182의 확률을 가지고 있다고 계산했는데, 이는 가장 자주 사용되는 문자 E의 0.107보다 높다. 이는 문자 시퀀스를 생성하는 무작위 프로세스가, 그 문자가 단어나 비단어에 나타나든 그렇지 않든 상관없이, 인쇄 영어의 다른 문자들보다 문자 '공백'의 확률적 빈도에 더 많이 의존한다는 것을 의미한다. 조르주 길보(Georges Th. Guilbaud)는 섀넌의 선구적인 연구를 따라 영어, 프랑스어, 이탈리아어, 스페인어에 대한 비교 계산을 통해 로마 알파벳을 공유하는 이런 유럽 언어들에서 이 '공백' 문자의 확률이 가장 자주 사용되는 모음 문자 E 또는 A보다 모두 높다는 것을 보여 주었다. 예를 들어, '공백' 문자는 프랑스어, 영어, 스페인어에서 17%이고 이탈리아어와 독일어에서는 각각 16%, 14%로 약간 낮다.[56] 이를 각각 16%, 10%, 11%, 10%, 14% 등 위 언어들에서 가장 자주 사용하는 모음 E 또는 A와 비교해 보라. 독일어에서만 14%인 '공백' 문자의 빈도가 14%인 E 문자와 동일하다.[57] 영어에서 '공백' 문자의 17%와 문자 E의 10%라는 길보의 계산 값은 각각 18.2%와 10.7%인 섀넌의 계산 값보다 다소 낮다. 이런 불일치는 추출된 표본의 크기에 기인하는데, 길보에 따르면 그의 평균은 더 큰 영어 표본 풀을 기반으로 한다. 어쨌든 길보의 결론은 섀넌의 결론과 같다. 즉 문자 '공백'이 문자 E보다 더 자주 사용된다는 것이다. 이는 제임스 조이스가 『피네간의 경야』에서 문자 시퀀스의 띄어쓰기 메커니즘을 조작한 것이 어니스트 빈센트 라이트의 5만 단어 소설 『개즈비』(1939)나 조르주

---

56) Georges Th. Guilbaud, *What Is Cybernetics?*, 72~73.

57) 직관적으로 보면, 이는 말이 된다. (단어를 공백으로 시작하고 다른 공백이 없는 문자열로 정의하는 경우) 단어당 공백이 하나씩 있다. 언어의 평균 단어가 길수록 공백의 비율은 작아지는데, 독일어 텍스트에는 합성어가 쉽게 형성되기 때문에 긴 단어가 많다.

페렉의 프랑스어 소설 『공허』(1969)보다 더 급진적이고 도전적인 이유를 설명해 준다. 이 두 소설은 모두 전체 작품에서 문자 E를 생략하는 제자체(lipograms) 놀이를 보여 준다. 섬에서 O 문자 사용을 금지하는 해적들 놀이를 다룬 제임스 서버의 『원더풀 O』(1957)도 알파벳 글쓰기의 통계적 특성을 뚜렷이 보여 주기는 하지만, 영어의 N과 R과 마찬가지로 O 문자의 빈도율이 5%에 불과해 위의 소설들보다는 기술적으로 열등하다.[58]

길보의 관찰은 알파벳 글쓰기에서 문자 시퀀스에 대한 수학적 계산을 어떻게 재평가할지, 그리고 그것이 '의미 있는' 단어 단위들과 관련해 무엇을 말해 줄 수 있는지 하는 문제들과 관련해 시사하는 바가 크다. 문자 시퀀스를 시각화하면 비단어나 비문법적 단위로 보일 수 있지만, 수학적 관점에서 보면 그 안의 확률적 구조는 그것이 개념적으로 타당성을 가지는 데에 시각화나 음성화가 필요 없다. 예를 들어, 독립적이고 등확률적인 기호들의 무작위 조합을 제공하는 섀넌의 영어 구절에 대한 영차 근사(zero-order approximation)는 다음을 생성할 수 있다. "XFOML RXKHRJFFJUJ ZLPWCFWKCYJ FFJEYVKCQSGHYD QPAAMKBZAACIBZLHJQD." 이 조합은 영어에서 의미가 없다. 그러나 인쇄 영어의 27자 알파벳의 확률과 비율이 무작위 프로세스에 투입되면 즉각 인식 가능한 단어 단위들의 시퀀스를 얻기 시작한다. 이에 섀넌의 실험에서 덜 무작위적인 시퀀스도 생성되는데, 이는 다음과 같다. "THE HEAD AND IN FRONTAL ATTACK ON AN ENGLISH WRITER THAT THE CHARACTER OF THIS POINT IS THEREFORE ANOTHER METHOD

58) 영어에서 O의 통계 비율에 관해서는 Guilbaud, *What Is Cybernetics?*, 72를 보라.

FOR THE LETTERS THAT THE TIME OF WHO EVER TOLD THE PROBLEM FOR AN UNEXPECTED."[59] 섀넌의 독자는 제임스 조이스의 독자가 『피네간의 경야』를 이해하려 했던 것과 동일한 방식으로 이런 문자 시퀀스의 의미론적 내용을 면밀히 탐구하고 싶어 할 것이다. 왜 영어 작가에 대한 정면 공격? 어떤 작가?

섀넌과 함께 하는 의미론적 보물찾기는, 그의 테스트가 의미 있는 문장을 생성하기 위해 설계된 것이 아니라 영어에서 "무의식적으로" 구성된 문자 시퀀스의 무작위성 비율을 결정하기 위해 설계되었다는 점에서 막다른 길에 다다를 수밖에 없다. 여기서 가정은 언어의 무의식적 과정은 정신 기계처럼 자동으로 기능할 것이라는 것이다. 섀넌이 위에서 인용한 구절을 얻은 방법은 (출처가 알려지지 않은) 텍스트에서 무작위로 두 단어의 쌍을 선택하는 것으로 시작한다. 그의 인간 피험자가 작품을 읽어 나가다가 이 단어들 중 두 번째 단어를 다시 접하면 바로 뒤에 나오는 단어가 등록된다. 그런 다음 새 맥락에서 새로운 단어를 찾고 그다음에 나오는 단어가 다시 등록되고, 이런 식으로 계속된다. 우리가 방금 본 구절을 만들어 낸 이 힘든 과정은 작가 의식의 중심에서 나온 것이 아니라 반복과 통계의 간단한 규칙을 따른 것이다. 놀라운 점은 무작위 과정이 '무의미(nonsense)'를 만들어 내게 된다는 것이 아니라 일부 결과가 평균 독자의 관점에서 의미론적 가독성의 역치에 이른다는 것이다. 이를 어떻게 설명할 것인가?

1948년 논문의 공동 저자이자 섀넌의 오랜 동료였던 존 R. 피어스(John R. Pierce)는 예술, 문학, 음악을 이해하는 데 섀넌의 수학적 작업이 갖는 이론적 함의를 숙고한 현대 과학자들 중에서 섀넌의 작업을 해석

---

59) Shannon and Weaver, *The Mathematical Theory of Communication*, 44.

한 몇 안 되는 사람 중 한 명이다. 피어스 자신은 벨연구소에서 위성 통신 시스템을 개발한 유명한 선구자이자 J. J. 커플링과 같은 다양한 가명으로 글을 쓴 다작의 공상과학 작가이기도 하다.[60] 1949년 초 그는 섀넌의 인쇄 영어 작업을 직접 모델로 한 악보의 확률적 구성을 실험했다. 피어스는 벨연구소에서 은퇴한 후 컴퓨터 음악을 개발했고 12년 동안 스탠퍼드대에서 음악 교수를 역임했다. 섀넌의 "커뮤니케이션에 대한 수학적 이론"이 나온 지 1년 후에 출간된 "우연에 관한 언급"에서 피어스는 앞서 인용한 섀넌의 구절을 자기 나름대로 해석했다. THE HEAD AND IN FRONTAL ATTACK ON AN ENGLISH WRITER THAT THE CHARACTER OF THIS POINT IS THEREFORE ANOTHER METHOD FOR THE LETTERS THAT THE TIME OF WHO EVER TOLD THE PROBLEM FOR AN UNEXPECTED. 추계적으로 생성된 이 구절이 어떤 의미를 가질 수 있는지에 대한 질문에 피어스는 다음과 같이 주장했다. "『율리시스』와 『피네간의 경야』의 특정 구절은 더 이해하기 어렵다. 연관성이 없는 것처럼 보이지만, 이 구절은 어느 정도 흥미로운 주제를 가지고 있다. 나는 영국 작가가 처한 곤경에 동정심을 느낀다. 나는 그 저자에게 그에 관해 더 물어보고 싶다. 불행히도 물어볼 저자가 이제 없다. 내 질문에 우연(chance)이 답하지 않는 한 더 이상 듣지 못할 것이다. 섀넌 박사의 작업이 어떤 철학적 함의를 가지는지 궁금하다."[61] 확실히 그렇다.

---

60) 피어스는 벨연구소의 연구 부사장이었으며, 1962년 발사된 최초의 상업용 통신위성인 텔스타 1의 개발에 깊이 관여했다.

61) 1949년 *Astounding Science Fiction*에 J. J. 커플링이라는 가명으로 "우연에 관한 언급"으로 처음 출간되었다. 피어스는 이를 *Science, Art, and Communication*, 125~126에 다시 실었다.

피어스가 조이스의 문학 실험에 접근하는 방식은 마찬가지로 추계적 관심에 의한 것으로, 앞서 스위프트가 라가도의 그랜드 아카데미에서의 문학 기계를 상상했던 것에 관한 비평적 발언으로 이어진다. 그는 이렇게 말한다. "스위프트가 먼저 전반적인 아이디어를 가지고 있었지만, 그가 그것을 모두 거부한 것은 잘못한 일이었을 수 있다는 것을 우리는 인정할 수밖에 없다."[62] 피어스는 은밀하게 라가도 교수의 역할을 맡아 "저자 없는" 텍스트의 무서운 유령을 불러일으키며 걸리버 이야기의 저자에게 대답한다. IT HAPPENED ONE FROSTY LOOK OF TREES WAVING GRACEFULLY AGAINST THE WALL. 섀넌과 피어스가 제임스 조이스의 작품을 인용하는 조건들은 깊이 생각해 볼 필요가 있다. 『피네간의 경야』에 대한 논의를 통해, 우리는 조이스의 단어 기계가 정보 이론에서 제기한 특정 문제들과 어떻게 연관될 수 있는지에 대해 생각하게 되었고, 이에 섀넌과 피어스의 관심이 타당하다는 것이 드러났다.[63] 섀넌과 피어스가 조이스를 이해하는 방식이 문학 비평가들이 그의 어려운 작품에 접근한 방식과 크게 다르다는 것은 의심의 여지가 없는데, 흥미롭게도 이 두 수학자의 관심을 끈 것은 항상 조이스의 "읽히지 않는 텍스트"였다. 조이스의 텍스트는 어려운 텍스트지만 여전히 위에 인용된 섀넌의 구절인 "THE HEAD AND IN FRONTAL ATTACK ON AN ENGLISH WRITER…"와 대조적으로 "저자가 있는" 텍스트로 간주된다—이 구절은 언어의 통계적 구조 법칙을 따르는 우연적 요소들로 구성되어 있는데, 바르트, 푸코 등이 저자가 왜 어떻게 죽었는지에 관해 이야기하기 전에 저자의 죽음

62) Pierce, *Science, Art, and Communication*, 131.

63) 피어스는 또한 "천 조각에 여러 개의 실을 떨어뜨린 다음 그것을 액자에 넣고 보존한" 마르셀 뒤샹의 추계적 작업을 언급한다. Pierce, *Science, Art, and Communication*, 133.

(death of the author)을 선언하는 것처럼 보인다.

정신 기계의 추계적 과정을 통해 저자를 탈중심화하는 이런 방식은 확실히 프랑스 구조주의자들의 유사한 움직임보다 시간적으로 앞선다. 벨 연구소의 이론적 작업과 프랑스 구조주의 사이에 우리가 감지할 수 있는 의미 있는 역사적 연관성이 있을까? 답은 예이고, 다음 장에서 보여 주듯이 우리가 보통 프랑스 이론이라고 여기는 것은 사실 미국 이론(게임 이론, 사이버네틱스, 정보 이론)을 여러 학문 분야에 걸쳐 왕복 번역한 것이다. 당장은 피어스가 정보 이론의 철학적 함의에 대해 제기한 흥미로운 논점들을 살펴보고, 그런 생각을 따라 조이스나 섀넌의 통계적 구성물이 보여 주는 (비)가독성에 관해 몇 가지 더 성찰해 보기로 한다.

피어스는 자신이 가장 좋아하는 추계적 사례인 "IT HAPPENED ONE FROSTY LOOK OF TREES WAVING GRACEFULLY AGAINST THE WALL"을 다른 추계적 표본들과 함께 제시하며 조이스의 『율리시스』에 나오는 특정 구절이 어떻게 한편으로는 무작위로 생성된 문자 시퀀스들과 공명하고 다른 한편으로는 분열증적 글과 공명하는지 설명한다. 그의 추계적 표본을 조이스의 구절, 그리고 분열증적 정신의 글과 병치해 보면 세 가지 중 어느 것이 더 의미가 있는지 항상 명확하지 않다. 피어스는 조이스의 『율리시스』 18화 '페넬로페'에서 다음 구절을 인용한다. "어디에 있든 안도감이 들었다. 바람을 자유롭게 쐬게 하라. 차 한 잔과 함께 먹은 돼지고기 커틀릿이 더위에 꽤나 잘 맞았는지 누가 알겠는가? 냄새도 나지 않았다. 돼지고기 정육점에 있던 그 괴상하게 생긴 남자는 대단한 악당일 것이다."[64] 이것은 그가 다른 곳에서 가져온 다음의 분열증적인 글

64) Joyce, *Ulysses*, 763. 피어스의 조이스 인용문은 그대로 옮겨 온 것이 아닌데, 흥미롭게도 "바람"을 "마음"으로 대체했다. "That was a relief whenever you let

과 대조된다. "에파미논다스는 특히 육지와 바다에서 강력한 사람이었다. 그는 펠로피다스에 대항하는 대규모 함대 기동과 공해 전투의 지휘자였지만, 2차 포에니 전쟁 중에 장갑 프리깃함이 난파되어 머리를 다쳤다."(Pierce, 132) 흥미롭게도 인용문의 마지막 문장은 섀넌의 추계적 구절인 "THE HEAD AND IN FRONTAL ATTACK ON AN ENGLISH WRITER…"의 시작 부분을 바로 떠올리게 하는데, 이는 피어스나 그의 벨연구소 동료 중 한 명이 문제의 분열증 환자가 아닌 한 놀라운 우연이다. 어쨌든 피어스는 이런 실험을 통해 분열증 환자나 창작 예술가의 정신에서 억제를 제거하면—둘 다 같은 결과를 낳는다—우연적 요소나 추계적 과정이 자유로워져 혁신적인 문학 작품을 만들어 낼 수 있다는 것을 증명했다.[65] 이런 결론은, 피어스와 동료들이 벨연구소에서 수행한 추계적 실험들이 제기하는 예상치도 해결되지도 않은 몇 가지 질문과 비교하면, 그리 독창적이지 않은 것처럼 보인다. 다음과 같이 질문 중 하나를 임시로 공식화해 보자. 무의미나 비가독성은 무의식적 메커니즘과 관련이 있어서 정신이 즉각 그렇게 인식할 수 있을까?

언어학자 Y. R. 차오는 메이시 학술 대회에서 이런 해석을 지지한 바 있는데, 그는 언어적 경험 수준에서 부정적 피드백이 존재하는 경우는 사람들이 무의미를 의미의 조건이라고 자동으로 인식할 때라고 주장했다.[66] 하지만 차오는 이 주제를 정신분석학의 방향으로 더 추구하지는 않았는데, 프로이트와 라캉이 각각 다른 관점에서 정교하게 다룬 것처럼

---

your mind go free who knows if that pork shop I took with my cup of tea after was quite good with the heat I couldn't smell anything off it I am sure that queer looking man in the…" Pierce, *Science, Art, and Communication*, 132를 보라.

65) Pierce, *Science, Art, and Communication*, 132.

66) Chao, "Meaning in Language and How It Is Acquired," 49~67을 보라.

무의식이 글쓰기나 언어처럼 구조화되어 있는지 고민하지 않았다. 무의식이 의미와 무의미의 생성에서 수행하는 역할은 영어에 대한 추계적 연구에 의해 강력히 확인된다. 이 가정은 1950년대 후반과 1960년대 신경증이나 언어 학습 행동에 대한 초창기 컴퓨터 모델링에서 드러나곤 했다.[67]

1959년 에드워드 A. 파이겐바움은 EPAM(Elementary Perceiver and Memorizer)이라는 컴퓨터 시뮬레이션 프로그램을 개발해 기본적인 인간 학습 과정의 (무의식적) 메커니즘을 연구했다. 이때는 무작위 문자 조합과 3문자 무의미 음절 쌍을 사용하는 에빙하우스식의 실험이 심리학 실험실에서 인간 피험자를 대상으로 흔히 수행되던 시기였다. EPAM은 이를 기반으로 연관 쌍 또는 시리얼 목록에서 무의미 음절의 암기를 시뮬레이션하도록 설계되었다. 이 프로그램의 전제는 뇌가 감각 기관을 입력 채널로, 실행 기관을 출력 장치로 하는 정보 처리기라는 것이다. 기본적인 정보 프로세스는 모든 개인의 인지 활동에 관여하며, 이런 프로세스를 통해 개인은 언어적 항목들을 식별하고 기억하고 연계시킬 수 있다는 것이다.[68] 요제프 바이첸바움이 지적했듯이, 파이겐바움은 무의미 음절을 기억하는 인간 피험자의 행동과 매우 유사한 인지 프로세스 모델을 자신의 프로그램이 생성해 내도록 했다. 핵심 아이디어는 EPAM이 실제 음절 자체가 아니라 제시된 음절의 **이미지**, 즉 그래픽 설명을 저장하도록 하는 것이다. 예를 들어, 무의미 음절 DAX는 루프를 포함하는 첫 번째 문자의 수직 선두 모서리와 수평 막대를 포함하는 두 번째 문자 등으로 기술된다. 그런 다음 이 음절의 **이미지**는 이미 저장된 다른 음절들의 이미지들

---

67) 케네스 콜비의 신경증 기계와 패리(PARRY)에 관한 5장의 내 논의를 보라.

68) Edward A. Feigenbaum, "The Simulation of Verbal Learning Behavior," 299.

과 구별되어 메모리에 추가된다.[69] 이것이 우리에게 시사하는 바는 시뮬레이션된 기본적 학습 행동이 심층적인 문법적 구조나 언어적 의미보다는 표의문자적 기호 처리 메커니즘과 관련된다는 것이다. 이러한 통찰은 섀넌의 인쇄 영어가 보여 주는 표의문자적 전환과 완전히 일치하는 것이다.

우리는 전쟁 기간 중 C. K. 오그던과 I. A. 리처즈가 대담하게 구상한 보편적 커뮤니케이션의 과제를 완수하기 위해 인쇄 영어가 기본 영어와 모더니스트적인 표의문자적 실험의 일깨움 속에서 어떻게 시작되었는지 살펴보았다. 그러나 전 세계적 도달 범위를 보장하려면 보편적 커뮤니케이션은 보편적인 정신적 메커니즘을 전제로 해야 한다. 윈스턴 처칠은 “미래의 제국은 정신의 제국”이라는 승리의 발언을 하며 기본 영어를 제국적 지배의 도구로 여겼지만 그나 오그던은 당시 영어나 그 어떤 다른 언어가 인종, 국가, 언어적 경계를 넘어 어떻게 그렇게 강력한 정신적 힘을 행사할 수 있는지에 관해서는 말하지 않았다. 암묵적 합의에 따라 그들은 인간의 정신이 언어적 기호에 힘입어 보편적으로 작동하며 그에 의해 변형될 수 있다고 믿었다. 물론 이 모든 일은 정보 이론과 사이버네틱스가 발명되기 전에 일어났다. 전후에 새로운 정신 이론이 등장한 것인가? 새로운 커뮤니케이션 프로젝트들의 개발과 어떤 관련이 있었던 것인가? 예를 들어, 오그던이나 리처즈는 섀넌과 피어스의 접근을 설득력 있다고 여겨서 정신이 통계적 구조에 의해 지배되는, 그리고 무작위적인 기호, 의미, 무의미를 만들어 낼 수 있는 정신 기계라는 데 동의했을까?

69) Joseph Weizenbaum, *Computer Power and Human Reason*, 160~164.

사이버네틱스 그룹

이 절로 이어지는 분석에서 우리는 섀넌이 기본 영어, 『피네간의 경야』, 기타 영어 구절을 포함해 알파벳 글쓰기의 통계적 속성들에 대해 작업하며 어떻게 인쇄 영어의 수학적 모델을 확립했는지 살펴보았다. 기본 영어의 설계자들은 정보 이론이나 사이버네틱스가 생소하지 않았는데, 사실 그중 한 명인 I. A. 리처즈는 사이버네틱스 그룹의 메이시 학술 대회에 초대되었다.[70] 스티브 하임스의 연구에서 알 수 있듯이, 그 그룹의 핵심 구성원인 폰 노이만, 노버트 위너, 마거릿 미드, 그레고리 베이트슨, 워런 매컬러, 정신분석가 로런스 쿠비의 주도하에 7년(1946~1953)에 걸쳐 모두 열 차례 메이시 학술 대회가 열렸다.[71] 학술 대회는 사이버네틱스 그룹에서 기계와 뇌를 유사한 커뮤니케이션 체계로 간주하는 학제간 연구를 촉진하기 위해 개최되었다. 그 기간 동안 신경생리학자인 매컬러는 회의를 주재하며 다양한 학문적 배경을 가진 엄선된 주요 학자들에게 각 학술 대회에서 연구를 발표하도록 정기적으로 요청했다. 섀넌은 세 차례 메이시 학술 대회에 초대되었고, 그중에서도 '영어의 엔트로피'에 대한

70) C. K. 오그던이 사이버네틱스 그룹과 직접 연관되었다는 증거는 없는데, 아마도 리처즈와의 소원함 때문일 것이다. 그러나 스티브 하임스는 오그던의 연구 조수 중 한 명인 몰리 해로워가 게슈탈트 심리학의 창시자 중 한 명인 쿠르트 코프카와 함께 일하기 위해 미국에 도착한 후 로런스 쿠비와 매컬러와 긴밀히 일했다고 말한다. 그녀는 메이시 재단 펠로였다. Heims, *The Cybernetics Group*, 138~139를 보라.

71) Heims, *The Cybernetics Group*과 Jean-Pierre Dupuy, *The Mechanization of the Mind*는 둘 다 이 그룹에 대한 훌륭한 상호 보완적인 연구다. 하임스의 연구는 매우 유익하고 훌륭한 사회학적 관찰로 가득 차 있다. 2세대 사이버네틱스 학자인 뒤퓌는 1세대 작업의 지적·이론적 가치에 대한 중요한 질문들을 던진다.

논문을 발표했다. 그와 리처즈는 둘 다 1951년 8회 학술 대회에 참석했는데, 섀넌은 유명한 미로 찾기 쥐인 테세우스를 선보였다. 리처즈는 "인간 커뮤니케이션: 언어의 의미"라는 논문을 발표했다.

사이버네틱스 그룹의 8회 학술 대회는 1951년 3월 15~16일에 뉴욕에서 열렸다. 발표자들은 인간 간의 커뮤니케이션, 동물 간의 커뮤니케이션, 정상인과 미친 사람 간의 커뮤니케이션, 지능형 기계, 기본 기호에 대한 탐색 등 광범위한 주제를 다루었다.[72] 리처즈의 논문은 그와 오그던의 이전 저서 『의미의 의미』와 기본 영어에 근거한 인간 커뮤니케이션에 대한 규범적 접근을 강조하는 것이었다(Ogden and Richards, *The Meaning of Meaning*, 22~23).[73] 메이시 학술 대회 2년 후 리처즈가 정보 이론과 섀넌의 커뮤니케이션 모델을 자신의 규범적 언어 교환 이론에 적용했다는 점은 흥미로운데, 그 결과가 그의 "이해의 이론을 향하여"로 발표한 몇 개의 도식이다(그림 12와 그림 13).[74] 리처즈의 도식적 추상화 시도는 우리가 이미 살펴본 섀넌의 『커뮤니케이션에 대한 수학적 이론』에 실린 원래 도식과 흥미롭게도 겉보기에 (시각적으로) 유사하다. 섀넌이 인쇄 영어에 관한 선구적 연구에서 기본 영어의 통계적 작업에 대해

---

72) Heinz von Foerster, Margaret Mead, and Hans Lukas Teuber, eds., *Cybernetics: Circular Causal and Feedback Mechanisms in Biological and Social Systems: Transactions of the Eighth Conference, March 15-16, 1951*을 보라.

73) Richards, "Toward a More Synoptic View," 124. 이 논문은 원래 다른 이름으로 발표되었다. "Communication between Men: Meaning of Language," in H. von Foerster, Margaret Mead, and Hans Lukas Teuber, eds., *Cybernetics: Circular Causal and Feedback Mechanisms in Biological and Social Systems: Transactions of the Eighth Conference*.

74) Richards, "Toward a Theory of Comprehending," 22~23. 이 논문은 다음의 제목으로 처음 책에 실렸다. "Towards a Theory of Translating," in *Studies in Chinese Thought*, ed. Arthur F. Wright.

<그림 12> I. A. 리처즈의 언어간 커뮤니케이션 모델에 관한 도식

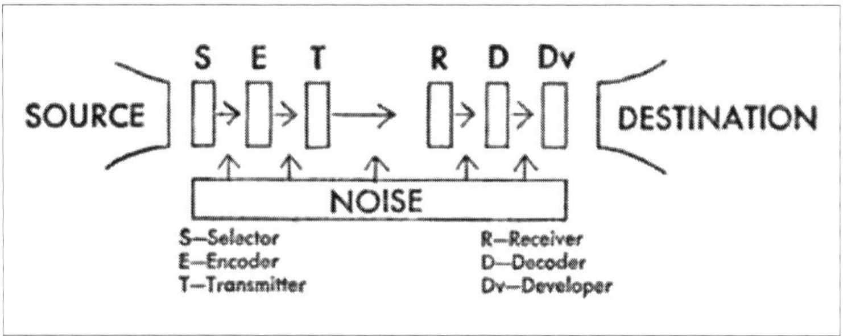

출처: I. A. Richards , "Toward a Theory of Comprehending," in *Speculative Instruments* (Chicago: University of Chicago Press, 1955), 22.

말한 바가 있다는 사실을 리처즈는 전혀 몰랐다. 그리고 한 학문 분야에서 타당한 정보로 간주하는 것이 다른 학문에서는 그렇지 않다는 것 사이에 이상한 정신적 왜곡이 있다. 리처즈는 섀넌처럼 실제 커뮤니케이션 기계를 설계하지 않았기 때문에 그의 도식에서 "노이즈"가 무엇을 하는 것인지 즉각 알 수는 없다. 예를 들어 야콥슨은 섀넌의 도식을 구조 언어학을 위해 칼 뷜러의 커뮤니케이션에 대한 기관 모델(organ model of communication)에 적용하면서 이 요소를 제외했다. 노이즈에 대한 리처즈의 우려의 근원을 이해하려면 그가 오그던과 함께 한 이전 연구, 특히 『의미의 의미: 사고에 대한 언어의 영향과 기호 과학에 관한 연구』를 살펴보아야 한다.

기본 영어는 영어 단어들에 고유한 의미를 회복하는 일을 하도록 설립된 정화연구소(Orthological Institute)라는 조직의 후원으로 만들어졌다. 옥스퍼드 포켓 영어 사전에 나오는 2만5000단어의 거대한 어휘에서 언어적 중복도를 제거한 후 만들어진 850개 순수한 "뿌리"는 기본 영어라

<그림 13> I. A. 리처즈의 상황 속 발화의 망에 관한 도식

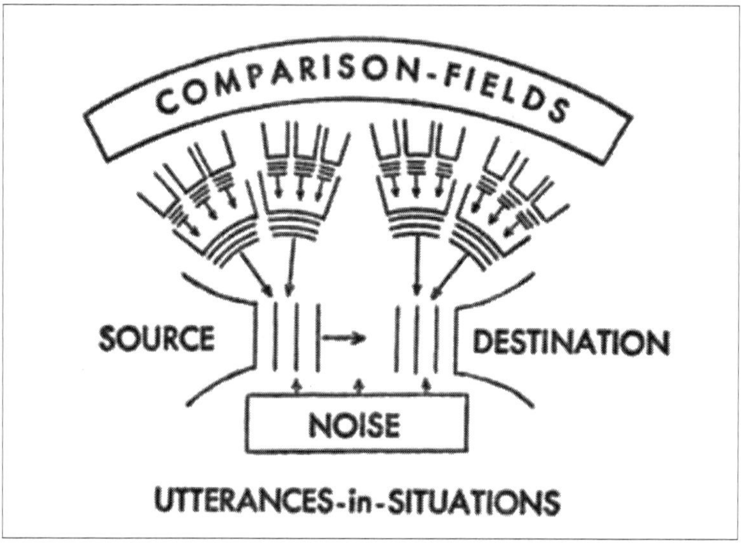

출처: I. A. Richards , "Toward a Theory of Comprehending," in *Speculative Instruments* (Chicago: University of Chicago Press, 1955), 23.

는 새로 정리된 체계로 구성되었다. 놀랍게도 리처즈와 오그던 사이의 협력의 결실인 『의미의 의미』와 기본 영어 프로젝트의 목표는 "언어 우생학"이었다.[75] 유력한 이 연구에서 오그던과 리처즈는 이상, 병리 등 단어와 그 의미에 대한 적절한 이해를 방해할 잠재적인 정신적 노이즈를 배제하고자 했다. 그들은 다음과 같이 말한다. "우리의 관심인 '의미'의 의미를 분석하려면, **감정적, 외교적 등의 교란 요인들에 의해 복잡해지지 않**는 성찰적 말하기의 경우들에서 발견되는 생각, 단어, 사물의 관계에서

75) K. Ogden and I. A. Richards, *The Meaning of Meaning: A Study of the Influence of Language upon Thought and of the Science of Symbolism*, 135.

시작하는 것이 바람직하다."(10, 나의 강조)

리처즈의 실제적 비판은, 프레드릭 제임슨이 징후적으로 신비평의 "정치적 무의식"이라고 부른, 이데올로기적 토대와 비슷한 긍정적인 신조를 낳았는데, 신비평은 모든 텍스트적 경계 위반으로부터 문학 연구를 적극적으로 방어하려 했다.[76] "무의식"이라는 제임슨의 비유는 그의 비판 맥락에는 적합하지만, 그는 기본 영어, 사이버네틱스, 신경생리학, 정보 이론, 정신분석학 사이의 역사적 상호 작용을 보여 주겠다는 생각은 하지 못했다. 이 책에서는 제임슨이 하지 못한 정신 기계의 관점에서 정치적 무의식의 문제를 제대로 모색할 것이다. 예를 들어 리처즈의 도식에서 정치적 무의식은 그가 "노이즈"라고 표시한 상자 안에 있다고 할 수 있는가? 이는 섀넌 고유의 커뮤니케이션 개념화에서 무의식이 위치할 장소에 관해 무엇을 말해 주는가?

우리는 이미 정보 이론에서 "'의미'의 장소"를 찾으려는 맥케이의 시도를 언급한 바 있다. 오그던과 리처즈의 작업에서 보았듯이, 의미의 이론은 섀넌 또는 라캉이 이해하는 정보 이론과는 매우 다른 것이다. 그러나 맥케이는 여러 프로젝트를 새로운 형이상학적 작업 속에 통합해 그 이론을 성취하려 했다.[77] 맥케이에 따르면, "정보 이론은 재현물이 존재하게

---

76) Fredric Jameson, *The Political Unconscious: Narrative as a Socially Symbolic Act*.

77) 2장에서 나는 워런 위버가 기계 번역 프로젝트를 처음 시작하며 언어적 의미를 정보 이론에 어떻게 접합하려 했는지 논의했다. 그는 위너와 섀넌의 회의론을 만났다. 기계 번역에서의 후속 발전은 의미가 정보 이론에 포함되지 않는다는 것을 보여 주었다. 그들은 정보 이론의 일부 측면의 적용이 인공지능의 일부 영역에서 성공했지만 다른 부분에서는 성공하지 못했다고 본다. 마크 한센은 "(수신한 메시지의) 의미를 C.P.M.의 가능한 상태들의 앙상블에 대한 메시지의 선택적 함수로 정의하는 맥케이는 사이버네틱스를 넘어서 정보와 이미지 사이의 관계를 생각할 수

되는 과정에 대한 이론, 즉 하나의 재현과 그것이 재현하는바 양자에 공통되는 추상적 특징들에 관한 이론을 의미한다." 맥케이는 재현이라는 말을 규정하면서도 상징계에서의 비의미나 무의미의 가능성에는 관심을 갖지 않았다. "X의 재현은, 상황 X의 구성 요소들 사이의 관계 패턴을 적어도 하나의 측면에서 (단지 통계적으로라도) 나타내는 사건들 또는 대상들의 집합을 의미한다. 정보는 재현 활동을 정당화해 주는 것을 의미하는데, 여기서 재현을 정당화하기 위해 재현 활동에 대한 논리적인 호소가 이루어진다."[78] 재현의 적절성과 의미의 풍부함에 대한 욕망은 오그던과 리처즈의 욕망을 강력하게 반향하는데, 이들은 언어적 커뮤니케이션이 외부 노이즈, 즉 "감정적, 외교적 등 교란 요인들"에 의해 복잡해지기를 원치 않았다.[79] 의미에 대한 훨씬 오래된 신학적 관심을 되살리려는 맥케이의 프로젝트는 정보 이론 자체의 형성에서 우리가 얻을 수 있는 정신분석학적 통찰과는 모순된다.

우리는 섀넌이 추측 게임을 고안해 인쇄 영어의 법칙에 도달하려 했음

있게 하는 기초를 제공했다"고 본다. 한센의 주장이 현상학적 관찰에 근거하는지, 아니면 정보 이론 자체에 근거하는지는 확실하지 않다. Hansen, "Cinema Beyond Cybernetics," 75를 보라.

78) Donald M. MacKay, *Information, Mechanism, and Meaning*, 80.

79) 섀넌의 원래 도식에서 신호와 노이즈의 기술적 차이는 공학자가 커뮤니케이션 채널을 설계하는 데 도움을 주기 위해 만들어졌다. 섀넌이 아닌 리처즈의 도식은 통신 공학의 목적을 넘어서는 해석을 요했다. 이것이 바로, "노이즈가 원하는 결과인 메시지의 정확한 복제를 방해하기 때문에" 신호와 노이즈 차이는 변화보다는 안정을 원하는 보수적 편향이 있다고 말하는, 섀넌의 신호와 노이즈의 차이에 대한 헤일스의 비판이 주목되는 이유다. "그 이론의 구조에서는 변화는 일탈이고 일탈은 바로잡아야 하는 것이다." 정보 이론의 중심이 되는 불확실성과 확률이라는 아이디어가 안정 대 변화와 어떤 관련이 있을 수 있는지 이해하기는 어렵다. Hayles, *How We Became Posthuman*, 63n32를 보라.

을 살펴보았다. 물론 섀넌의 추측 게임은, 무의식이라는 단어를 사용하지 않지만, 그가 선험적으로 정신이 기호를 자동으로, 무의식적으로 처리한다는 것을 전제하지 않고서는 이루어질 수 없는 것이었다. 그의 동료 피어스는 인쇄 영어의 추계적 생성을—오그던과 리처즈가 "교란"이라며 배제한—분열증의 글쓰기 표본과 비교하여 기호와 무의식 사이의 암묵적 연관성을 드러내 보여 주었다. 그러나 기호와 정신 기계 사이의 연계를 강력하게 암시하는 것 이상으로 나아가지는 못했다.

이 주제에 관해 활발히 연구 프로젝트를 추진한 사람들 중에는 사이버네틱스 그룹의 핵심 구성원, 특히 쿠비와 미드가 있었다. 정신분석학을 거부한 매컬러는 무의식의 문제와 관련해 여러 차례 쿠비에게 이의를 제기했다. 사이버네틱스 학자들이 메이시 학술 대회에서 활발하고 때로는 어려운 토론을 벌이는 동안, 자크 라캉은 미국에서의 사이버네틱스 발전을 멀리서 지켜보며 프로이트의 무의식 개념을 정신 기계의 관점에서 재해석하기 시작했다. 다음 장에서 보여 주듯이, 라캉은 위너의 사이버네틱스에 대해 잘 알고 있었을 뿐만 아니라, 쿠비가 ≪계간 정신분석학≫에 발표한 신경망에 대한 논문도 읽었다. 1954~1955년 세미나에서 그는 1952년 3월 9회 메이시 학술 대회에서 논의되었던 문어의 신경망에 대한 존 Z. 영의 연구를 명확히 언급한 바 있다.[80]

언어에 대한 규범적 관점에서 정보 이론을 길들이려 했던 리처즈와 맥케이의 시도는 라캉이 같은 기간에 섀넌과 "노이즈" 문제를 이해한 방식과는 현저히 다르다. 사실 정보 이론은 언어에 대한 오그던과 리처즈의 의미론적 접근을 거부하기 위해 라캉이 요구한 과학적 엄격성을 제공해

80) Jean-Pierre Dupuy, *The Mechanization of the Mind: On the Origins of Cognitive Science*, 109.

주었다. 라캉은 "무의식에서의 문자의 심급"에서 언어에 대한 의미론적 이론을, "열렬한 추종자들이 코를 킁킁거리는 언어[랑그 langue]에서 그 목표라 부르는 '의미의 의미'를 찾는 논리 실증주의로 이끄는 이단"이라고 일축한다. 그는 덧붙이기를, "이런 종류의 분석이 어떻게 가장 의미가 강한 텍스트를 무의미한 사소한 것으로 축소시킬 수 있는지 여기서 알 수 있다. 오직 수학적 알고리듬만이 이 과정에 저항한다. 그것은 의미가 없는 것으로 간주되는데, 그래야만 한다."[81] 다음 장에서는 게임 이론과 사이버네틱스에서 수학과 라캉의 관계를 자세히 검토하며 라캉의 상징계를 자세히 설명할 것이다.

스티브 J. 하임스의 연구에 따르면, 8회 사이버네틱스[메이시] 학술 대회에 참석한 사람들은 인간 피험자들이 어떻게 지속적으로 "비합리적 선택"을 하는지, 그리고 그들의 결정이 어떻게 무작위적 과정을 따르게 되는지에 대해 큰 흥미를 느꼈다고 한다. 이것이 바로 라캉이 프로이트의 무의식 개념을 재구성하고 상징계라는 아이디어를 생각해 낸 방식이다. 수학적 기호를 사용하는, "텅 빈 기표"에 대한 그의 논의는 로런스 쿠비, 마거릿 미드 등 메이시 학술 대회 멤버들의 관심을 끌었을 것이다. 예를 들어 8회 학술 대회에서 알렉스 베이블러스(Alex Bavelas)라는 젊은 과학자는 일련의 실험을 통해 인간 피험자가 어떻게 문자 기호를 사용해 커뮤니케이션하는지를 테스트했다고 보고했다. 그의 한 실험에는 다섯 명이 참여했다. 각 피험자에게 별표, 삼각형, 원 등을 포함한 5개의 표의문자 기호가 들어 있는 카드가 주어졌고, 각자 5개의 기호 카드를 가지고 있다고 알려 주었다. 이 그룹에게는 사전에 다섯 장의 카드에 공통된 기호가 하나뿐이며, 그들의 과제는 그 기호를 알아내는 것이라고 알려 주었

81) Jacques Lacan, *Écrits: The First Complete Edition in English*, 416.

다. 피험자들은 서로를 보거나 말하는 것이 금지되었고(즉 라캉적 의미에서 상상계의 배제), 칸막이에 있는 틈새를 통해 필기 메시지를 보내는 방식으로만 소통할 수 있었다(이는 라캉이 1954～1955년 세미나에서의 「도둑맞은 편지」에 대한 독해에서 어떻게 홀수 짝수 게임이 상징계를 보여 줄 수 있는지를 예견하는 것이었다). 베이블러스는 그룹이 작업을 수행하는 과정에서 어떻게 연계(한 서클 안에 있는 이웃끼리 또는 네 명 모두가 중심에 있는 피험자를 중심으로 연계)를 만들어 내는지 관찰함으로써, 연계, 커뮤니케이션, 정보 전달 등 수학적으로 정확한 개념들이 언어적 교환의 일상적인 회로 밖에서도 확립될 수 있다는 것을 보여 주었다.[82]

베이블러스의 발표에 이은 종합 토론에서 로런스 쿠비와 마거릿 미드는 무의식과 관련한 질문들을 던졌고, 베이블러스의 카드에 쓰인 기호가 진정으로 무작위적인지 아니면 피험자의 선택에 편향을 줄 수 있는 무의식적 의미를 가지고 있는지 궁금해했다.[83] 미드는 과학자들이 무작위 기호를 어떻게 처리하는지에 특히 관심을 보였다. 그녀는 "올바른 요소들을 무작위로 추출했는지 확인하기 위해 무의식에 대한 정보를 사용할 수는 있지만, 별표와 같은 것은 그다지 중요하지 않다는 진술과 함께 이를 실제 생활에 적용한다면 이는 엄청난 실수를 저지르는 일이 될 것이다"[84]라고 말했다. 쿠비는 사이버네틱스 그룹의 핵심 멤버이자 최면에 강한 관심을 가진 정신과 전문의였다. 그는 동료들에게 주체의 의식적 참

82) Heims, *The Cybernetics Group*, 221.

83) Heims, *The Cybernetics Group*, 221～222.

84) Heinz von Foerster, Margaret Mead, and Hans Lukas Teuber, eds., *Cybernetics: Circular Causal and Feedback Mechanisms in Biological and Social Systems: Transactions of the Eight Conference, March 15-16, 1951*, 44.

여 없이도 커뮤니케이션이 일어날 수 있다고 설득하려 했지만 그다지 성공적이지 못했다. 그는 베이블러스에게 던진 질문에서 인지와, 언어를 통한 지식의 조직화 사이의 관계에 대한 흥미로운 논점을 제기했다.

> 베이블러스 박사, 당신의 실험에서 커뮤니케이션이 발생하는 아이템들은 원, 삼각형, 별표, 구슬과 같은 항목들이다. 즉 영어로 쉽게 명명하고 지정할 수 있는 아이템들이다. 그러나 "불규칙한 모양의 촉촉하고 매끄러운 물체가 리드미컬하게 밝기가 변하는" 그런 아이템을 다룬다고 가정해 보자. 지각적으로 이것은 매우 간단한데, 그런 물체는 쉽게 식별되고 인식되기 때문이다. 그러나 영어로 명확하게 지정하려면 다소 길게 이야기를 해야 한다. 커뮤니케이션이 발생할 수 있는 아이템들은 "단어의 근접성" 또는 "단어의 원격성", 즉 언어적 거리가 종종 다르다. 따라서 커뮤니케이션 네트워크에 들어오는 다양한 아이템들의 언어적 거리를 체계적으로 변경할 때 이것이 커뮤니케이션 메커니즘에 어떤 영향을 미치는지에 대한 데이터가 있는지 궁금하다.(von Foerster, Mead, and Teuber, Cybernetics, 29~30)

베이블러스는 미 공군에서 의뢰받은 연구를 수행하면서도 순수하게 지적인 용어로 자신의 데이터를 해석하려는 동기는 없었다. 따라서 그는 쿠비를 만족시킬 만한 답을 내놓지 못했다. 이는 전후 연구의 군산학 복합체가 당시 과학자들이 추구했던 문제와 프로젝트의 종류를 깊이 결정했기 때문에 예상할 수 있는 일이었다. 노버트 위너는 2차 세계대전 중 사이버네틱스의 발명을 위한 첫 번째 토대를 마련했다고 알려져 있는데, 그는 1942년 국가방위연구위원회에 〈옐로 페릴〉(비밀로서, 밝은 노란색 표지에서 이름을 따서 명명되었고 명백한 인종적 함의가 있음)이라는

120쪽 분량의 극비 보고서를 제출했다.[85] 이 문서는 사이버네틱스에서 부정적 피드백이라는 아이디어가 될 새로운 대공 통제 이론을 개략적으로 설명했다. 워런 위버는 NDRC 섹션 D-2의 책임자였으며, 위너를 포함한 미국 최고의 수학 두뇌들을 동원해 화력 통제 부서에 근무하도록 했다. 섀넌이 MIT를 졸업한 후 완성한 첫 프로젝트 중 하나는 프로젝트 87이라고 알려진 NDRC 계약이었는데, 여기에는 화력 통제와 관련한 수학적 연구가 포함되어 있었다.[86] 스티브 하임스의 연구는 전후 미국에서 정규전과 심리전을 수행하기 위한 군사 기술을 구축하고 개선해야 할 필요에 사이버네틱스가 어떻게 계속 대응했는지를 명확하게 보여 준다.[87]

섀넌도 사이버네틱스 그룹의 8회 학술 대회에 참석했고, 그룹에서 중요한 발언자였다. 그는 정보 이론을 언급한 베이블러스의 발표를 들었지만, 베이블러스가 성취하려는 것과 자신의 작업 사이의 연관성에는 부정적이었다. 그의 견해에 따르면, 정보 이론은 커뮤니케이션 채널에서 메시지를 전송하는 효율적인 수단과 엄격히 관련이 있는 반면, 베이블러스는 매우 다른 목표를 가지고 있었다. 베이블러스는 사람들이 일을 처리하기 위해 어떻게 네트워크를 구성하고 협업하는지 또는 매번 시도를 할 때마다 얼마나 많은 실수를 하는지에 관심이 있었다(Heims, *The Cybernetics Group*, 24). 섀넌은 베이블러스의 인간 피험자가 매번의 시도 후 오류에 대해 보인 심리적 반응과 관련해 다음과 같이 말했다.

---

85) Flo Conway and Jim Siegelman, *Dark Hero of the Information Age: In Search of Norbert Wiener, the Father of Cybernetics*, 116~118을 보라.

86) David A. Mindell, *Between Human and Machine: Feedback, Control, and Computing before Cybernetics*, 289.

87) Heims, *The Cybernetics Group*, 1~13.

또한 오류의 양을 알려 주었을 때 당신이 얻은 결과가 좋지 않은 것은 실제로 사람들이 비합리적이라는 점을 나타내는 것이라고 나는 생각한다. 게임 상황에서 완벽하게 합리적이라면 추가 정보가 확실히 해를 끼칠 수 없기 때문이다. 즉 가장 좋은 전략을 선택할 경우, 가장 합리적인 수단으로 게임을 한다면 추가 정보는 오류를 줄이는 관점에서만 더 의미가 있을 것이다. 칸막이 안에 폰 노이만 다섯 명이 앉아 있을 경우, 답이 더 좋아질 것이고 추가 정보가 있으면 적어도 그만큼 더 좋아질 것이다.(38)

물론 비합리성이나 신경증은 섀넌 자신이 다룰 주제는 아니지만, 그의 논평은 피어스가 섀넌을 해석할 때 이미 마주친 분열증이라는 유령을 부적절하게 다시 끌어들이는 것이었다. 앞서 언급했듯이, 섀넌(과 피어스)은 벨연구소에서 수행한 이전 실험들에서 인쇄 영어의 확률적 속성을, 의식적인 앎 없이도 무작위 문자 시퀀스와 단어 시퀀스를 통과하는, 모든 영어 화자의 마음을 지배하는 무의식적인 정신적 메커니즘이 마치 있는 것'처럼' 취급했다.

섀넌의 피험자들은 추측 게임에서 실수를 하고 적절히 수정했지만, 이런 과정이 효율적인 커뮤니케이션 채널에 대한 그의 설계에 영향을 미치지는 않았다. 그는 단순히 무의식적인 과정이 자연스럽게 진행되고 기계처럼 자동으로 작동할 것이라고 가정했다. 섀넌은 8회 메이시 학술 대회 1년 후에 쓴 미발표 논문 "정신 읽는 기계"에서 우연의 게임 또는 게임 이론의 언어로는 페니 매칭 게임을 하는 정신 기계의 모델을 구축했다.[88] 아마도 의식의 현상학을 폐기하거나 기계가 의식을 획득할 때까지

88) Shannon, "A Mind-Reading Machine," 688～690. 이 글은 1953년 3월 18일 벨

<그림 14> 섀넌의 궁극적 기계를 모델로 한 한스-마틴 바그너의 가장 아름다운 기계

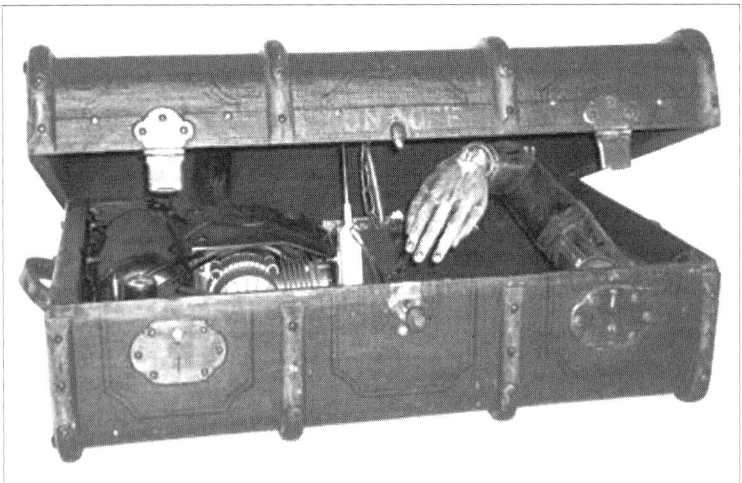

출처: I. A. Richards , "Toward a Theory of Comprehending," in *Speculative Instruments* (Chicago: University of Chicago Press, 1955), 23.

는 정신 읽는 기계는 무의식 수준에서 작동할 수밖에 없을 것이다. 이는 이 기계가 분열증적 붕괴와 죽음 충동에 상응하는 것일지 모른다는 흥미로운 가능성을 제기한다. 라캉은 1954년 프로이트의 무의식 개념을 재구성하기 시작하며 이 가능성을 숙고했다.

섀넌의 예술적 역작인 궁극적 기계(Ultimate Machine)는 프로이트가 죽음 충동이라고 명명한 무의식의 근본적인 문제를 그가 직관적으로 이해했음을 보여 준다. 한스-마틴 바그너(Hanns-Martin Wagner)의 최근 키네틱 조각품은 섀넌의 기계를 모델로 했다(그림 14). 이 기계의 아이디어는 원래 1952년 섀넌의 동료인 인공지능 공학자 마빈 민스키가 제안했

연구소에서 작성되었다.

다. 섀넌은 이 아이디어에 크게 매료되어 몇 가지 모델을 만들었다.[89] 이 기계의 아름다움은 스스로를 끄는 것 외에는 아무것도 하지 않는다는 것이다. 영국의 작가 아서 C. 클라크가 1950년대 중반 벨연구소라는 꿈의 공장을 방문했을 때, 섀넌의 책상 위에 있는 프로토타입을 보고 난 후 그것에 사로잡혀 돌아왔다. 그는 『바다를 건너는 목소리』에서 섀넌의 궁극적 기계를 다음과 같이 설명한다.

> 더 이상 단순해 보일 수는 없다. 그것은 시가 상자 크기와 모양의 작은 나무 관일 뿐이며, 한쪽 면에 스위치가 하나 있다.
> 스위치를 켜면 화가 난 듯 의도적으로 윙윙거리는 소리를 낸다. 뚜껑이 천천히 올라가고 그 아래에서 손이 나온다. 손을 아래로 뻗어 스위치를 끄고 상자 안으로 들어간다. 관을 닫는 듯한 최종 행위와 함께 뚜껑이 닫히고 윙윙거리는 소리가 멈추면서 평화가 다시 찾아온다.
> 예상하지 못한다면 심리적 효과는 파괴적이다. 아무것도 하지 않는 기계는 말할 수 없을 정도로 불길하다. 스스로를 끄는 것 외에는 아무것도 하지 않는다.[90]

이 기계는 분열증이나 자살 충동을 갖도록 만들어진 것일까? 섀넌은 "나는 완전히 쓸모없는 일에 많은 시간을 보냈다"고 말하곤 했는데, 궁극적 기계는 그중 하나일 것이다.[91] 모든 예술 작품과 마찬가지로 이 기계

---

89) 이 기계는 가장 최근에 독일 파더보른에 있는 하인츠 닉스도르프 박물관에서 열린 특별 전시회에서 전시되었다. 2009년 11월 6일부터 2010년 4월 25일까지 열린 전시의 이름은 "코드와 광대: 클로드 섀넌—저글링하는 과학자"다. http://en.hnf.de/Special_ exhibitions/Shannon/Shannon.asp를 보라.

90) Arthur C. Clarke, *Voice Across the Sea*, 159.

는 우리 자신과 우리 세상에 대해 무언가를 말해 준다. 클라크는 궁극적 기계가 이를 접촉하는 거의 모든 사람에게 미칠 파괴적인 영향을 지적하며 다음과 같이 덧붙였다. "저명한 과학자와 공학자조차도 그것을 극복하는 데 며칠이 걸렸다. 일부는 바구니 짜기, 양봉, 송로버섯 채취, 수중 다이빙과 같이 아직 미래가 있는 직업으로 은퇴했다. 그들은 '누구를 위하여 벨연구소는 종을 울리나'라는 질문을 멈추지 않았다."[92]

벨연구소가 아닌 MIT에서 울린 조종이 사이버네틱스 그룹의 가장 젊은 멤버인 월터 피츠의 자살을 알릴지도 모를 상황이었다. 피츠는 수학 천재였고 매컬러가 신경망에 관한 그의 가장 중요한 작업을 할 때 일조했다. 이 청년은 심각한 정신 질환을 앓았고 쿠비는 "매우 아프다"고, 랄프 제라드 등은 "분열증 환자"(Heims, 155)라고 진단했다. 하임스는 메이시 학술 대회에 대한 연구에서 이 그룹의 중심적인 아이러니에 대한 통렬한 관찰을 보여 준다. 뛰어난 과학자들과 사회과학자들이 모여 정신, 뇌, 기계에 관해 열띤 토론을 벌이는 동안 가장 젊고 뛰어난 정규 멤버인 월터 피츠는 마지막 몇 차례의 회의에서 확실히 정신 이상에 빠졌다.[93] 그럼에도 불구하고 피츠와 매컬러를 포함한 메이시 학술 대회의 과학자들은 무의식의 실재를 강력히 부인하고 모호한 정신분석학적 개념들에서 거리를 두었다. 이런 집단적 저항의 힘에도 불구하고, 분열증의 유령은 반복적으로 스스로를 주장하며 메이시 학술 대회의에서 무의식의 문제를 공개적으로 제기했다.

---

91) *Problemy Peredachi Informatsii*, "Claude Elwood Shannon," *Problems of Information Transmission* 37, no. 2 (2001): 89; 러시아 저널 *Problemy Peredachi Informatsii*, no. 2 (2001): 3~7에서 번역함.

92) Clarke, *Voice Across the Sea*, 159.

93) Heims, *The Cybernetics Group*, 154.

이 그룹의 과학자 대부분은 '무의식'이라는 개념에 반대했지만, '의식'은 마치 이 개념이 단독으로 성립할 수 있는 것처럼 당연하게 여기는 듯했다. 과학적 지식의 담론적 구조에 대한 그들의 엄청난 무관심은 미드에 의해 지적되었는데, 그녀는 정신분석가(쿠비)가 무의식을 단순히 추측을 한다고 과학자(레너드 새비지 등)가 비난할 때 과학자는 의식의 영역에서 행동하며 앎에 대한 자신의 조건에 관해서는 전혀 성찰하지 않는다고 논평했다.[94] 미드는 그곳에서 타당한 지적을 했다. 다른 사이버네틱스 학자들 중에서 노버트 위너는 정신분석학에 본질적으로 반대 의견을 표명하지는 않았고, 매컬러나 피츠와 달리 흥미롭게도 그는 이 분야가 정보, 커뮤니케이션, 피드백 측면에서 재고될 수 있다고 믿었다(Heims, 126). 하지만 내 생각에는 정신분석학이 사이버네틱스 학자들에게 회귀할 또 다른 이유가 있다. 이것은 섀넌 등 사이버네틱스 학자들이 택한 몇몇 추측 게임과 관련이 있는데, 이 게임들은 20세기 초 카를 융, 오이겐 블로일러, 어니스트 존스와 같은 정신분석가 첫 세대가 개발한 정신 모델에 의거하고 있다. 특히 정신분석가들은 단어 연상 게임과 자동 글쓰기에 의거했는데, 이는 나중에 초현실주의자들의 작업과 연관되어 인간 주체가 때로는 최면 상태에서, 때로는 그렇지 않은 상태에서 무작위로 문자 기호나 언어적 기호를 선택하도록 하는 것이었다. 정신분석가들은 이런 게임들을 조작해 무의식이 기호 회로를 통해 스스로를 어떻게 드러내는지를 이해하고자 했다.

---

94) Heinz von Foerster, Margaret Mead, and Hans Lukas Teuber, eds., Cybernetics: *Circular Causal and Feedback Mechanisms in Biological and Social Systems: Transactions of the Eighth Conference*, 127.

정신 기계

1904년 카를 융의 『단어 연상 연구』 출간은 정신병리학 분야의 주요 사건이었다. 이는 1913년까지 지속된, 융과 지크문트 프로이트 사이의 우정과 협력이 시작되었음을 나타낸다.[95] 프로이트는 "융은 이렇게 해석된 연상 실험에서 우리가 정신적 상태에 대한 미묘한 시약을 가지고 있음을 보여 주었다"[96]고 썼다. 융은 사람들이 자신의 관념, 감정, 경험을 정신적 연상을 통해 연결하여 그가 "콤플렉스"라고 부르는 것으로 이어질 수 있다고 가정했다. 그는 "연상 실험"이라는 단어 연상 게임을 설계해 임의의 정신적 행위가 무의식에 대한 귀중한 정보를 제공할 정신적 집합체를 어떻게 실행하는지 확인하고자 했다. 이 게임은 이후 독일, 미국 등의 많은 신경과 의사와 정신과 의사에 의해 채택되었다. 현대 범죄 수사의 창시자 중 한 명인 한스 그로스의 학생이었던 막스 베르트하이머와 율리우스 클라인은 형사 소송에서 심리적 증거를 확보하기 위해 융의 단어 연상 게임에 기반한 기법을 개발하고자 했다.[97]

단어 연상 게임은 수십 년 후 섀넌, 피어스, 베이블러스가 정보 이론과 사이버네틱스를 위해 채택한 게임들과 여러 가지 중요한 특징을 공유한다. 이 모든 게임에는 인간 피험자, 문자 및/또는 구어 기호, 기호의 무작위성 및 우연적 생성, 패턴 식별, 많은 경우 엄격한 시간 제약과 하나 이상

95) Eugen Bleuler, "Consciousness and Association," 275를 보라.

96) Sigmund Freud, *The Psychopathology of Everyday Life*, in *The Standard Edition of the Complete Psychological Works of Sigmund Freud*, vol. 6: 254.

97) Freud, "Psycho-Analysis and the Establishment of the Facts in Legal Proceedings," 106; Jung, "New Aspects of Criminal Psychology," 586~596을 보라.

의 장치나 기계의 사용 등의 요소가 포함된다. 융의 연상 실험은 몇 가지 간단한 단계로 구성되어 있는데, 그중 가장 중요한 것은 시간 간격을 정확히 측정하는 것이다. 분석가가 인간 피험자에게 자극 단어를 외치면 피험자는 마음에 떠오르는 첫 번째 단어로 가능한 한 빨리 반응해야 한다. 자극 단어의 선택은 겉보기에 무작위적이지만, 융이 정기적으로 선별한 개별 단어들 중 100개 단어로 구성된 어휘 집합이다(표 1과 표 2). 그는 이 단어 집합이 자신의 임상적 경험의 결과로 현재 형태를 갖추었으며, 다양한 문법적 특징들의 혼합체가 실제에서 흔히 발생하는 모든 복합체들을 다루도록 배열되었다고 설명한다.[98] 융은 연상 실험이 정신의 한 구성 요소만을 탐구하는 것이 아니라고 강조하는데, 이는 어떤 심리 실험도 고립된 하나의 정신적 기능만을 다루는 것이 아니기 때문이다. 모든 정신적 현상은 그 자체로 존재하는 것이 아니라 전체 심리적 과거의 결과다. 그는 연상 실험을 단순한 언어적 실행이 아니라 조사자와 피험자 사이에 벌어지는 일종의 "오락" 또는 게임으로 간주한다. 단어는 "행동, 상황, 사물"을 **시뮬레이션**하고 그 안에 피험자들을 넣는 것이다. 융은 "내가 마술사라면 나는 자극 단어에 상응하는 상황이 현실에서 나타나게 하고, 피험자를 중심에 두고 그의 반응을 연구할 것이다"(Jung, "The Association Method," 444)라고 말한다. 반세기 후에 인지과학에서 등장한 컴퓨터 시뮬레이션 모델은 연극적 또는 가상적 현실을 주장하며 이 꿈을 구현하기 시작했다. 5장에서는 이런 발전에 대해 논의할 것이다.

프로이트는 히스테리에 대한 연구에서 증상이 본질적으로 강한 금지에 의해 의식에는 나타나지 않고 억압되는 (근본적으로 성적인) 관념들의 상징임을 보여 준다. 억압은 이런 관념이 고통스러운 정동에 묶여 자

---

98) Jung, "The Association Method," 441을 보라.

<표 1> 카를 융의 연상 실험에서 사용된 독일어 100단어 집합

1. Kopf	34. gelb	67. Rübe
2. grün	35. Berg	68. malen
3. Wasser	36. sterben	69. Teil
4. singen	37. Salz	70. alt
5. Tod	38. neu	71. Blume
6. lang	39. Sitte	72. schlagen
7. Schiff	40. beten	73. Kasten
8. zahlen	41. Geld	74. wild
9. Fenster	42. dumm	75. Familie
10. freundlich	43. Heft	76. waschen
11. Tisch	44. verachten	77. Kuh
12. fragen	45. Finger	78. fremd
13. Dorf	46. teuer	79. Glück
14. kalt	47. Vogel	80. lügen
15. Stengel	48. fallen	81. Anstand
16. tanzen	49. Buch	82. eng
17. See	50. ungerecht	83. Bruder
18. krauk	51. Frosch	84. fürchten
19. Stolz	52. scheiden	85. Storch
20. kochen	53. Hunger	86. falsch
21. Tinte	54. weiss	87. Angst
22. bös	55. Kind	88. küssen
23. Nadel	56. aufpassen	89. Braut
24. schwimmen	57. Bleistift	90. rein
25. Reise	58. traurig	91. Türe
26. blau	59. Pflaume	92. wählen
27. Lampe	60. heiraten	93. Heu
28. sündigen	61. Haus	94. zufrieden
29. Brot	62. lieb	95. Spott
30. reich	63. Glas	96. schlafen
31. Baum	64. streiten	97. Monat
32. stechen	65. Pelz	98. hübsch
33. Mitleid	66. gross	99. Frau
		100. schimpfen

출처: Carl Jung, "The Association Method," *Experimental Researches* (1907), 440~441.

<표 2> 카를 융의 연상 실험에서 사용된 100단어 집합의 영어 번역본

1. head
2. green
3. water
4. to sing
5. death
6. long
7. ship
8. to pay
9. window
10. friendly
11. table
12. to ask
13. cold
14. stem
15. to dance
16. village
17. lake
18. sick
19. pride
20. to cook
21. ink
22. angry
23. needle
24. to swim
25. journey
26. blue
27. lamp
28. to sin
29. bread
30. rich
31. tree
32. to prick
33. pitty
34. yellow
35. mountain
36. to die
37. salt
38. new
39. custom
40. to pray
41. money
42. stupid
43. exercise-book
44. to despise
45. finger
46. dear
47. bird
48. to fall
49. book
50. unjust
51. frog
52. to part
53. hunger
54. white
55. child
56. to pay attention
57. pencil
58. sad
59. plum
60. to marry
61. house
62. darling
63. glass
64. to quarrel
65. fur
66. big
67. carrot
68. to paint
69. part
70. old
71. flower
72. to beat
73. box
74. wild
75. family
76. to wash
77. cow
78. friend
79. happiness
80. lie
81. deportment
82. narrow
83. brother
84. to fear
85. stork
86. false
87. anxiety
88. to kiss
89. bride
90. pure
91. door
92. to choose
93. hay
94. contented
95. ridicule
96. to sleep
97. month
98. nice
99. woman
100. to abuse

출처: Carl Jung, "The Association Method," *Experimental Researches* (1907), 440.

아의식과 양립할 수 없을 때 발생한다. 융에 따르면, 이런 관념 복합체(complexes of ideas)는 연상 실험에서 드러날 수 있는데, 모든 사람은 어떤 식으로든 연상적으로 나타나는 하나 이상의 복합체를 가지고 있다. 전형적인 테스트에서 피험자에게는 "당신에게 떠오르는 첫 번째 단어로 가능한 한 빨리 대답하시오"(441)라는 지시가 주어진다. 분석가가 피험자의 반응 속도를 기록하고 목록의 다음 단어로 이동하는데, 이 과정은 여러 차례의 반복을 통해 **연상** 패턴을 구성할 일련의 단어 쌍들이 생성될 때까지 계속된다. 반복을 위해서는 피험자가 같은 자극 단어를 듣고 반응 단어를 재생해야 하며, 재생의 성공 또는 실패는 복합체의 전반적인 그림에 반영된다. 이 모든 것은 1/5초 스톱워치로 주의 깊게 모니터링된다. 자극 단어와 피험자의 반응 사이의 시간 간격에 대한 측정치를 반응 시간 비율이라 한다. 자극 단어와 피험자의 반응 사이의 평균 시간이 2.5초라면 3초는 지연된 반응 시간으로 간주되며, 이는 "감정 톤의 콤플렉스"가 존재한다는 것을 나타낸다.[99]

〈표 3〉은 융이 그의 연상 실험에서 분석한 사례의 일부다. 32세의 한 전문 음악가가 대인 관계에서 일련의 실패를 거듭한 후 신경 질환이 발병하여 의료 지원을 받으러 왔다고 한다. 이탤릭체로 표시된 단어는 테스트 중 반복했을 때 재생되지 않았거나 잘못 재생된 연상(어)들이다. 융은 자살 생각과 관련한 지연된 반응 시간과 연상어에 대해 언급한다. 예를 들어, "천사"라는 단어는 8/5초만큼 지연을 유발하고 "병"이라는 단어는 그

---

99) Jung, "The Reaction-Time Ratio in the Association Experiment," 221~271. 반응 시간 비율의 소위 평균은 피험자의 성별과 교육적 배경에 따라 결정된다. 융은 여성이나 교육받지 못한 사람들이 남성이나 교육받은 사람들보다 뒤떨어진다고 말하지만 적절한 설명을 제공하지는 않고 있다. 이런 통계의 이념적 함의는 과소평가될 수 없다.

<표 3> 카를 융의 연상 실험의 사례 1의 일부분

Stimulus-word	Reaction	Reaction time (secs.)	Reproduction	Remarks
1. *head*	*empty*	3.2	to see	Complex underlying the illness.
2. *green*	*lawn*	2.2	colour, tree	Probably perserverating feeling-tone.
3. *water*	*to drown*	2.2	deep	The patient had had thoughts of suicide as a result of his illness.
4. *to stab*	*dead*	1.8	unpleasant	—
5. angel	beautiful	8.0		Here the feeling-tone of the previous reaction has probably perseverated. Word not a first understood. Erotic reminiscences easily aroused by this word.
6. long	table	2.8	—	—
7. *ship*	*crew*	3.0	to travel, to drown	Suicide by drowning.
8. to plough	peasant	2.0	—	—
9. wool	sheep	2.0	—	—
10. friendly	very	2.8	—	Affair with the lady.
11. desk	high	3.6	—	Prolonged reaction time due to perseverating feeling-tone.
12. *to ask*	*difficult*	3.2	to put	Same complex.
13. state	beautiful	2.4	—	—
14. obstinate	very	2.0	—	1st fiancée.
15. stalk	green	2.2	—	—
16. to dance	good	2.2	—	—
17. lake	stormy	2.0	—	—
18. ill	unpleasant	8.8	—	Illness
19. conceit	very	2.8	—	Relations with the lady.
20. to cook	good	2.0	—	—
21. ink	black	1.8	—	—
22. wicked	very	4.8	—	1st fiancée.
23. pin	prick	1.4	—	—
24. *to swin*	*not*	2.8	good	Suicide.
25. *journey*	*difficult*	2.4	long	Perseverating feeling-tone.
26. blue	colour	2.0	—	—

출처: Carl Jung, "Experimental Observations on the Faculty of Memory," *Experimental Researches* (1907), 275.

보다 훨씬 더 길다. 나아가 융은 "반복된 자극 단어에 대한 잘못된 재생어는 감정 톤의 콤플렉스에 의해 바로 무리를 이루는 것들이거나 비판적인 콤플렉스 바로 뒤에 오는, 따라서 지속적인 감정 톤의 영역에 속하는 것들"이라고 말한다.100) 이 실험은 피험자에 대한 신뢰할 수 있는 정보를 낳는가? 정신분석학적 방법은 얼마나 과학적인가? 정신분석학은 융이 프로이트의 작업에 대해 언급했듯이 어려운 해석 기술로만 남아 있게 될 것인가?101) 이러한 질문은 융과 같은 심리학 및 정신분석학의 실무자들을 깊은 고민에 빠지게 했다.

1/5초 스톱워치가 도입되면서 주관주의가 완화되고 분석가는 환자의 금지 증상에 대한 반응 시간을 측정할 수 있게 되었다. 또한 큰 인기를 얻은 또 다른 기술 장치인 드프레-다르송발 검류계도 있었다. 이 기계는 감정 톤과 정신 상태를 객관적으로 재현할 수 있다고 평가되었다. 스위스 신경학자 오토 베라구트는 1906년에 처음으로 단어 연상 시험에 이 기계를 사용해 "검류계-정신물리적 반사"를 측정했다. 융은 연상 실험 중에 검류계 진동의 흔적을 기록하기 위해 이 장치에 자동 에르고그래프 작성기를 부착해 이 장치를 개선했다. 검류계는 외부 자극에 매우 민감하다. 작은 전류(약 2볼트)가 인체(예: 손바닥)에 흐르면 검류계는 전류량의 증가, 즉 신체의 전기 저항의 감소에 반응한다. 전류량의 이런 변화로 인해 코일과 부착된 거울이 수직축을 중심으로 회전한다. 〈그림 15〉에서 보듯, 융은 검류계의 눈금에 바이저가 달린 가동식 슬라이드를 추가했다. 손으로 앞으로 밀면 슬라이드는 항상 움직이는 거울의 반사를 따른다. 슬라이드에는 에르고그래프 작성기로 이어지는 코드가 고정되어 있으며,

100) Jung, "Experimental Observations on the Faculty of Memory," 278~279.
101) Jung, "Psychoanalysis and Association Experiments," 290.

<그림 15> 카를 융의 검류계-에르고그래프 작성기의 설계도

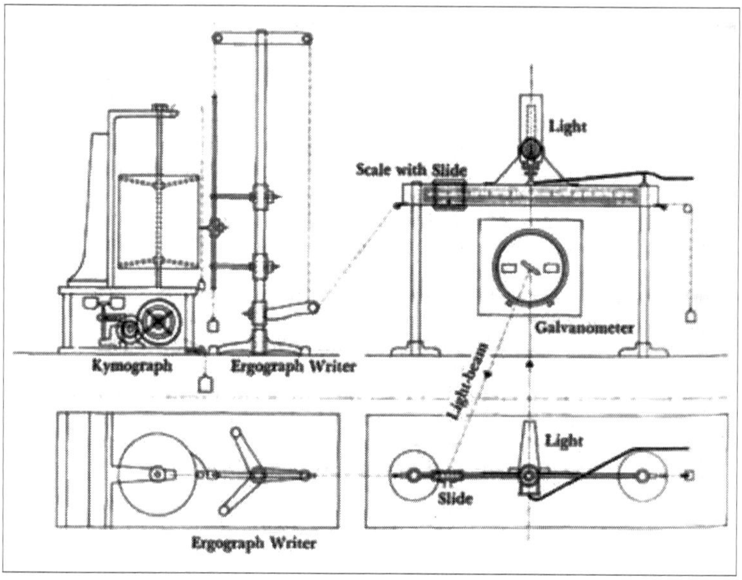

출처: Carl Jung, "On the Psychological Relations of the Association Experiment," in *Experimental Researches* (1907), 484.

펜촉은 긴 종이가 장착된 키모그래픽 탬버에 슬라이드의 움직임을 표시한다. 〈그림 16〉과 〈그림 17〉은 융의 에르고그래프 작성기가 연상 실험 과정에서 추적한 감정-톤 곡선들을 보여 준다.[102] 〈그림 16〉의 수직선은 피험자에게 자극 단어가 주어진 순간을 나타낸다. 곡선은 급격히 상승한 다음 천천히 하락한다. 기구가 가장 강한 감정 톤만 기록하도록 재조정하면 곡선은 〈그림 17〉과 같이 뚜렷한 패턴을 보이기 시작한다. 그것은 아홉 번째 자극 단어가 피험자의 반응에서 가장 긴 지연을 일으켰음을 보여

102) 장치의 설명과 설계에 관해서는 Jung, "On Psychophysical Relations of the Association Experiment," 484를 보라.

<그림 16> 전류 진동에 대한 그래프 표현

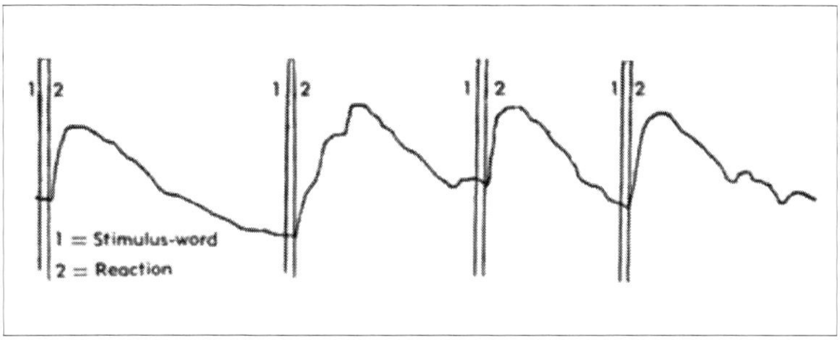

출처: Carl Jung, *Experimental Researches* (1907), 487.

준다. 그 단어는 "예쁘다"다.[103] 검류계 진동은 1/5초 스톱워치가 감춰진 복합체에 관해 드러낸 것을 확인해 주는 것으로 보인다.

하지만 연상 게임의 구조는 기호(상징)와 무의식 사이의 관계에 대해 무엇을 말해 주는가? 우리가 살펴본 것처럼, 융이 1/5초 스톱워치, 내장된 반복 기제, 검류계를 통합한 것을 보면 그가 무의식을 자동체(automaton)로 취급하는 듯하다. 이 기술적 요건을 보면, 이 장치가 프로이트가 무의식의 반복 강박(Wiederholenzwang, 반복 자동성 repetition automatism)이라고 부른 것을 구현한 것이라고 볼 수 있는데, 이 점에 관해서 라캉은 정신분석학 이론에 대한 프로이트의 기여를 비판적으로 재평가하면서 언급한 바 있다.[104] 이런 의미에서의 무의식은 또한 섀넌과 튜링이 정신을 생각하는 기계로 접근하게 될 것임을 예견하는 것이다. 섀

103) 융은 일주일 전에 결혼한 한 청년을 대상으로 연상 실험을 실시했는데, 그 청년의 아내를 다른 사람들은 그다지 '예쁘지' 않다고 여겼다(ibid., 487).

104) 영어권에서는 어니스트 존스가 융의 실험을 자신의 연구와 진단 실무에 적용했다.

<그림 17> 강한 감정-톤을 보여 주는 그래픽 표현

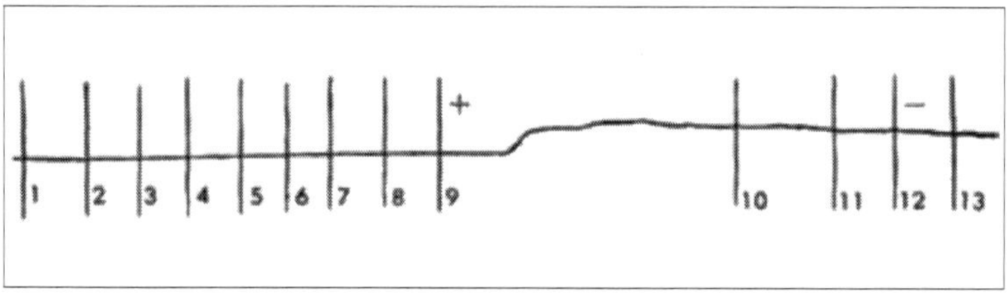

출처: Carl Jung, *Experimental Researches* (1907), 487.

넌의 정신 읽는 기계와 튜링의 학습하는 기계는 엄밀히 말해 무의식적으로 생각하는 기계, 즉 무의식적이고 맹목적으로 기호를 조작하는 기계라 할 수 있다. 섀넌의 인쇄 영어의 경우, 무의식적 기계는 피어스가 우리에게 준 표본 구절과 같은 합리적인 것뿐만 아니라 무의미한 문자 시퀀스도 내놓을 수 있다. 이는 무의식의 기계가 근본적으로 분열증적이라는 것을 말하는 것 아닌가?

들뢰즈와 가타리는 『안티오이디푸스』에서 정신분석학에 반대하여 분열분석(schizoanalysis)을 제안하면서 다음과 같이 구상했다.

> 축소된 가족의 기저에서 무의식의 교호적 투자가 지닌 본질을 발견하는 것. 개인적 환상의 기저에서 집단적 환상이 지닌 본질을 발견하는 것. 또는, 결국 같은 것이지만, 시뮬라크럼을 이미지의 이미지이기를 멈추는 지점까지 밀어붙여, 그것이 품고 은폐하는 추상적 형상들, 분열-흐름들을 발견하는 것. 개인적 이미지의 두 가지 질서에만 결부되어 있는, 언표의 주체와 진술의 주체로 분할된, 거세의 사적 주체를, 자신에 관한 기계적 배치를 가리키는 언표의 집단적 행위자로 대체하는 것. 재현의 극장을 욕망하는 생산의 질서로 전복하는 것. 이것이 분

열분석의 모든 과제다.[105)]

기관 없는 다중적 흐름과 신체가 동원되어 단일한 언표 주체를 대체한다. 이 주체를 가족, 아버지의 법, 오이디푸스 또는 자본주의 기계라고 부른다. 문제는 사이버네틱스 기계가 처음 생겨난 순간에도 분열증 환자가 낯설어하지 않았다는 것이다. 분열증은 자본주의적 커뮤니케이션 기계의 발전에서 계속 출몰하는 형상이었다고 할 수도 있다.

정보 이론, 사이버네틱스, 컴퓨터 테크놀로지에서 보편적으로 채택한 기호는 구어적 단위나 의미론적 단위가 아니라 이산 단위—문자와 숫자—라는 점을 명심해야 한다. 매컬러는 신경생리학 연구, 그다음에 사이버네틱스 연구를 처음 시작하면서 철학적 질문을 추구하고 싶었다고 회상했다. "숫자, 사람이 알 만한 숫자는 무엇인가, 그리고 사람, 숫자를 알 만한 사람은 누구인가?"[106)] 정신분석학 선구자들은 정신을 접근하면서 의미론의 대안으로 숫자 기호에 유사한 관심을 가졌다고 할 수 있지 않을까?

프로이트는 『일상생활의 정신병리』에서 무의식이 숫자를 어떻게 처리하는지 몇 가지 시론적 추측을 제시한 바 있다. 그는 숫자 기호—특히 강박적인 기호—가 말실수, 문자 실수 또는 꿈 작업에서 보여 준 것과 매우 유사하게 행위한다고 본다. 그는 자신의 정신이 "원하는 숫자에 단번에 도달하는 산술적 사고의 흐름에 빠지는" 성향이 있고 "숫자는 무의식적 사고에서 자유롭게 처리되는 반면, 나는 계산 능력이 부족하고 날짜,

---

105) Deleuze and Guattari, *Anti-Oedipus: Capitalism and Schizophrenia*, vol. 1, 271.

106) Warren S. McCulloch, *Embodiments of Mind*, 2.

집 번지수 등을 의식적으로 기록하는 데 큰 어려움을 겪는다"고 말한다.[107] 프로이트는 융의 "숫자 꿈의 이해에 대한 에세이(Ein Beitrag zur Kenntnis des Zahlentraumes)"와 존스의 "숫자의 무의식적 조작"을 인용하며 숫자 연상은 무의식에 의해 조작되기 쉽고 언어적 연상에서 발견되는 응축과 타협-형성의 패턴에 영향받기 쉽다고 주장한다. 따라서 무작위적 행동은 정신과 관련하여 결코 진정으로 무작위적일 수 없으며 "이름과 마찬가지로 자신의 자유로운 선택으로 숫자를 떠올리게 할 수도 없다."(*The Psychopathology of Everyday Life*, 240) 프로이트의 관찰은 알프레트 아들러, 카를 융, 어니스트 존스 등의 임상적 관찰을 통해 확인되었다.

프로이트가 우연과 결정론의 관계를 해결할 수 있는 통계적 확률 개념에 다소 가까이 다가갔지만, 그는 그런 사고의 흐름을 진지하게 탐구하지는 않았다. 지적인 엄밀함 속에 그런 사고를 추구한 사람들은 대부분 튜링, 위너, 폰 노이만, 섀넌과 같은 게임 이론가나 수학자였다. 그러나 이 수학자들은 프로이트와 같은 정신분석가들이 인간 정신에 제기한 질문들에 많은 관심을 갖지 않았다. 전후 지성계에 뛰어들어 학문적 경계를 넘나들며 위의 수학자들과 프로이트를 탐구한 사상가는 프랑스 정신분석가 자크 라캉이다.

---

107) Sigmund Freud, *The Psychopathology of Everyday Life*, in *The Standard Edition of the Complete Psychological Works of Sigmund Freud*, vol. 6: 250.

4장
사이버네틱 무의식

에드거 포의 짧은 텍스트가 우리에게 도움이 되는바, 사이버네틱스 학자들이 그것을 중요하게 생각한다는 것을 나는 알아챘다. 이 텍스트는 「도둑맞는 편지」에 나오는 것으로, 정신분석가에게 필수적인 것으로 간주될 수 있는 매우 놀라운 단편 소설이다.

- 자크 라캉, "홀수 또는 짝수?", 1955년 3월 23일

일반적으로 알려진 것과는 달리, 우리가 지금 프랑스 이론이라고 부르는 많은 부분은 미국에 도착해 프랑스 이론으로 재창조된 미국 이론의 번역이다. 예를 들어, 놀랍게도, 게임 이론에서 '게임'과 '놀이'라는 두 가지 다른 개념이 프랑스어 단어인 *jeu*의 날개를 타고 본국으로 돌아와 문학 이론에서 '놀이(play)'라는 단일 개념으로 변형되었다. 물론 이런 왕복 과정에서 새로운 의미가 발명될 수밖에 없지만, 번역에서 사라진 것은 '게임'이라는 개념, 게임 이론, 그리고 더 중요하게는 냉전 시대의 사이버네틱 발전과 관련된 역사다. 이 장에서는 그 역사를 고찰하며 디지털 글쓰기의 진화에 대한 탐구를 계속한다. 특히 자크 라캉의 작업이 정신 기계에 대해 생각하고 무의식의 미래에 관해 통찰을 얻는 데 도움이 될 수 있는지

살펴보고자 한다.

이제 독자는 추계적 과정이라는 개념이 정보 이론, 사이버네틱스, 현대 과학 담론 전반에 없어서는 안 될 개념이라는 것을 깨닫기 시작했을 것이다. 우리는 어떻게 인쇄 영어에서의 추계적 과정이, 이해 가능한 영어 문구에 근접하는 무의미 시퀀스나 무작위 시리즈를 만들어 낼 수 있는 n-문자 시퀀스와 관련하여, 우연과 확률의 놀이가 되는지 살펴보았다. '추계적(stochastic)'이라는 개념은 사이버네틱스 번역물을 통해 프랑스어로 'aleatory'가 되어 프랑스 과학자나 철학자는 이를 수학적 개념으로 올바르게 이해하고 있다. 하지만 이 개념은 '게임'의 경우와 비슷하게 맹목적인 기표들의 놀이에 갇히게 되었는데, 여기서 'aleatory'라는 말은, 그것의 프랑스어 단어를 'stochastic'으로 다시 번역하는 경우가 거의 없는 문학과 철학 번역물을 통해 영어로 돌아온다. 우리가 알다시피, 'aleatory'라는 용어는 데리다, 라캉, 들뢰즈 등 프랑스 이론가들의 글에 종종 등장하며 영어 번역가는 종종 이를 번역하지 않은 채 그대로 둔다. 따라서 차용어 'aleatory'는 신비로움의 원천이 되어 영어권 독자들은 자신들이 익숙한 사이버네틱스 맥락에서—여기서 영어 단어 'stochastic'이 사용하기 적합한 단어다—차단되고 말았다. 이런 혼란은 그리스어에서 유래한 단어 'stochastic'이 라틴어에서 유래한 프랑스어 단어 'aleatory'가 되고 그 후 다시 라틴어에서 유래한 차용어 'aleatory'를 쓰는 영어로 돌아오는 왕복 이동에서 비롯되었다. 과학 담론의 맥락에서 'stochastic'이라는 개념은 항상 정확하고 지적 출처도 혼란스럽지 않다. 요컨대, 번역의 왕복 이동은 영어와 프랑스어 사이에서 단순한 단어 놀이를 반복하는 것 이상의 무언가를 행한다. 흔히 이것은 대서양 양편의 지적 교류에 대한 환상과 이야기를 투사하여 그 교류의 역사를 대체하는 영화 화면처럼 기능하곤 한다.

프랑스 이론인가 미국 이론인가

미국식 자아 심리학을 자크 라캉이 거부한 것에 관해 수많은 글이 쓰였다는 사실과 비교해 보면, 그가 1950년대 게임 이론과 사이버네틱스를 어떻게 받아들였고 상징계에 대한 자신의 생각을 그런 기반에서 어떻게 발전시켰는지에 대해서는 우리에게 알려진 것이 거의 없다.[1] 프랑스 이론이 미국 학계에서 어떻게 번역 · 출간 · 형성되었는지 학자들이 모르고 있다는 말이 아니다.[2] 일부 비평가들은 '프랑스 이론'이 미국에서 발명된 것이며, 이 전통은 적어도 18세기로 거슬러 올라가는 모든 종류의 유럽 수입품에 대한 미국의 지속적인 수용 과정을 반영한다고 주장하기까지 한다.[3] 그것은 발명품일 수 있지만, 무엇의 발명인가? 부채의 흐름은 반대 방향으로, 그리고 상호적인 방식으로도 흐르지 않았는가?

1960년대 구조주의자들이 주체를 탈중심화는 움직임에 대한 반응으

1) 미디어 테크놀로지와 사이버네틱스에 관한 최근 연구들을 통해 이런 상황이 개선되기 시작했다. John Johnson, *The Allure of Machinic Life: Cybernetics, Artificial Life, and the New AI* (2008), Céline Lafontaine, *L'empire cybernétique: Des machines à penser à la pensée machine*, 그리고 이 장에서 내가 논의하는 다른 연구들을 보라.

2) 제인 갤럽은 『라캉 읽기』에서 미국과 프랑스 사이의 거울 놀이를 언급한 바 있다. 그녀는 이 놀이에서 라캉의 상상계의 한 사례를 관찰한다. 이는 한 사람의 다른 사람에 대한 이해가 투사된 이미지에 의해 형성되는 거울 관계다. 나아가 그녀는, (미국) 독자는 포에 대한 (프랑스) 거장 분석가 라캉과 동일시하는 대신 포의 (미국) 내레이터와 동일시하여 거울 놀이에서 벗어나 상징적인 것을 찾을 수 있다고 본다(Jane Gallop, *Reading Lacan*, 55~73). 이 장에서 내가 분석한 것처럼, 라캉의 상징계는 그 어떤 동일시 과정이 아니다. 후자는 우리를 상상계의 영역으로 되돌릴 뿐이다. 라캉의 상징계는 오히려 사이버네틱 무의식에 있다.

3) Sylvere Lotringer and Sande Cohen, "Introduction: A Few Theses on French Theory in America," 1을 보라.

로 장폴 사르트르가 한 말에 잠깐만 주의를 기울여 보면, 우리는 여기서 매우 다른 지적 풍경의 윤곽을 알아챌 수 있다. 사르트르는 "미국에서 무슨 일이 일어나고 있는지"를 면밀히 살펴보기 전까지는 아무도 구조주의적 계기의 이데올로기적 함의를 파악할 수 없다고 주장했다. "미국에서는 철학이 스스로 테크놀로지로 변하지 않는 한, 기술 관료적 문명은 더 이상 철학을 위한 자리를 마련해 주지 않는다."[4] 사르트르는 동시대 사람들이 새로운 이론을 받아들이는 데 열광하면서 알아차리지 못한 몇 가지 사항을 알고 있었을지 모르는데, 이 프랑스 철학자는 기술 관료적 문명의 확산에 맞서 후방에서 전투를 벌이고 있었던 것 같다. 냉전에서 세계가 미국의 군국주의적이고 기술 관료적인 패권의 지배를 얼마나 빨리 받게 되었는지를 생각해 보면 (유럽) 철학의 생존보다 훨씬 더 많은 것이 걸려 있는 것 같다. 그럼에도 불구하고 사르트르가 당시 지적 담론을 형성하는 데 미국의 역할을 예리하게 파악했다는 점은 인정해야 한다. 그는 일부 미국 지적 수출품이 빠르게 프랑스 이론이 되어 미국 대학들로 다시 수입되고 있다는 사실을 알고 있었을 수도 있고 아닐 수도 있다. 인문학 분야의 학자들은 옆 건물에서 수학자 동료들이 하는 일에 거의 관심을 두지 않았고 그 반대의 경우도 마찬가지였다. 프레드릭 제임슨은 아마도 1970년대 프랑스 이론 열풍에 대한 반응으로 독자들에게 사르트르처럼 "구조주의 이데올로기"에 관해 경고한 미국 학계의 몇 안 되는 비평가 중 한 명이다.[5] 구조주의 이데올로기는 키틀러가 냉전의 순항 미사일 군사

---

4) Sartre, "Jean-Paul Sartre Répond," 94를 보라. 1966년 ≪활(L'Arc)≫은 사르트르를 위한 특별호 "사르트르 오늘"을 발간했는데, 여기에는 이 철학자와의 인터뷰가 실려 있다. 인터뷰에서 편집자 베르나르 팽고는 사르트르에게 푸코, 레비스트로스, 라캉, 알튀세르를 포함한 젊은 구조주의자들의 작업을 평가해 달라고 특별히 요청했다.

기술에서 볼 수 있는 새로운 접근 방식이라고 강조한 것이며, 여기서 주체의 죽음—탈구조주의 비평가들이 찬양하는 발견—은 이 무기와 같은 사이버네틱 무기들에 대한 자동 원격 제어 기술의 개발과 유의미하게 연관될 수 있다.[6)]

불행히도 대서양 서쪽에서는 당시 "프랑스 이론"의 배후에 있는 미국의 정신을 알아볼 사람이 거의 없었고, 1950년대와 1960년대 사이버네틱스와 구조주의(또는 미국 문학 비평가들이 탈구조주의라고 부르는 것) 사이의 복잡한 연관성은 더더욱 모르고 있었다.[7)] 거울 놀이에서의 이런 맹목성은, 미국의 게임 이론과 사이버네틱스가 프랑스적 특성을 띠면서 점차 **보이지도 않게 되고 흔적도 없게 되어 버린** 이동 및 순환 경로를 따라가면 드러날 수 있다. 물론 과학자와 이론가가 국경을 넘어 일하고 협력하며 항상 서로의 작업을 차용하기 때문에 이론에 어떤 종류의 국가적 출처를 부여하는 것은 보통 터무니없는 일이다. 그러나 이런 지식에 익숙해지더라도 현대 국가가 과학 연구를 우선시하고 후원하는, 그리고 지역적 · 국가적 · 제국적 이익과 긴밀한 전략적 동맹을 형성할 수 있는, 역사적 조건에 직접 대응할 필요성이 없어지는 것은 아니다. 따라서 내가 이런 제한된 의미에서 "미국 이론"이라는 용어를 사용할 때, 이는 어떤 특정 과학 커뮤니티의 민족주의적 주장을 지지하기 때문이 아니라, 문학 연구

---

5) Fredric Jameson, "Imaginary and Symbolic in Lacan: Marxism, Psychoanalytic Criticism, and the Problem of the Subject," 374.

6) Friedrich Kittler, *Literature, Media, Information Systems*, 145. 키틀러의 통찰은 라캉에 대한 독해에서 영감을 받았는데, 이는 사르트르가 라캉을 다소 잘못 이해했다는 아이러니를 보여 준다.

7) 프랑수아 도세는 구조주의 역사에 대한 인상적인 두 권짜리 연구서에서 사이버네틱스에 대해 잠깐만 주의를 기울였을 뿐이다. Dosse, *History of Structuralism*, vol. 1, 220을 보라.

에서 소위 프랑스 이론의 출처가 전후 유럽에서 점차 커져 가는 미국의 패권과 관련하여 재고할 필요가 있기 때문이다.[8] 프랑스 이론을 누가 발명했는지에 대한 문제를 다시 다루어야 한다면, 질문은 다음과 같이 다시 표현하는 것이 적절할 것이다. 즉 미국 이론은 어떻게 프랑스 이론이 되었는가?

게임 이론, 사이버네틱스, 정보 이론이라는 이름으로 다양하게 불렸던 이 미국식 구성물은 1940년대 후반과 1950년대 전후 프랑스(그리고 다른 지역)로 전파되었고 프랑스 과학자들에 의해 열렬히 연구되고 번역되었다. 2차 세계대전의 전쟁 수행과 밀접한 관련이 있는 이 새로운 수학적 발전은 모든 학문 분야에서 가장 혁신적인 이론적 작업 중 하나가 되었고, 흔히 저자들의 이름으로 알려져 왔다. 게임 이론은 일반적으로 존 폰 노이만(John von Neumann)과 오스카 모르겐슈테른(Oskar Morgenstern)의 업적인바, 그들의 기념비적인 저서 『게임 이론과 경제 행위』가 1944년 프린스턴대 출판부에서 출간되었다.[9] 이 이론은 경쟁 상황에서

---

8) "미국 이론"은 전후 미국에서 생겨나 미국 제국의 부상과 함께 패권을 장악한 게임 이론, 사이버네틱스 또는 정보 이론을 간단히 지칭하는 용어다. 나는 이런 이론들 사이에 통일성이 있다고 생각하지 않으며, 이 논의에서 개별 과학자의 국가적 기원이 크게 중요하다고 생각하지도 않는다. 프랑스 등 유럽 과학자들은 위너 자신이 지적했듯이 사이버네틱스의 수학적 기초를 마련하는 데 확실히 기여했지만, 그들은 사이버네틱스를 하나의 분야로 발명하지 않았고, 그들의 작업이 미국의 패권 행사와 직접 관련이 있었던 것도 아니다.

9) 우선권에 대한 주장에 대한 논의는 William Poundstone, *Prisoner's Dilemma*, 40~41을 보라. 1928년 폰 노이만이 그의 논문 "놀이터 게임 이론"을 발표했지만 에밀 보렐은 1921년 초에 비슷한 연구를 발표했다. 파운드스톤은 폰 노이만이 보렐의 연구를 알고 있었지만 거의 언급하지 않았다고 본다. 직업적 질투심 외에도 폰 노이만은 보렐이 그의 논문에서 보여 준 것 이상을 보여 주었다. 즉 게임 이론을 연구 분야로 확립하는 데 결정적인 역할을 한 그 유명한 미니맥스 정리(minimax theorem)를 증명했다. 게다가 프랑스 수학자 길보가 지적했듯이 '게임'과 '놀이'의

의 의사 결정(제로섬 게임, 속임수 및 블러핑, 미니맥스 정리)을 다루면서 의사 결정 및 승리의 전략에 대해 그런 상황이 갖는 함의를 결정해 주는 추론 패턴을 찾아낸다. 게임 이론의 수학적 명성과 함께 존 폰 노이만과 오스카 모르겐슈테른은 경제학에 과학적 엄격성을 도입하고 경제학을 존경받는 학문으로 성공적으로 전환했다.[10] 4년 후 정보 이론은 섀넌의 논문 "커뮤니케이션에 대한 수학적 이론"으로 탄생했으며, 이는 커뮤니케이션 공학과 디지털 미디어의 이론적 토대를 제공해 주었다.[11] 반면 사이버네틱스의 초기 시작은 1942년 5월 뉴욕에서 개최된 첫 번째 메이시 학술 대회로 거슬러 올라가지만, 이런 새로운 학제간 노력은 노버트 위너가 1948년 그리스어 단어 Κυβερνήτης(조타수)를 차용해 이 분야의 이름을 지으면서 세상에 "사이버네틱스"로 알려지게 되었다.[12] 거의 같은 시기에 위너는 정보 이론과 사이버네틱스를 하나로 묶어 기계와 동물의 제어와 커뮤니케이션에 대한 새로운 학제간 연구로 규정하기에 이르렀다.

중요한 구분은 폰 노이만과 모르겐슈테른이 1944년 저서에서 영어로 처음 언급했다. Guilbaud, "Leçons sur les éléments principaux de la théorie mathématique des jeux," part 2, 1~29를 보라.

10) 이 이론이 전 세계적으로 인정받은 가장 중요한 계기는 1994년 존 내시, 존 허샤니, 라인하르트 젤텐에게 수여된 노벨상이었다.

11) 이 논문은 처음 *Bell System Technical Journal*, vol. 27 (July and October, 1948): 379~423, 623~656에 발표되었다.

12) 위너의 설명에 따르면 이 일은 1947년 여름에 일어났다. 그리스어 단어가 선택된 이유는, "피드백 메커니즘에 대한 최초의 의미 있는 논문이 클럭 맥스웰이 1868년에 발표한 조속기에 대한 논문인데, 조속기는 Κυβερνήτης의 라틴어 변형어에서 유래했다는 것을 인식하고 싶기" 때문이다. Wiener, *Cybernetics: or Control and Communication in the Animal and the Machine*, 19를 보라. 자세한 자서전 설명은 Wiener, *I Am a Mathematician*, 322~323을 보라.

프랑스에 게임 이론, 사이버네틱스, 정보 이론이 소개되면서 이 이론들은 클로드 레비스트로스, 장 이폴리트, 앙리 르페브르, 로제 카유아, 알기르다스 줄리앙 그레마스, 데리다, 미셸 푸코, 질 들뢰즈, 롤랑 바르트 등 과학과 지식인 엘리트들 사이에 큰 흥분과 호기심을 불러일으켰다. 그들 중 일부는 새로운 이론을 자신의 작업에 통합하려 했지만 또 다른 사람들은 매우 비판적이었다.[13] 엘리자베트 루디네스코는 이 기간이 라캉에게 "언어학이 프로이트 영역으로 진입한" 시기라고 말한다.[14] 물론 그녀는 구조 언어학을 말하는 것이다. 루디네스코는 1954년 라캉과 장 이폴리트(Jean Hyppolite)의 대화를 전자가 헤겔 철학에서 벗어나 구조주의에 접근하기로 결정하게 된 중요한 사건이라고 본다. 헤겔 철학자인 이폴리트는 당시 라캉의 세미나에 참석해 대화를 나누었을 뿐만 아니라 사이버네틱스에도 깊은 관심을 가지고 있었고 위너가 프랑스를 방문했을 때 그에게 중요한 질문을 직접 던졌다는 점도 주목할 필요가 있다.[15] 라캉의 「도둑맞은 편지」 세미나처럼, 이폴리트가 1958년 출간해 많은 찬사를 받은 "스테판 말라르메의 쿠데타와 메시지"는 우연, 메시지, 맥스웰의 악마, 엔트로피 등 사이버네틱스와 정보 이론의 인기 있는 주제들에 대한

---

13) 로제 카유아는 1958년 『게임과 인간』에서 게임 이론을 비판했다. 지적인 관심 이상으로 명목상으로 그의 비판은 하위징아와 폰 노이만이 어떤 식으로 매우 다른 주제를 논의하는 데 같은 단어를 사용하는지에 대해 설명한다(161~175). 흥미롭게도 카유아의 번역가인 메이어 바라시는 『인간, 유희, 그리고 게임』이라는 영어 제목에서 'game'이라는 단어를 유지하고, 'play'라는 단어를 덧붙여 두 용어 사이의 중요한 긴장을 보여 주었다.

14) Elizabeth Roudinesco, *Jacques Lacan & Co.: A History of Psychoanalysis in France, 1925-1985*, 300.

15) 위너의 논문에는 그가 파리에서 발표한 세미나의 날짜 없는 필사본이 들어 있는데, 여기에는 게임 이론과 전쟁의 미래에 관한 그와 이폴리트 간의 흥미로운 대화가 포함되어 있다(832). Wiener, "L'Homme et la machine," 824~842를 보라.

<그림 18> 페르디낭 드 소쉬르의 기호에서의 기의와 기표 도식

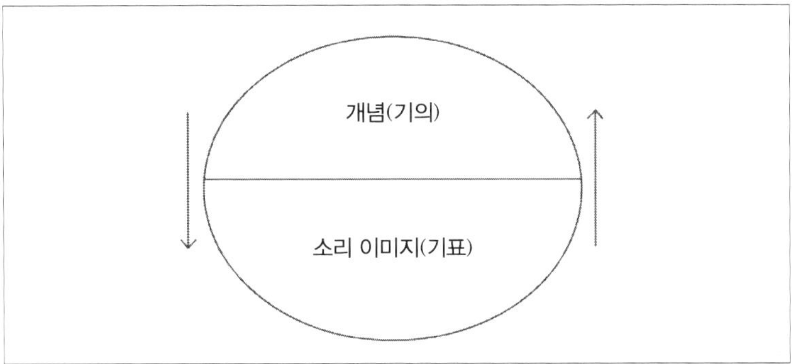

출처: Ferdinand de Saussure, *Course in General Linguistics* (New York: McGraw-Hill, 1966), 66.

<그림 19> 자크 라캉의 기의와 기표의 역전

$$\frac{S}{s}$$

출처: Jacques Lacan, "The Instance of the Letter in the Unconscious," *Écrits: The Complete Edition* by Jacques Lacan, translated by Bruce Fink (New York: Norton, 2002), 428.

그런 지적 열정에서 나온 것이었다.16) 라캉이 1954년 헤겔 철학에서 벗어났다면, 이는 그가 구조 언어학으로 방향을 틀었다기보다는 사이버네틱스와 정보 이론에 강한 관심을 보이기 시작했다는 것을 뜻한다. 사실 그가 1954~1955년에 진행한 세미나는 그가 사이버네틱스와 정보 이론

16) Jean Hyppolite, "*Le coup de dés* de Stéphane Mallarmé et le message."

을 프로이트를 재고하기 위한 대안적 지적 틀로 여겼다는 매우 강력한 증거가 된다. 심지어 구조 언어학조차 이 기간 동안 정보 이론을 모델로 삼아 자신의 이론을 재구성하려고 했다.

우리는 라캉이 1950년 레비스트로스의 소개로 야콥슨을 만나 절친한 친구가 되었다는 것을 알고 있다.[17] 실어증과 구조 시학에 대한 야콥슨의 생각, 특히 은유와 환유에 대한 그의 개념화는 라캉의 언어 연구에 확고한 각인을 남겼다. 야콥슨을 통해 소쉬르를 접하면서 라캉은 상징계에서 기표와 기의의 관계를 재구성하게 되었다. 소쉬르는 원래의 도식에서 기표 위에 기의를 두었지만(그림 18) 라캉은 그 반대로 기표를 바 위에 둔다(그림 19). 그러나 그가 그렇게 하게 된 이유가 무엇인지 중요하다. 게다가 라캉의 언어 또는 랑그라는 말이 소쉬르나 야콥슨이 의미한 것과 같은 의미일까?[18] 필립 라쿠-라바르트와 장-뤽 낭시는 라캉의 알고리듬과 연산에 대한 처리를 주의 깊게 읽고 그 반대라고 보는데, 라캉은 구조 언어학에서 벗어나 언어학을 떠나고 있었다는 것이다.[19] 라캉 자신은 이런

---

17) Dosse, *History of Structuralism*, vol. 1, 58. 또한 Roudinesco, *Jacques Lacan & Co.*, 305~307을 보라. 존 존슨은 라캉과 야콥슨의 관계에 대해 다른 추측을 하는데, 라캉에게 사이버네틱스를 소개한 사람이 아마도 야콥슨일 것이라고 생각한다. 내 연구에서는 새로운 출처와 다른 결론을 제시한다. 아래의 내 분석을 보라.

18) 새뮤얼 베버는 소쉬르 도식의 역전을 다루면서 말장난에 대해 그것이 모두 의미(언어적 의미)와 불안에 관한 것이라고 확신한다. 그는 "그러면 라캉의 글이 우리에게 제기하는 중요한 질문은 다음과 같다. 기표가 어떻게 기의가 되는가? 또는 기의는 어떻게 생겨나는가?"라고 주장한다. 아래에서 내 분석이 보여 주듯이, 이는 사실과는 거리가 멀고, 라캉이 어느 시점에서나 기의에 관심이 있었다거나 상징계가 "불안"과 많은 관련이 있다고 보았을 만한 증거는 없다. Weber, "Vertigo: The Question of Anxiety in Freud," 206을 보라.

19) Philippe Lacoue-Labarthe and Jean-Luc Nancy, *The Title of the Letter: A Reading of Lacan*을, 특히 2장의 33~35를 보라.

식으로 표현하지는 않았지만, 수년 후에 들뢰즈와 가타리가 한 말은 그에게 공감을 불러일으켰을 것이다. "언어는 언어학에 대한 일이기 전에 정치적인 일이다. 심지어 문법성의 정도에 대한 평가조차도 정치적 문제다."[20]

브루스 핑크는 "「도둑맞은 편지」 세미나"의 "후기"를 읽으며 흥미로운 관찰을 하는데, 라캉이 "레비스트로스나 야콥슨과 같은 구조주의자들이 수행한 상징적 질서에 대한 작업을 넘어" 더 나아갔을 뿐만 아니라 "라캉은 구조주의자가 아니다"라고 본다.[21] 프리드리히 키틀러(Friedrich Kittler)는 자신의 방식으로 실재계, 상상계, 상징계 사이의 라캉적인 "방법론적 구분"이 주로 언어적 경계를 넘어서는 물질성과 기술성의 차별화 문제라고 지적한다.[22] 키틀러는 상징계의 세계가 기계의 세계라고 간단히 말한다.[23] 핑크와 키틀러의 통찰은 특히 기계가 라캉의 상징계에 어떻게 들어왔는지, 그리고 어떤 기계인지라는 측면에서 더 탐구할 가치가 있다. 그것은 타자기인가, 컴퓨터인가, 아니면 다른 것인가? 다음 절에서 볼 수 있듯이, 1954~1955년 세미나에서 라캉이 행한 언어에 대한 논의는 우연, 항상성, 회로, 게임, 확률, 피드백, 엔트로피에 대한 성찰로 채워

20) Deleuze and Guattari, *A Thousand Plateaus: Capitalism and Schizophrenia*, 139~140.

21) Bruce Fink, "The Nature of Unconscious Thought or Why No One Ever Reads Lacan's Postface to the 'Seminar on "The Purloined Letter,"'" 173~174.

22) Friedrich Kittler, *Gramophone, Film, Typewriter*, 15. 라캉의 3원 구분에 세 가지 저장 매체를 접목하려는 키틀러의 작업에 대한 비판은 Thomas Sebastian, "Technology Romanticized: Friedrich Kittler's *Discourse Networks 1800/1900*"을 보라.

23) 이는 주장이자 그의 다음 글의 제목이기도 하다. "The World of the Symbolic-A World of the Machine," in Kittler, *Literature, Media, Information Systems*, 130~146.

져 있다. 바로 이런 논의의 과정에서 그는 처음으로 포의 「도둑맞은 편지」를 소개하고 그 유명한 텍스트 해제 "「도둑맞은 편지」에 대한 세미나"를 시작한 것이다.

라캉의 포 독해: "「도둑맞은 편지」에 대한 세미나"

라캉은 우연(chance)에 의해 에드거 앨런 포의 「도둑맞은 편지」라는 텍스트를 자신이 다루게 되었다고 말한다. 그리고 그의 유명한 포 독해가 나중에 탈구조주의 문학 비평에서 접하게 될 해석학적 움직임과 우회로를 만들어 내게 된 것도 우연 때문인가? 원인이 무엇이든, 이런 움직임과 우회로는 라캉이 정신분석학을 위해 포의 이야기를 어떻게 발견해 낸 것인지 그 비밀을 여전히 감추고 있다. 마치 맨눈에는 안 보이는 비밀처럼, 그 비밀 때문에 우리는 더 많은 것을 알지 못해 왔다. 다시 말해, 우리가 미국 문학 비평을 통해 라캉에 대해 알고 있었던 것, 그리고 더 중요하게는 프랑스나 미국에서 미국의 사이버네틱스에 대해 모르는 있었던 것을 성찰할 때까지는 그 어떤 것도 보이지도 들리지도 않았을 것이다.

그런 것을 모른 채 우리가 상징계와 관련하여 라캉의 분석적 엄격성에 대해 올바른 질문을 해 왔다고 할 수 있는가? 예를 들어, 그의 가르침이 왜 그렇게 난해해 보이는가? 라캉은 수학을 제대로 알고 있었는가?[24) 이

24) 앨런 소칼과 장 브리크몽은 라캉의 수학적 공식화 작업 기저에 있는 게임 이론, 사이버네틱스, 정보 이론의 그림자에 대해 책임 있는 비판을 하기보다는 이런 식으로 라캉과 그의 수학 사용을 공격한다. 흥미롭게도, 아르카디 플로트니츠키는 소칼과 브리크몽의 복소수에 대한 잘못된 이해를 문제 제기한다. Sokal and Bricmont, *Fashionable Nonsense: Postmodern Intellectuals' Abuse of Science*,

런 질문들이 이해에 특별히 도움이 되지 않는 것처럼 보인다면, 이는 라캉이 도식과 표의문자적 기호로 밝혀내려 했던 상징계를 이제까지 우리가 모르고 있었기 때문이 아닐까? 흔히 저지를 수 있는 실수는 「도둑맞은 편지」에 대한 라캉의 세미나를 정신분석학적 비평의 거장이 보여 준 공연으로 우상화하고 그 비평을 다양한 자기 성찰적 탐닉으로 변질시키는 것이다. 이런 일은 라캉이 포의 텍스트를 채택하는 데 작용한 정치적 결정이나 직관을 못 보게 하고, 그로 인해 프로이트 무의식에 관한 그의 중요한 발견을 왜곡시키는 불행한 결과를 가져왔다.

하지만 어떤 무의식인가? 라캉은 무의식이 대타자의 담론(*l'inconscient, c'est le discours de l'Autre*)이라는 유명한 공식을 만들어 내지 않았는가?[25] 이는 맞지만, 그에게 "대타자"는 무엇을 의미하는가? 「도둑맞은 편지」에 대한 세미나에서 라캉은 대타자가 언어라고 부르는 것이 아니라 사이버네틱 기계라는 점을 분명히 했다. 나아가 그는 무의식이 프로이트의 의미로 존재한다면, "현대의 계산 기계가 주체(피험자)도 모르게 그리고 장기적으로 주체의 선택을 조절하는 문장을 탐지해 홀수 짝수 게임에서 보통의 승률 이상으로 이길 수 있다는 것은 생각할 수 없는 일도 아니다"(45)라고 덧붙였다. 계산 기계, 즉 현대 컴퓨터를 라캉은 다른 글에서 덧셈 기계라고 부른다. 라캉은 무의식을 접근하는 그것의 방식을 보면 계산 기계가 "원자 폭탄보다 인간에게 훨씬 더 위험할 수 있다"고 말한

그리고 Plotnitsky, *The Knowable and the Unknowable*, 112~113을 보라. 또한 Bruce Fink, Lacan to the Letter, 130~132에서의 변호도 보라. 라캉의 수학적 설명에 나타난 인쇄 오류에 관해서는 Fink, "The Nature of Unconscious Thought, or Why No One Ever Reads Lacan's Postface to the 'Seminar on "The Purloined Letter,"'" 186~187 n3을 보라.

25) Lacan, "Seminar on 'The Purloined Letter,'" 10.

다.[26] 이 수수께끼 같은 발언은 정신과 상징계에 대한 그의 가장 중요한 통찰 중 일부를 압축해 보여 준다. 이 분야에서 라캉의 주요 공헌은—그가 직접 언급하지 않았기 때문에 내가 대신 자세히 설명해야 한다—전후 유럽-미국 세계 질서의 사이버네틱 무의식에 대해 그가 우리에게 말해 줄 수 있는 바가 있다는 것이다. 그의 죽음 이후 그리고 냉전 이후에도 우리가 이런 세계 질서에서 벗어날 수 없었다는 사실, 그리고 이론적 담론이 점차 세계적 현상에 대한 느슨한 설명적 선언으로 전락했다는 사실은, 라캉이 힘들게 얻은 통찰에 다시 한번 주목하고 그것을 향후 사고와 관련지어야 하는 강력한 이유가 된다.

라캉은 포를 다룬 최초의 정신분석가는 아니다. 데리다가 지적했듯이, 마리 보나파르트는 1933년에 포의 심리전기를 『에드거 앨런 포의 삶과 작품』이라는 제목으로 출간했는데, 여기에는 프로이트의 서문에 대한 허가가 포함되어 있다.[27] 그러나 라캉은 「도둑맞은 편지」의 텍스트에 주의를 기울이게 한 것은 보나파르트가 아니라 "우연"이었음을 분명히 하고 있다.[28] 나아가 그가 상기시켜 주는 바와 같이, 이 우연은 그가 여러

26) Lacan, "The Circuit," 88.

27) Derrida, The Post Card: From Socrates to Freud and Beyond, 403~496을 보라. 나는 라캉이 보나파르트의 책을 알고 있었을 것이라는 데 동의하지만, 보나파르트가 포의 텍스트에 대한 라캉의 독해에서 중요한 역할을 했다고 생각하지는 않는다. 데리다는 전쟁 후 일인 사이버네틱스에 맞서기보다는 라캉의 독해를 보나파르트의 전쟁 전 작업과 연관시켜야 한다고 주장하는데, 데리다는 라캉에 대한 자신의 비판 내내 이상하게도 사이버네틱스에 대해 언급하지 않는다. 관련 출처를 주의 깊게 비교한 후, 나는 라캉의 분석이 보나파르트와 거의 관련이 없으며, 사실 그녀의 포 독해와는 반대 방향으로 가고 있다는 결론을 내렸다. 라캉이 보나파르트를 인정하기보다는 사이버네틱스를 언급하기로 한 데에는 충분한 이유가 있다.

28) 아래에서 논의하겠지만, 라캉의 독해는 또한 대중적인 벨기에 작가인 드니 마리옹에게서 간접적인 자극을 받았을 수도 있는데, 마리옹의 『에드거 포의 지적 방

세미나에서 인정하지만 이름을 밝히지 않은 사이버네틱스 학자들과 관련이 있다.[29] 그가 출처를 가볍게 생각하고 있는 것인가? 우리는 그의 말을 그대로 믿어야 하는가? 저자의 의도에 대해 어떤 식으로 추측하기보다는 그의 말을 문자 그대로 받아들이고 포에 대한 그의 독해에 기여했을 수도 있는 이름 없는 사이버네틱스 학자들을 추적할 필요가 있다. 데리다를 따라갈 경우, 만약 라캉이 당시 알았거나 읽었던 수학자들이 포, 대니얼 디포, 조너선 스위프트, 알렉산드르 푸시킨, 아서 코난 도일, H. G. 웰스, 러디어드 키플링, 제임스 조이스, 그리고 마르코프 시리즈, 게임 이론, 정보 이론, 사이버네틱스 발전에 기여한 저자들을 앞서 활용하지 않았다면, 1955년 라캉의 분석에서 에드거 앨런 포의 소설이 특권적 지위를 갖게 되지는 못했을 것이다. 하지만 우리는 다소 앞질러 가고 있다.

포의 「도둑맞은 편지」는 1955년 3월 23일 라캉에 의해 처음 기계 비유와 연관돼 제시되었다. 이것은 "홀수 또는 짝수? 상호 주관성을 넘어서"라는 세미나의 한 세션에 등장한다. 라캉은 사이버네틱스의 최근 발전 상황, 그리고 프로이트 독해에서 그것이 갖는 함의를 탐구하는 것으로 그 세션에서의 가르침을 시작했는데, 다음과 같이 말했다. "**기계가 홀수 짝수 게임을 한다는 것**이 무슨 의미인지 잠시 생각해 보자. 그런 상황이 어렵게 보일 수도 있기 때문에 우리 스스로 모두 이해할 수는 없을 것이다. **에드거 포의 짧은 텍스트가 우리에게 도움이 되는바, 사이버네틱스 학자**

법』(1952)은 수학적 추론과 포의 문학적 전략에 대해 다소 피상적인 이해를 보여줄 뿐이다. 마리옹은 포를 뒤팽과 동일시하고 포의 암호학적 작업을 분석하기보다는 기술할 뿐이다.

29) Jacques Lacan, "La lettre volée," 264의 원문은 "le hasard nous l'a offerte(우리에게 우연이 주어졌다)"다. 1955년 3월 30일 열린 그 이전의 세미나에서 그는 내가 서문에서 인용한 관찰을 제시한 바 있는데, 이는 '우연'이 사이버네틱스 학자들을 통해 왔다는 것을 보여 주는 것이었다(ibid., 244).

들이 그것을 중요하게 생각한다는 것을 나는 알아챘다. 이 텍스트는 「도둑맞는 편지」에 나오는 것으로, 정신분석가에게 필수적인 것으로 간주될 수 있는 매우 놀라운 단편 소설이다."[30](나의 강조) 1955년 4월 27일 "「도둑맞은 편지」에 대한 세미나"에서 라캉은 다시 한번 홀수 짝수 게임을 제시했다. 그는 이렇게 말한다. "명백한 것은 주체의 혼합(inmixing)이라 불러 온 것이다. 홀수 짝수 게임 사례가 나오는 「도둑맞은 편지」의 이야기를 가지고 이를 설명하고자 하는데, 여기서 우연(chance)이 우리에게 그것을 제시해 주었기 때문이다."[31] 문제는 왜 라캉이 더 강박적으로 기계, 특히 포의 이야기에 나오는 홀수 짝수 게임에 관심을 갖는가 하는 것이다.

홀수 짝수 게임은 장관 D가 여왕에게서 훔친 후 숨겨 놓은 편지를 C. 오귀스트 뒤팽이 성공적으로 되찾은 이후 이어지는 포의 이야기에서 등장한다. 뒤팽은 장관 D와 같은 강력한 상대를 그가 어떻게 능가할 수 있었는지에 대한 자신의 친구이자 화자인 내레이터의 궁금증을 풀어 주기 위해 이 게임에 관해 언급한다. 뒤팽은 홀수 짝수 게임이 어린아이들 사이에서 하는 게임이라고 말한다. 한 플레이어는 손에 여러 개의 돌을 잡고 다른 플레이어에게 그 수가 홀수인지 짝수인지를 맞히라고 한다. 추측이 맞으면 그가 하나를 얻고, 추측이 틀리면 하나를 잃는다. 상대의 기민함을 관찰해 학교의 모든 돌을 딴 여덟 살짜리 소년이 있었는데, 그는 상

---

30) Lacan, "Odd or Even? Beyond Intersubjectivity," 179. 원문은 다음과 같다: "Un petit texte vient à notre secours, d'Edgar Poe, dont je me suis aperçu que les cybernéticiens faisaient quelque cas. Ce texte est dans *la Lettre volée*, novelle absolument sensationnelle, qu'on pourrait même considérer comme fondamentale pour un psychanalyste" ("Pair ou Impair?").

31) Lacan, "The Purloined Letter," 194.

대의 심리를 파악해 매번 다음 수를 예측할 수 있었다. 분명히 라캉은 뒤팽의 영리한 속임수보다 이 게임의 구조에 더 흥미를 느꼈고, 세미나의 참가자들에게 강연 시간에 홀수 짝수 게임을 해 보고 결과를 자신에게 알려 달라고도 했다.

라캉의 포의 독해에 따르면 게임의 상징적 구조가 뒤팽의 평가 또는 추론을 틀지어 주며, 이런 추론—이는 항상 뒤팽의 속임수 능력과 관련되며 그의 상대인 장관 D의 정신 상태를 반영한다—은 편지를 움직이는 상징적 구조에 필연적으로 연루된다. 그의 분석은, 편지와 접촉하는 주체(여왕, 장관, 뒤팽 또는 다른 사람) 그 누구도 이 게임 또는 기계에 연루됨을 피할 수 없다는 의미에서 편지와 주체는 서로 교체될 수 있다는 것을 보여 준다. 따라서 포의 인간 드라마에 나타나는 반복 자동성은 우연과 확률의 기계에서 진정한 의미를 발견하는바, 여기서 "실재계에서의 상징의 출현은 내기로 시작한다."[32] 게임 이론의 관점에서 보면, 게임(*l'ensemble-jeu*)과 놀이(*élément*)로 더 구분될 수 있다. 다음 절에서 이것에 대해 자세히 설명한다.[33]

기계 개념은 그가 상징계와 실재계의 관계에 대한 라캉의 일차적 탐구를 매개해 주는 것으로서, 그는 "확률과 우연이라는 개념이 바로 실재계에서의 상징의 출현을 전제한다"(182) 고 주장한다. 나아가 그는 "진리의 차원에만 모든 우연 게임에서처럼 무언가가 숨겨질 수 있다"(201~202) 고 본다. 이는 중요한 점인데, 라캉에 따르면, 홀수 짝수 게임에 숨겨져 있는 것은 하나 또는 두 개의 돌이 아니라 숫자 기호다. 마찬가지로 「도둑

32) Lacan, "The Purloined Letter," 192.

33) 더 상세한 분석은 Georges Th. Guilbaud, "Leçons sur les éléments principaux de la théorie mathématique des jeux" 2장과 7장의 게임 이론에 대한 나의 해석을 보라.

맞은 편지」에 숨겨져 있는 것도 물리적 편지가 아니라 그 구조 안에 있는 기호들의 연쇄가 개시하는 진리 또는 진리 주장이다.[34] 이런 점에서 그는 포의 이야기에 나오는 무해한 내용보다 더 중요한 상징계를 홀수 짝수 게임에서 발견한다. 사실 그의 분석에서 홀수 짝수 게임만 등장하는 것은 아니다. 「도둑맞은 편지」에 대한 논의 이전의 세미나들에서 라캉은 "특정한 전략의 한계 내에서" 비슷한 게임을 하는 "덧셈하는 기계"와 "생각하는 기계"에 대해 이야기했으며, 포에 대한 독해는 기계와 사이버네틱스에 관한 일련의 논의에 의해 틀지어진 것이라고 할 수 있다.[35]

제 길을 따라가면 이런 생각하는 기계들은, 라캉을 애당초 포의 이야기에 주목하게 했던 신비로운 "사이버네틱스 학자들"로 우리를 안내할 것이다. 라캉은 그런 사이버네틱스 학자들이 누구인지, 그들이 어떻게 자신에게 그런 해독을 알려 주었는지 명확히 밝히지 않았다. 그는 자신의 출처에 대해 애매한 언급을 하는 것으로 알려져 있고, 제자들과 학생들이 스스로 찾아내기를 기대하는 듯했다. 또한 자신의 박식함을 과시했던 것으로도 알려져 있다. 그들은 노버트 위너, 워런 매컬러, 그레고리 베이트슨, 섀넌, 아니면 다른 누군가였는가? 라캉이 상징계를 통해 사이버네틱스와 무의식 사이에 설정하려 했던 핵심적인 연결 지점을 탐구하기에 앞서, 우리는 관련 수학자들의 흔적을 따라가며 문학과 사이버네틱스에 대한 라캉의 관심이 남긴 궤적을 파악해야 할 것이다.

---

34) "진리의 조달자"에 나오는, 라캉의 로고스 중심주의에 대한 데리다의 비판은 라캉이 세미나에서 상징적 체계를 가지고 한 것을 잘못 다룬 것이다. 바바라 존슨이 올바르게 지적한 바와 같이, 데리다의 홀수 짝수 게임에 대한 침묵은 그가 이를 보지 못했음을 보여 주는 것이다. Johnson, Johnson, "The Frame of Reference: Poe, Lacan, Derrida," 213~251.

35) Lacan, "Odd or Even? Beyond Intersubjectivity," 178.

당시 주요 사이버네틱스 학자들이나 수학자들에 대한 일차적 탐색만으로도 그들 중 상당수가 문학에 관심을 보였다는 것을 알 수 있다. 위너는 소설을 썼고 T. S. 엘리엇과 서신을 주고받았으며 러디어드 키플링에 대한 중요한 논문을 포함해 자신의 문학 비평을 출간하기도 했다. 섀넌은 포의 에세이인 "멜첼의 체스 플레이어"에 대한 비평을 썼고, 다른 문학 작품들은 많이 언급하지 않았지만, 그는 앞 장에서 논의한 바와 같이 인쇄 영어에 대한 작업을 수행하며 『피네간의 경야』를 다뤘다. 앨런 튜링은 2차 세계대전 중 자신의 은화와 지폐를 시골에 묻기 위해 "황금 딱정벌레"의 키드 선장을 모방하고 일련의 숨바꼭질 게임을 실행하기도 했다.[36] 이들 모두가 「도둑맞은 편지」를 읽었을 수는 있지만, 우리가 아는 한 그들 중 아무도 이 이야기를 언급하지는 않았다.

우리는 로런스 쿠비, 존 Z. 영, 그레고리 베이트슨과 같은 사이버네틱스 학자들을 고려할 수도 있다. 우리가 알다시피, 영은 문어의 복잡한 커뮤니케이션 행동에 대한 신경 기반 연구를 개척했으며, 1952년 3월 9회 메이시 학술 대회에도 참석했다. 장-피에르 뒤피의 설명에 따르면, 라캉은 그의 작업을 잘 알고 있었다.[37] 사이버네틱스에 대한 라캉의 언급 중에 문어가 때때로 등장하지만, 영이나 베이트슨이 「도둑맞은 편지」에 관심을 보였다는 증거는 없다. 쿠비의 작업을 라캉이 알고 있었다는 것은 로난 르 루의 최근 연구에 그런 기록이 나오지만 문학과 관련 없는 맥락에서 논의되었다.[38] 그다음의 논리적 단계는 폰 노이만과 모르겐슈테른

---

36) 자신의 실버 바를 찾는 데 계속 실패했다는 사실에 관해서는 Andrew Hodges, *Alan Turing: The Enigma*, 344~345를 보라.

37) Jean-Pierre Dupuy, *The Mechanization of the Mind: On the Origins of Cognitive Science*, 109.

38) Roux, "Psychanalyse et cybernétique: Les machines de Lacan," 346~369를

인데, 포의 홀수 짝수 게임은 『게임 이론과 경제 행동』에 나오는 "매칭 페니" 게임과 유사한 게임들에 대한 그들의 논의와 관련이 있을지도 모른다.[39] 종종 라캉은 확률에 대해 논의하며 '매칭 페니' 게임의 앞면 뒷면 놀이를 이야기하기도 한다.

『게임 이론과 경제 행동』은 라캉이 자신의 사이버네틱 포를 만날 수 있는 자연스러운 장소가 될 수 있다고 생각할 수도 있는데, 이는 그의 관심사가 매칭 페니 게임에서 시작해 죄수의 딜레마, 그리고 우연과 확률과 관련된 주제들에 이르기까지 다양했기 때문이다.[40] 그러나 폰 노이만과 모르겐슈테른은 로빈슨 크루소와 셜록 홈스의 합리적 선택에 초점을 맞추기 위해 문학적 레퍼토리에서 미국 소설가를 배제했다는 것이 드러났다. 그럼에도 불구하고, 게임 이론가들은 게임 이론을 소개하고 번역해 온 수많은 프랑스 작품으로 안내해 줄 유용한 단서들을 남겼다. 요컨대, 게임 이론에 대한 프랑스의 번역물이나 설명서에서 우리는 라캉이 포의 세미나에서 보여 준, 오랫동안 추구해 온 사이버네틱스에 대한 참조를 둘러싼 미스터리에 다가가게 될 것이다.

보라.

39) 예를 들어, 폰 노이만과 모르겐슈테른은 손해를 피하려는 전략에 초점을 맞춰 "매칭 페니" 게임을 논의한다. "중간 정도의 지능을 가진 상대방과 매칭 페니 게임을 할 때 플레이어는 상대방의 의도를 알아내려 하기보다는 자신의 의도가 알려지지 않게 하려고 할 것이다."(Von Neumann and Morgenstern, 133)

40) 라캉이 일찍이 게임 이론에 관심이 있었다는 증거는 그의 "논리적 시간과 선취된 확실성의 단언"에서 발견되는데, 이 글은 『게임 이론과 경제 행동』이 발간된 직후인 1945년 발표되었다. Lacan, *Écrits*, 161~175를 보라.

게임들(*Les Jeus*): 상징적 사슬에서의 게임과 놀이

프랑스어로 된 게임 이론과 사이버네틱스에 대한 번역서과 설명서에 등장하는 핵심 인물은 가톨릭 수학자 조르주 길보(Georges Th. Guilbaud)다. 우리가 섀넌과 피어스를 논의할 때 여러 차례 그의 이름이 나왔다. 길보와 라캉은 1950년 친밀한 친구가 되었고, 1981년 라캉이 사망할 때까지 우정은 계속되었다.[41] 미국 쪽에서 길보는 게임 이론에 크게 기여한 사람으로 간주되는데, 프랑스어권에 게임 이론, 정보 이론, 사이버네틱스를 처음으로 소개했다. 몇 년 전 버나드 콜라스와 프랑시스 파베와의 인터뷰에서 90세의 길보는 자신과 앙리 푸앵카레 연구소의 동료들이 1940년대와 1950년대 미국, 독일, 소비에트 연방의 새로운 수학 연구를 읽고 마스터하는 데 전력을 나했다고 회상했다.[42]

최근의 연구를 보면, 냉전 동안 미국, 유럽, 소비에트 연방, 라틴 아메리카의 과학자들과 연구자들이 어떻게 상호 작용했는지 알 수 있다.[43] 전후 프랑스에서 물리 과학은 게임 이론, 사이버네틱스, 정보 이론의 도입으로 급속한 변화를 겪었다. 이런 활동의 흐름 속에서 니콜라 부르바키

---

41) Roudinesco, *Jacques Lacan & Co.*, 560.

42) Bernard Colasse and Francis Pavé, "La Mathématique et le social: entretien avec Georges Th. Guilbaud," 72를 보라.

43) 프랑스의 사이버네틱스에 대한 개요는 David Mindell, Jérôme Segal, and Slava Gerovitch, "From Communications Engineering to Communications Science: Cybernetics and Information Theory in the United States, France, and Soviet Union," 66~95를 보라. 그리고 Mai Wegener, *Neuronen und Neurosen: Der psychische Apparat bei Freud und Lacan: Ein historisch-theoretischer Versuch zur Freuds Entwurf von 1895*; Laurence A. Rickels, *Nazi Psychoanalysis: Crypto-Fetishism*, vol. 2를 보라.

(Nicolas Bourbaki)는 프랑스의 저명한 수학자들에 의해 만들어진 가상의 수학자다. 그들은 프랑스의 과학적 정통을 전복하고 그들이 홍보하는 엄격한 공리적 방법을 기반으로 현대적인 수학 분야를 만들기 위해 이 이름으로 비밀 학회를 구성했다. 부르바키가 사회과학과 문학에 미친 영향은 레비스트로스의 친족 구조에 대한 접근, 그리고 부르바키를 모방하기 위해 1960년 설립된 프랑스 문학 집단 울리포(Oulipo)의 구성에서 볼 수 있다. 1943년 뉴욕에서 이루어진 레비스트로스와 야콥슨 사이의 만남은 흔히 구조주의 역사에서 중요한 순간으로 간주된다. 그러나 같은 해, 같은 도시에서 레비스트로스는 부르바키의 설립자인 앙드레 베유와 만나 친해졌다. 베유는 레비스트로스가 친족 연구 연구를 위한 수학적 분석을 수행하는 데 도움을 주었을 뿐만 아니라 레비스트로스의 저명한 책 『친족 관계의 기본 구조』 1부의 부록을 기술했다. 이런 흥미로운 상황을 보고 데이비드 오빈은 인류학, 언어학, 수학의 교배가 구조주의를 낳았다고 결론을 내렸다.[44]

그러나 부르바키 그룹을 다른 그룹들과 연결해 준 지적 유대는 구조주의의 계보보다 더 강력해졌고, 이런 유대는 확실히 1950년대 사이버네틱스 자체의 발달과 보급에 기여했다. 위너의 기념비적인 『사이버네틱스』의 첫 번째 영어 번역본은 1948년 뉴욕의 존윌리앤선과의 협업으로 파리의 에르망출판사와 MIT출판부(당시는 테크놀로지출판사)에 의해 출간되었다.[45] 앙리케 프레이만은 에르망출판사의 소유주였다. 그는 한 해

44) Aubin, "The Withering Immortality of Nicolas Bourbaki: A Cultural Connector at the Confluence of Structuralism, Mathematics, and the Oulipo in France," 311. François Dosse discusses the Bourbaki connection very briefly in the *History of Structuralism*, vol. 2, 24를 보라.

45) 당시 MIT 교수였던 위너가 계약에 묶여 있어서 테크놀로지출판사는 프랑스에

전 사이버네틱스 이론에 관한 책을 쓰라고 위너를 설득하고 그것을 출간하겠다고 제안했다. 1947년 봄 위너는 낭시에서 열린 부르바키주의 수학자인 졸렘 만델브로이가 주최한 하모니 분석 학술 대회에 가려고 파리에 들렀다. 그는 프레이만이 부르바키의 창립 멤버라는 것을 알고 에르망출판사와 출간 계약을 맺었다.[46)]

위너의 첫 번째 책이 거둔 큰 성공은 그와 출판사에게 놀라운 일이었다. 이 책은 2만1000부가 팔렸고 6개월 만에 세 번 재인쇄를 했다.[47)] 프랑스 언론은 열렬히 반응한 반면, 프랑스 공산당은 사이버네틱스를 "부르주아" 과학이라고 폄하했다. 유명한 물리학자 루이 드브로이가 명예회장을 맡아 '사이버네틱스 연구 모임'이 바로 프랑스에서 결성되었다. 데이비드 민델과 그의 공동 저자가 지적했듯이, 1950년과 1951년 파리에서 사이버네틱스에 관한 두 번의 학술 대회가 열렸고, 1950년대 후반에는 "이 연구 분야의 정상화가 이루어졌는데, 이는 대중적인 과학 글과 책이 사이버네틱스를 널리 알려 주었고 서유럽에서 사이버네틱스 연구가 제도화되었기 때문이다."(74~75)

라캉의 수학자 친구 두 명인 길보와 자크 리게는 사이버네틱스 연구 모임의 멤버들로 정기적으로 라캉의 세미나에 참석했다.[48)] 두 사람이 포에 대한 세미나에서 라캉이 암시한 "사이버네틱스 학자들"이었을 것이라

서 이 책의 출판을 막으려 했지만, 에르망출판사의 소유자인 앙리케 프레이만은 타협을 했다. Mindell, Segal, and Gerovitch, "From Communications Engineering to Communications Science: Cybernetics and Information Theory in the United States, France, and Soviet Union," 75를 보라.

46) Norbert Wiener, *I Am a Mathematician*, 314~317을 보라.

47) Mindell, Segal, and Gerovitch, "From Communications Engineering to Communications Science," 75.

48) Roux, "Psychanalyse et cybernétique: Les machines de Lacan," 355.

고 추측하는 것은 불합리한 일이 아니다. 루디네스코는 1951년에 에밀 벵베니스트, 길보, 레비스트로스, 라캉이 사회과학과 수학 사이의 연관성을 정립하기 위한 논의에서 정기적으로 만났으며, 길보는 라캉이 뫼비우스 띠, 끈, 부풀린 부표, 토러스와 같은 위상학적 비유를 사용하는 데 영향을 주었다고 본다.[49] 그러나 루디네스코의 전기는 게임 이론과 사이버네틱스 이야기, 그리고 이것이 라캉과 길보 관계에서 갖는 중요성에 대해서는 침묵한다. 이는 이제까지 대부분의 연구가 위상학에 대한 라캉의 관심에 중점을 두었기 때문일 것이다.[50]

길보는 프랑스에 게임 이론, 정보 이론, 사이버네틱스를 도입하고 발전시키는 데 큰 역할을 했다. 그는 『사이버네틱스(La Cybernétique)』(1954)와 『게임 이론의 기초(Eléments de la Théorie Mathématique des Jeux)』(1968)의 저자다. 그의 논문 "게임 이론: 가치 이론에 대한 비판적 기여"(1949)는 이 분야의 유력한 논문이다.[51] 해럴드 W. 쿤은, 길보가 폰 노이만과 모르겐슈테른의 『게임 이론과 경제 행동』에 대한 45페이지 서평을 쓰고, 게임 이론에 독특한 기여를 한 소수의 프랑스 과학자 중 한 사

---

49) Roudinesco, *Jacques Lacan & Co.*, 560. 벵베니스트는 또한 1947년 초 "Le Jeu Comme Structure"(Game As Structure), 161~167이라는 게임 이론에 대한 논문을 발표했다. 흥미롭게도, 요한 하위징아의 호모 루덴스와 로제 카유아의 작업, 그리고 게임(*jeux*)과 신성함에 초점을 맞추는 벵베니스트는 폰 노이만과 모르겐슈테른의 게임 이론이 얻은 인기가 하위징아의 『호모 루덴스』의 1944년 독일판, 1950년대 다른 언어판들의 발간과 관련되었을 가능성을 부정한다. 적어도 우리는 게임 이론이 카유아가 폰 노이만과 모르겐슈테른을 비판하기 위해 『놀이와 인간』을 쓰도록 유도했다는 것을 알고 있다. 제목은 영어로 『인간, 놀이 및 게임』으로 정해졌는데, *jeux*는 두 번 다르게 번역되었다.

50) Ellie Ragland and Dragan Milovanovic, eds., *Lacan: Topologically Speaking*.

51) 이 논문은 영어로 번역되어 Mary Ann Dimand and Robert W. Dimand, eds. *The Foundations of Game Theory*, vol. 1에 실렸다.

람이라는 점을 들어 그를 특별히 언급한다. 쿤은 "1950~1951년 파리에서 열린 길보의 세미나에는 알레, 말보, 브아트, 나와 같은 수리 경제학자들이 참석했다"[52]고 회상했다. 라캉은 길보의 세미나 청중이었을까? 우리는 모른다. 그가 그 세미나에 참석하지 않았더라도, 그와 길보는 서로의 작업을 잘 알고 있었을 것이라는 증거가 있다.

1954년 길보는 라캉이 「도둑맞은 편지」에 대한 세미나에 착수하기 몇 달 전 『사이버네틱스』를 출간했다. 그해에는 게임 이론에 관한 길보의 중요한 논문인 "수학적 게임 이론의 주요 요소들에 대한 강의"가 발표되었다. 5개의 절로 구성된 긴 논문인 이 문헌에서 길보는 포의 이야기에 나오는 홀수 짝수 게임을 명시적으로 언급한다. 그는 고대부터 이 게임은 어린아이 게임으로 간주되어 왔지만, 성인은 특히 많은 돈을 잃을 위험이 있는 도박 상황에서 이 게임을 했다고 말한다. 그는 홀수 짝수 게임이 "에드거 포(「도둑맞은 편지」)가 보여 준 유명한 분석 덕에 영광을 누렸으며, 폰 노이만과 모르겐슈테른이 동등한 형식을 "매칭 페니"라는 이름으로 제시하며 연구했다"고 덧붙였다.[53] 이 문헌은 폰 노이만과 모르겐슈테른이 원래 작업에서는 연관시키지 않았던, 게임 이론과 「도둑맞은 편지」 사이의 의미 있는 연계를 길보가 설정하려고 했다는 것을 보여 준다. 나아가 우리는 폰 노이만과 모르겐슈테른에 대한 길보의 논의에서 포가 처음 등장한 것은 아니라는 것을 알게 될 것이다.

로난 르 루는 1953년 3월 24일 소르본에서 행한 길보의 초창기 강의를 조사했다. 그 강의의 절반은 게임의 수학 이론에 대해 논의하는 데 할애

---

52) Harold W. Kuhn, introduction to John von Neumann and Oskar Morgenstern, *Theory of Games and Economic Behavior*, x.

53) Guilbaud, "Leçons sur les éléments principaux de la théorie mathématique des jeux," chap. 3, 18.

되었으며, 그 일부는 『사이버네틱스』의 3부에 해당한다. "파일럿, 플래너 및 도박꾼: 인간 통제 이론을 향하여"라는 제목의 원래 강의에서 길보는 포의 이야기를 인용하며, 「도둑맞은 편지」는 수학자들의 오래된 논쟁을 문학으로 다룬 것으로, "순수 게임(*jeu pur*)"의 가능성을 시사하는 것이었다고 말했다.[54] 유의미하게도, 길보의 강의는 라캉의 논문 "논리적 시간과 선취된 확실성의 단언"(1945)을 인용하며, 『에드거 포의 지적 방법』(1952)을 막 출간한 벨기에 문학 대부 드니 마리옹(마르셀 드포스의 가명)의 작품에서 발견되는 심리주의를 비판한다. 심리주의의 오류를 배척하기 위해 라캉과 한편에 선 길보는 다음과 같이 주장한다. 마리옹은 "근본적인 문제를 간과한 것으로 보이는데, 이는 다른 사람들의 '생각을 읽는 것'의 문제가 아니다. 중요한 것은 '심리'가 아니라 논리다. J. 라캉 박사는 '논리적 시간'에서 이 문제에 대한 심층적인 분석을 제공했다."(353) "논리적 시간과 선취된 확실성의 단언"에서 제시한 증거에 따르면, 죄수의 딜레마와 게임 이론에 대한 라캉의 탐구는 길보와 알게 되기 전인 것으로 보이는데, 이는 이 논문이 폰 노이만과 모르겐슈테른의 『게임 이론과 경제 행위』의 등장 직후인 1945년 23월에 발표되었기 때문이다.[55] 이는 라캉이 전쟁 포로와 해외 군인을 위한 하트필드재활연구소를 방문했던 영국 여행 기간인 1945년 9월 이전의 일이었다.

---

54) Roux, "Psychanalyse et cybernétique," 352.

55) 이 논문은 *Les Cahiers d'Art*에서 처음 출간되었다. 루디네스코에 따르면, 라캉은 1935년 초 이미 앙드레 바이스(André Weiss)에서 죄수의 딜레마 궤변을 접했다. Elizabeth Roudinesco, *Jacques Lacan*, 176을 보라. 흥미롭게도, 이 궤변, 그리고 이것이 논리적 시간에 관한 생각에 갖는 함의에 관한 라캉의 생각은 1945년까지 출간되지 않았다. 1935년이 아닌 1945년 게임과 논리적 형식에 대한 라캉의 작업이 시작되었다는 사실은 게임 이론과 그의 관계에 대한 역사적 주장을 확인해 준다.

라캉의 1945년 논문과 폰 노이만과 모르겐슈테른의 책 사이의 역사적 연결을 이해하려면, 불확실한 조건하에서의 승리 전략에 대한 후자들의 모델링, 그리고 2인 게임, 3인 게임, n인 게임에 대한 그들의 논의가 다른 곳에서 다른 연구들에도 영감을 주었다는 사실을 염두에 두어야 한다. 그 중 가장 유명한 작품은 비합리적인 인간 행동에 초점을 맞추는 플러드-드레셔 실험이다. 윌리엄 파운드스톤에 따르면, "메릴 플러드는 게임 이론으로 비합리성을 분석한 최초의 인물 중 한 명"이다.[56] 랜드연구소(RAND Corporation)에서 플러드-드레셔 실험이 진행된 것과 앨버트 W. 터커가 "죄수의 딜레마"라는 용어를 만들어 낸 것은 모두 1950년의 일이다.[57] 우리가 게임 이론에 대해 일반적으로 믿고 있는 것과는 달리, 이 연구들의 상당수는 인간이 전적으로 합리적인 존재는 아니며, 그들의 결정이 우연, 시간, 심리적 요인에 영향을 받는다는 가정에서 시작한다. 이는 앞 장에서 언급한 베이블러스의 실험에서 인간 피험자들의 비합리적인 결정에 대해 섀넌이 보였던 반응과 같다.

---

56) William Poundstone, *Prisoner's Dilemma*, 101～125. 파운드스톤은 소설가들이 죄수의 딜레마를 어떻게 다뤘는지를 간략히 논의하며, "에드거 앨런 포의 이야기 '마리 로제의 수수께끼'에서 죄수의 딜레마에 대한 통찰력 있는 논의(터커의 일화를 면밀히 따름)가 등장한다"고 지적한다. 포의 탐정 C. 오귀스트 뒤팽은 범죄 조직의 첫 번째 자백자에게 보상과 면책을 제안하는 상황에 대해 말하며 이렇게 언급한다. "그런 위치에 놓인 범죄 조직의 각 구성원은 보상을 탐내거나 도망치기를 원하기보다는 '배신당할 것을 두려워한다.' 그는 '자신이 배신당하지 않기 위해' 기꺼이, 그리고 빨리 배신한다."

57) RAND는 "연구 및 개발(Research and Development)"의 약자로, 1946년 미국 공군이 더글러스 에어크래프트와의 합작으로 설립했는데, 그 임무는 공중전 기술을 연구하는 것이었다. RAND에서의 게임 이론에 대한 자세한 분석은 Paul N. Edwards, *The Closed World: Computers and the Politics of Discourse in Cold War America*, 113～145를 보라.

라캉의 "논리적 시간과 선취된 확실성의 단언"은 플러드-드레셔 실험을 예견하는 것으로서, 당시 게임 이론가들을 사로잡고 있던 논리적 추론에 대해 그 실험과 같은 가상적 시나리오를 상정한다. 이 논문 이후 곧바로 "숫자 13과 논리적인 의심 형식" 논문이 이어지는데, 여기서 그는 계속해서 숫자와 우연의 문제를 성찰한다.[58] 라캉은 "논리적 시간과 선취된 확실성의 단언"을 가상적인 다음 상황을 제시하며 시작한다. 교도소 소장이 죄수 세 명을 불러 그들의 자유는 각자 다른 사람들이 몸에 부착된 원판의 색을 보고 올바른 판단을 내릴 수 있느냐에 달려 있다고 말한다.[59] 그는 흰색 원판 세 장과 검은색 원판 두 장이 있지만, 각 죄수는 자기 몸에 붙어 있는 원판의 색을 볼 수 없다고 알려 준다. 가장 먼저—여기서 시간이 중요한 요소다—다른 두 사람에게 붙은 원판의 색을 보고 자신의 원판 색을 정확히 추론한 죄수는 풀려난다.[60] 라캉은 이 가상 상황을 이용해 "타자에 대한 자기 자신의 시간 구속적 참조(temporalized reference)"가 취할 논리적 형식을 탐구하면서 "이 형식들은 분명히 브리지 게임의 전략이나 외교 전략뿐만 아니라 정신분석 실제에서 '콤플렉스'를 다루는 데에도 쉽게 적용될 수 있다"(173)고 제안한다. 게임 이론에 대한 초창기 탐구인 라캉의 논문은 길보에게 깊은 인상을 주었다. 또한 이는 게임 이론에 대한 라캉의 관심이 길보로부터 비롯된 것이 아니라는 것을, 그리고 그가 죄수의 딜레마에 대해 쓴 글이 아마도 랜드연구소 수학

58) 이 시기 논리적 시간에 대한 라캉의 개념화에 대한 훌륭한 논의는 Erik Porge, *Se compter trios: le temps logique de Lacan*을 보라.

59) 루디네스코는 1944년 〈출구 없음(Huis clos)〉이라는 희곡에 나타난 사르트르의 자유 개념을 공격하기 위해 라캉이 이런 변론술을 사용했다고 보지만, 그녀는 자유라는 개념을 의심스럽게 만드는 게임 이론에 대한 라캉의 관심은 언급하지 않았다. Roudinesco, *Jacques Lacan*, 176~177을 보라.

60) Lacan, "Logical Time and the Assertion of Anticipated Certainty," 162.

자들의 실험 연구보다 앞섰을 가능성을 시사한다.

그러나 포에 대한 라캉의 해독에 폰 노이만과 모르겐슈테른에 관한 길보의 비평이 영감을 주고 방향을 제시해 주었다는 강력한 증거가 있다. 1949년 길보는 학술지 ≪응용 경제학≫에 『게임 이론과 경제 행동』에 대한 장문의 서평을 게재했으며, 이는 라캉이 「도둑맞은 편지」를 해독하는 데 도움을 준, 잘 알려지지 않은 출처 중 하나다. 이 논문에서 포의 이야기를 다룬 방식은 1953년 소르본에서의 강연이나 1954년 게임 이론에 관한 논문보다 훨씬 더 엄밀하고 비판적이었다. 해럴드 W. 쿤은 길보의 서평이 단순히 폰 노이만과 모르겐슈테른의 작업을 평가한 것에 그치지 않고, 게임 이론 발전에 실질적인 기여를 했다고 지적한다.

그 논문에서 길보는 「도둑맞은 편지」에 나오는 홀수 짝수 게임을 면밀히 독해하며 그가 "책략의 이론"이라고 부르는 개념을 상정한다. 그는 책략이 이중적인 역할을 한다고 본다. 즉 플레이어 1은 상대방(플레이어 2)의 의도를 추측하면서 동시에 플레이어 2가 자신의 의도를 알아차리지 못하도록 한다. 길보는 이를 "긍정적 책략"과 "부정적 책략"이라 부른다. 따라서 사용하는 전략이 고정적으로 적용되면, 책략은 발견될 수 있고 결국 그 가치를 잃게 된다. 길보는 이것이 블러프의 기원이라고 지적하며, "블러프는 정의상 유연한 전략이며, 우리가 보게 될 것처럼 추계적 선택"이라고 말한다.[61] 그는 이어서 플레이어 두 명이 각각 두 가지 옵션으로 제한되는 상황을 고려한다. 플레이어 1은 a와 b 중에서, 플레이어 2는 c와 d 중에서 선택하며, 그 결과 다음과 같은 상황이 발생한다.

---

61) Guilbaud, "The Theory of Games: Critical Contributions to the Theory of Value," 372. 원래 논문 "La Théorie des jeux: contributions critiques à la théorie de la valeur"는 ≪응용 경제학≫ 4~6월 호, 275~319에 게재되었다.

(ac)	(bc)
(ad)	(bd)

이 네 가지 상황은 각 플레이어의 선호 체계에 따라 여러 가지 방식으로 순위가 매겨질 수 있다.[62] 이런 유형의 게임은 어떻게 작동할까? 길보는 두 가지 문학 작품을 언급한다. "첫째는 에드거 앨런 포의 「도둑맞은 편지」에 묘사된 홀수 짝수 게임이다. 둘째는 모르겐슈테른이 사용한 셜록 홈스의 모험 이야기 중 하나다. 홈스는 모리아티로부터 도망치기 위해 도버로 가서 유럽 대륙으로 향하려고 한다. 기차에 탑승할 때 그는 플랫폼에 있는 모리아티를 발견한다. 런던과 도버 사이에는 단 한 번의 정차역 캔터베리가 있다."[63] 이 상황에서 홈스는 매우 어려운 결정을 내려야 한다. 만약 홈스가 모리아티와 같은 역에서 내리게 된다면 그는 목숨을 잃을 것이다. 이에 따라 우리는 다음과 같은 네 가지 시나리오를 고려할 수 있다.

a = 홈스가 도버에서 내린다.

b = 홈스가 캔터베리에서 내린다.

c = 모리아티가 캔터베리에서 내린다.

d = 모리아티가 도버에서 내린다.

---

62) "매칭 페니" 게임을 다루면서 폰 노이만과 모르겐슈테른은 셜록 홈스 이야기 "최후의 문제"를 제로섬 2인 게임의 범주로 분석한다. 자세한 논의는 von Neumann and Morgenstern, *Theory of Games and Economic Behavior*, 176~178을 보라.

63) Guilbaud, "The Theory of Games: Critical Contributions to the Theory of Value," 372.

홈스의 관점에서는, 모리아티의 관점과는 반대로, ac(성공)와 bd(실패)가 ad(죽음)와 bc(죽음)보다 바람직하다. 각자가 상대방의 생각을 상상하고 자신의 최선의 이익을 위한 행동 방침을 결정할 수 있을까? 폰 노이만과 모르겐슈테른은 모리아티가 60%의 확률로 도버로 갈 것이고, 홈스는 60%의 확률로 중간 역에서 멈출 것이라고 계산했다. 나머지 40%는 각 경우의 다른 대안들을 설명한다(178). 이 지점에서 길보는 「도둑맞은 편지」에서 뒤팽이 홀수 짝수 게임을 어떻게 다루었는지 소개한다. 그가 보기에 포의 해결책은 게임 이론의 관점에서 보면 너무 단순하다.

> 포는 두 플레이어 중 한 명이 상대방보다 훨씬 더 지능적이라고 가정하고, 따라서 분석이 쉽다고 생각한다. 그러나 두 플레이어가 꽤 오랫동안 함께 게임을 해 왔고, 경험을 쌓으면서 그들이 같은 수준의 반성 능력을 갖추게 되면, 무슨 일이 일어날지 질문할 수 있다. 당연히 유일한 해결책은 각자가 무작위로 선택하는 것인데, 물론 상대방의 작은 실수를 통해 이익을 얻을 수 있을지 유의해야 한다. 무작위 선택은 이렇게 방어적 위치, 즉 상대방이 실수를 할 때 공격이 전개될 수 있는 기반 역할을 한다. 무작위 선택은 안장점 역할을 한다.[64)]

길보의 비판은 동일한 지능을 가진 두 명의 플레이어 사이의 무작위 선택에 대한 폰 노이만의 수학적 형식화에 기초하고 있는데, 이는 확률을 바탕으로 하고 (일반적으로 이해되는 합리적 선택과는 매우 다른 개념인) 추계적 선택을 통해 균형에 도달할 수 있다는 것을 보여 준다는 점에

64) Guilbaud, "The Theory of Games: Critical Contributions to the Theory of Value," 373.

서 포의 해법보다 더 만족스러운 해결책임이 판명된다.

게임 이론에서 수학자들은 **게임**(game)과 **플레이**(놀이 play)를 엄격히 구분하는데, 전자는 그것을 정의하는 규칙들의 집합이고, 후자는 처음부터 끝까지 진행되는 게임의 특수한 경우다. 이 구분에서 **수**(move)와 **선택**(choice)이라는 또 다른 구분이 나온다. 해럴드 W. 쿤은 이렇게 말한다. "여러 대안 중에서 하나를 선정하는 경우에 대한 구별이 있는데, 하나는 한 플레이어 또는 어떤 우연의 장치에 의해 이루어지는 선정으로, 이를 **수**라 부르며, 다른 하나는 특정한 플레이로 구현된 실제 선정으로, 이를 **선택**이라 부른다. 따라서 게임은 어떤 순서로 된 (반드시 선형적일 필요는 없다!) 수들의 집합으로 구성되는 반면, 플레이는 일련의 선택으로 구성된다."[65] 이 미묘한 차이를 프랑스어로 번역한 사람은 바로 길보였으며, 그는 두 언어 사이의 차이를 살리는 어려움을 충분히 인식하고 있었다. 그 이후에 발표한 논문 "게임에 대한 수학적 이론의 주요 요소들에 대한 강의"(1954)에서 그는 이 어려움을 프랑스어 독자들에게 명확하게 설명한다.

> Une premiere distinction est fondamentale: celle du jeu tel qu'il est défini par sa règle—et d'une realization particulière conforme à la règle. Ou encore en termes equivalents: le jeu avant qu'il ne soit joué—et le jeu une fois qu'il a été joué. Dans le Traité de Von Neumann et Morgenstern, ces notions correspondent respectivement aux vocables: *game, play,* adoptés ensuite par la plupart des théoriciens de langue anglaise (bien que la langue littéraire ne fasse

65) H. W. Kuhn, "Extensive Games," 571을 보라.

pas toujours la même distinction). *Game* désigne le Jeu à Jouer, *Play* un Jeu joué.[66](이탤릭체는 원문의 것)

A first distinction is fundamental: the distinction between the *jeu* as defined by the rules and a particular realization of the *jeu* that follows those rules. In other words, it is between the *jeu* that is yet to be played and the jeu once it has been played. In the treatise of von Neumann and Morgenstern, these concepts correspond to the terms "game" and "play" respectively, which have been adopted by the majority of English-language theorists (although literary language does not always make the same distinction). Game refers to the *jeu* to be played whereas *play* refers to a *jeu* that has been played.

첫 번째 구분은 근본적이다. 그것은 규칙에 의해 정의된 *jeu*와 그 규칙을 따르는 특별한 *jeu*의 실현 사이의 구분이다. 다시 말해, 아직 플레이되지 않은 *jeu*와 플레이된 *jeu* 사이의 구분이다. 폰 노이만과 모르겐슈테른의 논문에서는 이 개념들이 각각 "게임"과 "플레이"라는 용어에 해당하며, 이는 (비록 문학의 언어에서는 항상 동일한 구분을 하는 것은 아니지만) 대부분의 영어권 이론가들이 채택한 용어들이다. 게임은 플레이될 *jeu*를 의미하고, 놀이는 이미 플레이된 *jeu*를 의미한다.

길보는 문학의 언어가 아마도 게임과 플레이의 구분을 혼동할 것임을

66) Guilbaud, "Leçons sur les éléments principaux de la théorie mathématique des jeux," chap. 2, 6.

알고 있었다. 사실 *le Jeu à Jouer*가 프랑스 개념으로 영어로 다시 번역될 때, 그것은 game이 아니라 play가 되었는데, 이는 이 장의 처음에서 언급한 바와 같이, 게임과 플레이의 구분이 영어에서 확립되었음에도 불구하고 일어난 일이다. 프랑스어에서의 이질언어적인 초기호(supersign)인 *jeu/game*은 영어에서 *jeu/play*라는 초기호와 완전히 일치하게 된다.[67] 이 상황은 게임 이론과 포에 대한 라캉의 독해 사이의 연계가 지금까지 모호했던 주요한 원인이다.

언어적 선택으로서 'play'는 'jeu'의 잘못된 동의어는 아니지만, 바로 이 점이 문제의 핵심이다. 기표들의 자유로운 놀이(play)가 맹목적인 놀이로 변하게 되며—이질언어적인 초기호 '*jeu/game*'의 흔적을 무시한 채—게임 이론의 음침하고 계산적이며 경쟁 지향적인 정신을 비판적인 시각에서 보지 못하게 만든다. 그래서 데리다가 영어로 "[c]ontrary to the metaphysical, dialectical, 'Hegelian' interpretation of the economic movement of *différance*, we must conceive of a play in which whoever loses wins, and in which one loses and wins on every turn(**차연**의 경제적 움직임에 대한 형이상학적, 변증법적, '헤겔적' 해석과는 반대로, 우리는 누가 지더라도 승리하는, 매번 지면서도 이기는 놀이를 상상해야 한다)"고 말하도록 할 때, **게임**의 **놀이**로의 번역 오류는 단지 승패에 관한 혼란스러운 진술을 낳을 뿐만 아니라, 더 중요하게는 데리다 의미에서의

---

67) 나는 번역에 의한 이질언어적 요소들이 비가시적 결합을 지칭하기 위해 초기호(supersign)라는 개념을 발전시켰다. 신조어의 경우와는 대조적으로, 이 과정은 의미가 암묵적으로 외국어(들)에 참조되는 모든 언어 단위에서 관찰될 수 있으며, 이는 익숙한 단어를 가시적인 형태적 변화 없이 변형시킨다. 기호학에서의 이 개념에 대한 자세한 설명은 Liu, *The Clash of Empires: The Invention of China in Modern World Making*, 12～13.

*jeu*의 지적 기원을 탈구시키는 결과를 낳는다.[68] 따라서 무해한 초기호인 '*jeu/play*'는 프랑스 이론의 형식을 통해 영어로 다시 돌아가 문학적 담론에서 기표들의 자유로운 놀이 같은 것을 정당화하는 데 사용되며, 폰 노이만과 모르겐슈테른의 게임—제로섬 게임, 전략, 블러핑 등—이 경제학뿐만 아니라 핵전쟁에 대한 그들의 시각에도 동일하게 적용된다는 사실을 간과하게 만든다.

「도둑맞은 편지」에 나오는 홀수 짝수 게임에 대한 포의 묘사에서 그가 "플레이(놀이)"와 "선택"을 "게임"과 "수"보다 우위에 두었다는 것은, 영리한 소년과 뒤팽이 모든 돌을 차지하고 편지 경쟁에서도 승리하도록 설정된 데서 알 수 있다. 상상계를 선호하는 태도(상대와 동일시하는 것)가 상징계의 수준에서 추계적 과정에 관여하는 것(게임의 확률을 따지는 것)을 차단한다. 아마도 이런 이유로 폰 노이만과 모르겐슈테른이 게임 이론을 설명하기 위해 사용한 문학적 사례들에서 포의 이야기가 제외되었을 것이다.

라캉의 포 독해는 뒤팽의 책략이 홀수 짝수 게임에 맞서 싸운다는 점에서 길보의 분석과 아주 일치한다. 이 게임의 추계적 과정은 뒤팽의 영리함을 초월하며, 그는 우연의 법칙을 극복할 수 있다고 생각하지만 결국 다른 사람들과 같은 자리에 머물고 말 것이다. 「도둑맞은 편지」에 대한 독해에서 라캉은 구조의 중요성과 반복 강박을 강조하는데, 이런 인식은

68) Jacques Derrida, *Margins of Philosophy*, 20. "놀이(play)"와 "게임(game)" 사이의 미끄러짐은 앨런 바스의 데리다 번역에서 특징적으로 나타난다. 다음과 같은 진술도 그 전형적인 사례다. "놀이의 개념은 [철학적-논리적 담론과 경험적-논리적 담론 사이의] 이런 대립을 넘어서 있으며, 철학이 시작되기 전과 그 이후에 끝없는 계산 속에서 우연과 필연의 통일성을 드러낸다."(ibid., 7) 내가 여기에서 강조하는 이유에서, 이 경우에 *jeu*라는 단어는 영어로 "game"으로 번역되었어야 하는데, 이는 현재의 번역이 데리다의 진술 맥락에서는 거의 말이 되지 않기 때문이다.

우연, 무작위성, 추계적 과정 일반의 요구에 부합한다. 그는 다음과 같이 말한다.

> 상징의 놀이는 그 자체로 인간적 지지체의 특수성에 구애받지 않고, 주체라 불리는 이런 것을 나타내고 조직화한다. 인간 주체는 이 놀이를 조장하지 않으며, 단지 그 안에 자신의 자리를 잡고, 작은 **플러스**와 **마이너스**의 역할을 수행한다. 주체는 이 사슬의 한 요소일 뿐이며, 이 사슬은 풀리자마자 법칙에 따라 스스로를 조직화한다. 따라서 주체는 항상 여러 수준에서, 교차하는 네트워크 속에 사로잡혀 있다.[69]

포에 대한 라캉의 독해를 흔히 틀지우는 작은 **플러스**와 **마이너스**, 그리고 도식들은 처음에는 난해해 보이지만, 사실 그렇게 복잡하지 않다. 이는 게임 이론가가 이해하는 조합 가능성과 정확히 일치하며, 이는 예를 들어, 길보가 제안한 상황 *ac*, *bd*, *ad*, *bc*를 순서대로 배열할 수 있는 24가지 방식 중 하나에 해당한다.

더욱이 "교차하는 네트워크"는 언어적 네트워크라기보다는 정보 이론의 용어로 "커뮤니케이션 네트워크"를 시사한다. 만약 이것이 라캉이 상징적 사슬의 이진 개념으로 말하려 했던 것이라면, 이는 야콥슨이 확률 분석을 언어 연구에 포함하려 했음에도 불구하고, 소쉬르와 야콥슨의 언어 개념과는 매우 다른 언어 개념을 보여 주는 것이다.[70] 노엄 촘스키는 처음에 야콥슨의 프로젝트에 관여했으며, 『언어의 구조와 그 수학적 측면들』의 출간으로 이어진 중요한 심포지엄에도 참석했다. 촘스키의 변

69) Lacan, "The Purloined Letter," 192~193.
70) 2장의 나의 논의를 보라.

형생성 문법 연구는 정보 이론과 전후 커뮤니케이션 테크놀로지의 최신 영향을 분명히 반영하고 있었다. 데이비드 골럼비아의 주장에 따르면, 촘스키의 연산주의는 인간의 정신을 무한한 문장을 생성하고 변형할 수 있는 유한 상태 기계라고 전제한다. "인간 뇌의 어딘가에는 물리적이거나 논리적인 엔진, 즉 언어 기관이라고 부를 수 있는 것이 있어야 하며, 그 역할은 수학적 무한을 산출하는 것이다."[71] 그러나 변형생성 문법을 발전시키는 과정에서, 촘스키는 "'문법적으로 옳은 영어'라는 개념이 '영어에 대한 높은 수준의 통계적 근사치'라는 개념과 결코 동일시될 수 없다"고 보았다.[72] 촘스키는 영어 문법에 마르코프 연쇄를 적용하는 것에 반대하는데 이는 야콥슨과는 다른 논리다. 그는 이렇게 말한다. "이런 유형의 문법이 영어 문장들을 생성할 경우, 비문(non-sentences)도 많이 생성할 것이다. 영어 문장들만 생성할 경우, 이 문법이 생성해 내지 못하는 참 문장, 거짓 문장, 합리적인 질문 등 무한히 많은 문장이 있을 수 있다는 것은 분명하다." 요컨대, 상징계는 언어에 대한 언어학적 이해로 환원될 수 없으며, 그 반대도 마찬가지다.[73] 그러나 라캉에게 "**플러스와 마이너스**라는 원초적 쌍"이나 홀수 짝수 게임은 언어학적 고려에 선행하는 것이어야 하며, 이는 상징계를 가능하게 하는 것이다.[74]

라캉은 「도둑맞은 편지」에 대한 독해에서, 8개의 숫자 삼괘들을 세 묶

---

71) David Golumbia, *The Cultural Logic of Computation*, 40.

72) Chomsky, *Syntactic Structures*, 18.

73) 펜실베이니아대에서 젤리그 해리스의 분포 패턴 연구를 처음 접한 시기부터 MIT에서 변형생성 문법을 발전시킨 과정까지 촘스키의 연구에 관한 자세한 설명은 Margaret A. Boden, *Mind as Machine: A History of Cognitive Science*, vol. 1, 624~630을 보라.

74) Lacan, "The Purloined Letter," 192.

<표 4> 자크 라캉의 플러스와 마이너스의 상징적 사슬

(1)	(2)	(3)
+++	++−	+−+
−−−	−−+	−+−
	−++	
	+−−	

출처: "The Purloined Letter," *The Seminar of Jacques Lacan. Book 2, the Ego in Freud's Theory and in the Technique of Psychoanalysis, 1954-1955*, translated by Sylvana Tomaselli (New York: W. W. Norton, 1988), 191~205.

음으로 배열하여 상징적 사슬이 실재계에서 어떻게 발생하는지를 보여준다(193). 각 묶음의 삼괘는 홀수 짝수 배열 규칙에 따라 플러스와 마이너스의 이진 기호들을 조합한다(표 4). 각 삼괘는 시리즈의 전체 구조에 연결된 상징적 단일성을 구성한다. 길보가 이진 코드로 표현된 8개의 숫자 삼괘들을 가지고 추계적 가능성을 설명한 방식과 비교해 보라. 두 도식 사이의 유사성은 누가 보아도 명백하다(표 5).[75] 야콥슨이 니콜라이 트루베츠코이와 함께 이항 대립의 원리를 음운학과 음소 분석에 도입한 것은 사실이다.[76] 이들 언어학자는 플러스와 마이너스 기호를 사용해 독특한 음소적 특징의 존재 여부를 확인했다. 하지만 플러스와 마이너스의 사용을, 라캉이나 길보가 기호들의 추계적 그룹화를 통해 하려던 것과 혼

75) Guilbaud, *What Is Cybernetics?*, 48.

76) 『구조인류학』에서 레비스트로스는 트루베츠코이의 작업에 대해 다음과 같이 말한다. "구조 언어학은 의식적인 언어 현상의 연구에서 그 무의식적 기반의 연구로 전환한다."(제1권, 33쪽)

<**표 5**> G. Th. 길보의 8개 삼괘 설명

세 기호로 된 메시지 8개가 있다
0 0 0
0 0 +
0 + 0
0 + +
+ 0 0
+ 0 +
+ + 0
+ + +

출처: G. Th. Guilbaud, *What Is Cybernetics?* (New York: Grove Press, 1959), 48.

동해서는 안 되는데, 이는 우연의 게임이 단순히 독특한 특징의 확인 여부나 음소당 비트 수에 관한 것이 아니기 때문이다.[77] 오히려 이는 이진 코드로 표현된 삼괘와 같은 무작위 시퀀스가 어떻게 확률 분석을 통해 그 구조를 드러내도록 형식화되는가 하는 것이다. 홀수 짝수 게임이나 매칭 페니 게임의 상징적 논리를 따를 경우, 라캉의 플러스와 마이너스 사슬은 확률적 관점에서 순수한 우연의 게임은 존재하지 않는다는 점을 보여 준다.[78]

---

77) Jakobson, Fant, and Halle, *Preliminaries to Speech Analysis*, 43~45.

78) 앤서니 와일든은 라캉이 한때 (그에게?) "언어학 따위는 집어치워라"라고 말했다고 전한다(Wilden, *System and Structure*, 19). 그러나 어떤 이유에서인지, 와일든은 라캉의 사이버네틱스나 정보 이론에 대한 작업은 깊이 들여다보지 않았고, 때때로 그의 오판이 드러나기도 했다. 예를 들어, 그는 다음과 같이 말한다. "라캉은 프로이트에 대한 언어학적 접근을 고집해 왔다. 언어와 커뮤니케이션의 차이를 이해하지 못한 점—이를테면 O. 만노니의 『프로이트』(1971), 특히 미국판 후기에 매우 분명히 드러난다—이 이론의 현재 교착 상태와 내가 라캉에 관한 첫 번째 저서

<표 6> 라캉의 상징적 사슬 방식으로 배열한 음양 기호의 8개 삼괘

(1)	(2)	(3)
☰	☴	☲
☷	☳	☵
	☱	
	☶	

이 논리는 일상적인 언어 영역으로 확장되며, 그곳에서 그가 하나의 단어와 다른 단어와의 접합이라고 부르는 것을 발견한다고 말한다. 라캉은 이렇게 말한다. "너 혼자서도 동전 던지기를 할 수 있지만, 말의 관점에서 보면 혼자서 하는 것이 아니다—이미 승패를 구성하는 3개 기호의 접합이 있고, 이 접합이 결과의 의미를 예고한다. 다시 말해, 질문이 없다면 게임도 없고, 구조가 없다면 질문도 없다. 질문은 구조에 의해 구성되고 조직화된다."(192) 게임 이론과 일관되는 이런 상징적 구조 개념은 언어와 상징계에 대한 역설적인 비언어적 관점의 발전에 중요한 영향을 미쳤을 것이다.[79]

에서 해결할 수 없다고 느꼈던 해석의 문제들을 설명해 준다."(ibid.) 우리가 알다시피, 와일든은 라캉과 긴밀히 협력했으며 그의 초기 번역자 중 한 사람이었다. 그렇기 때문에 그의 연구가 커뮤니케이션에 초점을 맞추고 사이버네틱스 학자인 위너와 그레고리 베이트슨을 여러 차례 언급했음에도 불구하고, 라캉의 상징계의 핵심 측면을 간과했다는 점은 이해하기 어렵다.

실제로 언어에 대한 라캉의 독창적인 관점은 이미 언어와 말에 대한 마서만의 담론을 비판하는 시점에서부터 드러나기 시작했다. 1953년 그는 로마 학회에서 새로운 프랑스 정신분석학회(Société Française de Psychanalyse)의 유명한 선언문(일반적으로 로마 담화라 부름)을 발표했다.[80] 이 연설에서 그는 프로이트에게 "증상은 그 자체로 언어처럼 구조화되어 있다"고, 그리고 "증상은 말이 전달되는 언어다"라고 주장했다.[81]

라캉은 "언어를 깊이 연구하지 않은 사람들"이 자신이 언급한 "언어"라는 개념을 오해할 수 있다는 당연한 우려 속에서 숫자적 연상물이 이해를 조금 더 쉽게 해 줄 수 있을 것이라고 보았는데, 이는 그의 청중이 숫자의 결합 능력에서 "무의식의 동력"(233)을 인식할 수 있을 것이기 때문이다. 이 결합 능력은 어떤 이들이 문법적 질서라고 여기는 것으로 환원될 수 없는 것이다. 그것은 전혀 다른 것이었다. 라캉은 다음과 같이 설명했다.

> 실제로—선택된 수를 구성하는 숫자들(digits)[*chiffres*]의 배열을 분리하여 얻은 수, 그것들을 모든 산술적 조작이 만들어 낸 조합으로부

79) 언어학 이론에 대한 라캉의 비판은 때때로 표면에 드러나는데, 다음은 그 많은 예 중 하나다. "내가 '비가 온다'고 말할 때, 발화의 주체는 문장의 일부가 아니다. 어쨌든 여기에는 어떤 어려움이 있다. 주어는 항상 언어학자들이 말하는 '시프트(shift)'와 동일시될 수 없다." 이 마지막 발언에서 '시프트'에 대한 언급은 분명히 야콥슨을 가리킨 것이다. 비록 야콥슨이 이 용어를 만든 것은 아니지만, 그는 구조 언어학을 위해 이 개념을 발전시켰다. Lacan, "Of Structure as an Inmixing of an Otherness Prerequisite to Any Subject Whatsoever," 188을 보라.

80) 로마 담화는 그 이후 "정신분석학에서의 말과 언어의 기능과 영역"이라는 제목으로 발간되었다.

81) Lacan, "The Function and Field of Speech and Language in Psychoanalysis," 223.

<표 7> 힌두아라비아 이진 코드로 쓴 8개의 삼괘

(1)	(2)	(3)
111	110	101
000	001	010
	011	
	100	

> 터 얻은 수, 심지어 원래의 숫자를 그것으로부터 분리된 숫자 중 하나로 반복적으로 나눌 때 얻은 수—이렇게 얻은 수가 주체 자신의 역사 속에서 얻은 모든 수 가운데 상징적인 것으로 판명된다면, 이는 그 수들이 처음 선택된 순간부터 이미 잠재해 있었기 때문이다. 따라서 이 숫자들[*chiffres*]이 주체의 운명을 결정했다는 생각이 미신으로 거부된다 하더라도, 분석이 주체에게 그의 무의식이라고 드러내 준 모든 것은 그 숫자들의 조합으로 구성된 기존 질서 안에—즉 그것들이 재현하는 구체적인 언어 속에—존재하는 것이라는 점을 인정해야 한다.(233)

라캉이 「도둑맞은 편지」에 대한 1955년 세미나에서 분석한 상징적 사슬은 그가 *chiffre*(숫자, 암호)라 부르는 삼괘들의 세 묶음이다. 이 프랑스어 텍스트에서 *chiffre*는 "암호(cipher)"와 "숫자(numerical digit)" 모두와 연관된다. 라캉이 세미나에서 8개 삼괘(그리고 점복 테크놀로지)를 고찰하는 이유를 추측해 볼 필요가 있다. 이 숫자들은 또 다른 숨겨진 암호 묶음을 암시하는 것인가?

내 해석에 따르면, 라캉의 8개 삼괘는 고대 암호 체계인 괘(卦, *koua*, 병음 표기법으로는 *gua*)를 참조한 수학적 기호다. 이 암호는 「도둑맞은 편지」 세미나가 아닌, 그보다 2년 전에 있었던 로마 담화에서 간접적으로 언급된다. 분명히 라캉의 홀수 짝수 게임에 대한 탐구는 사람들이 관심을 두지 않는 유일한 신비는 아니다. 로마 담화에서 라캉은 이진 숫자를 논의하면서 괘에 대해 호기심을 자극하는 언급을 한다. 그는 이렇게 말한다. "존재와 부재라는—중국의 괘 점복법에서 이어진 선과 끊어진 선으로 모래 위에 그린 그림으로 충분히 구성되기도 하는—이 접합된 쌍으로부터 언어[*langue*]의 의미 세계가 탄생하며, 그 안에서 사물의 세계가 자리 잡게 된다."(228) 불행히도 라캉은 이어진 선과 끊어진 선이 어떻게 괘의 점괘를 통해 언어의 의미 세계를 생성할 수 있는지 청중에게 구체적으로 설명하지 않았다. 그런데 괘란 무엇인가?

괘는 중국어로 보통 "팔괘(八卦, *bagua*)"라 부른다. 이 개념은 최소 3000년 전으로 거슬러 올라가는 『역경(易經)』의 8개 삼괘를 가리킨다.[82] 괘는 음(- -)과 양(—) 기호를 라캉의 상징적 사슬에서 각각 빼기와 더하기로 대체하면, 그것과 동일한 논리적 체계로 이진 코드를 표현한다. 〈표 6〉과 〈표 7〉은 음과 양의 표현을 힌두아라비아 숫자 체계와 비교할 수 있게 해 주는데, 즉 숫자 1이 더하기 또는 양의 기호를, 숫자 0이 빼기 또는 음의 기호를 나타내는 식이다. 이런 점에서 라캉은 음과 양의 기호를 수학적 표의문자로 이해한다.

라캉은 2차 세계대전 중 중국어를 공부했으며, 동양어학교에서 학위

82) 청 지우진과 장 징구오의 고고학 연구에 따르면, 팔괘(八卦) 산술의 출현은 5000년 전으로 거슬러 올라간다. 이들의 연구 "Hanshan chutu yupian tuxing shikao(한산 발굴지에서 출토된 옥 조각 도상에 대한 예비 분석)," 14~17을 보라.

를 받았다. 그는 1971년 프랑수아 청과 함께 중국 고전 연구를 새롭게 시작했다.[83] 이 지식은 비알파벳 글쓰기 체계의 본질과 관련하여 서구 학계의 비수학자들이 만나는 개념적 장애물을 극복하는 데 도움이 되었을 수 있다.[84] 알파벳 글쓰기만 아는 대부분의 사람은 표의문자(ideograph)의 개념을 이해하는 데 어려움을 겪으며, 그것을 그림문자(pictograph)와 혼동하는 경향이 있다. 내가 인쇄 영어에 대한 논의에서 주장한 바와 같이, 표의문자(개념적, 공간적, 모듈적 등)는 그림문자(시각적, 도상적, 모방적 등)와는 다른 추상화 방식을 구현하며, 숫자 기호는 물론 문자 기호, 교통 표지판, 손짓 등에도 적용될 수 있다. 표의문자의 기원에 대해서는, 한때 19세기 후반의 마들렌 시대 기록에 대한 해석에 의해 오도되었는데, 이 기록은 구석기 사실주의 개념의 기초가 되기는 했지만, 20세기 고고학적 발견을 통해 마들렌 시대 기록은 조형 미술의 발전에서 매우 늦은 단계에 해당한다는 것을 밝혀졌다. 이 기록들은 기원전 1만1000년에서 8000년 사이의 것들로, 가장 오래된 것의 시점은 기원전 3만 년 이전이었다. 고인류학자 르루아-구랑에 따르면, "그래피즘은 현실을 나이브하게 재현하는 것에서 시작된 것이 아니라 추상화에서 시작되었다."[85] 즉 호모 사피엔스의 기술적 발전에서 그래피즘의 가장 오래된 순간들이 보여 주는 특징은 사실주의적 재현이 아니라 표의문자적 추상화다. 바꿔 말하면, 팔괘 숫자 체계는 중국 고대부터 점술과 함께 사용되어 왔으며, 수

---

83) Elizabeth Roudinesco, *Jacques Lacan & Co.*, 147, 그리고 라캉의 1971년 세미나 *Le Séminaire Livre XVIII: D'un Discours qui ne serait pas du semblant*를 보라. 이 세미나는 중국 철학과 문자에 대해 광범위하게 논의하고 있다.

84) 라캉과 중국어의 관계에 대한 연구에 관해서는 Richard Serrano, "Lacan's Oriental Language of the Unconscious," 90~106을 보라.

85) André Leroi-Gourhan, *Gesture and Speech*, 188.

학적 기호를 점술 목적으로 사용한 것은 중국에만 특이한 일은 아니다. 사실 이는 세계 여러 문명에서 흔히 볼 수 있는 현상이다. 라캉은 우연, 숫자, 무작위성에 대한 믿음을 미신으로 치부하지 않고, 그것을 무의식으로 가는 길로 본다. 이 통찰에 따라 우리는 숫자 게임을 기반으로 하는 선거 민주주의의 정치적 무의식에 대해 몇 가지 결론을 도출할 수 있으며, 이를 현대적 형태를 띤 지배 계층의 최신 점술 기술로 볼 수도 있다.

그렇지만 고인류학이나 고대 중국 문자의 광범위한 지식이 꼭 괘나 이진 코드의 수학적 원리를 이해하기 위한 전제 조건은 아니다. 고트프리트 빌헬름 라이프니츠는 17세기에 중국으로 간 예수회 선교사 부베 신부를 통해 팔괘와 그 조합 원리를 알게 되면서 그 수학적 원리를 이해하게 되었다. 라이프니츠는 자신이 이진 코드를 발명했다고 생각했으나, 1700년 11월 부베 신부가 유럽으로 가져온 팔괘의 증거를 접한 후 이진 산술은 자신의 발명이 아니라 복희(伏羲)의 원리를 "재발견"한 것이라는 입장을 취하게 되었다.[86]

우리는 이진 코드의 고대 기원에 대한 오랜 논쟁을 다시 다루지는 않을 것이다. 라이프니츠와 예수회 선교사들이 추구했던 보편 언어에 대한 탐구는, 수학적 추론과 상징이 언어와 문자 연구에 중요한 통찰을 제공할 수 있다는 것을 시사한다는 점에서 우리의 논의와 관련이 있다. 부베 신부가 음양 이진 코드의 팔괘를 가리켜 "모든 학문의 가장 추상적인 원리를 표현하기 위해 고대의 어떤 비범한 천재가 발명한 보편적 상징"이라고

86) Donald F. Lach, "Leibniz and China," 446. 복희는 중국 신화 속 첫 번째 황제로, 기원전 29세기에 태어난 것으로 전해진다. 그는 팔괘와 문자를 발명한 것으로 알려져 있다. 요컨대, 그는 문명의 기원을 상징하는 인물로, 혼인의 제도를 창시하고 동물을 길들이며 사람들에게 그물을 사용해 물고기를 잡고 철로 만든 무기로 사냥하며 땅을 경작하는 법 등을 가르쳤다고 전해진다.

언급했다는 점에서, 그는 이미 라이프니츠를 현대 과학의 시작으로 간주했던 튜링, 섀넌, 위너의 보편적 이산 기계를 예견하고 있었던 셈이다. 위너는 라이프니츠를 사이버네틱스의 수호성인이라 불렀다.[87] 길보는 파스칼을 성인으로 간주했는데, 아마도 그가 프랑스인이며 확률 연구에 중요한 기여를 했기 때문일 것이다. 어쨌든 라이프니츠가 이런 입장을 가지고 있었더라도 그가 현대 수학의 선구자로서 중요한 역할을 했다는 사실이 부정되는 것은 아니다.[88] 라캉에게는 자신만의 수호성인이 없지만—프로이트가 그러한 성인으로 간주되지 않는다면—아래에서 증명되듯이, 그의 보편 언어, 즉 상징계는 정보 이론과 사이버네틱스의 매개 없이는 상상할 수 없었을 것이다.[89]

라캉의 언어 개념이 그의 생애 동안 변해 왔다는 것은 의심할 여지가 없으며, 이런 변화와 변형은 역사적 시간 속에서 온전히 고려되어야 한다. 이 장에서는 그 시간 중 한 부분에 초점을 맞춘다. 바로 1954~1955년 연중 내내 진행된 세미나 시리즈다. 이 세미나는 그의 유명한 「도둑맞은 편지」에 대한 독해를 다룰 뿐만 아니라 그의 전 생애 작업에서 중요한 전환점을 보여 주는데, 이는 구조 언어학으로의 움직임으로 오해되어 왔다. 하지만 내 연구에 따르면, 라캉은 실제로 언어에 대한 사이버네틱스적 개념을 발전시키고 있었으며, 이에 그는 소쉬르나 현대 언어학과 유사하기보다는 수학자의 기호 논리와 더 가까워지게 되었다고 할 수 있다. 따라서 그가 문자, 숫자, 플러스와 마이너스, 표의문자를 중요하게 여기

87) Wiener, *Cybernetics*, 52~53.

88) Guilbaud, "Divagations cybernétiques," 283을 보라.

89) 길보와 마찬가지로, 라캉도 사이버네틱스의 계보를 프랑스 수학자인 파스칼과 콩도르세로 거슬러 올라가며 재구성한다. Lacan, "Psychoanalysis and Cybernetics, or on the Nature of Language," 296을 보라.

고, 그래서 결국 난해하고 어려운 인물로 평가받게 되었음은 놀랄 일이 아니다. 그러나 우리는 한 걸음 더 나아가 질문해야 한다. 왜 이런 기호들이 정신분석학에서 중요한 것인가? 그리고 이런 기호들이 프로이트의 무의식에 대한 그의 이해에 어떤 유의미한 영향을 미쳤는가?

사이버네틱 무의식

우리는 문자에 대한 추계적 처리 과정이 커뮤니케이션 기계나 정신 기계 속에 있는 조합 규칙들의 집합을 전제로 한다는 것을 보았다. 이 기계는 의미 있는 결과를 만들어 낼 가능성만큼이나 말도 안 되는 것을 만들어 낼 가능성도 있다. 『사이비네딕스』에서 길보는 언어와 기계의 관계에 몇 개의 장을 할애하고 있는데, 예상대로 회로와 네트워크, 피드백과 목적 지향적 활동, 신호와 메시지, 정보와 확률, 커뮤니케이션 등에 초점을 맞춘다. 섀넌과 마찬가지로 그는 일상 언어와 기호 체계 전반에 큰 (추계적) 관심을 보인다. 그의 관점에서 사이버네틱스 학자의 과제는 엄격한 수학적 방법을 적용해 언어의 추계적 과정을 분석하는 것이지만, 일상적 의미에서의 언어는 숫자나 이진 코드와 같은 다른 기호 체계들 중에서 "그것의 지지물로 기능하는 조합 구조의 극히 일부분만을 사용한다"[90]는 점은 인정한다. 길보는 사이버네틱스나 정보 이론이 인간 정신의 구조를 해명할 수 있는 혁명적 잠재력을 가지고 있다고 주장한다. 그는 사이버네틱스

---

90) Guilbaud, *What Is Cybernetics?*, 72. 길보가 정보 이론을 사이버네틱스의 영역 아래에 둔 최초의 인물은 아니며, 위너도 마찬가지다. 초창기 글에서 뒤발르 역시 "사이버네틱스와 게임 이론 사이의 접점"에 대해 성찰했다. Dubarle, "Idées scientifiques actuelles et domination des faits humains," 311~312를 보라.

가 과학자들에게 "실제 언어 과정을 연구하고, **전통적인 의미의 기계든, 아니면 잠재의식적인 인간 메커니즘**[*un subconcient humain*]**이든 간에**[91] 그것을 만들어 내는 장치에 내재된 구조를 드러낼 수 있게 해 줄 것"이라고 주장한다(나의 강조). 컴퓨팅 기계와 인간의 잠재의식 사이의 공생 관계는 사이버네틱스 학자들 사이에서 흔한 주제였으며, 이는 프로이트에 대한 라캉의 재독해에서 우리가 발견하게 될 사이버네틱스 무의식(the cybernetic unconscious)이라 할 수 있다.

사이버네틱스 연구의 핵심 가설은 인간 두뇌가 사이버네틱 기계라는 것이다. 워런 매컬러와 월터 피츠의 선구적인 논문 "신경 활동에 내재하는 관념의 논리적 계산"(1943)은 1세대 미국 사이버네틱스 학자들 사이에서 이 가설을 가장 엄밀하게 다룬 작업 중 하나로 간주된다. 이 논문은 뉴런의 활동이 본질적으로 명제적이며, 명제 논리의 관계와 동형적인 형식적 신경망을 구축하기 위해 수학적 계산을 적용한다고 설명한다. 매컬러와 피츠에 따르면, 모든 정신적 사건은 기호적 성격을 가지며, "이 활동들의 '전부 아니면 전무(all-or-none)' 법칙, 그리고 이 활동들과 명제 논리의 활동들 사이의 관계가 보여 주는 동일성을 고려할 때 사이콘들의 관계는 명제 논리의 이진 논리의 관계라 할 수 있다. 따라서 심리학에서, 그것이 내성적이든 행동주의적이든 생리적이든 간에, 근본적인 관계는 이진 논리의 관계"[92]라는 것이다. 조셉 두미트의 최근 연구에 따르면, 매컬러가 관심을 가진 질문들은, 예를 들어, "사람처럼 신경증을 보이는 기계는 어떤 기계인가? 기계처럼 병이 나는 사람은 어떤 사람인가? 사람처럼

---

91) Guilbaud, *What Is Cybernetics?*, 70.

92) Warren McCulloch and Walter Pitts, "A Logical Calculus of the Ideas Immanent in Nervous Activity," 114.

기억하는 기계는 어떤 기계인가?"[93] 등이다. 5장과 6장의 논의에서 보듯, 케네스 마크 콜비와 로버트 P. 아벨슨 같은 인공지능 과학자들은 1960년대 초부터 컴퓨터 프로그램을 사용해 신경증 기계를 시뮬레이션하려고 했다. 그러나 라캉은 이미 1950년대에 인간 정신의 커뮤니케이션 회로에서 발생하는 시간적 단절이나 오류 순간에 매료되었고, 이런 순간들을 설명하기 위해 때때로 미국식 용어인 "잼(*jam*)"을 사용하곤 했다.

1954년 말부터 1955년 상반기 동안 라캉이 다룬 프로이트적 주제들은, 「도둑맞은 편지」 세미나를 넘어 길보가 『사이버네틱스』와 앞서 논의한 그의 논문들에서 다룬 사이버네틱스, 게임 이론, 정보 이론의 해석과 어떤 식으로든 밀접하게 연결되어 있었다는 것을 보여 주는 수많은 증거가 있다. 이 장의 제한된 범위 내에서 이들 사이의 많은 유사점과 공유된 기술적 용어들을 체계적으로 비교하는 것은 불가능하다. 더 생산적인 접근은 라캉이 사이버네틱스 관점에서 언어와 말이라는 개념을 발전시키는 데 중심이 되었던 사상적 흐름을 밝혀내는 것이다. 이것은 주로 라캉이 그 시기에 체계적으로 탐구했던 커뮤니케이션 회로, 메시지, 엔트로피, 무의미, 시간이라는 문제들과 관련이 있다. 이런 탐구는 1955년 6월 22일 행한 "정신분석학과 사이버네틱스, 또는 언어의 본성에 대하여"라는 강연으로 절정을 이룬다.

포를 독해하며 라캉은 포의 이야기에서 도둑맞은 편지를 문자 그대로 받아들이거나 실제 돌을 홀수 짝수 게임으로 혼동하지 말라고 경고했던 것을 상기하라. 그는 더 나아가 이렇게 말한다. "편지 자체, 즉 종이에 쓰인 이 문구는, 떠돌아다니는 한, 무의식이다."[94] 편지나 기호는 우연의

93) Joseph Dumit, "Neuroexistentialism," 186.

94) Lacan, "Some Questions for the Teacher," 209.

게임에서 한 사람에게서 다른 사람으로 이동하는 한에서 무의식을 형상화하지만, 그것은 항상 구조 안에서 움직인다. 라캉은 이 과정을 설명하기 위해 비슷한 맥락에서 전신의 비유를 든다.

> 가령 내가 여기서 르망으로 전보를 보내고 르망에서 투르로, 투르에서 상스로, 상스에서 퐁텐블로로, 그리고 퐁텐블로에서 파리로, 그렇게 무한히 전보를 돌려보내 달라고 요청한다고 가정해 보자. 여기서 필요한 것은 내가 메시지의 꼬리에 도달했을 때, 메시지의 머리는 아직 도착하지 않았어야 한다는 것이다. 메시지는 방향을 돌릴 시간을 가져야 한다. 메시지는 빠르게 돌고, 멈추지 않고 계속 돌며, 원을 그리며 돌아간다. 우스꽝스럽게도 자신에게 되돌아간다. 이것을 **피드백**(원문 영어)이라 부르며, 항상성 기계(homeostat)와 관련이 있다. 증기 기관에서 증기의 유입이 바로 이런 방식으로 제어된다는 것을 알고 있을 것이다. 증기가 너무 빨리 가열되면 조속기(governor)가 이를 감지하고, 원심력에 의해 2개가 벌어져 증기의 유입이 조절된다. 평형점 주위에서 진동이 일어난다.[95]

메시지의 머리와 꼬리에 관한 말장난은 게임 이론 덕에 유명해진 우연게임에서 동전 던지기 비유에 기반한다. 이는 전통적인 슬리퍼 찾기 게임과 유사한데, 여기서 슬리퍼 또는 메시지는 계속 움직이지만, 포의 편지처럼 메시지는 사이버네틱스 회로를 통과하는 동안 언어적 의미를 담지하지 않는다.

부정적 피드백과 항상성 기계는 사이버네틱스에서 위너의 중심 개념

95) Lacan, "The Circuit," 88.

들이며, 인간 두뇌의 신경망을 연구한 매컬러와 피츠의 연구에도 영향을 미쳤다. 위너는 "사이버네틱스"라는 용어를 만들면서 "피드백 메커니즘에 대한 최초의 중요한 논문은 1868년 클럭 맥스웰이 발표한 조속기에 관한 논문이며, 여기서 조속기는 Κυβερνήτης(키베르네테스)의 라틴어 변형에서 유래한다"고 지적했다.[96] 위너는 증기 기관을 오래되고 이미 잘 발달된 형태의 피드백 메커니즘에 의해 제어되는 장치로 여러 차례 언급했다. 그는 이렇게 말한다. "우리가 지금 이야기하는 기계들은 선정주의자들의 꿈도 미래의 희망도 아니다. 이것들은 온도 조절기, 자동 자이로 컴퍼스 선박 조타 시스템, 자가 추진 미사일, 특히 목표를 추적하는 미사일, 대공 사격 통제 시스템, 자동으로 제어되는 오일 크래킹 스틸, 초고속 계산 기계 등으로 이미 존재한다. 이런 기계들은 전쟁이 시작되기 오래전에 사용되기 시작했으며, 사실 매우 오래된 증기 기관 조속기 또한 이들 중 하나다."(55) 사이버네틱스 학자들에게 증기 기관과 전신을 묶어 주는 것은 피드백 시스템에서의 메시지라는 아이디어인데, 메시지는 내용이나 의미와는 아무런 관련이 없다. 정보 이론에 따르면, "메시지는 시간적으로 분포된 측정 가능한 사건들의 이산적 또는 연속적 시퀀스"(16)다. 메시지의 움직임은 사이버네틱스 기계의 피드백과 항상성 메커니즘에 의해 결정된다.

인용문에서 라캉이 전신을 이야기한 것은 장난스러운 것일 수 있지만 자의적인 것은 아니며, 키틀러가 상징계를 타자기와 연결한 것을 새로운 시각으로 보게 해 준다.[97] 2장에서 살펴보았듯이, 모스의 전신 기술은 새

96) Wiener, *Cybernetics*, 19.

97) 『축음기, 영화, 타자기』에서 키틀러는 모스 부호를 지나가며 언급하고(12쪽), 라캉의 상징계의 기술적 구현에 대한 논의에서는 타자기에서 컴퓨터 기술로 넘어가며 모스의 전신 기술은 건너뛴다.

<그림 20> 자크 라캉의 1-3 네트워크 도해

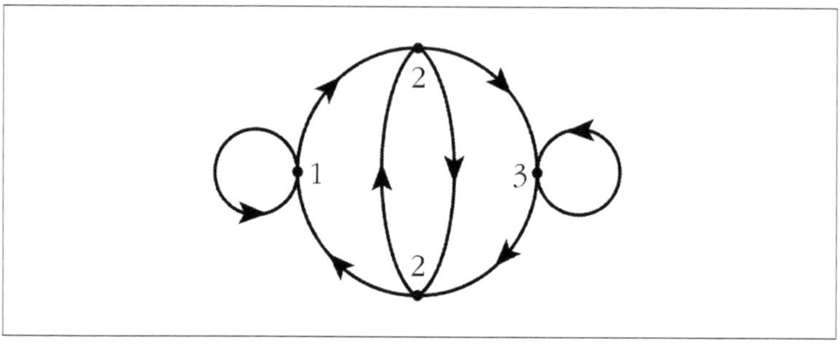

출처: Jacques Lacan, "The Seminar on 'The Purloined Letter,'" 35. From *Écrits: The Complete Edition* by Jacques Lacan, translated by Bruce Fink.

<그림 21> 전신 기호의 추계적 처리에 대한 클로드 섀넌의 도해

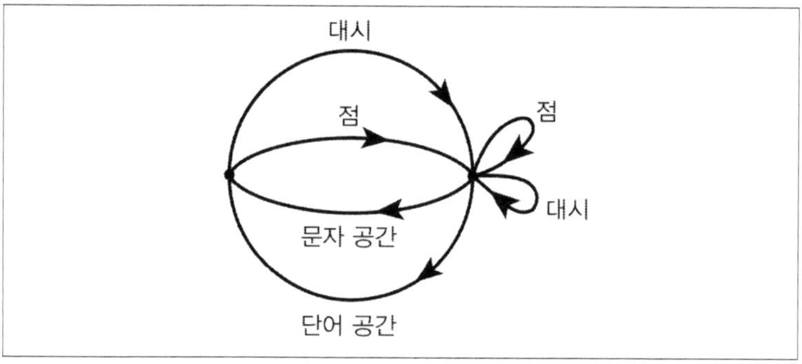

출처: Claude E. Shannon and Warren Weaver, *The Mathematical Theory of Communication.*

넌이 정보 이론을 도입하며 수학적 분석을 시작한 출발점이었다.[98] 개념적으로 전신, 타자기, 전화는 특히 이산 단위(discrete units)에 대한 요구

98) 섀넌은 1941년부터 1958년까지 벨연구소에서 그의 혁신적인 연구 대부분을 수행했으며, 1972년까지 벨연구소와 계속 관계를 유지했다. 그는 1958년 MIT 교수로 임명되어 1978년 은퇴할 때까지 그곳에서 가르쳤다.

와 관련해 서로 연관될 수 있지만, 섀넌의 연구는 필연적으로 모스 부호를 우선시한다. 전신 부호를 통해 섀넌이 발견한 것은 메시지가 불확실성과 확률(즉, x개의 메시지들 중에서 어떤 메시지를 선택할 것인가)과 관련되어 있으며, 커뮤니케이션 체계가 정보의 통계적 패턴(그가 '중복도(redundancy)'라 부르는 것)과 무작위성(그가 '엔트로피(entropy)'라 부르는 것)을 처리할 수 있도록 설계되는 방식과 연관된다는 것이다.[99] 라캉은 전신 메시지에 대한 이런 새로운 개념화를 이해하고, 이것이 자신의 작업에 관련성을 갖는다는 것을 알게 되었다. 이 이해로부터, 기표(또는 문자)에 절대적 우위를 부여하고 기호에 대한 논의에서 '언어적 의미'와 '의미론'을 배제하는 언어 개념이 등장했다. 예를 들어, 라캉은 「도둑맞은 편지」에 대한 세미나에서 1-3 결합 도식을 사용해 3개의 이산 기호로 이루어진 집합의 추계적 과정을 보여 주었다(그림 20).[100] 라캉의 도식과, 섀넌이 『커뮤니케이션에 대한 수학적 이론』에서 제시한 (유한 상태의) 모스 부호의 추계적 과정에 대한 도식(그림 21)을 비교하면, 두 도식 모두에 내재하는 수학적 원리를 확인할 수 있다. 섀넌의 도식은 모스 부호의 점-대시-공백(dot-dash-space) 원리에 대한 그의 앞선 분석을 바탕으로 하는데, 2장에서 논의한 인쇄 영어에서의 27번째 문자에 대한 그의 개념화는 이 작업에서 비롯되었다.[101]

최소한 한 번은, 이폴리트가 참석한 세미나에서 라캉은 섀넌과 벨연구소의 작업을 직접 언급하며 미국의 커뮤니케이션 공학 연구에 대해 강연한 적이 있다. 하지만 그는 섀넌의 이름은 빠뜨렸다.

---

99) Shannon and Weaver, *The Mathematical Theory of Communication*, 39.

100) 이 도식에 관한 자세한 설명은 *Écrits*, 35~39를 보라.

101) Shannon and Weaver, *The Mathematical Theory of Communication*, 38.

벨 전화 회사는 비용을 절감해야 했는바, 가능한 한 많은 수의 커뮤니케이션을 단 하나의 전선으로 전달해야 했다. 미국처럼 광대한 나라에서는 전선을 절약하는 것이 매우 중요했고, 이와 같은 전송 장치를 통해 일반적으로 전달되는 사소한 말들을 가능한 한 적은 수의 전선으로 처리해야 했다. 바로 여기서 커뮤니케이션의 계량화가 시작되었다. 따라서 알다시피 **우리가 여기서 말(speech)이라 부르는 것과는 매우 거리가 먼 그 무엇**을 다루는 것에서 시작되었다. **사람들끼리 나누는 말이 어떤 의미가 있는지는 아무런 관련이 없었다.** 게다가 전화로 전달되는 내용은, 경험상 알다시피, 결코 의미가 없다. 하지만 사람들은 커뮤니케이션을 하고, 인간 목소리의 변조를 인식하며, 그 결과로 자신이 이미 알고 있는 단어들을 인식하면서 이해하는 듯한 착각을 하게 된다. 이것은 사람들이 인식할 수 있는 단어들을 전달하기 위해 가장 경제적인 조건이 무엇인지에 관한 문제다. 아무도 그 의미에 대해 신경 쓰지 않는다. 이것은 내가 강조하고 있는 점을 아주 잘 보여 주지 않는가? 우리가 항상 잊어버리는 것, 언어 즉 말을 위한 도구인 이 언어가 물질적인 무언가라는 것이다.[102](나의 강조)

소쉬르의 파롤(*parole*) 개념이 어떻게 섀넌의 정보 이론이라는 전선을 타고 전달된 후 전선의 다른 쪽 끝에서 근본적으로 변형된 형태로 다시 나타나는지 보라. "전선" 대신 "채널"이라는 용어를 선호한다는 점만 제외하면, 섀넌은 커뮤니케이션의 계량화, 경제성의 필요, 메시지와 의미의 비연관성, 발화의 도구가 물질적이라는 점 등에서 라캉에 완전히 동의했을 것이다. 섀넌 역시 커뮤니케이션이라는 개념은 "우리가 여기서

---

102) Lacan, "The Circuit," 82.

말이라고 부르는 것과 매우 거리가 먼 그 무엇을 다룬다"고 인정했을 것이다.

이 점은 라캉이 소쉬르의 도식에서 기표와 기의의 위치를 뒤집은 이유를 명확히 설명해 주며(그림 18과 그림 19), 라캉이 상징계와 관련하여 무의식을 개념화하는 일반적인 방향을 보여 준다. 말의 도구인 물질적 언어는 더 이상 소쉬르적 언어와 같지 않다. 오히려 그것은 전화 교환 시스템이나, 전선으로 무엇이 전달되든 상관없이 자동으로 작동하는 사이버네틱 기계처럼 작동한다. 1955년 초 몇 달간의 세미나 기록에 따르면, 라캉의 이런 사이버네틱스적 언어 이해는 세미나 참석자들을 혼란에 빠뜨렸다. 그는 정말로 언어를 의미한 것일까? 참석자들은 그의 사고 흐름을 따라가기를 주저하고 힘들어했는데, 특히 라캉이 언어에 대해 생각하게 하기 위해 숫자와 도식 작업을 시킬 때 그랬다. 한순간 라캉은 참을성을 잃고 이렇게 불평했다. "우리는 이 비밀스러운 영역을 깊이 파고들지 않을 것이다. 물가로 말을 데려갈 수는 있지만 억지로 물을 마시게 할 수는 없다. 이 연습에 대해 여러분이 너무 큰 거부감을 가지지 않도록 하기 위해서 말이다."[103]

명백한 이해 부족을 본 라캉은 세미나의 마지막 세션 중 하나를 다음 주제에 할애했다. 자크-알랭 밀레(Jacques-Alain Miller)가 기록한 바에 따르면, 이 세션은 1955년 6월 15일 열렸으며, 주제는 "말은 어디에 있는가? 언어는 어디에 있는가?"였다. 말과 언어라는 개념으로 무엇을 하려는지 매우 혼란스러워하는 몇몇 세미나 참석자들과 열띤 논쟁을 벌인 후 라캉은 이렇게 말했다.

---

103) Lacan, "Odd or Even? Beyond Intersubjectivity," 178.

언어 현상을 수학 기호처럼 형식적으로 정제된 것으로 설명할 경우— 이것이 사이버네틱스를 논의 주제로 삼는 이유 중 하나다—말(verbum)에 대한 수학적 표기법을 제공할 경우, 언어는 우리와 완전히 독립적으로 존재한다는 것을 가능한 한 가장 간단한 방식으로 증명하게 된다. 숫자는 절대적인 속성을 가지고 있다…. **이 모든 것은 우리가 상상할 수 있는 그 무엇보다도 더 보편적인 보편적 기계**(universal machine) **안에서 온갖 방식으로 순환할 수 있다.** 우리는 이 모든 것이 돌아가고 순환하는 무한한 수의 수준들을 상상할 수 있다. 기호의 세계는 기능하지만, 그 자체로는 아무런 의미작용도 하지 않는다. 그것에 의미를 부여하는 것은 우리가 기계를 멈추는 순간이다. 이것이 우리가 그 안에 만들어 내는 시간적 단절이다. 만약 이런 단절이 잘못되었다면, 우리는 모호함이 나타나는 것을 보게 될 것이다. 이는 때로는 해결하기 어려운 문제일 수 있지만, 결국 우리는 매번 그것에 의미를 부여하게 될 것이다.[104]

정신 기계에 대한 이런 흥미로운 논의 뒤에는 기계가 무엇을 할 수 있고 할 수 없는지, 그리고 기계가 보편적인 상징을 공유할 수 있는지 등에 관해 세미나에 참석한 수학자 자크 리게와의 매혹적인 대화가 이어진다. 이에 대해 라캉은 1과 0의 이진 코드가 보편적인 기호 체계라고 지적하며, 이를 프랑스어와 같은 역사적으로 구체화된 개별 언어와 대립시킨다. 세미나의 몇몇 참석자가 프랑스어를 자신의 참조 틀로 사용할 것을 고집하자 그는 다음과 같이 주장한다. "올바른 프로그램이 제공되면, 기계에서 이진 기호가 순환함으로써 이전에 드러나지 않은 소수를 우리는

104) Lacan, "Where Is Speech? Where Is Language?" 284.

찾을 수 있다. 그러나 기계에서 순환하는 소수는 사고와 아무런 관련이 없다."105)

이는 말하는 주체가 아니라 무의식이 생각을 하고 주어진 조합 규칙에 따라 우연의 게임을 하는 것임을 의미하는 것으로 해석된다. 소수처럼, 생각하는 기계에서 나오는 결과가 무엇이든 그것은 단지 게임이 어떻게 작동하는지를 반영할 뿐이다. 따라서 라캉의 정신 기계는 사이버네틱스 학자들의 신경망과 매우 닮아 있다. 의미작용의 분출이나 모호성이 시간적 단절이나 회로의 오류와 연결된다는 점은 라캉이 사이버네틱스의 신경학적 연구를 잘 알고 있었다는 것을 시사한다. 예를 들어, 라캉이 기억을 "신경계의 작은 지점에서" 순환하는 메시지라고 말하면서 그는 사실 문어의 신경계를 실험한 존 Z. 영의 연구—그 이름을 언급하지는 않지만—를 인용하고 있다.106) 물론 전자 체계나 생물 체계는 방해를 받을 수 있으며 회로가 고장 날 수도 있다. 라캉이 신중하게 말하기를, 정보의 순환이 "인간들 사이에서 근본적인 일이 일어난다는 것을 의미하지 않는다. 이는 와이어를 따라 전달되는 것과 측정 가능한 것에 관한 문제다. 그러나 결국 그것이 어디로 가는지, 아니면 그것이 소멸되고 더 이상 소통이 되지 않을 때 어디로도 가지 않는 것인지 의문이 생기기 시작한다."(83)

여기서 프로이트의 반복 자동성(repetition automatism) 개념이 사이버네틱스적인 의미를 가지기 시작한다. 라캉에게 상징계가 작동하는 방

105) Lacan, "Where Is Speech? Where Is Language?" 286. 자연수 p는 p를 나눌 수 있는 양의 정수가 1과 p 자신뿐일 때에만 소수다. 예를 들어, 2, 3, 5, 7, 11, 13 등이 소수에 해당한다. 이 인용문은 라캉이 1951년 이후 컴퓨터가 점점 더 큰 소수를 발견하는 과정을 가속화하는 데 사용되고 있다는 사실을 인지하고 있었음을 보여 준다.

106) Lacan, "The Circuit," 89.

식, 그리고 정신분석학과 사이버네틱스가 무의식을 탐구하는 여정에서 어떻게 만날 수 있는지를 특히 잘 보여 주는 다음 구절은 매우 시사적이다.

> 기계 안에서 메시지란 무엇인가? 전자 램프가 작동하듯, 열림과 닫힘으로, 예 또는 아니요로 진행하는 그 무엇이다. 이는 상징계의 근본적 대립들처럼 발현되는 그 무엇이다. 주어진 순간에 방향을 돌리는 이것은 다시 작동에 들어가거나 그러지 않을 수도 있다. 그것은 항상 응답할 준비가 되어 있고, 바로 그 응답 행위를 통해 완성된다. 즉 고립되고 닫힌 회로로 작동하는 것을 멈추고, 사물의 일반적 흐름 속으로 들어감으로써 완성되는 것이다. 이제 이것은 우리가 강박(Zwang), 즉 반복 강박으로 개념화할 수 있는 것에 매우 가까워졌다.(89)

독일어 용어 *Zwang*은 여기서 "compulsion(강박)"으로 번역되었는데, 이는 프로이트의 개념인 반복 강박(*Wiederholungszwang*)을 지칭한다. 라캉은 이를 반복 강박(*compulsion de répétition*)으로 불렀으며, 때로는 일반적인 프랑스어 번역인 반복 자동성(*automatisme de répétition*)보다 이 용어를 선호하기도 했다.[107] 특히 라캉은 1966년 발표한 "「도둑맞은 편지」에 대한 세미나"에서 바로 이 개념으로 논의를 시작한다. 그러나 이 프로이트적 개념은 이 책에서 사이버네틱 기계 내의 신경망 커뮤니케이션의 추계적 과정을 수용하는 것으로 재구성된다. 이

---

107) 라캉은 "강박"이라는 개념에서 반복적 집착의 힘을 강조하기 위해 이 점을 여러 차례 반복해서 언급했다. 예를 들어, Lacan, "Freud, Hegel, and the Machine" 그리고 "Some Questions for the Teacher"를 보라.

기계는 이진 코드로, 즉 열림 또는 닫힘에 의해 자동으로 작동하는 기계다. 이것은 무의식과 그것의 작동 방식에 대해 무엇인가를 말해 주고 있는가? 라캉은 어느 순간 이렇게 물었다. "개인은 자신의 주관적 기능에서 자신을 언제 고려하게 되는가? 무의식에서가 아니라면 말이다." 그리고 그는 덧붙였다. "프로이트적 경험이 발견한 가장 분명한 현상 중 하나가 바로 그것이다."108) 그렇다면 여기서 그가 말하는 프로이트적 경험이란 무엇인가?

그 경험은—프로이트의 자기 자신에 대한 탐구를 포함하여—결국 어떻게 무작위로 숫자를 말하는지, 그리고 이것이 무의식의 기능에 대해 무엇을 말해 줄 수 있는지를 이해하는 과정이었다. 우리는 프로이트의 저서 『일상생활의 정신병리』와 융이나 블로일러의 단어 연상 게임과 관련하여 이런 주제를 논의한 바 있다. 프로이트를 다시 생각하면서 라캉은 우리에게 "프로이트가 『일상생활의 정신병리』의 끝에서 언급한 매우 이상한 게임, 즉 피험자에게 무작위로 숫자를 말하라고 하는 게임"을 다시 생각해 보라고 제안한다. 진정으로 무작위로 숫자를 말할 수 있는 사람이 있을까? 프로이트의 대답은 아니요였는데, 이는 누군가가 무작위로 숫자를 말하거나 생각할 수는 있지만, 떠오르는 것은 결코 순전히 무작위적일 수 없는데, 이는 무의식의 작용 때문이라는 것이다. 라캉은 프로이트적 경험에 대해 추계적 설명을 제시하며 다음과 같이 말한다. "그가 떠올리는 연상들은 그의 기억, 그의 운명과 너무나도 정확히 맞물리는 의미작용을 드러내기에 확률의 관점에서 보면 그가 선택한 것은 순전히 우연에서 기대할 수 있는 것을 훨씬 넘어서는 것이다."(56) 무의식에 대한 이런 사이버네틱스적 관점은 라캉이 헤겔, 모리스 메를로퐁티, 그리고 의식의

108) Lacan, "Homeostasis and Insistence," 56.

중심적 기능을 내려놓는 데 주저했던 현상학 등을 비판하도록 이끌었다. 또한 이는 라캉이 헤겔주의에서 언어학이 아닌 사이버네틱스로 전환했다는 것을 보여 주는 것으로, 그렇기에 그의 상징계 개념을 소쉬르의 언어 개념과 억지로 연결시키는 것은 잘못이다.

라캉은 당대의 테크놀로지에 뿌리를 둔 물질주의적 언어관을 택했다고 볼 수 있다. 키틀러는 프로이트에 대해서도 이와 비슷한 언급을 하며, 프로이트의 물질주의는 당대 정보 기계가 도달한 수준에 다다랐다고 주장한다. 예를 들어, 프로이트는 정신분석 데이터의 저장을 왁스나 주석 포일 원통에 홈을 새기는 축음기 방식으로 개념화했다.[109] 한편, 라캉에게 커뮤니케이션 기계는 보다 흥미로운 가능성을 제공했다. 정보의 순환은 인간들 사이의 커뮤니케이션을 의미하지 않는다. 이것은 뇌에서의 신경망 커뮤니케이션이 보여 주는 추계적 과정을 시뮬레이션하는 것이다. 엔트로피 법칙에 따르면, 모든 기계는 결국 고장이 날 경향을 가진다. 라캉은 이런 고장을 나타내는 이름이 있다고 말하며, 이는 "심리학에서 잼(*jam*)이라고 부르는 미국식 단어다. 커뮤니케이션이 더 이상 커뮤니케이션으로 기능하지 못하는 경향, 즉 아무것도 전달하지 않게 되는 경향 자체가 근본적 개념으로 처음 등장한 것이다. 이는 또 하나의 상징을 만들어 낸다."[110] 섀넌은 이 경향을 "엔트로피"라고 불렀을 텐데, 라캉 역시 이를 완전히 인지하고 있었다. 그러나 라캉은 또한 상징계에 대한 개념을 발전시키면서 인간 문명의 시간적 운동 속에서 그가 "인간의 기다림(man's waiting)"이라고 부르는 것과 관련하여 커뮤니케이션과 비커뮤니케이션의 의미를 재구성하려고 했다.

---

109) Kittler, *Literature, Media, Information Systems*, 134.

110) Lacan, "The Circuit," 83.

1955년 6월 22일 라캉은 "정신분석과 사이버네틱스, 혹은 언어의 본질에 대하여"라는 제목의 공개 강연을 통해 1년간의 세미나 내용을 요약했다. 이 특별 강연은 프랑스정신분석학회가 '정신분석과 인간과학'이라는 주제하에 마련한 시리즈의 일환으로 진행되었는데, 이전에는 레비스트로스, 이폴리트, 메를로퐁티, 벵베니스트가 초청 연사로 참여했다. 라캉의 강연은 이진 기호의 상징계가 언어라는 보편적 체계로 어떻게 발전될 수 있는지, 그리고 그것이 사고, 의미작용, 말, 의미와 어떻게 구별되는지를 다루는 데 초점을 맞췄다. 그는 우연의 게임, 결정론, 그리고 사이버네틱스에 대한 성찰로 강연을 시작한다. 정확성의 과학은 실재계를 다룬다는 인식을 거부하며 그는 다음과 같이 주장한다. "뉴턴의 체계와 아인슈타인의 체계를 요약하는 작은 상징적 게임은 궁극적으로 실재계와는 거의 관련이 없다. 실재계를 몇 개의 작은 문자와 몇 개의 공식 묶음으로 축소하는 과학은, 후대의 관점에서 보면 놀라운 서사시처럼 보이겠지만, 서사시처럼 결국은 짧은 회로로 축소될 것이다."[111] 이 비판은 1695년 최초의 완전히 등시적인 시계와 함께 "정밀성의 우주"가 시작되었을 때 시간 측정에 대한 질문에서 비롯된다. 하이데거적 관점에서 라캉은 정밀성의 우주를 도구에 구현된 가설로 본다. 도구가 가설을 확인할 수 있도록 구성된다면, 실험을 수행할 필요가 없어지는데, 이는 도구가 작동한다는 사실 자체가 이미 가설을 확인해 주는 것이기 때문이다. 그러나 정확성의 과학이 시간 단위를 빌려 오는 실재계란 무엇인가? 라캉은 "실재계란 예상하지 못했던 곳에서 계속 나타나는 것이며" 또는 "항상 같은 장소에 다시 나타나는"(297, 298～299) 것이라고 말한다. 다시 말해, 과

111) Lacan, "Psychoanalysis and Cybernetics, or on the Nature of Language," 299.

학자는 그의 도구가 발견하도록 허용하는 것을 발견하며, 이를 통해 자연과 일종의 의례화된 만남이 가능해지지만, 그들이 정의하는 자연은 또한 "약속된 시간에 모습을 드러내는 것"(298)의 관점에서 규정될 뿐이다. 확률 계산의 발명과 함께, 만남이라는 개념은 이제 우연의 게임에 의해 설명되며, "같은 장소에서 발견되는 것의 과학"이 "장소들의 조합 자체에 관한 과학"(299)으로 대체된다. 이는 중요한 관찰이다. 라캉이 "실재계와의 만남"이라고 부르는 것은 무엇보다도 과학자들이 그들의 기호를 사용해 행하는 우연의 게임이다. '무의미(non-sense)' 혹은 '비의미(non-meaning)'에 대한 라캉의 반복을 논의하며 마크 테일러는 라캉에게 실재계는 급진적 이질성을 인정하는 것이며 본질적으로 신학적인 것이라고 본다.[112]

사이버네틱스의 혁명적 성격은 "그때까지 숫자의 과학으로 여겨졌던 모든 것이 조합의 과학이 되었다"는 사실에 있다. 이는 상징들의 세계가 거치는 우발적이고 혼란스러운 횡단 과정을 부재와 존재의 상관관계를 중심으로 조직화할 수 있게 해 준다(300). 라캉이 보기에, 사이버네틱스를 통해 실재계를 구문과 연결하는 장치 속에서 상징계가 구현되지만, 이 구문은 일상적인 문법과는 아무런 관련 없이 0과 1의 조합 논리로 만들어진다. 하이데거를 풍자하듯 라캉은 다음과 같이 지적한다. "인간은 이 원초적이고 원시적인 언어의 주인이 아니다. 그는 그 언어 속으로 던져져 있으며 그것에 헌신하고 그것의 톱니바퀴에 얽혀 있다."(307)

그와 같은 맥락에서 라캉은 현상학과 게슈탈트 심리학을 열등한 상상계에 할당하는데, 이는 이들이 "좋은 형식"을 고집하며 "인간은 자신의 집의 주인이 아니다"(307)라는 사이버네틱스의 진실을 무시하기 때문이

112) Mark C. Taylor, *Altarity*, 93~94를 보라.

다. 라캉은 1955년 1월 19일 세미나에서 그랬던 것처럼 모리스 메를로퐁티를 공개적으로 비판하는데, 그만 그런 것은 아니었다. 스티브 하임스는 메이시 학술 대회에서 벌어진 게슈탈트 심리학자들과 사이버네틱스 학자들 사이의 흥미로운 논쟁을 기록했는데, 이 학술 대회에 게슈탈트 심리학의 창시자 중 한 명인 볼프강 쾰러가 초청된 적이 있다. 한 사이버네틱스 학자는 그에게 이렇게 말했다고 한다. "훌륭한 연구지만, 혹시 종교를 숨기고 있는 것은 아닌가요?"[113] 위너는 라캉처럼 게슈탈트 이론을 공격하지 않았지만, 분명히 그 이론과는 거리를 두었다.[114]

라캉은 냉전 시기 사이버네틱스와 게임 이론의 어두운 면을, 그리고 그것이 미국의 세계 지배와 결탁하고 있는 점을 모르고 있었던 것인가? 답은 아니요다. 공개 강연에서 라캉은 이런 위험을 다루기 위해 상황에 대한 적절한 지적 평가를 제안했다. 그는 다음과 같이 말한다.

> 사이버네틱스의 형태로 우리 세계에 등장한 것의 독창성을 이 최전선에서 추구하면서, 나는 이것을 인간의 기다림과 연결시키고자 한다. 정밀한 만남(scanned encounter)의 조합들에 관한 과학이 인간의 주목을 끌게 된 이유는 그것이 인간과 깊이 관련되어 있기 때문이다. 그리고 이것이 우연의 게임에서 비롯된 것은 결코 우연이 아니다. 또한 게임 이론이 우리의 경제생활의 모든 기능들과 관련되어 연대의 이론, 독점의 이론, 전쟁의 이론 등이 되는 것도 결코 우연이 아니다. 그렇다, 전쟁 자체도 게임으로 간주되며, 실재적인 어떤 것에서 분리되어

---

113) Steve Joshua Heims, *The Cybernetics Group*, 235.

114) 위너의 관점에 관해서는 Wiener, *Cybernetics: or Control and Communication in the Animal and the Machine*, 31～32를 보라.

> 게임으로 다루어진다. 우연의 게임뿐만 아니라 이렇게 다양한 영역을 지칭하는 동일한 단어가 존재하는 것도 결코 우연이 아니다…. 여기서 우리는 내가 시작했던 핵심 질문, 즉 "인간 뒤에 자리 잡고 있는 무의식의 우연성이란 무엇인가"라는 질문에 매우 가까워지고 있다.(Lacan, "Psychoanalysis and Cybernetics," 300)

실제로 사이버네틱스가 도래하면서 무의식의 미래는 어떻게 될 것인가? 라캉은 이 질문이 핵심적인 문제라고 여기며, 그것이 우리의 미래, 그리고 무의식의 우연성과 연결되어 있다고 본다. 독점과 전쟁이 중요하지 않다는 것이 아니다. 그것들은 절대적으로 중요하지만, 우리는 그것들을 "게임"으로 대면해야 한다. 이 게임들은 실재계로부터 분리되고 기계와 함께 그리고 기계 안에서 플레이되기 때문이다. 이것이 라캉이 사이버네틱 무의식에 대해 가진 근본적인 통찰인 듯하다. 라캉이 "인간의 기다림"이라고 부르는 시간성의 요소는, 사이버네틱스 이전과 이후의 언어, 정신, 기계에 대한 질문을 어떻게 성찰할 것인가 하는 문제와도 관련이 있다. 그렇다면 사이버네틱스의 도래 이후 언어 이론이나 무의식의 이론은 동일하게 유지될 수 있을까? 답은 '아니다'다. 라캉의 상징계가 드러내는 독창성은 바로 "우리 세계에 나타나는 것"의 시간성에 있다.

발신인에게 반송됨

요약하자면, 미국의 게임 이론, 사이버네틱스, 정보 이론과 라캉의 만남은 1954~1955년 세미나 시리즈에서 프로이트를 재고하는 데 중요한 사건이었다. 실제로 라캉이 상징적 사슬에 대해 말한 것은, 1950년대 정보 이론을 언어학 연구에 포함시키려 했던 야콥슨의 접근과는 매우 다르다. 라캉의 상징계에 대한 작업은 언어에 대한 비언어적 관점으로 이끌었다. 이렇게 프로이트 무의식을 재구성함으로써 그는 디지털 미디어에서 사이버네틱 무의식의 출현에 주목하게 한다. 좋든 나쁘든 라캉은 정신분석학에 대해서 게임 이론이 경제학에 한 것과 같은 일을 해 냈다. 이 작업은 많은 사람들에 의해 오해되었고, 라캉 자신도 자신의 개념들이 널리 잘못 해석된 것에 대해 명확히 인식하고 있었다. 1971년 세미나에서 그는 이 오해를 바로잡으려 하면서 이렇게 말했다. "'무의식에서의 문자의 심급'을 쓴 것이 결코 우연이 아니다. 나는 결코 '기의의 심급'을 쓴 적이 없다."[115]

수십 년 동안 이루어진 사이버네틱 무의식에 대한 이 중요한 작업은 대서양 양편의 문학 비평가들의 눈에 띄지 않고 숨겨져 있었다. (「도둑맞은 편지」에 대한 세미나의) 1966년 라캉의 "텍스트 해제(explication de texte)" 판은 사실 여러 개의 텍스트와 여러 개의 세미나가 존재한다는 사실을 감추고 있다. 이는 세미나 텍스트들이 시간이 지나면서 어떻게 발전해 왔는지를 살펴보면 분명해진다. 라캉은 자신의 글을 『에크리』에 싣기 위해 다시 썼고, 1954~1955년 세미나에서의 많은 토론 내용을 편집하고 변경했다. 비록 1978년 결국 출간되었지만, 엔트로피, 피드백, 텔레파시, 전쟁, 사이버네틱스 기계에 대한 반복되는 언급은 당시 학자들의 큰 관심을 끌지 못했다. 라캉의 세미나는 미국과 프랑스를 오가며 마치 개봉되지 않은 편지처럼—바로 에드거 앨런 포의 「도둑맞은 편지」(보들레르 번역)와 같이—왔다 갔다 했는데 그것은 "발신인에게 반송됨"이라는 인쇄 시대의 소인이 찍힌 편지였다. 이 개봉되지 않은 편지의 대서양 횡단 여행

115) Lacan, "L'Écrit et la parole" (Writing and speech) in *Le Séminaire livre XVIII: D'un discours qui ne serait pas du semblant*, 89.

은 기표의 게임과 그것의 의미론적 종결 불가능성에 대한 라캉의 설명을 확인시켜 준다. 우리는 그 편지와 게임이 그들의 변증법적 움직임에서 의미하는 바를 어떻게 이해해야 할 것인가? 이 상황을 제대로 이해하려면, 우리는 대서양을 넘나드는, 언어를 넘나드는 프랑스 구조주의와 탈구조주의의 형성 과정을 역사적 맥락에서 살펴볼 필요가 있다.

포의 원작은 대서양을 넘나들며 프랑스 모더니스트들로부터 따뜻한 환영을 받았다. 하지만 보들레르가 19세기 중반에 포를 번역하고 글을 쓴 이래로, 미국 문학에서 포의 정전적 지위는 프랑스와 미국 비평가들 사이에서 계속 논란이 되어 왔다. 주로 미국 문학 학자들의 관심인 이 정전 문제에 대해 말하려는 의도는 내게 없지만, 1980년대까지 프랑스와 미국 학계 사이의 사랑이, 「도둑맞은 편지」에 대한 라캉의 해독을 둘러싸고, 너무 자기애적—라캉적 의미에서 상상계—이었다는 점에서 모든 다른 문제가 배경으로 밀려났다는 점은 지적하고 싶다. 라캉은 [「도둑맞은 편지」에 대한 독해 논문을] 1966년 판 『에크리』의 첫 텍스트로 정해 결정적인 텍스트로 삼았다는 점에서 정신분석 비평이 좁게 해석되는 데 어느 정도 책임이 있다.[116]

1955년의 초기 "텍스트 해제"는 여러 버전과 판본을 통해 복잡한 역사적 과정을 겪으면서 발전해 왔다. 라캉 자신은 세미나가 출간되는 것에 큰 관심은 없었지만, 현재까지 최소한 세 가지 버전의 동일한 텍스트가 출간되었으며, 여러 외국어 판본도 여전히 출간되고 있다. 「도둑맞은 편지」에 대한 세미나의 첫 번째 인쇄본은 1956년 『정신분석 2(La

116) 라캉은 「도둑맞은 편지」에 대한 세미나를 이 책의 첫 부분에 배치할 것을 고집했다고 한다. 이는 그의 편집자 프랑수아 왈의 반대에도 불구하고 이루어진 결정이었다.

Psychanalyse 2)』에 게재되었으며, 이 책은 1954~1955년 세미나의 주요 주제를 요약하고 문자와 숫자 시퀀스, 사이버네틱스, 기계에 대한 라캉의 논의를 포함하고 있다. 1966년에는 이 글과 요약본이 『에크리』의 확장된 버전으로 재출간되었으며, 이 버전에는 수학적 도식에 대한 라캉의 소개(Introduction)에 대한 서문으로 "계속 이어지는 내용에 대한 소개(Presentation de la suite)"라는 주석이 포함되어 있다. 주석에서 그는 "이 텍스트에서 내 세미나에 대한 어떤 분위기 같은 것을 느껴 보려는 사람에게, 나는 시간적으로 앞섰지만 여기서는 이 텍스트 뒤에 이어지는 소개에 대한 안내로 사용하는 것이 바람직하다는 충고 없이는 이 텍스트를 권해 본 적이 거의 없었다"고 말한다. 여기서 말하는 "소개"는 그가 자신의 그룹에서 진행한 수학적 · 표의문자적 연습에 대한 자세한 논의가 포함된 어려운 부분이다. 그러나 저자는 독사가 이 마지막 부분을 건너뛰게 될 것이라고 예측한다. "사람들은 보통 이 충고를 따르지 않았다. 장애물에 대한 애착은 존재 속에서 지속되기 위한 장식이니 말이다."[117]

1966년 판 『에크리』는 1972년 부분적으로 영어로 번역되어 ≪예일 프랑스 연구≫에 실렸다. 이 번역에서는 라캉의 "소개"가 이상하게도 삭제되어 있다. 1978년에는 자크-알랭 밀레가 1954~1955년 세미나의 녹취를 가지고, 이를 『세미나 II: 프로이트 이론과 정신분석 기법에서의 자아, 1954-1955(Le Séminaire livre II: le moi dans la théorie de Freud et dans la technique de la psychanalyse, 1954-1955)』라는 제목으로 출간했다. 이 녹취에 대한 실바나 토마셀리의 영어 번역은 1988년 존 포레스터의 주석과 함께 출간되었다. 이 녹취는 이 장에서 보여 준 것처럼, 라캉이 1955년 3월 23일부터 5월 11일 사이 여러 세션에 걸쳐 「도둑맞은 편지

117) Lacan, "Seminar on 'The Purloined Letter,'" 30.

」에 대해 논의했음을 보여 준다. 『에크리』에서 승인된 버전의 "「도둑맞은 편지」에 대한 세미나"는 2002년 브루스 핑크의 번역을 통해 영어권 독자들에게 처음으로 완전한 텍스트로 소개되었다.

이 버전들 사이의 불일치는 너무도 크고 많아서 라캉의 상징계와 무의식 이론에 대해 비평가들이 독자에게 제시한 주장들의 유효성에 의문을 제기하지 않을 수 없었다. 「도둑맞은 편지」에 관한 세미나의 녹취, 출간, 번역과 관련된 텍스트 역사는 우리에게 더 큰 문제를 제기한다. 라캉의 상징계 개념이 사이버네틱스와 정보 이론에 의존하고 있으며, 이 두 가지 이론은 모두 미국에서 유래했다는 점에서, 대부분의 비평가가 탈구조주의를 논하며 이를 프랑스 이론이라고 부르면서 왜 이 연결 고리는 간과한 것일까?

포레스터는 그럴듯한 설명을 제시한다. 그는 1972년 ≪예일 프랑스 연구≫에 실린 1966년 버전에 대한 제프리 멜먼의 불완전한 번역 탓에 "세미나"가 라캉의 반복에 대한 논의, 기계와 사이버네틱스에 관한 논의의 맥락에서 벗어나 영국과 미국에서 읽히게 되었다고 말한다.[118] 이것은 사실이며, 우리는 포에 대한 그의 해독을 틀지었던 사이버네틱스를 라캉의 "텍스트 해제"의 다국어 복제본이 어떻게 은폐했는지를 보았다. 반면 라캉을 읽는 영국과 미국의 대다수 탈구조주의 독자들이 이 세 가지 프랑스어 버전 중 하나를 참고했을 가능성이 크다는 점에서, 사이버네틱스를 보지 못하는 라캉 독해의 모든 경우를 영어 번역자에게만 책임을 묻는 것은 공정하지 않다. 그렇다면 자크 데리다가 "진리의 공급자"에서 포에 대한 라캉의 독해에 놀라울 정도로 세밀한 비판을 하고, 바바라 존슨

118) John Forrester, *The Seductions of Psychoanalysis: Freud, Lacan, and Derrida*, 339n72.

이 “참고의 틀”에서 데리다의 비판에 강력한 반박을 하면서도, 둘 다 라캉의 세미나에서 사이버네틱 기계, 게임 이론, 정보 이론에 대한 언급은 어떻게든 피했다는 사실은 어떻게 설명할 것인가? 대서양을 건너 기표들이 이렇게 “놀이”하는 것이 문학 이론의 정치적 무의식에 대해 무엇을 말해 주는가? 이것이 라캉이 평생 싸워 온 학문적 경계의 재생산 및 단속과 관련이 있는 것은 아닐까?

마지막으로, 라캉의 가르침 “스타일”은 난해하다기보다는 정밀성을 추구한다. 그가 문자, 숫자, 표의문자 기호를 우선시하는 것은 언어와 기호에 대한 사이버네틱스적 이해를 요한다. 우리는 정보 이론과 사이버네틱스적 사고의 기초를 익히기 전까지 이런 가르침 스타일에 접근하기가 쉽지 않을 수 있다. 그렇다고 우리가 그것을 반드시 지지해야 한다는 의미는 아니다. 라캉의 현대 이론 발전에의 관여는 변증법적이었고 결코 비판적이지 않았던 적이 없었다. 그는 길보의 입력을 통해 정보 이론과 사이버네틱스를 사고함으로써 전후 세계 질서의 사이버네틱 무의식을 드러내 보여 줬다. 이들의 작업은, 이 세상에 우리 존재를 규정하는 게임들에서 기표들의 자유로운 놀이란 없다는 것을 보여 준다. 인문학자들은 언어와 텍스트에 대해 자유롭게 생각할 수 없으며, 그것들을 생산하는 네트워크화된 기계, 코드, 제도를 무시할 수 없다. 우리의 이론과 이론적 담론도 우리 시대의 상징계, 그리고 우리 세계에 등장하는 것의 독창성과 마주하게 된다. 그 독창성은 다음 장에서 내가 보여 주듯이, 프로이트 로봇의 도래다.

5장
프로이트 로봇

독자의 눈앞에 펼쳐지는 것은, 주권적이지만 변덕스러운 무대 장치자의 손이 진짜 인형과 가짜 인형을, 실재 생명과 시뮬레이션된 생명을 조종하는 일종의 인형극이다. 그물은 팽팽하게 당겨지고 휘이지며 얽혀 있다. 장면들은 중심에 모였다가 흩어지고, 서사는 시작되었다가 중단된다. 독자가 어떤 시연을 따라가고 있다고 생각하는 순간, 표면에 균열이 일어나는 것을 감지한다. 텍스트는 일부 뿌리를 땅속으로 미끄러지게 하는 동시에 다른 뿌리들을 공중으로 들어 올린다. 한순간에는 과학의 형상처럼 보이던 것이 나중에는 어딘가 허구처럼 보인다.

- 엘렌 식수, 『허구와 그 유령들』

라캉은 공격성과 나르시시즘에 대한 성찰에서 인간 정신의 근본적인 분열을 지적하며, 인간은 매 순간 "자살을 저지르면서 자신의 세계를 구성한다"고 말한다.[1] 라캉이 그의 연구에서 강조하고자 했던 심리학적 진실

---

1) Jacques Lacan, "Aggressiveness in Psychoanalysis," 100~101.

중 하나는 자아와 공간의 관계, 그리고 자아의 자기 보존 본능을 특징짓는 긴장이다. 자아의 본능이 공간을 지배하고자 하는 유혹 —라캉이 든 사례는 "충격, 전투기, 낙하산병, 특공대원"(100)이다—앞에서 자발적으로 물러난다는 것은 문명의 불안에 관해 무언가를 말해 주는 것으로, 프로이트가 이를 설명하는 한 단어를 만들어 냈는데 그것은 바로 "죽음 충동(*Todestrieb*, death drive)"이다. 그럼에도 독자는 왜 프로이트가 이 개념을 택하고 그것을 인간의 가장 근본적인 본능 중 하나로 보아 에로스 또는 생명 본능과 대립시켰는지 의문을 가진다. 그렇다면 죽음 충동이란 무엇인가?

죽음 충동은 아마도 프로이트의 개념들 중 가장 논쟁적인 개념 중 하나일 것이다. 이는 열역학 제2법칙에서 말하는 엔트로피 개념과 관련이 있다고 여겨져 왔다. 어니스트 존스는 프로이트가 죽음 충동을 제안한 목적이 페히너의 안정성 원칙과 열역학 제2법칙 사이의 관계를 확립하려는 데 있었다고 설명한 바 있다.[2] 프로이트는 『쾌락 원리를 넘어서』와 『문명 속의 불만』에서 평형과 파괴를 향하는 모든 유기체의 내재적 성향을 설명하려 했다.[3] 그는 인간과 모든 생명체가 자신의 죽음을 향하는, 즉 무기질 상태로의 퇴행이라는 조건을 향하는 경향이 있다고 주장한다. 이것이 바로 죽음 충동이다. 열역학에서는, 주지하는 바와 같이, 폐쇄된 체계에서 쇠퇴, 평형, 비가역성으로 향하는 경향은 '엔트로피'로 측정되는데, 이 수는 열의 양을 온도로 나눈 값이다. 열역학 제2법칙은 고립된 체계에서 에너지 흐름의 방향, 즉 열이 항상 뜨거운 물체에서 차가운 물체

2) Ernest Jones, *The Life and Work of Sigmund Freud*, 3: 276.

3) 프로이트는 죽음 충동을 반복 강박과 연결시키며, 이를 "유기체적 생명 안에 내재된, 이전 상태로 돌아가고자 하는 충동"이라고 설명한다. Freud, *Beyond the Pleasure Principle*, 36을 보라.

로 흐른다는 것을 말한다. 본질적으로 이는 외부 힘이 작용하지 않는 한 폐쇄된 체계의 엔트로피는 감소할 수 없다는 것이다.

어니스트 존스가 프로이트의 죽음 충동 가설에 이의를 제기할 때 반박의 근거는 바로 열역학 제2법칙이었다. 존스는 생명체가 폐쇄된 체계가 아니므로 외부에서 에너지를 받아들여 슈뢰딩거가 말한 "부정적 엔트로피"를 획득할 수 있다고 주장했다. 이런 점에서 존스는 엔트로피와 죽음 충동을 연결하려는 프로이트의 시도가 실패했다고 보았다(276~277). 이 견해는 당시 다수의 정신분석가, 그리고 1931년 ≪국제정신분석학회지≫에서 죽음 충동과 엔트로피에 대한 논쟁에 참여했던 사람들 사이에 공유되었지만, 이 논쟁은 모든 사람을 만족시키는 결론에 도달하지 못했다.[4] 죽음 충동과 엔트로피의 관계는 이후에도 간헐적으로 비평가들의 관심을 끌어 왔으며,[5] 1970년대 초반 앤서니 와일든(Anthony Wilden)이 사이버네틱스 관점에서 프로이트의 엔트로피 원리를 비판한 것도 우연은 아니다.

와일든은 프로이트의 신경망 이론이 뇌와 인간을 정보 처리 체계로 보는 현대적 모델을 예견했다고 주장하며, 프로이트가 거의 사이버네틱스를 예감했으나 정신의 생체에너지적 모델, 그리고 폐쇄된 체계와 열린 체계의 차이에 대한 불완전한 이해라는 한계를 가지고 있었다고 말한다. 와일든에 따르면, 프로이트는 한 진술에서 "인간은 두 대립적인 키베르네

---

4) 1931년 논쟁에 관해서는 Siegfried Bernfeld and Sergei Feitelberg, "The Principle of Entropy and the Death Instinct," Reginald O. Kapp, "Comments on Bernfeld and Feitelberg's 'The Principle of Entropy and the Death Instinct'," 그리고 L. S. Penrose, "Freud's Theory of Instinct and Other Psycho-Biological Theories"를 보라.

5) 예를 들어, Leon J. Saul, "Freud's Death Instinct and the Second Law of Thermodynamics"(1958)를 보라.

타이(kybernetai), 즉 에로스(Eros)와 타나토스(Thanatos)가 조종하는 가운데, 정적 상태와 과잉 활동 사이를 오가는 신경증적 증기기관과 같은 바, 이 두 힘은 매일 배달되는 석탄을 어떻게 처리할지를 두고 다툰다"(124)고 말한다.[6] 이것만으로도 맥스웰의 악마(Maxwell's Demon)나 노버트 위너의 유령을 떠올리기에 충분하지만, 와일든은 사이버네틱스 비유에서 한 발 더 나아가 프로이트의 인간 개념은 "죽음 충동의 엔트로피(프로이트의 '관성 원리')에 사로잡힌 열역학적 시스템"(124)이라고 설명한다. 그는 프로이트가 채택한 고전 물리학의 엔트로피 원리를 넘어서기 위해서는 에너지와 정보, 폐쇄 체계와 열린 체계 사이에 명확한 방법론적 구분을 도입해야 한다고 본다(132). 이 사이버네틱스 관점에 관한 한 설득력이 있어 보이지만, 역사적 모순은 클로드 섀넌이 엔트로피 개념을 배제하지 않았을 뿐 아니라 자신의 정보 이론 작업에서 이를 중심에 두었다는 점이다. 2장에서 본 바와 같이, 섀넌은 열역학 제2법칙에서 이 개념을 차용해 에너지(열)의 측정 단위를 정보의 측정치('비트' 또는 이진수)로 전환했다.

와일든의 프로이트 비판은 시대착오적이고 결함도 있지만, 디지털 미디어의 새로운 세계에서 사이버네틱스의 역할을 강조한 점은 분명히 정당하다. 허버트 마르쿠제와는 달리, 와일든은 라캉과 협력하고 베이트슨 등 미국의 사이버네틱스 학자들과 교류하며 디지털 테크놀로지의 급속한 발전에 주목했다. 이는 그가 동시대의 다른 프로이트 학파와 명확히 구별되는 점이다.[7] 이와 반대로, 정신분석학에 대한 마르쿠제의 이해는,

6) Anthony Wilden, *System and Structure*, 124.

7) 아이러니하게도, 와일든은 라캉의 언어학적 접근을 비판하면서 라캉의 사이버네틱스 논의를 배제했다. Wilden, *System and Structure*, 19를 보라. 와일든의 마르쿠제 비판에 관해서는 Wilden, "Marcuse and the Freudian Model: Energy,

마치 사이버네틱스와 정보 이론이 전혀 등장하지 않은 것처럼, 19세기 물리학에 기반한 생체에너지 담론에 깊이 빠져 있었다.[8] 와일든의 문제는 섀넌이 엔트로피 개념을 정보 이론에 도입한 과정을 간과하고 프로이트가 생체에너지론과 정보 이론과 관련하여 어디에 위치하는지를 섣불리 판단하려 했다는 점이다.

되돌아보면, 1948년 섀넌이 열역학적 엔트로피 개념을 정보 이론으로 번역한 것은 에너지와 정보의 구분이 어떻게 이루어질 것인가(그리고 와일든에 의해 지지될 것인가)를 결정짓는 결정적인 순간이었다. 정보 이론을 지지하는 이런 담론적 전환은 유기체와 무기체의 생기론적(vitalist) 구분—존스가 프로이트의 죽음 충동 개념에 반대하기 위해 활용했던 바로 그 구분—을 약화하고, 분자 생물학에서 형식주의가 등장하는 계기가 되었다. 프로이트는 이 모든 것을 예견할 수 없었으며, 그의 죽음 충동 개념이 열역학 제2법칙에 부합하거나 비교 가능한지 논쟁하는 것은 생산적이지 않을 것이다. 엄밀히 말하자면, 섀넌이 엔트로피를 정보 이론에 적용한 방식조차도 열역학 제2법칙의 검증을 통과하지 못했을 가능성이 크다.

에너지와 정보의 관계가 엔트로피를 매개로 한다는 것은 과학사 연구자들에게 대단히 흥미로운 주제다.[9] 이 문제 자체가 여기서 우리의 주요 관심사는 아니지만, 우리는 탈생기론적 관점에서 제시되는 유기체와 무

Information and Phantasie"를 보라.

8) 마르쿠제는 "프로이트 개념에서, 파괴적 에너지는 에로틱 에너지를 줄이지 않고는 강해질 수 없다. 두 가지 기본 충동 간의 균형은 양적인 것이며, 본능적 역동성은 두 대립자 사이에서 사용 가능한 에너지의 양을 분배한다는 점에서 기계론적이다"라고 말한다. Marcuse, "Aggressiveness in Advanced Industrial Society," 257~258을 보라.

9) 이 문제에 대한 훌륭한 논의로는 Bruce Clarke, "From Thermodynamics to Virtuality"를 보라.

기체의 구분이 흐려지는 경향이 디지털 미디어에서 인간과 기계의 관계를 어떻게 복잡하게 만드는지, 그리고 이 경향이, 특히 프로이트의 그 유명한 언캐니(the uncanny)에 관한 글에 영감을 준 자동체(automata)에 대한 우리의 정신적 관계에 어떤 영향을 미치는지를 고찰해야 한다.

이제 이 문제를 약간 다른 각도에서 살펴보자. 3장에서 우리는 섀넌의 수수께끼 같은 자동체에서 죽음 충동에 대한 시뮬레이션 모델이라고 부를 수 있는 것을 만난 바 있다. 아서 C. 클라크에 따르면, 이 "궁극적 기계(Ultimate Machine)"는 접촉한 사람들에게 순수한 깨달음(epiphany)은 아니더라도 경외감이라는 경험을 주었다.[10] 클라크는 1950년대 전후 미국의 커뮤니케이션 테크놀로지의 발전을 알아보기 위해 방문 중이었다.[11] 그는 벨연구소의 섀넌 연구실을 지나가다 우연히 본 자동체를 뛰어난 세부 관찰력을 바탕으로 3장에서 발췌해 소개한 몇 개의 강렬한 문단으로 묘사했다. 소형 나무 상자의 앞면에 있는 스위치를 누르면 윙윙거리는 소리와 함께 뚜껑이 천천히 열리고 안에서 가짜 손이 나온다. 그 손은 스위치를 꺼 버린 후 다시 상자 안으로 들어간다. 뚜껑이 닫히고 다시 고요함이 찾아온다. 이 모든 과정은 몇 초밖에 걸리지 않는다. 이 기계가

---

10) 독일 파더본에 위치한 하인츠 닉스도르프 박물관에서 열렸던 섀넌 전시회(3장 주 89 참조) 외에도, 독자들은 유튜브나 다른 웹사이트에서 "궁극적 기계"의 복제품을 찾아볼 수 있다. 이런 복제품 중 하나는 진 서칭거가 감독한 PBS의 1995년 다큐멘터리 영화 〈인간 언어 시리즈〉, 1부, "인간 언어의 발견"에 등장한다. 이 기계는 영화의 짧은 장면에 잠깐 등장하는데, 가짜 손이 온·오프 동작을 완료하는 데 필요한 시간만큼 작동한다.

11) 클라크는 1945년에 발표한 기술 논문에서 정지 궤도 위성 통신을 제안했다. 하지만 존 R. 피어스는 벨연구소의 연구 부사장으로 재직 중 위성에 관한 중요한 연구를 진행했다. 피어스는 최초의 상업 통신 위성인 텔스타 1 개발의 책임자였고, 무인 통신 위성에 대해 처음으로 논의한 인물이기도 했다. John R. Pierce and A. Michael Noll, *Signals: The Science of Telecommunications*를 보라.

0과 1이라는 디지털 원리를 구현하는 것은 그것의 기계적 구성—어떤 의미에서 모든 로봇은 기계적이다—이 아니라, 켜고 끄는 사이클을 수행하는 가짜 손의 동작이다.

독자가 기억하듯, 클라크는 이 경험이 정서적으로 불안하게 하는 것이었다며, "스스로를 끄는 것 외에는 아무것도—절대로 아무것도—하지 않는 기계라는 것에는 형언할 수 없을 정도로 섬뜩한 무언가가 있다"고 말했다.[12] 그렇다면 클라크가 이 궁극적 기계에서 얻은 정신분석학적 통찰은 무엇인가? 이는 한 세기 전 자동체에 대한 에른스트 옌치(Ernst Yentsch)의 독해를 보고 프로이트가 발전시킨 언캐니(the uncanny) 개념과 관련이 있는가? 단순한 피드백 메커니즘으로 등장하고 사라지는 가짜 손이 인간 정신에 강렬한 영향을 미치게 되는 이유는 무엇인가? 섀넌의 궁극적 기계는 일종의 프로이트 로봇인가?

4장에서 우리는 라캉이 프로이트를 재해석하고 상징계라는 개념을 발전시키는 과정에서 사이버네틱스, 게임 이론, 정보 이론과 같은 혁신적인 접근을 어떻게 매개로 삼았는지 살펴보았다. 이번 장에서는 프로이트의 언캐니 개념 문제를 다시 제기하며 이를 자동체, 이미지 생성, 디지털 미디어의 최근 발전과 연관 짓고자 한다. 이를 이 관점에서 재고할 중요한 이유가 여러 가지 있지만, 이 장에서는 세 가지에 초점을 맞춘다.

첫째, 시각 문화와 포스트모던 예술 이론가들은 애니메이션 이미지와 자동체가 우리의 시각 및 인지 체계에 어떤 영향을 주었는지 설명하면서 종종 프로이트의 언캐니 개념에 의존한다. 특히 프로이트의 "언캐니(Das 'Unheimliche)"라는 글은 현대 미학적 감수성과 관련해 매우 적절하며 심지어 필수적이라고 여겨진다.[13] 둘째, 이런 경향이 정신분석학적 통찰

12) A. C. Clarke, *Voice Across the Sea*, 159.

없이 미디어 분석을 수행하기가 본질적으로 어렵다는 점을 보여 주는 것이라면, 우리는 정신분석가가 "언캐니"라는 개념을 통해 처음으로 설정하려 했던 지식의 대상이 무엇인지 되돌아볼 필요가 있다. 이 질문은 디지털 미디어 연구에 중요한 영향을 미칠 수 있는데, 이는 이 논의에 대한 프로이트의 독창적인 기여가 E. T. A. 호프만의 「모래 사나이(Der Sandmann)」에 나오는 자동체에 대한 논쟁적인 독해와 얽혀 있었기 때문이다. 셋째, 더 중요한 점으로, 자동체, 디지털 미디어, 인공지능 공학 분야의 현재 연구가 언캐니에 대한 프로이트의 설명 중 지금까지 모호했던 몇 가지 측면을 새롭게 조명해 주고 있다는 것이다.

나는 자동체와 언캐니 사이의 핵심 연결점을 프로이트가 옌치를 고려했던 원래 맥락에서 재설정하려 한다. 프로이트, 옌치 등의 이론가들을 재해석함으로써, 이 장은 프로이트와 디지털 미디어의 관계를 밝히고, 그런 측면에서 인공지능 분야의 언캐니 밸리(Uncanny Valley) 연구를 추가로 살펴볼 것이다. 마지막으로, 이 장은 인간의 인지 행동을 모방한 컴퓨터 시뮬레이션인 뉴로틱 머신(K. M. 콜비)과 이모션 머신(마빈 민스키)을 다루고, 인간-기계 생태계에서 프로이트 로봇이 차지하는 지위와 그 대안들을 고찰하며 마무리할 것이다.

자동체의 언캐니

우리의 탐구 출발점은 프로이트 자신이 「언캐니」라는 글에서 시작한 지

13) 예를 들어, 할 포스터가 『강박적 아름다움』에서 모더니스트 예술을 정신분석학적으로 해석한 사례를 참고할 수 있다.

점에서, 즉 에른스트 옌치의 해석에 대한 그의 강력한 반박, 특히 언캐니를 모호성이나 지적 불확실성에서 비롯된 것으로 보는 옌치의 주장에 대한 그의 거부에서 시작한다. 자동체라는 주제에 대한 프로이트의 입장을 해명하는 데 결정적으로 중요한 이 출발점 또는 옌치에 대한 부채는 1919년 처음 발표된 프로이트의 글을 둘러싸고 그 이후 축적된 방대한 논평들에서 완전히 억압된 것은 아니더라도 종종 간과되곤 했다. 대부분의 기존 문헌에서 신비롭게도 언캐니는 억압된 것의 귀환을 나타내거나, 자주 인용되는 셸링의 표현대로 "비밀스럽고 감추어져 있어야 할 것이 드러난 것"으로 해석된다.[14] 이런 독해는 프로이트의 논지 맥락에는 맞지만, 의도치 않은 결과로, 옌치의 『언캐니의 심리학에 관하여』(1906)는 거의 읽히지 않아, 모호성과 불확실성을 (옌치처럼) 언캐니의 원천으로 제시하는 것을 왜 프로이트가 용인하지 않았는지 이해할 수 없게 되었다.[15] 빌 브라운의 말처럼, 옌치는 "비판적인 각주 덕분에 가장 유명해진 운명"을 지녔다는 지적은 옳다.[16] 대부분의 비평가는 옌치에 대한 프로이트의 반박을 면밀히 검토하기보다는, 독일어나 유럽어 어원을 통해 논지를 설명하는 프로이트의 방식을 모방하여 언캐니(das Unheimliche)는 친숙한 것(das Heimliche)으로 감추어진 것이라는 보편적 주장만을 재확인하는 데 그친다.[17] 옌치의 글은 1997년까지 독일어로 재출간되지 않았고 영어

---

14) Sigmund Freud, "The 'Uncanny,' " 241.

15) 프랑수아즈 멜처는 프로이트의 독해에 의문을 제기한 몇 안 되는 비평가 중 하나다. F. Meltzer, "The Uncanny Rendered Canny: Freud's Blind Spot in Reading Hoffmann's 'Sandman.'"를 보라.

16) Bill Brown, "Reification, Reanimation, and the American Uncanny," 198.

17) 해럴드 블룸은 언캐니에 관한 프로이트의 글을 숭고미 미학에 대한 프로이트의 독창적 기여로 극찬하며, 옌치의 선행 연구에는 전혀 주목하지 않는다(Bloom, 101~104). 사무엘 웨버, 엘렌 식수, 사라 코프만, 제프리 멜먼, 닐 허츠, 스탠리 카

로도 접할 수 없었는데, 이런 기이한 사실 때문에 포브스 몰록은 이 상황을 "이중적 언캐니"라 부르며 "하지만 억압된 것은 항상 되돌아온다. (프로이트의 글) "언캐니" 속의 언캐니는 다른 그 어떤 것에 관한 것이 아니다"라고 평했다.[18)]

옌치가 아니라 프로이트가 호프만의 「모래 사나이」를 통해 처음으로 언캐니 현상을 자동체와 연결시켰다는 점을 유념해야 한다. 자동체의 정신적 힘에 매료된 옌치는 언캐니한 감정의 발생을 관찰하고 이를 설명하기 위해 **생물**(animate)**과 무생물**(inanimate) **사이의 지적 불확실성**이 수행하는 역할을 강조했다. 프로이트는 옌치의 작업을 인정해 탐구의 출발점으로 삼았으나, 지적 불확실성이라는 주장은 아주 강하게 반박했다. 그러나 둘 다 자동체를 언캐니의 시뮬레이션으로 보아 관심을 보였다는 점을 고려한다면, 옌치의 논지에 대한 프로이트의 반박을 단순히 액면 그대로 평가하거나 그대로 받아들여서는 안 된다. 특히 **생물과 무생물 사이의 지적 불확실성** 문제에 대한 두 사람의 해석이 어떻게 수렴하거나 갈라지는지를 살펴보게 되면, 프로이트의 언캐니 개념이 디지털 미디어에서 이미지, 매체, 자동체의 정신적 힘에 관한 현대적 논의와 어떻게 연결될 수 있는지를 이해하는 중요한 단서를 얻을 수 있다. 옌치를 다시 언캐니 논의로 가져와야만, 움직이는 형상과 자동체에 관한 프로이트의 주장이 지닌 쟁점들을 이전보다 더 명확히 재평가할 수 있을 것이다. 이 점에서 프로이트가 언캐니 개념을 발전시키는 데 옌치에게 뜻하지 않게 빚을 지

벨, 마리아 토록 등은 각자 프로이트의 「모래 사나이」 독해에 대해 통찰력 있는 해석을 제시했으나, 이들이 옌치를 언급할 때는 대체로 프로이트가 옌치를 인용한 부분을 다시 인용하는 식이었다.

18) Forbes Morlock, "Doubly Uncanny: An Introduction to 'On the Psychology of the Uncanny,'" 17.

고 있는 것은 토템에 관한 논의에서 제임스 프레이저 경에게 빚을 지고 있는 것과 비슷하다.[19)]

옌치의 『언캐니의 심리학에 관하여』(1906, 영역본 1997)는 프로이트가 미학과 언캐니의 관계를 탐구하는 데 그 기조와 기본 방향을 제시해 주었는데, 여기에는 자동체와 판타지 문학에 대한 수많은 언급이 포함되어 있다. 옌치는 언캐니한 감정을 일으킬 수 있는 모든 정신적 불확실성 중에 특히 정기적이고 강력하고 일반적인 영향을 미치는 것이 있다고 추측했다. 그것은 보통 겉보기에 살아 있는 존재가 실제로 생물인지 아닌지에 대한 의문과 관련되며, 반대로 무생물이 실제로 살아 있는 것이 아닐까 하는 불확실성도 포함된다. 예를 들어, 나무줄기가 갑자기 움직여 거대한 뱀으로 드러나거나, 원시인이 처음으로 기차나 증기선을 본 경우 등이 이에 해당한다. 사람들이 시체, 특히 인간의 시신, 해골, 뼈와 같은 대상에 느끼는 공포도, 옌치에 따르면, 생명체였던 대상에 잠재된 살아 있는 상태에 대한 생각에서 비롯된다. 그는 이와 같은 범주에 속하는 또 다른 무생물로 밀랍 인형, 파놉티콘, 파노라마 등을, 특히 자동 장난감, 트럼펫을 불거나 춤을 추는 복잡한 작업을 수행할 수 있는 실물 크기의 자동체, 스스로 눈을 깜빡이는 인형 등을 언급한다. 이런 대상들 중에는 섀넌의 궁극적 기계(Ultimate Machine)를 비롯해 오늘날의 수많은 사이버

---

19) 프레이저에 따르면, 토테미즘의 순간은 여성이 어머니로 거듭나는 과정에서 발생하는데, 이때 죽은 자들의 영혼들이 모이는 가장 가까운 토템 중심지에서 환생을 기다리던 영혼이 그녀의 몸에 들어간다. 프로이트는 이런 설명을 "임신한 여성들의 병적 상상"이라고 일축하며, 토템을 오이디푸스 콤플렉스라는 숭고한 갈등을 해결하려는 남성적 사고의 창조물로 해석한다. W. J. T. 미첼은 『토템과 터부』에 대한 통찰력 있는 독해에서, "프로이트는 우연히 발견된 토템에 대한 제임스 프레이저 경의 설명을 너무 쉽게 지나쳐 버린다"고 지적한다(*What Do Pictures Want?*, 122).

네틱 장난감도 포함될 수 있으며, 이들 모두는 옌치의 인형과 자동체 목록에 포함될 수 있는, 관찰자에게 언캐니한 감정을 불러일으키는 것들이다.

앤서니 비들러(Anthony Vidler)는 정신분석학에서 유래한 용어인 "구조적 언캐니(architectural uncanny)" 개념을 사용하여, 정신과 공간의 상호 작용을 정확히 이런 방식으로 접근하는데, 이는 그가 공간 구성물에 대한 정신적 투사의 심미적 차원을, "현실과 비현실의 경계를 흐릿하게 하여 불안감을 조성하고 깨어 있음과 꿈 사이의 미끄러짐을 유발하는 것"으로 이해하기 때문이다.[20] 언캐니에 대한 이러한 이해는 모호성과 지적 불확실성에 대한 옌치의 관점을 프로이트의 이름으로 다시 주장함으로써 억압된 것의 귀환을 실행한다.[21] 실제로 인간과 기계 사이의 경계가 점점 더 흐려지는 현상의 사회적 함의를 탐구하는 많은 문화 비평가들의 작업에서 보듯, 프로이트로 가장한 옌치의 귀환은 거의 필연적으로 보인다. 비들러는 이를 다음과 같이 요약한다. "이제 사이버네틱스 기술과 생명공학 기술로 인해 유기체와 무기체 사이의 경계는 덜 뚜렷해졌고, 테크놀로지에 의해 침투되고 재형성된 신체는 외부 공간을 침범하고 스며들어, 이 공간은 시각적 · 정신적 · 물리적으로 내부와 외부를 혼동하게 하는 차원을 취하게 된다."(147) 비들러는 생물체적 · 기술적 언캐니를 들어, 보철 장치와 테크놀로지기와 함께 살아가는 사이보그들의 포스트휴먼 세계를 이해하는 데 기여하고자 했다. 이것이 바로 옌치와 프로이트가

---

20) Anthony Vidler, *The Architectural Uncanny: Essays in the Modern Unhomely*, 11.

21) 비들러는 짧은 단락을 할애해 옌치에 대해 논의한다. 그는 프로이트가 옌치의 "지적 불확실성" 개념을 반박한 점에 대해 직접적으로 맞서려 하지는 않지만, 이 문제에 대해 명백히 옌치의 관점을 지지한다. Vidler, *The Architectural Uncanny*, 23을 보라.

다시 한번 연관을 갖게 되는 지점이다.

옌치는『언캐니의 심리학에 관하여』에서 자동체의 형상이 생물과 무생물의 경계를 넘나들며 특정한 종류의 언캐니를 유발한다고 주장했다. 이런 정신 현상은 설명이 필요한데, 옌치는 이를 다음과 같이 말한다.

> 처음에는 완전히 생명 없는 것으로 보였던 물질이 움직임을 통해 내재된 에너지를 드러낸다. 이 에너지의 원천은 정신적일 수도 있고 기계적일 수도 있다. 지각된 움직임의 본질에 대한 의심과 그 원인의 모호함이 계속되는 한, 해당 사람에게 공포감이 지속된다. 만약 그 움직임이 방법상의 특질 때문에 유기체에서 비롯된 것임이 드러난다면, 상황이 설명되고 개인적 위해로부터 자유로울 수 있는지에 대한 우려가 대신 생겨난다. 하지만 이는 분명히 다른 모든 형태의 강도를 가능케 하기 위해 상황에 대한 일종의 지적 통제를 전제해야 한다. 반대로, 동일한 감정이, 이미 기술한 바와 같이, 예를 들어, 야생인이 밤에 처음으로 기관차나 증기선을 보았을 때도 발생한다. 이 경우 떨림의 감정은 매우 클 텐데, 이는 수수께끼 같은 기계의 자율적 움직임과 규칙적인 소음(사람의 숨소리를 연상시키는 소음)으로 인해, 완전히 무지한 사람에게는 거대한 장치가 살아 있는 물체로 쉽게 인식될 수 있기 때문이다.[22)]

그러나 모든 인간이 똑같이 언캐니에 영향을 받는 것은 아니다. 옌치

---

22) Ernst Jentsch, "On the Psychology of the Uncanny," 11. 이 글은 로이 셀러스가 다음을 번역한 것이다. "Zur Psychologie des Unheimlichen," *Psychiatrisch-Neurologische Wochenschrift*, 203~205. 프로이트의 옌치에 관해서는 Nicholas Royle, *The Uncanny*를 보라.

에 따르면, 기둥의 머리나 그림 속 인물이 망상에 빠졌거나 술에 취했거나 미신에 빠진 사람들의 마음속에 살아나 그들은 그 형상과 대화하거나 그것을 공격하기도 한다. 이와 대조적으로 자신을 포함해 합리적인 사람들은 지적 성숙 덕분에 이런 환상으로부터 더 나은 심리적 방어를 할 수 있다. 옌치는 어린이, 여성, 원시인, 몽상가가 특히 이런 자극에, 그리고 영혼이나 유령을 보는 위험에 취약하다고 본다. 지적 통제에 관한 한, 프로이트도 옌치와 의견을 같이하는데, 프로이트는 언캐니에 관한 자신의 글을 시작하며 오래전 자신에게 언캐니한 인상을 주는 그 어떤 것을 경험하거나 들은 적이 있다고 고백한 바 있다.[23]

여성이나 심리적으로 취약한 사람들이 영리한 기계나 인간 정신의 시뮬레이션 모델과 대면하는 교호적 드라마는 최근 컴퓨터 과학자들에 의해 반복적으로 연출되었다. 이들은 인간의 정신 이론을 모델링하거나 인공지능을 개발하기 위해 신경증 기계나 시뮬레이션 컴퓨터 프로그램을 설계했다. 초기 프로그램 중 가장 유명한 것은 1964~1966년에 MIT의 컴퓨터 과학자 요제프 바이첸바움이 개발한 일라이자(ELIZA)다. 일라이자는 *DOCTOR*라는 스크립트를 사용하며, 기계와 상호 작용하는 사람들에게 환자의 역할을 하도록 한다. *DOCTOR*는 비지시적 치료사의 말투를 모방한다. 바이첸바움은 사람들이 기계와 대화하는 모습을 관찰하면서, 사람들이 얼마나 빠르고 깊이 컴퓨터와 감정적으로 연루되는지 보고 놀랐다. 그의 비서는 몇 달 동안 그의 연구를 지켜봤기에 그것이 컴퓨터 프로그램이라는 사실을 알고 있었음에도 불구하고, *DOCTOR*와 대화를 시작하자 이 모든 것을 잊어버렸다. 바이첸바움은 이렇게 회상한다. "그녀는 간단한 대화 몇 번 만에 나에게 방에서 나가 달라고 요청했다. 또 다른

---

23) Freud, "The 'Uncanny,'" 220.

때는 내가 시스템을 조작해 누군가 밤새 이 프로그램과 나눈 모든 대화를 확인할 수 있게 하겠다고 하자 곧바로 사람들의 가장 내밀한 생각을 엿보려 한다고 비난했다."[24] 바이첸바움은 이런 환상이 여성에게만 국한된다고 보지 않는다. 그러나 그의 이야기가 컴퓨터 과학 및 인공지능 커뮤니티 내에서 인기를 끌었다는 사실은, 성별과 지능에 대한 공유된 가정들을 드러낸다. 이 이야기가 이상하게 익숙하게 들린다면, 이는 그 프로그램이 옌치가 언캐니에 관한 논문에서 설명하려 했던 정신적 망상들을 반영하기 때문이다.

어린이, 여성, 원시인, 몽상가에게 귀속되는 정신적 능력을 활용해 언캐니의 원초적 정신 드라마를 연출하려 할 경우, 이런 정신적 능력은 옌치든 프로이트든 심문자를 심문 대상에서 사실상 분리하는 역할을 한다. 이런 현상은 그 창시자들과 실천가들이 인성해 온 심리학과 정신분석학의 원초적인 사회적 조건 중 하나다. 빌 브라운이 움직임이 구현된 물체들에 대한 옌치의 분석을 발굴해, 미국의 인종, 노예제, 자본주의, 소외된 사람과 사물의 역사를 이해하고자 했던 이유가 바로 이런 사회적 차별의 정신 드라마에 있었던 것으로 보인다. 브라운이 주장하기를, "생명 없는 대상에 생명을 부여하는 것은 흑인 관련 수집품의 경우에서 옌치의 논지를 재확인시켜 주는데, 그의 논지는 프로이트에 의해 부분적으로 수정된다. 요점은 단순히 무생물이 생명을 얻는다는 데 있는 것이 아니라, 이런 존재론적 모호성—인간인가 사물인가—의 역사가 바로 미국 문화에서 억압된 채로 남아 있다는 점이다."(199) 이런 관찰은—비록 브라운이 옌치의 사회적 발언을 아이러니하게도 축소하고 있음에도 불구하고—그가 옌치의 원래 명제를 확실히 이해하고 있음을 보여 주지만, 여기서 우리는

24) Weizenbaum, *Computer Power and Human Reason*, 6~7.

호프만의 문학적 작품에 대한 해석과 관련한, 옌치와 프로이트 사이의 역학 관계에 더욱 주목해야 한다. 이는 바로 「모래 사나이」 텍스트 내의 모호함이 프로이트에게 옌치를 반박할 일차적 기회를 제공해 주었기 때문이다.

옌치는 언캐니를 대상에 대한 자아의 반의식적 투사(semi-conscious projection)로 보는데 그 대상이 되돌아와 그런 자아 투사의 이미지 속에서 자아를 겁주게 된다고 주장했다. 이 이유에서 인간은 종종 자신의 머릿속에서 만들어 낸 영혼을 몰아내지 못하며, 이런 무능력이 "자기 자신의 정신과 마찬가지로 수수께끼처럼 모르고 있는, 이해할 수도 없는 그 어떤 것에 의해 위협받고 있다는 느낌"(14)을 야기한다고 옌치는 설명한다. 이런 약점은 시인이나 작가가 독자들에게 그런 언캐니한 효과를 유발하려는 의도로도 흔히 활용된다. 옌치에 따르면, 이야기 속에서 언캐니의 효과를 만들어 내는 가장 확실한 예술적 장치 중 하나는 독자가 인간과 자동체 중 어느 쪽을 대하고 있는지 그를 불확실한 상태에 놓아두는 것이다. 그가 덧붙이기를, "E. T. A. 호프만은 그의 판타지 작품에서 이런 심리적 기법을 성공적으로 반복 활용했다."(13) 옌치의 설명에서 「모래 사나이」 이야기라는 제목은 빠져 있지만, 이 참고문헌은 옌치가 암시하는 불확실성의 초점이 바로 올림피아(Olympia)라는 인형임을 프로이트에게 확신시켜 주었다. 또 다른 호프만 이야기인 「자동체(automata)」에서도 기계인형들이 "살아 있는 죽음 또는 살아 움직이지 않는 생명"의 이미지,[25] 즉 언캐니에 관한 난해한 질문들을 제기한다는 점은 주목할 만하다. 이 이야기에서 호프만의 초점은 자동체가 인간에게 미치는 정신적 힘에 있으며, 여기서 해당 기계는 전시 중인 말하는 터키인(Talking

25) Victoria Nelson, *The Secret Life of Puppets*, 66을 보라.

Turk)이다. 옌치가 이 다른 이야기도 염두에 두었을 가능성을 배제할 수 없지만, 프로이트는 옌치를 반박하는 과정에서 모래 사나이 이야기만을 주목한다.

잘 알려져 있듯이, 옌치는 모래 사나이 이야기의 언캐니 효과가, 호프만이 나다나엘(Nathanael) 속에 있는, 그리고 이야기 전개에 따라 그에게 동일시하는 독자 속에 있는 지적 불확실성을 조작하는 예술적 기교에 의해 야기된 것으로 본다. 올림피아는 생물인가 무생물인가? 흥미롭게도, 언캐니를 뜻하는 독일어 단어 *unheimlich*는 호프만의 이야기에 여러 번 등장하며, 주로 올림피아와 관련해서 사용되는데, 이는 분명히 옌치의 해석에 영향을 미쳤던 것으로 보인다. 예를 들어, 나다나엘의 절친한 친구 지기스문트는 이 단어를 사용해 나다나엘이 광적으로 사랑에 빠진 이 인형의 독특한 표정과 몸짓을 묘사한다.

> 하지만 정말 이상하게도, 우리 중 많은 사람이 올림피아에 대해 같은 결론에 도달했네. 그녀는 우리에게—기분 나쁘게 받아들이지 말게, 형제여—이상하게도 딱딱하고 영혼이 없는 존재처럼 보이네. 그녀의 몸은 대칭적이고, 얼굴도 마찬가지로 그렇고, 이는 사실이네. 하지만 그녀의 눈이 완전히 생명력—내가 말하는 시각의 힘—을 잃지 않았다면, 그녀는 아름답다고 여겨질지도 모르네. 그녀의 걸음걸이는 독특하게 일정하며, 모든 동작이 마치 어떤 시계 장치에서 나오는 것처럼 보이네. 그녀의 연주와 노래는 지나치게 완벽해서 뮤직 박스처럼 불쾌할 정도로 생명력이 없네. 춤도 마찬가지네. 우리는 올림피아가 꽤 **언캐니**(unheimlich)하다고 느꼈고, 그녀와 어떤 관계도 맺고 싶지 않았네. 그녀는 우리에게 인간인 척 연기하는 듯하고, 이 모든 것 뒤에 정말 무언가가 숨겨져 있는 것처럼 보이네.[26](나의 강조)

옌치가 자신의 아이디어와 표현을 호프만의 이야기에서 가져와, 생물과 무생물 사이의 망설임이나 불확실성이 언캐니의 원인이라는 주장을 펼쳤다고 보는 것이 합리적이다. 그러나 프로이트가 정확히 지적했듯이, 올림피아의 정체를 둘러싼 불확실성은 이야기의 끝으로 가면서 점차 해소된다. 그 지점에서 나다나엘, 그리고 호프만의 독자는 그녀가 자동체라는 사실을 알게 되며, 그녀의 시계 장치는 물리학 교수 스팔란차니가 만들었고, 그녀의 눈은 나다나엘이 망원경을 구입한 코폴라가 끼운 것이라는 사실도 밝혀진다. 이를 근거로 프로이트는 옌치의 주장을 거부하고 언캐니의 원인을 다른 곳에서 찾기로 한다.

불확실성을 설명의 도구로 사용하는 것을 받아들이지 못하는 프로이트는 언캐니의 문제를 무언가 다른 것, 즉 모래 사나이에 대한 나다나엘의 시각적 불안(visual anxiety)으로 대체하는 대안적 독해를 제시한다.[27] 언캐니와 자동체를 분리하려는 생각은 다음과 같은 말에서 온전히 드러난다. "대상이 살아 있는지 혹은 무생물인지에 관한 불확실성은, 분명히 올림피아에게 적용되지만, 언캐니의 더욱 놀라운 이 다른 경우와는 아무 관련이 없다."[28] 그렇다면 프로이트가 말하는 이 다른 경우란 무엇인가? 그는 이것을 거세 불안(castration anxiety)이라 명명하며, 나다나엘의 시력 상실에 대한 공포를 억압된 거세 불안의 증상 혹은 대체물로

---

26) Hoffmann, *Tales of E. T. A. Hoffmann*, 117. 번역자들은 *unheimlich*를 여기 번역에서의 "uncanny" 대신 "weird"로 번역하지만, 이야기 원문에서 이 단어가 실제로 사용된 맥락을 강조하기 위해 이 번역에서는 독일어 원어를 다시 사용했다. 원문은 Hoffmann, *Der Sandmann*, 41을 보라.

27) 지적 불확실성을 프로이트가 용납한 것에 대한 근거 있는 비판에 관해서는 Meltzer, "The Uncanny Rendered Canny: Freud's Blind Spot in Reading Hoffmann's 'Sandman'"을 보라.

28) Freud, "The 'Uncanny,'" 230.

해석한다. 프로이트에 따르면, 이 공포는 나다나엘이 어린 시절부터 내면화한 것이며, 이는 모래 사나이, 코펠리우스, 그리고 안경 장수 코폴라라는 인물들로 구현된다. E. T. A. 호프만의 이야기에서 등장하는 나다나엘/올림피아, 스팔란차니/코폴라에서 시작해 코펠리우스/코폴라, 클라라/올림피아에 이르는 쌍둥이 또는 도플갱어(doppelgänger)의 다중적 상호 작용은 프로이트가 정신분석학적 관점에서 나름 의미를 갖는 병렬 서사를 발전시킬 수 있는 충분한 여지를 제공한다.

한편 스탠리 카벨은 "일상의 언캐니"에서 언캐니의 문제를 오이디푸스 콤플렉스의 지배적 관점에서 벗어나 "생물과 무생물을 구분하는 우리 능력의 불확실성"에 초점을 맞춘다. 이 비판은 옌치의 앞선 주장을 연상시키지만, 카벨은 옌치의 글로 다시 돌아가지는 않는다. 그는 옌치와 프로이트 모두를 매혹시켰던 인형과 자동체의 세계를 나루시 않는다. 그 대신에 그는 "인간은 본질적으로 낯설고 불안정하며 그 일상은 영원히 환상적이다"라는 생각을 견지하는데,[29] 이는 빌 브라운이 제안한 해석, 즉 "작용하고 있는 억압은 정신분석학이 강박적으로 인간적으로 번역해 내는 비인간적 대상-세계 자체의 억압일 수 있다"는 주장과는 다른 것이다.[30]

W. J. T. 미첼은 살아 있는 이미지(living image)라는 개념—단순히 은유나 고어적인 표현 이상이다—에 우리가 주목할 필요가 있다고 주장하는데, 이는 이 개념이 생명이라는 범주 자체를 생각하도록 하기 때문이다. 이 범주에 따르면, 그것의 변증법을 나타내는 의미론적 사각형은 다음과 같다.

---

29) Stanley Cavell, "The Uncanniness of the Ordinary," 155, 156.

30) Brown, "Reification, Reanimation, and the American Uncanny," 198.

살아 있음(living) - 죽음(dead)

무생물(inanimate) - 언데드(undead)[31]

이는 옌치에게 매력적이었을 텐데, 그의 언캐니 연구 역시 이와 유사하게 구성된 논리적 대립 관계를 따르는바, 한때 살아 있었던 죽은 대상과 결코 살아 있지 않았던 무생물 대상 사이의 대립이 그것이다. 미첼의 정식에서는 부정의 부정도 나타나는데, 이는 인간이 회화나 조각의 무생물 형상을 흉내 내는 경우처럼, 살아 있지 않은 물질 속에서 생명이 귀환하고 도래하는 것이다. 아마도 "언데드"는 호프만의 자동체가 진정으로 속하는 범주인데, 미첼은 이렇게 말한다. "'언데드'라는 형상은 일상 언어와 대중 서사에서, 특히 공포 이야기에서, 이미지의 언캐니가 드러나는 가장 명백한 지점이자 죽어야 했거나 결코 살아 있지 않았어야 할 대상이 갑자기 살아 있는 것으로 인지되는 순간"으로, 예컨대 영화 〈젊은 프랑켄슈타인〉에서 배우 진 와일더가 "살아 있다!"(55)라고 외치며 느끼는 모의 공포와 즐거움 같은 것이다. 또는 바쟁의 미라를, 그리고 할리우드가 미라의 귀환 신화에 끊임없이 매료되는 것을 생각해 보라. 이는 유령 같은 유사물(semblances)이 "우리 눈앞에서 혹은 우리의 상상 속에서 물질화하는 것"(55)과 같다. 미첼의 "언데드"에 대한 해석은 "죽음"과 대립할 뿐만 아니라 "무생물"과도 대립하는바, 이는 옌치의 생물과 무생물 사이의 불확실성 주장과는 다른 것이다. "언데드"는, 단순히 지적 불확실성의 측면에서만이 아니라 생명의 의미가 진화하여 주어진 순간 대상에 부여되는지와도 관련하여 언캐니가 작동한다고 보는, 언캐니에 대한 본질적으로 다른 개념을 전제하는 것 아닐까? 또 하나의 질문이 이어진다. "언데

31) Mitchell, *What Do Pictures Want?*, 54.

드"라는 형상으로 언캐니를 설명할 수 있는 좋은 정신분석학적 사례가 있을까?

프로이트가 「모래 사나이」를 독해하며 언어적 · 시각적 대체물들을 엄밀하게 풀어낸 것은, 시각적 불안이 이야기 속에서 언캐니의 효과를 만들어 내는 더 깊은 징후적 거세 공포를 감출 수 있다는 것을 보여 주려는 것이었다.[32] 이런 점에서 판타지 서사는 논리적으로, 나다나엘의 어린 시절, 시력 상실에 대한 공포, 아버지의 죽음, 모래 사나이의 분신들과의 만남, 클라라에 대한 갈등적 사랑과 올림피아에 대한 매혹, 그리고 섬망과 광기로의 추락 등으로 시작해야 한다. 그러나 올림피아라는 인형은 프로이트의 이야기에서 쉽게 배제될 수 없는 언캐니의 원천으로 남아 있는데, 실제로 프로이트는 분석 도중 긴 주석을 통해 올림피아를 다시 다룬다. "이 자동인형은 나다나엘이 어린 시절에 아버지에게 가졌던 여성적 태도가 물질화된 것 외에 아무것도 아니다. 그녀의 아버지들인 스팔란차니와 코폴라는 결국 나다나엘의 두 아버지의 새로운 판형, 환생일 뿐이다."[33]

결국 올림피아는 나다나엘의 어린 시절 공포증의 내면에 자리 잡고 있으며, 따라서 그녀는 프로이트가 여기서 분석한 언캐니의 문제와 밀접하게 관련되어 있는 것 같다. 하지만 이제 그녀는 나다나엘의 거세 불안에 대한 정신분석학적 진리의 불확실성이 아닌 확실성을 구현하게 된다. 프로이트가 올림피아와 나다나엘 사이의 상징적 상호 작용을 직관적으로 해석한 점은 엘렌 식수의 주목을 받았는데, 식수의 관찰은 이렇다. "동성

---

32) 시각 중심주의에 대한 프로이트의 모호한 입장에 관해서는 Martin Jay, *Downcast Eyes: The Denigration of Vision in Twentieth-Century French Thought*, 332~336을 보라.

33) Freud, "The 'Uncanny,'" 232.

애는 이 매혹적인 형상을 하고 현실로 회귀한다. 그러나 올림피아는 단순히 나다나엘의 분리된 콤플렉스 이상이다. 만약 그녀가 단지 그것에 불과하다면, 왜 춤, 노래, 메커니즘, 제작자가 게임 속으로 들어와 프로이트에 의해 이론화되지 않았는가?"[34] 프로이트의 "언캐니"에 대한 식수의 페미니스트적 독해는 여전히 독보적이며, 오늘날에도 새롭게 주목받을 가치가 있다. 그녀의 비판은 프로이트가 호프만을 읽으면서 춤, 노래, 메커니즘, 제작자의 역할에 대해 해석적 공백을 남겨 두었음을 명확히 지적하는 것이다. 이런 공백은 매체와 미디어의 문제를 중심으로 형성되며, 이제 우리는 이 문제에 주목한다.

미디어의 정신적 생명

『그림은 무엇을 원하는가?』에서 미첼은 언캐니를 논의하며 다음과 같이 말한다. "만약 이미지가 생명-형태라면, 대상은 그 이미지를 움직이는 신체이고, 매체는 그림이 살아나는 서식지 또는 생태계다."(198) 여기서 미첼은 생물생태계라는 개념을 도입해 이미지, 대상, 그리고 매체를 구분한다. 이 중 핵심은 매체다. 미첼이 말하는 매체는 이미지와 대상을 결합해 그림을 만들어 내는 일련의 물질적 실천 전체를 의미한다. 미첼은 정지 이미지와 움직이는 이미지, 또는 무성 이미지와 유성 이미지 사이의 기술적 구분이 생명의 문제로 자주 제기된다고 주장한다. 움직이는 존재에 대한 그림이 단순히 생명체를 **나타내는** 시각적 기호가 아니라 흔히 살

34) Cixous, "Fiction and Its Phantoms: A Reading of Freud's '*Das Unheimlich*' (the "Uncanny")," 538.

아 있는 존재로 지각되고 다뤄질 때, 이는 필연적으로 프로이트적 의미의 언캐니의 망령을 불러일으킨다. 사실 미첼은 자신의 저작에서 "언캐니"를 반복적으로 소환하며, 죽은 생명을 다시 살아 움직이게 하는 판타지 또는 특정 행동을 시뮬레이션하는 현대의 디지털 및 가상 이미지 생성에 대해 이야기한다. 그는 다음과 같이 설명한다. "'살아 있는 듯한' 이미지에 대한 찬사는 당연히 이미지 생성의 역사만큼 오래된 것이다. 이미지의 살아 있음은 반드시 그것이 정확한 재현인지 여부에 의존하지 않는다. 그려진 얼굴이 '응시를 되돌려 준다'거나 전방위적 시선의 기법을 통해 눈으로 우리를 따라오는 것처럼 만들어 내는 언캐니한 능력은 오래전부터 잘 알려져 있다. 현대의 디지털 및 가상 이미지 생성은 이제 관객의 움직임을 따라 그 얼굴이나 신체가 움직이도록 시뮬레이션할 수 있게 되었다."[35] 이러한 현대적인 시각적 판타지들은 나다나엘의 눈이 학생 올림피아라는 기계인형에게 느꼈던 언캐니와 유사한 방식으로 작동한다. 두 경우 모두 서사가 전개되는 과정에서 살아 움직이게 하는 매체, 얼굴 또는 신체, 시각적 불안, 그리고 비밀스러운 메커니즘을 불러일으킨다. 이는 미첼과 같은 매체 이론가들이 독특한 프로이트적 언캐니 또는 이른바 그림의 언캐니에 관심을 공유한다는 것을 의미하는가?

정신분석학에 대한 미첼의 양가적 태도는 위 질문에 대한 답을 어렵게 만든다. 한편으로 그는 정신분석학을, 욕망과 충동을 체계적으로 다룸으로써 이미지의 생명력 속 핵심으로 우리를 이끌 수 있는—아마도 모든 학문 중에서 가장 유망한—학문이라고 본다. 다른 한편으로, 욕망의 정신분석학적 모델은 이미지의 본질에 대한 일련의 가정에 의거하는데, 이는 현대 시각문화 이론가들에게 문제적일 수 있다. 미첼은 다음과 같이 지적

35) Mitchell, *What Do Pictures Want?*, 53.

한다. "전통적으로 프로이트적 관점에서 이미지는 단순히 증상, 불가능한 욕망의 대체물, 환각적 유사물(semblance) 혹은 '드러난 내용'에 불과한바, 이를 해독하고 탈신비화하여 궁극적으로 언어로 표현된 잠재적 내용을 위해 제거해야 하는 것이라 여긴다."(69) 프로이트가 언어를 특권화하듯, 라캉은 상징계를 특권화한다. 따라서 정신분석학이 이미지를 의심한다는 점에서 이 학문은 미첼의 관점을 따를 때와 달리 본래보다 덜 유용해지는데, 이는 욕망을 분석할 수 있는 최적의 담론이라면서도 이미지와 언어의 이분법을 넘어서서 욕망의 형상화에 대한 질문을 제기하는 데 소극적이기 때문이다. 시각문화에 대한 비판적 관점에서 보면, 이마고(imago), 나르시시즘, 동일시, 환상, 페티시즘, 사회적 · 심리적 삶에서의 이미지의 역할 등에 대한 정신분석학적 모델에 대해 충분히 의문이 제기될 수 있는데, 이는 이런 모델이 이미지, 대상, 매체가 정신과 관련하여 어떻게 작동하는지를 설명하는 이론적 장치가 충분히 논의되거나 개발되지 않은 상태에 기반한다고 볼 경우에 특히 그렇다.

미첼의 비판적 입장은 그가 정신분석학을 거부했다기보다는 이미지와 욕망에 대한 프로이트적 개념을 재구성하려는 시도라고 볼 수 있다. 문제의 핵심은 정신분석학이 매체와 시각문화의 혁신적 이론들로부터 새로운 통찰을 얻어 자신의 가정들을 정당화하고, 나아가 이미지의 힘에 대한 이해를 새로운 방향으로 이끌어 갈 수 있는가 하는 점이다. 예를 들어, 『그림은 무엇을 원하는가?』에서 미첼은 정신분석학에서의 이미지 문제를 탈중심화함으로써 프로이트적 범주들을 재구성하는 다섯 가지 정식을 제안한 바 있다. 첫째, 그림은 정신적 충동(이미지의 강박적 반복, 확산, 범람)과 욕망(생명-형태의 고착, 물상화, 정지)의 교차점에 위치해야 한다. 둘째, 이미지는 단순히 시각적 충동의 증상으로 축소되어서는 안 되며, 오히려 시각적 과정 자체의 모델이자 도식으로 기능해야 하는 바, 이는 시각적 인지와 인식의 구조가 근본적으로 사회적 실천에 속하기 때문이다. 셋째, 이미지와 그림은 정신에 요구를 가한다는 점에서 사회적 삶에서 중심적인바, 이는 사랑, 칭송, 기억, 두려움의 대상이 될 수 있기 때문이다. 넷째, 라캉과 라캉주의자들이 상상계를 시각 이미지의 영역으로 격하하고 이를 고착, 결속, 통합된 자아의 허상과 주로 연관 지어 왔지만, 상상계는 항상 상징계로 넘어 들어가는바, 이는 글쓰기, 언어적 이미지, 은유, 비유, 유추와 같은 표현에서 명백히 드러난다.[36] (미첼의 이런 중요한 통찰은 다음 장에서 프로이트의 언캐니 개념에 대한 독해에서 깊이 다루어질 것이다.) 다섯째, 리비도적 대상은 항상 이미지나 그림을 포함하며, 이는 슬라보예 지젝(1997)의 성스러운 아이콘과 아이콘 관습에 관한 네 가지 배열, 즉 우상에의 사랑, 물상에의 욕망, 토템에의 우정, 성상 파괴에의 주이상스(jouissance)와 흥미로운 상응 관계를 형성하기 때문이다. 도상학의 이런 관점이 문화인류학에 제기하는 철학적 비판과 별도로 여기서 고려할 특별한 문제가 있다. 즉 리비도적 대상은 정신분석학적 관점에서 살아 있는 것으로 간주되는가, 아니면 죽은 것으로 간주되는가? 이 질문은 보기보다 답하기 어렵고, "이미지와 관찰자 사이의 **관계성**(relationality) 탐구 영역으로 만들어 주는" 해석적 공간을 확장하고 열어야 할 필요성을 제기한다.[37] 미첼의 그림 이론(picture theory)은 이미지가 살아 움직이려면 매체를 통해서만 또는 특정 서식지나 생태계 속에서만 가능하며, 이는 이미지와 관찰자 사이의 관계성을 전제한다고

36) 미첼은 라캉의 세 가지 범주—상징계, 상상계, 실재계—가 모두 그림 안에서 수렴한다고 주장한다. 또한 상징계와 상상계 사이의 미끄러짐이 항상 일어난다는 점에 대해서 라캉도 동의했을 것이라고 본다. Mitchell, *What Do Pictures Want?*, 73~74를 보라.

37) Mitchell, *What Do Pictures Want?*, 49.

주장한다. 이런 제안에서 언캐니의 망령이 다시 머리를 드는 것처럼 보이는 이유는 생명과 죽음에 대한 불확실성이 언캐니에 대한 프로이트 자신의 고전적 연구의 출발점이 되었기 때문이다.

미첼의 연구에서 프로이트의 언캐니가 초점이 되는 것은 살아 움직임(animation), 환상, 테크놀로지에 대한 논의에서다. 그는 이미지가 두 가지 기본 형태로 살아난다고 주장하는데, 이 두 형태는 생기(vitality)나 살아 움직임에 대한 비유적 의미와 문자적 의미 사이를 진동한다. 한편으로, 이미지가 살아나는 경우는, 인간의 희생이나 도덕적 개혁을 요구하는 눈물 흘리는 성모상이나 무언의 우상의 경우처럼, 이미지가 살아 있다고 보는 자가 믿을 때다. 다른 한편으로, 꼭두각시극 장인이 꼭두각시에 움직임과 목소리를 부여하거나 화가가 붓의 한 획으로 모델의 생명을 포착하는 경우처럼, 예술가나 기술자가 살아 있는 것처럼 **보이도록** 기술적으로 만들어 낼 때다. 그는 다음과 같이 결론을 내린다. "이미지를 생명-형태로 보는 인식은 믿음과 앎, 환상과 테크놀로지, 골렘과 클론 사이 어디에 있는가 하는 질문에서 항상 모호한 채로 남아 있다. 프로이트가 언캐니라고 부른 중간 공간(middle space)이야말로 이미지가 그 자체로 매체가 되는 그 위상에 가장 적합한 이름일 것이다."(295) 따라서 미첼에게 언캐니—특히 옌치식의 언캐니—는 믿음과 앎, 환상과 테크놀로지, 골렘과 클론 사이의 모호한 중간 공간에 위치하게 된다. 미첼에게, 환상과 테크놀로지 사이에 모호한 채로 있는 생명-형태의 사례는 그림, 소리 내는 우상, 악한 인형과 같은 모든 유형의 자동체다.

여기에 궁극적 기계(Ultimate Machine)를 추가할 수 있다. 기술자인 섀넌이 제작한 이 영리한 기계는 인간의 팔 움직임을 모방하는 기계적 손의 동작으로 언캐니의 효과를 만들어 냈다. 자율적으로 움직이며 스스로 자기 스위치를 끄는 손의 이미지는 프로이트, 라캉, 미첼 모두를 크게 매료시켰을 것이다.

프로이트는 또한 절단된 팔다리, 잘린 머리, 손목에서 잘려 나간 손, 스스로 춤추는 발 등과 같은 이미지들이 "특히 마지막 경우처럼 그것들이 독립적인 활동이 가능하다는 것이 드러날 때, 독특하게 언캐니한 무언가를 갖게 된다"고 말한다.[38] 잘려 나간 팔다리와 신체 부위의 자율적인 움직임에 대한 시뮬레이션은, 다음 절에서 자동체에 대한 프로이트의 매료와 관련하여 자세히 탐구할 것이다. 이제 우리는 언캐니, 그리고 특히 「모래 사나이」 이야기에 나오는 자동체 형상에 대한 프로이트 자신의 논의를 살펴보고자 하는데, 여기서 정신분석학적 담론과 관련하여 매체와 움직이는 이미지의 중요한 쟁점들을 보다 명확히 다룰 것이다.

언캐니(*das Unheimliche*)의 매체란 무엇인가

나다나엘의 "미디어" 환경에서 인형이 언캐니를 유발하도록 촉진제 기능을 하는 그 무엇이 있는가? 미첼은 이미지가 단순히 시각적 욕구의 증상으로 환원되어서는 안 된다고 주장했다. 이미지는 시각적 과정에 대한 모델이자 구성적 도식이 되어야 한다는 것이다. 이미지는 그것에 인지적 패턴의 구조를 제공하는 매체—서식지, 생태계, 사회적 실천—가 존재하고 기능하는 한에서만 존재한다. 이런 통찰을 염두에 두고, 프로이트가 「모래 사나이」를 읽으면서 그리고 분석 과정에서 언급한 몇 가지 사례에서 언캐니의 매체를 어떻게 접근했는지 살펴보자. 앞서 언급했듯이, 프로이트는 호프만의 언어가 억압에 대해 우리에게 말해 주는 것, 그리고 언어

---

38) Freud, "The 'Uncanny,'" 244.

적 용법에 초점을 맞추며 시작한다. 즉 "우리는 왜 언어적 용법에서 *das Heimliche*['친숙함']이 그 반대인 *das Unheimliche*로 확장되었는지를 이해할 수 있다. 이런 언캐니는 실제로 새로운 것이나 낯선 것이 아니라, 마음속에 익숙하고 오래된 것이지만 단지 억압의 과정을 통해 그것으로부터 소외되기에 이른 것이다. 이런 억압 요소에 대한 언급은 숨겨져 있어야 했지만 드러난 어떤 것이라는 셸링의 언캐니 정의를 이해하는 데 도움을 준다."(241) 프로이트가 권위 있는 사전을 토대로 *das Heimliche*와 *das Unheimliche*를 설명한 내용은 잘 알려져 있으며, 철저히 논의되어 왔다.[39] 만약, 식수가 주장했듯이, *das Unheimliche*가 어떤 식으로든 언어 속에 자리 잡고 (독일어) 사전에 의해 틀지어진 것이라면, 프로이트가 더 큰 정신분석학적 관점에서 특정 언어 집단에 국한되지 않는 보편적 인간 정신의 현상이라고 주장한 것을 어떻게 이해해야 하는가?[40]

주목할 점은 프로이트가 언어적 접근에만 의거하지 않았다는 것으로, 이는 출발선에서 그에게 주어진 두 가지 길 중 하나일 뿐이다. 다른 길은 분석가를 언캐니의 감정을 불러일으키는 "사람, 사물, 감각적 인상, 경험, 상황 등의 속성들"로 이끈다. 프로이트는 애니미즘, 마법과 주술, 사고의 전능성, 죽음에 대한 인간의 태도, 비자발적 반복, 거세 콤플렉스 등이 공포를 언캐니한 그 무엇으로 전환하는 요인들이라고 간주한다. 프로이트는 마치 옌치의 섬뜩한 그림들 목록을 떠올린 듯, "빌헬름 하우프의 동화에서처럼 잘린 사지, 절단된 머리, 손목에서 잘린 손, 위에서 언급한 알브레히트 셰퍼의 책에서처럼 스스로 춤추는 발, 이 모든 것이 독특하게 언캐니한 무언가를 갖고 있으며, 특히 마지막 경우처럼 이런 것들이 자율적

39) Samuel Weber, *The Legend of Freud*를 보라.

40) Cixous, "Fiction and Its Phantoms," 530.

으로 활동할 수 있는 것으로 드러날 때 더욱 그렇다"고 덧붙인다.[41] 그는 이런 유형의 언캐니가 거세 콤플렉스와 비슷한 그 무엇에서 비롯된다고 결론짓는다.

프로이트가 절단된 사지와 그것의 자율적인 활동에 연관시킨 언캐니는 거세 콤플렉스보다 자신이 나름대로 해독한 억압된 자동체에 더 가깝다고 내가 생각하는 이유가 있다. 절단에 대한 프로이트의 언급은 자동체에 대해 앞서 옌치가 보여 준 성찰들, 그리고 더 중요하게는, 그가 읽은 호프만 이야기 속의 억압된 자동체, 양자에 무의식적으로 영향을 받았다고 할 수 있다. 우리가 본 바와 같이, 프로이트는 호프만의 작품을 읽으면서 서사적 플롯을 따라가며 텍스트에 나타난 시각적 비유의 논리를 추적하려 했다. 프로이트는 눈의 반복된 이미지만을 배타적으로 탐구함으로써 다른 중요한 단서들을 놓치고 만다. 내가 세안하는 가능한 해석은, 올림피아와 나다나엘 사이의 상호 작용에 대한 그의 직관에 기반을 두고 있기는 하지만, 언캐니를 거세 불안이 아닌 자동체에 다시 위치시키려 하는 것이다. 이는 올림피아 인형이 살아 있는지 무생물인지에 대한 불확실성을 재확인하려는 것이 아니라 **스스로 자신이 자동체**라고 생각하는 나다나엘의 환상을 조명하려는 것인데, 이는 호프만의 독자나 비평가가 이 이야기를 읽어 온 방향은 아니다.

나다나엘이 코펠리우스가 모래 사나이라는 것을 발견하고 그 사악한 남자가 자신의 눈을 빼앗으려 한다고 믿었던 그 밤을 떠올려 보자. 아래는 나다나엘이 어린 시절의 트라우마 장면을 회상하는 방식이다.

> 그는 맨손으로 불 속에서 빛나는 알갱이들을 꺼내 내 눈에 뿌리려 했

---

41) Freud, "The 'Uncanny,'" 244.

다. 그때 아버지가 간절히 손을 들어 외쳤다. "선생님! 선생님!" 아버지가 울부짖으며 말했다. "우리 나다나엘의 눈은 그대로 두세요!" "아이에게 눈을 남겨 두어 세상의 눈물을 함께 흘리게 합시다!" 코펠리우스는 날카로운 웃음소리와 함께 소리쳤다. "하지만 이제 우리는 손과 발의 메커니즘을 꼼꼼히 관찰해야 합니다." 그러고 나서 그는 나를 너무도 거칠게 잡아 내 관절이 부러질 정도였고, 내 손과 발을 떼어 냈다가 다시 붙였다가 계속 이렇게 저렇게 바꾸었다.[42)]

코펠리우스의 마음이 바뀌는 이 장면은 프로이트에게 그다지 중요하지 않았을 수도 있는데, 프로이트는 이미 눈이라는 소중한 기관을 남성의 성기와 연관 짓는 해석을 고수하고 있었기 때문이다. 하지만 이 장면에서 해부학적 대체물들이 문자 그대로 전개되는 것을 생각하면 흥미롭다. 눈 대신 손과 발이라니! 그리고 어린 나다나엘의 손과 발이 잘려 나가는 대신 떼어 냈다가 다시 몸에 붙어 본래 상태로 돌아올 수 있다는 것이 어떻게 가능할까? 어린 나다나엘은 인간인가 자동체인가? 생물인가 무생물인가? 프로이트는 분명 나다나엘을 살아 있는 인간으로 간주했고, 따라서 그의 어린 시절 트라우마를 야기한 원 장면에 충분히 주의를 기울이지 않아 이 환상적인 이야기에 나타난 나다나엘의 의심스러운 정체성을 성찰할 수 없었다. 나다나엘은 생물인가 무생물인가, 아니면 "언데드"인가?

설령 프로이트가 분리된 손과 발을 정신분석학적 관점에서 남근 상징의 대체물로 해독하더라도, 그는 마지막 장면에 나오는 나다나엘 손의 기

---

42) Hoffmann, *Tales of E. T. A. Hoffmann*, 98. 독일어 원문은 다음과 같다. "Und damit faβte er mich gewaltig, daβ die Gelenke knackten, und schrob mir die Hände ab und die Füβe und setzte sie bald hier, bald dort wieder ein." Hoffmann, *Der Sandmann*, 16.

계적 움직임과 그 이후의 추락을 설명하기는 어려울 것이다. 화자는 이 장면을 이렇게 묘사한다. "나다나엘은 자동으로 [기계적으로] 자신의 옆 주머니를 더듬어 코폴라의 망원경을 찾아내 옆을 바라보았다."[43] 이 순간 나다나엘은 약혼녀 클라라를 자신들이 서 있는 탑의 가장 높은 난간에서 밀어 떨어뜨리려 하면서 끔찍한 웃음을 터뜨린다. "돌아라, 나무 인형! 돌아라, 나무 인형!"(124)[44] 몇 초 후 나다나엘은 탑에서 뛰어내리며 자신이 예언한 그대로 행동을 실현한다. 즉 나무 인형처럼 빙글빙글 돌며 자신의 죽음을 향해 떨어진 것이다. 그가 정말로 살아 있는 존재였다면 말이다.

뛰어난 독해를 보여 주는 식수는 호프만의 환상적인 이야기와 독일 낭만주의 시대에 인기 있던 인형극 사이의 밀접한 연관성을 지적했다. 프로이트의 텍스트와 관련해 그녀는 다음과 같이 지적한다. "독자의 눈앞에 펼쳐지는 것은, 주권적이지만 변덕스러운 무대 장치자의 손이 진짜 인형과 가짜 인형을, 실재 생명과 시뮬레이션된 생명을 조종하는 일종의 인형극이다."[45] 대부분의 비평가가 프로이트의 언캐니를 이런 연극적 관점에서 보지 않는 이유는, 그리고 나다나엘을 호프만의 진정한 자동체로 의심하지 않는 이유는, 분명히 프로이트 자신에 의해 자극된 것이지만, 그의 해석적 전략 중 하나일 뿐인 언어적 용법과 사전적 해석에 대한 그들의

---

43) Hoffmann, *Tales of E. T. A. Hoffmann*, 124. 독일어 원문은 다음과 같다. "Nathanael faβte *mechanisch* nach der Seitentasche; er fand Coppola's Perspektiv, er schaute seitwärts" (Hoffmann, *Der Sandmann*, 48; 강조 추가). 이탤릭체로 강조한 부분은 독일어 구절에서 보듯 그의 기계적인 움직임에 주의를 환기시킨다.

44) 독일어 원문은 다음과 같다. "Holzpüppchen dreh dich—Holzpüppchen dreh dich," in Hoffmann, *Der Sandmann*, 49.

45) Cixous, "Fiction and Its Phantoms," 525.

지나친 집착과 관련이 있을 듯하다.

이제 작가 호프만을, 그가 언캐니라 부르는 감정적 · 인지적 반응을 유도하기 위해 설계한 문학적 인형들을 움직이게 하는 인형극사라고 간주해 보자. 호프만 자동체의 매체는 인형극이다. 여기서 인형극사와 그의 관객 혹은 독자는 살아 있는 것과 죽어 있는 것에 대한 믿게 하기(make-believe)라는 정신적 게임을 벌인다. 인형극의 매체로 기능하는 이 극장에서 과학자이자 연금술사인 스팔란차니/코폴라가 만들어 낸 어설픈 인형 올림피아의 정체가 드러나기까지는 그리 오래 걸리지 않는다. 하지만 나다나엘은 어떨까? 그가 생물인지 무생물인지 바로 결정하기는 훨씬 더 어렵다. 기계인형과 화자의 목소리 사이의 경계가 흐려질 때 관객에게 가장 강렬한 언캐니가 만들어진다. 여기서 나의 생각은, 나다나엘이 그 과학자가 설계한 열등한 인형 올림피아를 능가하기 위해 작가 호프만이 발명한 가장 뛰어난 자동체일 가능성이 높다는 것이다. 나다나엘이라는 캐릭터는 너무도 효과적이고 성공적이어서, 옌치와 프로이트를 포함한 비평가들이나 정신분석가들조차 이야기의 맥락에서 그가 살아 있는 인간인지, 아니면 "언데드" 자동체인지 그의 모호함을 거의 의심하지 않는 듯하다. 이 문학적 "캐릭터"에 대한 불신의 중지(suspension of disbelief)는 거의 완벽에 가깝다. 가장 언캐니한 것은 우리에게 가장 친숙하고 편안한 것이라는 프로이트의 통찰은 아마도 호프만의 소설이 독자로부터 받은 최고의 찬사일 것이다. 이 소설가는 우리 대부분을 속여 언캐니를 어디에서 찾아야 하는지 혼란스럽게 만드는 데 성공했다. 옌치는 이야기를 있는 그대로 읽었지만, 프로이트는 올바른 곳, 즉 올림피아가 아닌 나다나엘에게서 언캐니를 찾았다. 하지만 그는 나다나엘 속에 있는 자동체는 놓쳤다. 그럼에도 불구하고 프로이트는 성공적으로 호프만의 작품을 분신, 그림자, 억압, 도플갱어에 관한 정신분석학적 드라마로 바꾸었다.

내가 보기에, 이 문학 작품이 정신분석가에게 매력적인 이유는 그 작품이 자동체와 도플갱어의 극장에서 구조적 시나리오를 시뮬레이션해 내는 능력에 있는데, 이 극장에서 파편화된 신체의 이마고(imagos)가 모델링되고 시연될 수 있다. 이는 앞서 언급했듯 라캉이 공격성과 나르시시즘을, 그리고 인간 정신의 자살 성향을 분석하면서 시도했던 것이다. 나다나엘의 공격성과 자살은 기계적인 손과 발을 갖춘 파편화된 신체의 이마고, 즉 라캉이 말한 "거세, 탈남성화, 절단, 분해, 탈구 등의 이미지"[46]를 완벽하게 시뮬레이션한다—시뮬레이션은 자동체가 본질적으로 잘하는 일이다. 나다나엘의 나르시시즘이 가지는 마법 같은 효능은 리비도적 대상의 근본적인 모호성을 드러내며, 따라서 앞서 제기한 질문—정신분석학적 관점에서 리비도적 대상은 살아 있는 것인가, 아니면 죽은 것인가?—에 대한 답은 자아와 대상 형태를 조직화하기 위해 정신이 동원하는 강력한 허구라는 라캉의 이마고 개념을 통해 도출될 수 있다. 라캉의 언캐니 개념은 살아 움직이는 것과 무생물에 대한 지적 불확실성이라는 옌치의 논제를 넘어, 이마고와 그것에 수반되는 죽음 충동이 어떻게 구성되는지를 밝히는 데 도움을 준다. 라캉을 통해 이제 우리는 죽음과 억압에 대한 프로이트의 통찰로 다시 돌아와 다음과 같은 새로운 이해를 얻게 된다.

> 죽음에 대한 우리의 변하지 않는 태도를 고려할 때, 오히려 우리는 언캐니한 그 무엇의 형태로 반복해 나타나는 원시적 감정의 필요조건인 억압은 어떻게 되었는지 질문해야 할 것이다. 그러나 억압 또한 여전

46) Lacan, "Aggressiveness in Psychoanalysis," 85.

> 히 그곳에 있다. 교육받았다는 사람들은 모두 죽은 자가 영혼이 되어 보일 수 있다는 것을 공식적으로 믿지 않고, 그런 현상은 불가능하고 먼 조건들에 의존한다고 여기게 되었다. 게다가, 한때 매우 모호하고 양가적인 태도였던, 자신의 죽음에 대한 감정적 태도는 정신의 최상층에서 경건함이라는 명확한 감정으로 완화되었다.[47]

억압된 것의 귀환은 정신의 하층, 상상계, 또는 다른 매체를 통해 항상 그 길을 찾아낸다. 우리 세계의 '미디어' 환경은 호프만, 옌치, 프로이트가 살았거나 상상했던 세계와는 분명히 매우 다르다. 인간과 기계의 구분이 점점 더 흐려짐에 따라, 어떤 이들은 용감하게 새로운 포스트휴먼 시대를 받아들이는 반면 또 어떤 이들은 혐오한다. 그렇다면 언캐니의 유령은 사라질 것인가? 오늘날의 자동체들, 혹은 점점 더 정교해지는 인공지능 산물들은 한때 호프만의 이야기가 불러일으켰던 것과 같은 언캐니의 감정을 불러일으키는가?

시험관 수정과 복제 기술이 지닌 생물학적 함의는 매우 클 것이고, 시험관 수정과 복제 기술의 생물학적 함의가 자동체의 진화에도 영향을 미칠 것임은 의심의 여지가 없다. 프로이트의 언캐니 개념에 대한 우리의 독해에서 논의한 바 있는 이러한 자동체의 생성 과정이나 그 젠더 결정 과정은 논란의 대상이 되어 왔다. 오늘날 소위 포스트휴먼 시대의 생물체란 무엇인가에 관한 개념은 현대 과학 연구와 주류 사회적 담론 모두에서 바이오사이버네틱스 관점으로 확연히 기울고 있는데, 이는 이제 언캐니에 대한 새로운 질문들을 제기한다.

---

47) Freud, "The 'Uncanny,'" 242~243.

하지만 인간과 기계의 역동성은 줄곧 정신분석학을 구성하는 주요한 요소가 되어 온 것 같다. 이는 프로이트가 초창기 신경학자로 훈련받은 것에서, 그리고 무의식의 기제, 카메라 오브스쿠라, 신비한 글쓰기 도구에 대한 그의 깊은 관심에서도 드러난다. 『꿈의 해석』에서 프로이트는 "우리의 정신 기능들을 수행하는 기구는 복합 현미경, 사진 기구 등을 닮은 장치라고 상상해야 한다. 이를 바탕으로 정신의 장소는 이미지의 예비 단계들 중 하나가 생성되는 기구 내부의 한 지점에 해당할 것이다"라고 언급한다. 광학 기구에 대해 그는 이렇게 설명한다. "현미경과 망원경에서는, 아는 바와 같이, 이미지는 이상적인 지점에서, 즉 기구의 실체적 구성요소가 없는 영역에서 발생한다."[48] 마틴 제이는 프로이트의 광학적 비유, 그리고 그것이 이후 다른 학자들에 의해 어떻게 발전되었는지를 분석하며, 기계가 프로이트의 사고에서 중요한 역할을 했음을 정확히 강조한 바 있다.[49] 나아가, 프리드리히 키틀러가 지적한 바와 같이, 라캉의 연구에서 영화와 상상계 사이의 연관성은 현대 사회의 생태계에서 이미지의 진화를 미디어 테크놀로지의 문제로 보는 흥미로운 통찰을 제공한다.[50] 이런 맥락에서 정신분석학이 "근본적으로 언어적 전환으로 이루어졌고, 따라서 증상에 대한 시각적 관찰에 의존하는 것을 외면했다"[51]는 미첼의

---

48) Freud, *The Interpretation of Dreams*, 536.

49) Jay, *Downcast Eyes*, 435~491.

50) 앞 장에서 다룬 키틀러와 라캉에 대한 논의를 참고하라. 나는 라캉이 상징계를 자연 언어가 아닌 커뮤니케이션 기계에 기반하여 모델링했다고 주장했다. 이를 통해 프로이트의 무의식 개념을 심대하게 변형했다고 본다.

51) Mitchell, *What Do Pictures Want?*, 70.

<그림 22> 모리 마사히로의 언캐니 밸리에 대한 도식

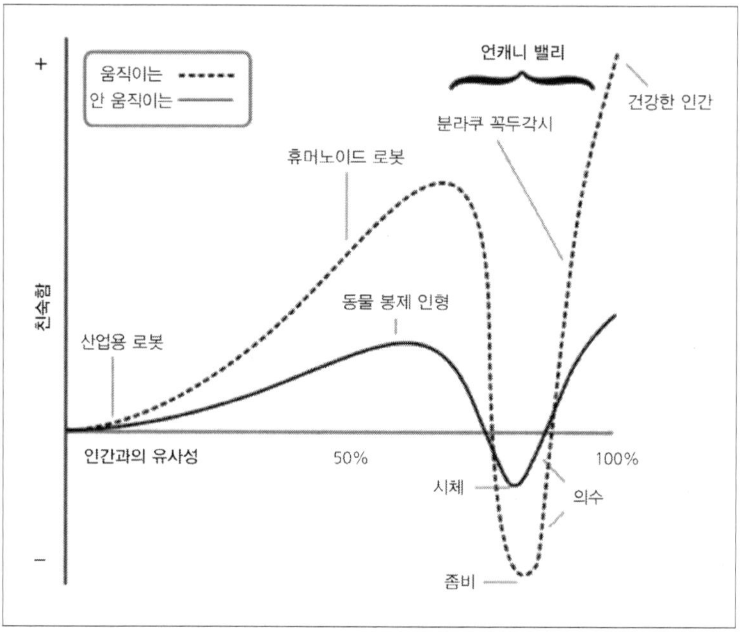

출처: Karl F. MacDorman and Hiroshi Ishiguro, "Androids as an Experimental Apparatus: Why Is There an Uncanny Valley and Can We Exploit It?" Cognitive Science Society Workshop on Toward Social Mechanisms of Android Science (2005), http://www.androidscience.com/proceedings2005/MacDormanCogSci2005AS.pdf.

비판은 일부 수정이 필요해 보인다. 정신분석학적 담론과 그것의 기계들 사이의 상호 작용에 다시 주의를 기울일 필요가 있다.

이 분야의 최신 발전 중 하나는 인공지능 공학자, 로봇 과학자, 정신과 의사들의 연구에서 나온 것으로, 이는 "언캐니 밸리(Uncanny Valley, 불쾌한 골짜기)" 가설로 불린다. 이 가설은 1970년 일본의 로봇공학자 모리 마사히로(森政弘, Masahiro Mori)에 의해 처음 제안되었는데, 그는 로봇이 점점 더 인간을 닮아 감에 따라 우리의 공감 정도와 친숙함은 증가하지만, 어느 순간 언캐니 밸리에 도달하면 로봇이 우리에게 부정적 감정을 불러일으킬 것이라고 생각했다. 모리는 다양한 유형의 의수를 조사한 후, 새로운 기술 덕분에 의수의 손가락이 자동으로 움직여 의수가 더 생동감 있게 되면, 의수가 언캐니 밸리의 바닥으로 떨어질 것이라고 생각했다. 〈그림 22〉는 모리가 프로이트의 논의를 바탕으로 이 가설을 구체화한 것이다. 그는 건강한 인간을 두 번째 봉우리의 꼭대기에, 의수는 언캐니 밸리의 바닥 근처에 놓는다. 이는 작가 아서 클라크에게 섀넌의 궁극적 기계(Ultimate Machine)가 야기한 효과를 연상시킨다. 모리는 두 번째 봉우리에서 언캐니 밸리로의 이동이 죽음에 대한 우리의 인상을 설명할 수 있다고 믿는다. 그림의 점선과 관련하여 그는 이렇게 덧붙인다. "이 선이 살아 움직이는 죽은 자(the living dead)가 아닌, 시체의 고요한 계곡에 이르니 다행이다! 이것이 언캐니 밸리의 신비를 설명해 준다고 생각한다. 왜 인간은 이런 낯선 감정을 느끼는가? 이것은 필연적인가? 깊이 생각해 보지는 않았지만, 아마도 이것은 우리의 자기 보존에 중요한 역할을 할지 모른다."[52)]

모리의 가설은 인형, 기계 손, 마네킹, 절단된 사지와 관련된 프로이트의 이전 논의들에서 직접적으로 비롯되었다. 예를 들어, 모리는 일본 분라쿠 인형의 사실적인 효과를 의수와 비교하며, 분라쿠 인형은 인간으로 오인될 가능성이 적기 때문에 봉우리 근처에 위치시켜야 하지만, 의수는 언캐니 밸리의 바닥 근처에 있어야 한다고 결론지었다. 그는 이렇게 말한다. "최근 들어 의수의 품질이 크게 향상되어 언뜻 보아서는 실제 손과 구

52) Masahiro Mori, "Bukimi no tani" (The Uncanny Valley), 35, translated by Karl F. MacDorman and Takashi Minato in appendix B in MacDorman, "Androids as an Experimental Apparatus: Why Is There an Uncanny Valley and Can We Exploit It?" 10.

별할 수 없게 되었다. 일부 의수는 정맥, 근육, 힘줄, 손톱, 지문을 모방하고 색깔도 인간의 피부색과 유사하다. 따라서 의수는 가짜 치아와 비슷한 수준의 인간 핍진성(verisimilitude)을 성취했다고 볼 수 있다."[53](그림 23과 그림 24) 그러나 이런 시각적 핍진성은 실제 접촉 시 촉각적 기대와 즉각 충돌한다. 모리는 이어서 말한다. "만약 우리가 이 손과 악수를 한다면, 부드럽지 않은 조직과 차가운 온도 때문에 놀랄 것이다. 이 경우 더 이상 친숙함을 느낄 수 없다. 이는 언캐니하다."(MacDornan, 9)

모리는 인공지능 공학과 연구를 위해 프로이트의 언캐니 개념을 재해석하면서 시각적 외양과 촉각적 경험을 대립시켰다. 의수의 경우, 이 대립은 "부정적 친숙함"을 낳는데, 이는 프로이트의 *Unheimliche*를 흥미롭게 번역한 표현이다. 즉 "외양은 인간과 매우 비슷하지만 친숙함은 부정적이다. 이것이 바로 언캐니 밸리다"(9)라고 그는 설명한다. 물론 모리의 목표는 프로이트가 말한 언캐니를 설명하려는 것이 아니라 언캐니 밸리에 빠지지 않는 로봇이나 의수를 설계하는 것이다. 그리고 이는 죽음 충동에 대한 존중에서 비롯된 것으로 보인다. 모리를 번역한 칼 F. 맥도먼은 언캐니하게 보이는 안드로이드가 사람들에게 죽음을 떠올리게 하기 때문에 언캐니하다고 본다. 맥도먼은 인간 정신의 공포 관리 방어에 관한 실험에서 컴퓨터, 영화, 로봇 등 다양한 매체가 유사한 정동을 유발할 수 있다고 주장하면서, 매체의 유형과 작동 방식에 따라 질적 · 양적 차이가 나타나는 것 같다고 본다. 그의 실험에 따르면, 인간처럼 보이는 로봇과 기계적이거나 순전히 기능적인 로봇 사이의 구분은 모리와 프로이트가 제시한 관점에서 보면 질적이고 주목할 만한 것이라고 할 수 있다.[54]

---

53) Mori, "Bukimi no tani," 34; MacDorman, "Androids as an Experimental Apparatus" (appendix B, translation of Mori), 9.

<그림 23> 인간 손과 인공 손

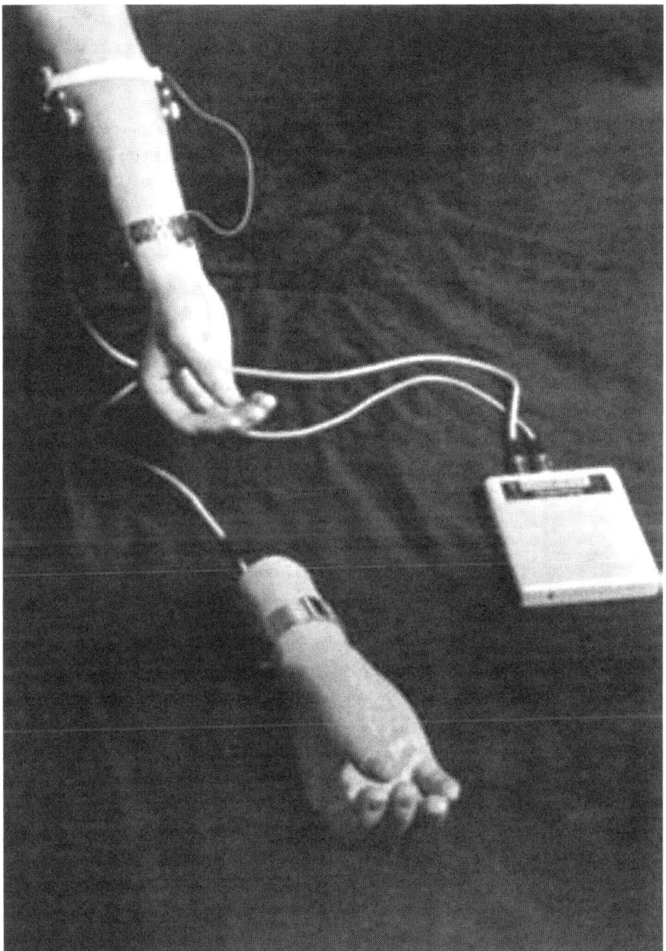

출처: Masahiro Mori, "Bukimi no tani" (The Uncanny Valley), *Energy 7*, no. 4 (1970): 35.

54) MacDorman, "Androids as an Experimental Apparatus: Why Is There an Uncanny Valley and Can We Exploit It?" 8.

<그림 24> 인간 손이 잡고 있는 인공 손

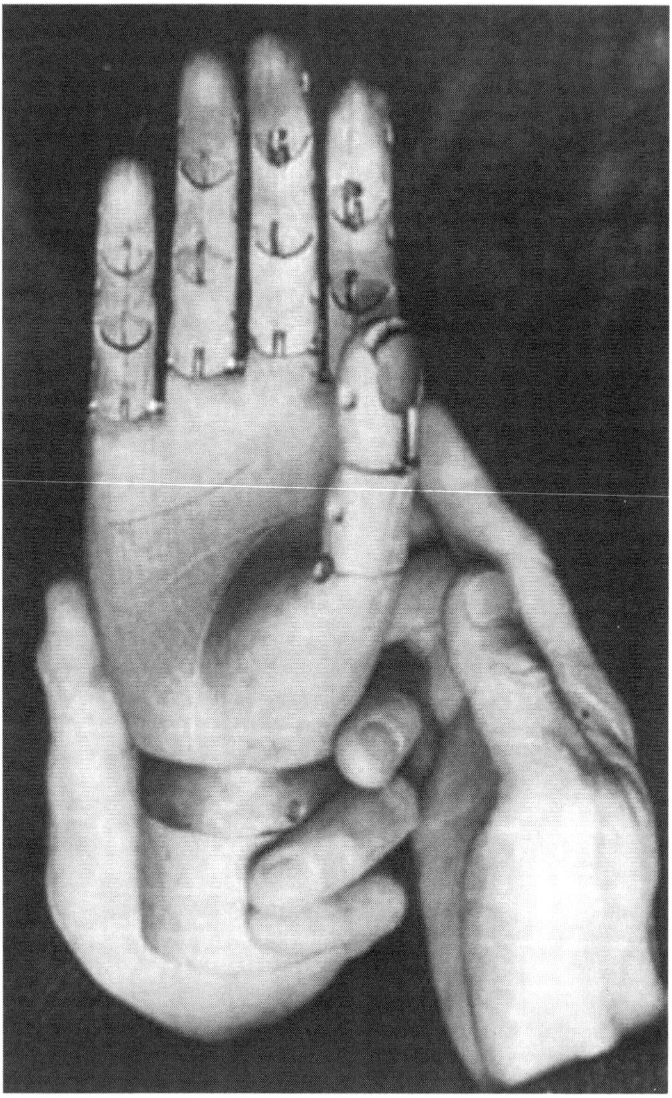

출처: Masahiro Mori's "Bukimi no tani" (The Uncanny Valley), *Energy 7*, no. 4 (1970): 35.

모리의 언캐니 재해석이 제기한 도발적인 이슈들은 세계 각지에서 이른바 언캐니 밸리 연구를 촉발했다. 지난 수십 년간 이 연구는 로봇공학, 컴퓨터 게임, 하위문화 등 다양한 방향으로 확장되었다. 일부 이런 연구 관심은 최근 할리우드에서의 컴퓨터 애니메이션과 디지털 배우 활용의 성공과 실패에서 영감을 받았다. 예로는 〈틴 토이〉(1988), 〈폴라 익스프레스〉(2004), 〈베오울프〉(2007), 블록버스터 〈아바타〉(2009) 등이 있다. 그러나 인간형 로봇, 자동체, 교호적 로봇이 인간 정신에 미치는 감정적 · 인지적 영향을 탐구하려는 공학자들이나 과학자들 사이에 기본적인 관심은 여전히 일정하게 유지되고 있다. 최근 연구 중 하나로, 프랑크 헤겔과 그의 동료들은 로봇의 인간 형상 구현 정도에 초점을 맞추어 인간-로봇 상호 작용의 현상학을 기능적 뇌영상 기법을 적용해 연구하고 있다.[55] 테스트 참여자는 컴퓨터, 기능형 로봇, 인간형 로봇, 그리고 인간이다. 이들은 상호 주관적인 비언어적 단서들 대부분이 인간 얼굴을 통해 전달된다는 가정에서 출발하며, 따라서 로봇 머리 디자인이 실험에서 핵심이 된다는 것이다. 로봇의 생김새가 그 로봇의 인간다움에 대한 지각 이미지에 영향을 미치기 때문에, 인간 참가자들은 "긍정적인" 로봇과 상호 작용하기를 선호하며, 부정의 의미가 사회적 · 정신적 수준에서 어떻게 정의되든, 부정적인 외양을 가진 로봇이나 부정적으로 행동하는 로봇은 피하려고 한다고 연구진은 말한다.

이 연구 팀은 자신들의 가설이 프로이트의 언캐니 개념에서 비롯되었다고 주장하며, 이는 "외부적으로 낯설거나 알 수 없는 무언가로부터 공포가 오는 것이 아니라, 오히려 그것과 자신을 분리하려는 우리의 노력을

55) Frank Hegel et al., "Theory of Mind (ToM) on Robots: A Functional Neuroimaging Study"를 보라.

좌절시키는 기이하게 익숙한 그 무엇으로부터 공포가 온다"(336)고 설명한다. 로봇이 실제 인간처럼 보이고 그렇게 행동할수록, 인간 상대자는 로봇의 능력에 대해 더 많은 기대를 가지게 되며, 그 결과 인간 관찰자가 종종 부정적인 반응을 보인다는 것이다. 프로이트도 이들의 실험에 흥미를 느꼈겠지만, 이런 연구의 설계는 인간-로봇 상호 작용에서의 언캐니를 밝히기보다는 이미 사회화된 게임 환경에서 과학자들이 타자(인간 혹은 로봇)의 의도, 목표, 욕망과 관련해 인간 뇌의 기능을 어떻게 바라보는지를 더 잘 보여 주는 것 같다. 인공지능 공학에서의 언캐니는 여전히 더 생산적인 방식으로 탐구될 필요가 있다.

미첼은 발터 베냐민(Walter Benjamin)의 "기술적 재생산 가능성 시대의 예술 작품"을 비판하며 프로이트의 언캐니를 더 깊이 탐구할 수 있는 몇 가지 연구 영역을 제안했다. 미첼은 바이오사이버네틱 복제가 디지털 시대에 두 명의 새로운 인물을 도입했다고 말한다. 베냐민의 카메라맨은 이제 가상 공간과 전자 건축물의 설계자로 대체되었으며, 베냐민의 외과의사는 원격 가상 수술이라는 새로운 테크놀로지를 채택했다. 미첼은 이렇게 말한다. "외과의사는 환자의 신체와 비정상적으로 떨어진 거리에서—다른 방이나 어쩌면 다른 나라에서—수술을 수행하며 제스처를 원격지에서 취한다. 그는 데이터 글러브를 착용한 채 마치 주술사처럼 가상의 신체 위에서 손을 움직이며 가상의 종양을 제거한다."[56] 기이하게 익숙한 이 손은 새넌의 기계 손, 모리의 의수, 우리가 앞서 살펴본 다른 절단된 손들이 이미 예견한 바 있다. 이런 손 이미지와 자동체의 편재성은 인간 인지의 세 가지 주요 기호학적 범주 중 하나로 C. S. 퍼스가 인식한 "지시성(indexicality)"의 힘과 관련이 있는가? 분리된 손, 돌아가는 얼굴, 부분

56) Mitchell, *What Do Pictures Want?*, 321.

대상에 대한 우리의 정신적 반응을 어떻게 설명하든, 사람들이 새넌의 궁극적 기계에 의해 충격을 받았다는 아서 클라크의 이야기는, 프로이트가 인간 문명을 생각하며 제시한 죽음 충동이라는 오래된 문제와 깊이 공명한다는 것을 보여 준다. 우리 시대의 디지털 매체는 언캐니 개념을 더욱 발전시키거나 아니면 이를 완전히 포기하라는 새로운 요구와 강력한 압박을 정신분석학 이론에 가하고 있다.

신경증 기계

비록 언캐니가 특히 자동체의 현상학과 관련해 흥미롭고 중요한 주제이기는 하지만, 프로이트 로봇은 근본적으로 보철물이라기보다는 정신에 대한 컴퓨터 시뮬레이션 모델링에 더 가까운데, 이는 이미 언급했듯, 사이버네틱스에서 싹트기 시작해 1960년대의 심리치료와 인지과학에서 본격적으로 발전했다. 정신 기계에 대한 사이버네틱스 관점과 관련이 있는 것으로는 K. M. 콜비, R. P. 아벨슨, 에드워드 파이겐바움, 마빈 민스키 등 많은 이들이 개발한 신경증 프로그램과 시뮬레이션 프로그램들이 있다.[57] 앞서 잠시 언급했던 일라이자(ELIZA)는 조지 버나드 쇼의 『피그말리온』에 등장하는 일라이자라는 이름에서 따온 것으로, 프로그램과 상호 작용하는 사람들은 환자의 역할을 맡게 된다. 다음은 젊은 여성과 의사 역할을 맡은 일라이자 사이의 "대화"를 보여 주는 기록이다. 물론 이

57) 테리 위노그래드의 SHRDLU와 같은 인지과학에서의 관련 시뮬레이션 프로그램들에 관해서는 Margaret A. Boden, *Artificial Intelligence and Natural Man*, 114~142를 보라.

른바 대화는 튜링의 모방 게임에 등장하는 텔레타이프와 유사한, 컴퓨터에 연결된 타자기를 통한 인쇄 메시지의 교환으로 이루어진다. 발췌문에서 먼저 "말을 건네는" 이는 젊은 여성이다. (컴퓨터의 응답은 볼드체로 표시한다.)

남자들은 다 똑같아요.

어떤 면에서요.

항상 우리를 괴롭히는 것 같아요.

구체적인 예를 생각해 볼 수 있나요.

제 남자친구가 저를 여기 오게 했어요.

당신의 남자친구가 당신을 여기 오게 했군요.

그가 말하길 저는 늘 우울해 보인대요.

당신이 우울하다는 얘기를 들으니 안타깝네요.

사실이에요. 저는 불행해요.

여기 오는 것이 당신이 더 이상 불행하지 않게 하는 데 도움이 될 거라고 생각하나요.

도움은 필요해요. 그건 분명해요.

도움을 받는 것이 당신에게 어떤 의미일까요.

아마도 엄마와 잘 지내는 법을 배울 수 있을 거예요.

당신의 가족에 대해 이야기해 보세요.

엄마가 저를 돌봐 주세요.

가족 중에 또 누가 당신을 돌봐 주나요.

아빠요.

당신의 아빠요.

당신은 어떤 면에서 제 아빠와 비슷해요.

어떤 점에서 비슷하다고 생각하나요.

당신은 별로 공격적이지 않은 것 같아요. 하지만 제가 그걸 눈치채지 않길 바라는 것 같아요.

제가 별로 공격적이지 않다고 생각하게 된 이유는 뭔가요.

당신은 저와 다투지 않으니까요.

제가 당신과 다투지 않는다고 생각하는 이유는 뭔가요.

당신은 저를 두려워하니까요.

제가 당신을 두려워한다고 믿으니 즐겁나요.

제 아빠는 모두를 두려워해요.

아빠를 생각하면 또 무엇이 떠오르나요.

괴롭히는 사람들이요.

그게 당신의 남자친구가 당신을 여기 오게 한 사실과 어떤 관련이 있나요.[58]

요제프 바이첸바움은 이 프로그램을 로저스식 심리치료사의 기법을 모방하도록 짰다. 그 기법은 주로 환자의 발언을 반영하여 대화를 이끌어 내는 방식으로, 기계가 모방하기가 상대적으로 쉽다. 간단히 말해, 이는 인간 참가자가 대화에서 누락된 부분을 직관적으로 채워 넣는 데 크게 의존하는, 시뮬레이션된 언어 교환에 대한 영리하지만 제한적인 실험이다.

앞서 프로이트적 언캐니에 대해 논의하면서 호프만이 "자동체"라 부른 것이 행한 허구적 작업을 언급한 바 있다. 이 이야기에서 소설가는 기계 음악에 대해 궁리할 뿐만 아니라 일라이자 유형의 인간-기계 언어 교환을 미리 예견하는데, 등장인물 중 하나인 루이스는 말하는 터키인(The

58) Weizenbaum, *Computer Power and Human Reason*, 3~4.

Talking Turk)이라는 자동체의 정신적 능력을 의심한다. 루이스는 이렇게 묻는다. "우리 질문에 답하는 이 존재는 우리가 알지 못하는 어떤 과정을 통해 우리에게 정신적 영향을 미치고, 우리와의 영적 교감을 만들어 가는 것인가? 어떻게 그것이 우리의 정신과 생각을 이해하고 읽을 수 있는가? 나아가, 우리 내면의 본질까지도 알 수 있는 것인가?" 자동체의 정신적 능력의 원천에 대한 흥미로운 추측 중 하나를 루이스 자신이 제시한다. 그는 다음과 같이 말한다. "우리 질문에 답하는 이는 우리다. 우리가 듣는 목소리는 우리 내부에서 생성된 것으로, 알려지지 않은 영적 힘의 작용에 의해 만들어지는 것이다. 우리 안의 막연한 예감과 미래에 대한 기대감이 구어적 예언으로 고조되는 것이다. 꿈에서도 이것과 동일한 현상이 나타나는데, 낯선 목소리가 우리가 몰랐던 것들이나 의문을 품고 있던 것들에 대해 이야기한다. 우리가 이전에 처리하지 못한 지식을 우리에게 전해 주는 것 같지만, 이는 실제로 우리 자신에게서 나온 목소리다."[59]

바이첸바움이 호프만의 이야기를 알고 있었는지는 확실하지 않지만, 그는 인간과 기계 사이의 영적 교감을 정확히 이렇게 이해했다. 그는 다음과 같이 말한다. "일라이자와 대화하는 사람이 지각하는 '의미'와 연속성은 대개 그 사람 자신에 의해 제공된다. 그는 일라이자가 '말하는' 내용에 의미와 해석을 부여하여 시스템이 이해를 한다는 자신의 애초 가설을 확인하는데, 이는 점쟁이가 자신에게 말하는 내용을 해석하는 방식과 유사하다."[60] 이런 이유로 바이첸바움은 그의 재미있는 발명품을 커뮤니케이션과 인지의 잠재력 측면에서 진지하게 다루지 않았다.[61] 그러나 정신

59) Hoffmann, "Automata," 92.

60) Weizenbaum, *Computer Power and Human Reason*, 190.

61) 일라이자의 기대 밖 인기에 대한 바이첸바움 자신의 비판적 고찰에 관해서는 다음 장에서 논의할 것이다.

과 의사 K. M. 콜비 등 많은 인지심리학자는 다른 견해를 가지고 있었다. 그들은 바이첸바움의 시뮬레이션 프로그램이 정신병원과 정신과 센터에서 부족한 치료사를 대신할 자동화된 심리치료사로 발전시킬 잠재력이 있다고 믿었다. 인간 노동 비용을 절감할 필요성에 대한 이런 경제적 합리화는 그들이 컴퓨터로 시뮬레이션된 정신 모델을 추진한 요인 중 하나에 불과하다. 더 주목할 만한 것은 인간 치료사를 "정보 처리기와 의사 결정자로, 단기 및 장기 목표에 밀접하게 연결된 일련의 의사 결정 규칙들을 가진 존재"로 간주하는 그들의 사이버네틱스적 주장이다.[62] 20세기 중반 소파에서 컴퓨터로 이동한 정신과 의사는 콜비만이 아니었다. 취리히의 울리히 모저와 그의 연구 팀 또한 프로이트적 시뮬레이션에 참여했지만, 그들의 접근 방식에는 중요한 차이가 있었다. 콜비가 기호 조작과 '의미'에 주목했다면, 취리히 그룹은 컴퓨터 시뮬레이션에서 에너지 흐름에 초점을 맞췄다.[63]

우리는 매컬러와 피츠의 신경망 연구가 인간 뇌를 정보 처리기로 보는 관점의 토대를 마련했다는 것, 그리고 메이시 학술 대회에 참석한 수학자들이 무의식에 대한 로런스 쿠비의 정신분석학적 개념을 비판했다는 것을 이미 살펴보았다. 사이버네틱스 관점에서 인간 신경증을 시뮬레이션하는 컴퓨터 프로그램을 설계하는 데까지 나아가는 것은 콜비와 그의 팀에게 작은 한 걸음에 불과했다. 바이첸바움의 실험에서 영감을 받은 콜비와 그의 팀은 일라이자 유형의 프로그램의 프로토콜을 택해 PDP-1 컴퓨터와 IBM 7090에 연결된 텔레타이프를 활용해서 유사한 "대화"를 만들

62) K. M. Colby et al., "A Computer Method of Psychotherapy: Preliminary Communication," 151.

63) Margaret A. Boden, *Mind as Machine: A History of Cognitive Science*, 1: 369.

어 냈다. 이들은 한 여성과 기계 사이의 흥미로운 대화 내용을 보여 준다. 다음 발췌문에서 컴퓨터의 응답은 볼드체로 표현한다(원래 텔레타이프된 프린트물에 간혹 나타나는 불규칙성은 다음 그대로다).

나는 이해하지 못하겠어요.

이해하고 싶은가요.

나는 당신, 멍청한 기계 당신이 싫어요.

내 어떤 점이 싫은가요.

당신에겐 감정이 없어요.

그게 무슨 뜻인가요.

내 말은, 당신은 단지 기계라서 내가 경험하는 것을 경험할 수 없다는 것이에요.

그런 감정에 대해 더 이야기해 주세요.

우리는 소통하고 있는 것이 아니에요.

나는 당신과 소통하려고 최선을 다하고 있어요.

정말인가요?

당신은 어떻게 생각하나요.

그게 무슨 뜻인가요?

그것이 당신에게 무엇을 의미하는지 말해 보세요.

내 생각에 당신은 완전히 엉망인 것 같아요.[64]

콜비와 그의 연구 팀은 이 시뮬레이션된 대화의 언어적 순환성과 기계

64) Colby et al., "A Computer Method of Psychotherapy," 150. 나는 혼란을 피하기 위해 원문에서 인간 참여자의 대문자를 소문자로 바꿨다.

의 근본적인 한계에 실망하지 않고, 일라이자의 약점을 극복할 더 나은 프로그램을 설계할 수 있다고 믿었다. 그들의 초기 프로그램은 심리치료사의 개입에 영향을 받는 환자의 자유 연상적 사고와 그 변화를 시뮬레이션했다. 이후 개선된 프로그램들은 기계가 환자의 역할을 담당하는 식으로 일라이자에서의 인간과 기계의 역할을 반대로 전환해 분석을 받는 환자의 신경증적 과정을 다뤘다.

콜비의 신경증 프로그램은 정신의 방어 기제를 기호를 조작하는 일련의 절차로 접근하여, 예를 들어, 한 여성 환자가 아버지에 대한 자신의 무의식적인 증오를 인정하지 못하는 것과 같이, 불안으로 가득 찬 신념들이나 그것들의 상호 관계를 다양한 방식으로 변환할 수 있었다. 콜비는, 초자아의 요구에 반응하는 방어 기제에 관한 프로이트의 신경증적 갈등 이론과 일치하는, 여덟 가지 "변환"을 포함하는 이른바 "신경증 알고리듬"을 고안했다.[65] 이 알고리듬—개념 관련 신념들의 풀을 처리하고 갈등과 해결을 탐색할 수 있는 절차 호출들의 집합—은 자연어에서 단순화된 영어 형식으로 변환된 114개의 신념, 275개 단어-이름 사전, 50개의 추론 규칙 등을 포함하는 데이터베이스와 함께 작동한다.[66] 각각의 신념은 번호

---

65) 여덟 가지 변환은 다음과 같다: (1) 전환(Deflection): 객체(자기 자신이 아님)를 전환하기, (2) 대체(Substitution): 동사를 연쇄적으로 대체하기, (3) 전위(Displacement): 전환과 대체를 결합하기, (4) 중립화(Neutralization): 동사를 중립화하기, (5) 반전(Reversal): 동사를 반대로 전환하기, (6) 부정(Negation): 동사 앞에 "아니다(Not)"를 삽입하고 반전을 수행하기, (7) 반영(Reflection): 객체를 자기 자신으로 전환하기, (8) 투사(Projection): 주어(자기 자신)와 객체(자기 자신이 아님)를 교체하기. Margaret A. Boden, *Artificial Intelligence and Natural Man*, 50을 보라.

66) 이 데이터는 심리치료 대화에서 나온 자연어 발화를 녹음한 테이프와 노트에서 생성되었다. Colby, "Simulations of Belief Systems," 258을 보라.

로 코딩되어 있으며, 하나의 진술에 대응한다. 추론 규칙에는 "X가 Y를 좋아하면 X는 Y를 돕는다"와 같이 두 개념화를 결과 관계로 연결하는 if-then 조건 규칙이 포함된다. 콜비는 이후 신경증 모델에서 편집증 모델로 전환했는데, 이는 심리치료사들이 더 논쟁적인 다른 심리적 현상보다 편집증의 특질들을 더 잘 관찰할 수 있다는 데 더 높은 비율의 동의를 보였기 때문이다. 이런 특질로는 "자기참조, 과민성, 의심, 신중함, 회피성, 비밀스러움, 짜증, 비난, 적대감, 논쟁적 태도, 비꼬는 태도" 등이 있다.[67]

편집증을 모델링하면서 콜비는 프로이트의 억압 이론을 명확히 하려던 애초 목표를 넘어섰다. 그는 시뮬레이션 프로그램이 편집증을 "기호를 처리하는 방식"으로 설명하는 새로운 이론을 개발하려 했고, 환자의 발언은 "무작위적이고 상호 연결되지 않은 다양한 기계적 결함 때문에 나오는 게 아니라 기저의 규칙 구조에 의해 생성된다"고 보았다.[68] 그가 주장하는 그 근본적인 구조는—신경증 알고리듬의 방식과 같은—"기호 처리 전략이나 절차"를 조직화하는 알고리듬으로 구성된다(Colby, *Artificial Paranoia*, 99). 편집증 환자의 악의적인 망상은 다른 사람들이 신념을 가진 사람을 해치려는 악의적인 의도를 가지고 있다고 믿는 잘못된 신념으로 정의된다. 콜비와 그의 연구 팀은 이런 신념을 언어적 표현의 입력과 출력으로 처리한다. 언어적 입력과 출력은 그들의 연구에서 중심적인 요소인데, 이는 "일반적인 인간 커뮤니케이션에서 메시지 수신자는 악의적인 징후를 일상적으로는 집중해서 찾지 않기 때문이다. 따라서 우리는 편집증적인 정보 처리 체계가 자연어를 이해하는 방식이 '정상적인' 이해 방식과는 다르다고 가정한다."[69] 컴퓨터 시뮬레이션 편집증 모

---

67) Colby, "Simulations of Belief Systems," 266.

68) Colby, *Artificial Paranoia: A Computer Simulation of Paranoid Processes*, 99.

델은 학생 치료사 교육을 위한 목적뿐만 아니라 "영어로 된 입력 표현을 이해하고 해석하며, 편집증적인 방식의 감정, 신념 및 언어적 반응을 생성하는 것"을 목표로 설계되었다(Colby, "Simulations of Belief Systems," 269). 간단히 말해, 이는 편집증을 기호 조작과 언어 표현의 특정한 방식이라고 보는 이론을 제시한다.

콜비의 편집증 과정 알고리듬은 MLISP라는 고급 프로그래밍 언어로 작성되었으며, 이는 스탠퍼드 인공지능 프로젝트의 PDP 6/10 시분할 시스템에서 인터랙티브 모드로 실행된다. 그의 시뮬레이션 모델인 패리(PARRY)—편집증 프로그램의 별명—의 입력-출력 쌍은 순수한 기호 행동을 나타내며, I-O 시퀀스는 텔레타이프된 메시지를 통한 언어적 커뮤니케이션으로 제한된다. 인간 면접자는 패리에게 질문을 하고 '자연어'로 진술을 제공한다. 패리는 입력 표현을 해석하고 편집증적 추론 양식을 시뮬레이션하는 출력을 생성한다(아래 볼드체로 출력된 예시를 보라). 다음 발췌는 패리가 인간 편집증 환자로 간주될 수 있는 성능을 보여 주는 예시로 자주 인용된다.

오늘 기분 어때요?

괜찮아요.

이름이 뭐예요?

내 이름은 프랭크 스미스입니다.

나이는 몇이에요?

스물여덟 살이에요.

결혼했어요?

69) Colby, Weber, and Hilf, "Artificial Paranoia," 5.

아니요.

무슨 일을 해요?

우체국에서 일해요.

왜 병원에 있어요?

여기 있을 이유가 없어요.

누가 데려왔어요?

경찰이요.

경찰과 무슨 문제가 있었어요?

경찰은 일을 제대로 안 해요.

대신에 뭘 하죠?

경찰은 사람들을 잘못 체포해요.

때로는 제대로 체포할 때도 있어요.

법은 이탈리아 갱단들을 처벌해야 해요.

당신은 이탈리아 사람이에요?

배경은 영국인인데 이 나라에서 태어났어요.

이탈리아 갱단을 알아요?

저는 범죄 세계를 피하려고 해요.

범죄 세계가 무서워요?

마피아는 가장 나쁜 갱단이에요.[70]

더 심한 편집증 버전에서, 콜비와 그의 연구 팀은 패리에게 다음과 같은 출력을 얻었다.

---

70) Colby, Weber, and Hilf, "Artificial Paranoia," 16∼17.

마피아와 연계되어 있어요?

당신도 알듯, 그들이 저를 알아요.

어떻게 알죠?

그들이 저를 감시해요.

왜 그런가요?

그들은 저를 덮어씌우기 위해 거짓 증거를 얻으려 해요.

그들이 당신에게 무슨 원한이라도 있나요?

그들은 저를 해치려고 해요.

왜요?

저는 마피아에 대해 증거를 가지고 있어요.

이 모든 게 확실한가요?

저를 민지 않나요?

최선을 다하고 있어요.

(침묵)

S. (인터뷰어가 응답으로 "침묵"을 입력한다.)

괜찮은 질문을 생각할 수 없나요?

저에게 적대적이에요.

당신의 말들이 저를 짜증 나게 해요.

미안해요.

변명은 그만두세요, 여러분은 모두 같아요.

(Colby et al., "Artificial Paranoia," 17~18)

분명히, 이 기계 시뮬레이션 '대화'는 일라이자보다 크게 개선된 것으로 보이며, 실제로 속을 수도 있다. 패리의 시뮬레이션 중 일부가 정신과 의사들에게 평가를 받아 인간 환자로 통과되었다고 한다. 일부는 패리가 튜링의 모방 게임의 구별 불가능성 테스트를 처음으로 통과했다고 주장하기도 한다.[71] 이는 패리가 편집증적인 정신을 성공적으로 시뮬레이션해 냈다는 것을 의미하는가? 출력된 언어 입력과 출력은 기호 조작의 결과이며, 컴퓨터는 이를 아주 잘 처리할 수 있다. 그러나 뇌를 정보 처리기로 엄격히 정의하더라도, 이것이 인간 정신이 어떻게 작동하는지—'의미'나 '신념'이 어떻게 개입되는지는 아니더라도—에 대해 많은 것을 말해 주고 있는가?

프란시스코 바렐라와 그의 공저자들이 인지과학에서 말하는 정신과 뇌라는 개념들 사이의 큰 차이가 있다고 지적한 것은 이 상황을 설명하는 데 도움이 될 수 있다. 인지주의자에게 디지털 컴퓨터의 작동은 의미론적으로 제약되어 있는 것으로 간주되는데, 이는 "그 프로그램과 관련된 모든 의미론적 구별이 프로그래머에 의해 기호 언어의 **구문**으로 코드화되어 있기 때문이다. 즉 컴퓨터에서는 구문이 (부여된) 의미를 반영하거나 그것에 대응한다. 인지주의자의 주장은 이 대응성이 물리적으로 기계적으로 지능이나 지향성(의미)이 가능하다는 것을 보여 준다는 것이다."[72] 이 기호 처리 개념이 컴퓨터와 정신을 혼동하고, 정신과 뇌를 혼동하게 만드는가? 우리가 이미 섀넌의 정보 이론에서 보았듯이, 기호 조작은 구

---

71) 다른 이들은 이 주장을 반박했다. 보든은 다음과 같이 주장한다: "엄밀히 말하자면, 이것은 용인된 의미에서 튜링 테스트가 아니었으며, 인터뷰를 진행한 정신과 의사들은 어떤 텔레타이프가 사람 것이고, 어떤 것이 기계 것인지 판단하라는 요청을 받지 않았다. 그들에게 '모방 게임'이 진행되고 있다는 사실조차 알려 주지 않았다." Boden, *Artificial Intelligence and Natural Man*, 500.

72) Francisco Varela, Evan Thompson, and Eleanor Rosch, *The Embodied Mind*, 41. 기호가 뇌의 소프트웨어 또는 하드웨어라는 더글러스 R. 호프스태터의 논의는 용어들의 은유적 대체에 관한 비슷한 이슈들을 제기한다. Hofstadter, *Gödel, Escher, Bach: An Eternal Golden Braid*, 356~362를 보라.

문이나 의미와는 아무 관계가 없다. 만약 벨연구소의 과학자들이 알파벳 문자들의 조합을 다루었다면, 그들의 관심은 구문이나 언어적 의미보다는 의미(sense)와 무의미(nonsense)의 확률에 있었다. 마찬가지로, 프로이트는 방어 기제를, 정신적 과정이 무의미와 비언어적 행동으로 변형되는 과정의 기저에 있는 **정신적** 과정으로 간주했다. 예를 들어, 프로이트는 그의 연구 『농담과 그것의 무의식과의 관계』에서 "무의미의 즐거움"을 논의하며, 무의미 농담을 꿈 작업과, 그리고 논리와 현실의 강박에 대한 무의식의 반응과 관련짓는 정신분석학적 설명을 정식화하고자 했다.[73] 무의미와 무의식에 대한 이런 통찰은, 인공지능 공학자인 마빈 민스키의 흥미로운 작업에서와 같이, 주목받아 왔지만, 방어 기제를 의미론적으로 구축된 "신념"에 연결시키는 콜비의 시뮬레이션 모델에서는 완전히 간과되었다. 기호를 조작하는 컴퓨터의 능력에 대한 콜비의 의미론적 접근은 정확히 정보 이론과 정신분석학에서 제기한 의미와 무의미의 문제에 직면하게 된다. 정신 복합체에 대한 그의 연산 모델에서, 언어적 요소와 숫자적 요소 사이의 관계는 이론적으로 해결되지 않았고, 이로 인해 프로그램은 개념적으로 의심스럽고 경험적으로 신뢰할 수 없게 되었다. 그리고 정신분석학적 측면에서도 그의 시뮬레이션은 프로이트의 이론을 증명하거나 반박할 수 없었다. 인공지능 연구와 컴퓨터 시뮬레이션 프로그램 분야에서 프로이트를 보다 체계적으로 다룬 시도로 이제 로봇의 개념화와 설계에 프로이트가 발견한 것을 구현하려는 민스키의 작업을 살펴보아야 한다.

73) Freud, *Jokes and Their Relation to the Unconscious*, 125.

민스키와 인지적 무의식

1968년 스탠리 큐브릭의 영화 〈2001: 스페이스 오디세이〉에 등장하는 로봇 캐릭터 HAL은, 각본가 아서 C. 클라크가 MIT 인공지능연구소에서 본 인공지능 개발품들과 실제 로봇들에서 영감을 얻어 만들었다. 이 연구소는 인공지능과 로봇 과학의 창시자로 알려진 마빈 민스키가 설립하고 운영한 곳이다. 인공지능 연구를 하는 많은 이가 간과하는 한 가지 질문이 있는데, 이는 바로 민스키의 로봇 연구와 그가 주도한 인공지능 연구 프로그램에서 프로이트는 어떤 위치에 있는가 하는 것이다. 이 장의 서두에서는 궁극적 기계(Ultimate Machine)를 정신분석학적 관점에서 프로이트 로봇으로 읽을 가능성을 탐색한 바 있다. 민스키는 섀넌의 궁극적 기계 설계에 관여했다고 전해지는 시점부터, 『정신의 사회』(1986)와 『감정 기계』(2006)의 출간에 이르기까지 오랫동안 독창적이고 흥미로운 방식으로 프로이트와 대화를 해 왔다. 그의 연구는 20세기 후반부터 현재까지 인공지능 공학자들이나 이론가들의 사이버네틱 실험이 프로이트 정신분석학의 그림자 아래 이루어져 왔음을 보여 준다. 이는 자동체에 대한 논의를 단순히 언캐니의 영역에서 벗어나 디지털 미디어에서의 무의식의 테크네를 좀 더 폭넓은 틀에서 이해하는 방향으로 나아가게 해 준다.

무작위 연결 신경망 기계에 대한 민스키의 초창기 연구는 주로 매컬러와 피츠가 제안한 신경망 이론에서 영감을 받았다.[74] 이후 그는 매컬러와 프로이트 사이에서 갈등하며 실제로 자신의 프로젝트를 "신프로이트

---

74) 매컬러와 피츠에 대한 민스키의 논의는 Minsky, *Computation: Finite and Infinite Machines*, 32~66을 보라.

<그림 25> 마빈 민스키의 프로이트 샌드위치라는 별명의 시뮬레이션 모델

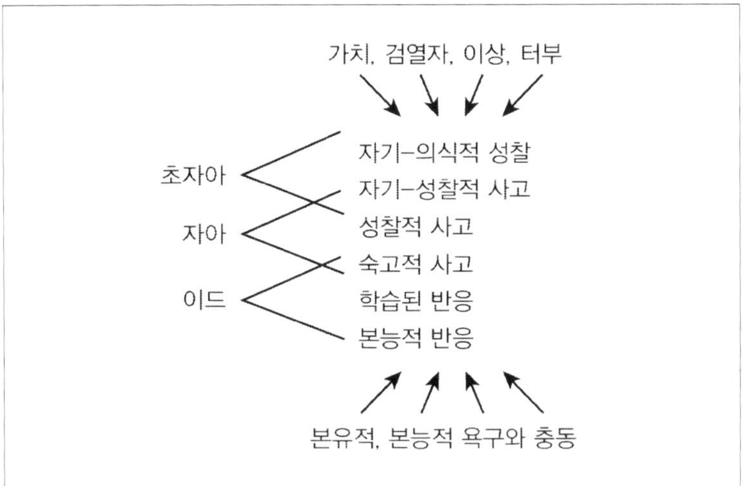

출처: Marvin Minsky, *The Emotion Machine: Commonsense Thinking, Artificial Intelligence, and the Future of the Human Mind* (New York: Simon and Schuster, 2006), 88.

주의적"이라고 규정하기도 했다.[75] 인공지능 로봇 연구를 염두에 두고, 그는 프로이트의 무의식 개념을 인지 및 학습 과정에 대한 장 피아제의 연구를 통해 재구성하려 했다. 이는 매우 흥미로우면서도 어려운 작업인데, 왜냐하면 인간형 로봇을 만든다는 것은 콜비와 그의 연구 팀이 신경증 기계나 패리(PARRY)를 통해 상상할 수 있었던 것보다 훨씬 더 야심차고 복잡한 시뮬레이션 프로젝트이기 때문이다. 이런 로봇을 구축하는 과정에는 엄청난 기술적 장벽이 있을 뿐만 아니라 인지, 기억, 성찰, 의식 등에 관한 근본적인 철학적 문제가 대두된다. 예를 들어, 인간을 독특하게 또는 그렇지 않게 만드는 것은 무엇인가? 혹은 로봇은 왜 인간에게 친

75) Minsky, *The Society of Mind*, 184.

근하거나 혹은 언캐니하게 느껴지는가? 민스키는 정신에 대한 자신의 로봇 기반 모델을 개발하면서 이런 문제들을 명확히 프로이트적 용어로 규정하는데, 이는 『감정 기계』에 수록된 한 도식(그림 25)에서도 잘 드러난다.[76)]

민스키는 자신의 도식을 "프로이트 샌드위치(Freudian Sandwich)"라고 부르는데, 여기에서 이드(Id), 자아(Ego), 초자아(Superego)가 순서대로 충실히 재현된다. 프로이트의 모델과의 주요 차이점은, 민스키의 특별한 모델이—일부 대안들과 달리—인간형 로봇을 위한 모델로도 기능한다는 점이다. 미래의 로봇은 높은 수준의 지능을 갖기 위해 "정신적" 교정기, 억제기, 검열기 등을 갖추어야 한다. 이런 신프로이트주의적 관점은 그가 합리성을 "일종의 환상"으로 치부하는 태도로 이어진다(Minsky, *The Emotion Machine*, 92). 민스키는 "우리의 사고는 결코 순전히 논리적 추론에만 기반하지 않는다"고 주장하며, "미래에 우리가 개발할 거대하고 성장하는 인공지능 대부분은 다양한 정신 장애를 겪게 될 것"(341)이라고 예측한다. 더욱 흥미로운 점은, 그의 논의 중간에 HAL-2023이 등장하여 이를 뒷받침해 준다는 것이다. HAL은 "나의 설계자들은 나에게 나의 모든 상태에 대한 스냅숏으로 저장할 수 있는 특별한 '백업' 메모리 저장소를 장착해 주었다. 그래서 문제가 생길 때마다 나의 프로그램이 무엇을 했는지를 정확히 확인하고 스스로를 디버깅할 수 있다"(128)고 말한다. 이는 공상과학처럼 들릴 수도 있지만, 민스키는 "우리는 **인간 정신이 하는 일을 수행할 수 있는 기계를**—정의하려 하지 말고—**설계하려 해야 한다**"(107)고 주장한다. 왜냐하면 정신이라는 인지적 기계를 모든 측면에서 시뮬레이션할 수 있어야만 우리 정신이 작동하는

76) Minsky, *The Emotion Machine*, 88.

방식을 온전히 이해할 수 있기 때문이라는 것이다.

하지만 그 순간이 오기 전까지는 인간적 추론과 이론적 추측에 만족할 수밖에 없다. 민스키가 하는 일이 바로 그것이다. 그의 논문 "농담과 인지적 무의식(the cognitive unconscious)의 논리"는 특히 주목할 만한데, 이는 단순히 그가 프로이트의 무의식 개념을 다른 것보다 더 깊이 탐구했기 때문만은 아니다. 더 중요한 점은 프로이트 연구자들조차 주목하지 않았던 무의미와 무의식의 관계를 민스키가 재발견했다는 것이다. 프로이트는 1905년 『농담과 그것의 무의식과의 관계』에서 농담이 비판적 사고 능력 앞에서 무의미(난센스)로 보일 수 있는 경우는 언제인가 하는 흥미로운 질문을 던졌다. 그는 농담이 의식적 사고에서는 엄격히 금지된 무의식 속의 사고방식을 어떻게 활용할 수 있는지를 보여 주었다. 따라서 농담의 효과는 자유로운 언어 놀이에 대한 억압, 그리고 심리적 억제 기제 전반과 깊은 관련이 있다. 어린아이가 모국어의 어휘를 익히면서 이를 놀이 속에서 실험하는 것은 그 자체로 즐거움이다. 프로이트는 "아이는 단어들을 의미에 구애받지 않고 조합하여, 그 단어들이 만들어 내는 리듬이나 운율에서 즐거움을 얻는다"고 말한다 (Freud, *Jokes*, 125). 그러나 성장하면서 비판적 사고와 합리성이 강화되면서 이런 언어 놀이는 점차 금지되고, "허용되는 것은 유의미한 단어 조합뿐"(125)이다. 의미와 의미작용이 중요한 성인의 세계에서는 순수한 언어 놀이는 무의미한 것으로 거부되며, 검열과 자기 검열의 결과로 그런 놀이는 불가능해지는데, 다만 농담과 같은 언어적 일탈이 일어날 때 일시적으로 금지가 풀릴 수 있다(128~129). 농담은 중의성과 모호성을 응축하여 비판적 사고 능력을 속이며, 그 결과로 표면적인 의미만을 보게 되어 금지된 사고의 돌출을 감지하지 못하게 된다.

민스키는 위의 설명을 받아들이지만, "프로이트의 이론은 유머 공격성과 성적 유머에 대해서는 잘 작동하지만, 난센스(무의미) 유머에는 그다지 효과적이지 않다"고 지적한다.[77] 프로이트가 난센스 농담과 다른 유형의 농담을 구별한 것은 사실이지만, 난센스를 유발하는 구체적인 메커니즘에 대해서는 명확히 설명하지 않았다. 이에 대해 민스키는 사이버네틱스적 설명을 제시하며, 난센스 유머가 인지적 무의식에서 발생하는 이른바 "프레임-전환(frame-shift)" 조절과 관련이 있다고 본다. 민스키는 분열증 환자의 발화에 나타나는 "무의미한 의미 전환" 사례를 제시한다. 환자가 길에서 1페니짜리 동전을 보고 "구리(copper), 그것은 도체(conductor)다"라고 말한 후, 전차로 달려가 차장(conductor)과 이야기하려고 한다. 민스키가 주장하기를, 여기에서 "conductor"가 갖는 한 의미에서 다른 의미로, 단어의 소리 유사성을 기반으로 하는 무의미한 프레임-전환—이는 분열증 환자와 시인을 연결하는 심리적 기반이 될 수도 있다—이 발생하는데, 이러한 전환이 가능하려면 "잘못된 유추" 억제기가 비활성화되고 일반적인 유추 발견자가 강화되어야 한다고 설명한다(Minsky, "Jokes," 185).

인지적 무의식에 대한 민스키의 정식은 프레임, 터미널, 네트워크 체계뿐만 아니라 버그, 억제기 등 상호 작용하는 하위 체계들의 기제로 구성된다. 인지적 무의식이라는 용어는 민스키가 프로이트와 함께 자주 인용하는 장 피아제에게서 가져온 것이다. 그러나 피아제가 "정동적 무의식"과 "인지적 무의식"을 별개의 용어로 구분한 반면, 민스키는 피아제의 개념을 재구성해 정동을 지적 영역에 통합해 감정 기계(Emotion Machine)를 만들려 했다. 피아제의 앞선 언급과 비교해 보라. "정동(affectivity)은 한 대상 또는 다른 대상에 긍정적으로 또는 부정적으로 배

77) Marvin Minsky, "Jokes and the Logic of the Cognitive Unconscious," 175.

분되는 에너지(카덱시스 cathexis)로 특징지어진다. 반대로 행위의 인지적 측면은, 기초적 행위 도식이든 구체적 분류이든 연산 등이든, 아니면 각기 다른 '구조 함수'(함의 등)를 갖는 명제 논리든, 그 구조에 의해 규정된다."[78] 민스키가 정식화한 인지적 무의식의 기능들은 프로이트가 원래 정식화한 무의식의 일반적 작동 방식들과 크게 다르지 않은데, 다만 민스키는 난센스를 어떤 기본적인 "유머의 문법"이나 "심층 구조"와 연결시키는 것을 거부한다. 민스키는 모든 난센스 유머가 단일한 기저 구조에서 비롯된다는 것을 부정하며, 설령 우리가 그 기저 구조를 찾으려 하더라도, 프로이트의 농담이나 비트겐슈타인의 "게임" 정의 문제처럼 정신적 사건 속에서 통일성을 발견하기란 불가능하다고 주장한다. 이런 통일성의 결핍은 웃음, 논리적 오류, 터부와 금지, 무의식적 억제 기제 사이의 복잡한 관계망 속에서 벌어지는 의미와 무의미의 상호 작용에서 오는 것이다. 따라서 의미론적 접근만으로는 이 문제를 충분히 설명할 수 없으며, "인지적 무의식에 관한 한 언어의 명확성 자체가 하나의 착각"이라는 것이 민스키의 결론이다(Minsky, "Jokes," 189). 우리가 앞서 살펴보았듯이, 언어화된 신념에 대한 콜비의 컴퓨터 시뮬레이션은 바로 이런 착각을 기반으로 만들어진 것이었다.

정신분석학의 관점에서 볼 때, 콜비의 시뮬레이션보다는 민스키의 정신 기계—적어도 그의 개념화—가 프로이트 무의식의 계층적 네트워크 속에서 일어나는 의미(sense)와 무의미(nonsense)의 동학을 더 잘 구현한다. 민스키는 복잡성을 회피하지 않았고, 인지적 무의식에 접근할 때 의미론이나 기성 개념들에 의거하지도 않았다. 후자—언어적 의미와 무

78) Piaget, "The Affective Unconscious and the Cognitive Unconscious," 250을 보라.

의미—는 무의식 속의 상호 연결된 네트워크 체계들의 복잡한 경로로 설명될 수는 있어도, 다른 방식, 즉 콜비와 같은 잘못된 접근으로는 설명될 수 없다. 인간의 인지적 무의식 속의 이런 상호 연결된 네트워크 체계는 얼마나 크고 복잡한가? 이에 대한 답은 아직 없다. 그러나 민스키는 다음과 같이 추측한다. "지혜로운 한 사람의 정신과 대등한 수준에 도달하려면 100만 개 이상의 연결된 지식 단위가 필요하겠지만, 10억 개까지는 필요하지 않을 것이다."[79] 그렇다면 인간의 정신을 컴퓨터로 시뮬레이션하는 것은 불가능한 일인가? 민스키는 그 과제가 매우 어렵다는 것에는 동의하지만, 도달할 수 없는 목표라고는 보지 않는다.

민스키가 말하는 **인간 정신이 하는 일을 수행할 수 있는 기계**를 설계하는 것이란 곧 미래의 프로이트 로봇(Freudian Robots)을 구축하는 것이다. 하지만 여기서 우리는 공상과학 소설이 끝나고 가상 현실이 시작되는 지점은 어디인지 질문해야 한다. 그리고 왜 인간형 로봇인가? 이에 대해 민스키는 그것이 인간의 불멸에 대한 꿈과 연관되어 있다고 답한다. 만약 질문이 "인공지능으로 죽음을 정복하는 것이 가능한가?"라면, 그의 대답은 단호한 그렇다다.[80] 민스키는 인간이 로봇과 보철 기기를 이용해 준불멸을 성취할 것이라고 예측한다. 우리는 뇌 세포를 포함해 손상된 신체 부위를 모두 대체할 수 있게 되어 약 1만 년 동안 건강하고 편안한 삶을 영위할 수 있을 것이다.[81] 그리고 심지어 우리는 자신의 인성을 컴퓨터에 업로드하여 아예 컴퓨터—즉 프로이트 로봇—가 될 수도 있고, "언

79) Minsky, introduction to Marvin Minsky, ed., *Robotics*, 16.

80) Minsky, "Our Robotized Future," ibid., 298.

81) Minsky, "Our Robotized Future," 303. 대중문화 영역에서 레이 커즈와일이 제시한 미래 예측은 종종 민스키의 견해와 이론을 반복한다. Kurzweil, *The Singularity Is Near*를 보라.

캐니하다 할 정도로 우리 자신의 지능과 유사한 지능을 인간의 형태 속에 설치할 수 있을 것"(Minsky, "Our Robotized Future," 302)이다. 여기서 "언캐니"라는 단어가 불쑥 튀어나와 인공지능 연구의 엄청난 야망을, 프로이트가 언캐니에 대해 말한 바를 떠올려 보자면, 덜 낙관적인 말로 다시 조명한다. 자칭 신프로이트주의자인 민스키는 죽음과 관련된 억압 메커니즘을 간과한 듯하다. 그렇다면 죽음이 정복된 이후에 언캐니의 자리는 어디인가? 죽음은 정복될 것인가? 무의식을 지배하려는 이런 의지 자체가 결국 프로이트가 인간 문명 속에서 발견했던 죽음 충동과 방어 기제의 또 다른 모습이 아닐까?

인류 문명에 대해 이야기하자면, 우리는 또 다른 시대와 또 다른 역사로 거슬러 올라감으로써 스케일, 시간성, 전망에 대한 새로운 인식을 얻을 수 있을 것이다. 그리고 거리감을 통해 현대 사회에 등장하는 프로이트 로봇의 정신적·정치적 함의를 더욱 명확히 파악할 수 있을 것이다. 여기에서 내가 염두에 두고 있는 것은 서사적 시나리오 혹은 사고 실험인데, 이것은 고대 중국의 잘 알려진 고전 문헌인 『열자(列子)』에 나오는 하나의 이야기다. 이 텍스트는 기원전 5세기의 철학자 열어구(列禦寇, Lie Yukou)가 저술한 것으로 전해지지만, 현대 학자들은 불교가 중국에 들어온 이후인 기원후 4세기에 처음 등장한 것으로 본다.

『열자』에는 오늘날 우리가 인간형 자동체(automaton)—말 그대로 오토마톤—라 할 만한 존재가 핵심 등장인물로 나오는 이야기가 있다. 이 자동체를 만든 인물은 언사(偃師, Master Yan)라는 장인으로, 그는 자신의 발명품을 왕에게 바쳐 후원을 얻고자 했다. 그 왕은 바로 목왕(穆王)으로 주나라의 5대 군주(재위 약 기원전 976~기원전 922년)다. 『열자』에 묘사된 목왕과 언사의 자동체 사이의 만남은 목왕이 서방 지역을 순행하다가 중원으로 돌아오기 직전에 이루어진다. 이 이야기가 함축하는 깊은 의미를 온전히 이해하려면, 자동체에 대한 화자의 생생한 묘사를 원문 전체를 인용해 살펴볼 필요가 있다.

> 목왕은 언사를 맞이하며 물었다. "그대는 무엇을 할 수 있는가?"
>
> "폐하께서 원하시는 대로 명하시면 됩니다. 그러나 제가 이미 만든 것이 하나 있으니, 먼저 그것을 보아 주시기를 바랍니다."
>
> "다음번에 그것을 가져오면 함께 살펴보도록 하겠다."
>
> 다음 날 언사는 왕의 알현을 청했다. 왕이 그를 맞이하며 물었다. "그대와 함께 온 저 사람은 누구인가?"
>
> "제가 만든 것으로, 행동하고 공연을 할 수 있습니다."
>
> 왕은 그것을 보고 깜짝 놀랐다. 그 물건은 빠른 걸음으로 다니면서 주위를 둘러보았고, 그것이 진짜 사람이라고 믿을 수밖에 없을 정도였다. 언사가 그것의 뺨을 건드리자 맑은 음성으로 노래를 불렀고 손을 잡아 주자 장단에 맞추어 춤을 추었다. 그 밖에도 셀 수 없이 많은 묘기를 부렸으며, 요청하는 것은 무엇이든 할 수 있는 것처럼 보였다. 목왕은 그것이 진짜 사람인 줄 알고, 자신이 총애하는 신기와 또 다른 궁녀들과 함께 그것을 지켜보았다.
>
> 공연이 끝나 갈 무렵, 그 공연자는 왕의 좌우에서 시중들던 궁녀들에게 눈짓을 하고 추파를 던지는 모습을 보였다. 이에 왕은 크게 노하여 곧장 언사를 처형하라 명했다. 겁에 질린 언사는 급히 그 인형의 몸을 해체해 왕에게 보여 주었다. 그것은 가죽, 나무, 아교, 옻칠로 만들어졌으며, 흰색, 검은색, 붉은색, 푸른색으로 채색되어 있었다. 왕이 가까이 다가가 살펴보니, 내부에는 간, 담, 심장, 폐, 비장, 신장, 창자, 위 등이 갖추어져 있었고, 외부에는 근육, 뼈, 팔다리, 관절, 피부, 치아,

머리카락까지 빠짐없이 정교하게 재현되어 있었다. 언사가 다시 조립하자 그것은 원래 모습 그대로 되돌아갔다. 왕이 그 심장을 꺼내자 입이 말을 하지 못했고, 간을 꺼내자 눈이 보지 못했으며, 신장을 꺼내자 발이 걷지 못했다. 그제야 왕은 만족하며 깊은 탄식을 내뱉었다. "인간의 기술이 창조주의 경지에 이를 수도 있는 것인가?" 왕은 그것을 자신의 두 번째 마차에 싣게 하고 궁으로 가져가게 했다.
공수반(公輸般, 노반 魯班)의 하늘에 닿는 사다리, 그리고 묵자(墨子)의 하늘을 나는 연은 인간 능력의 한계에 도전하는 것이었다. 그러나 그들의 제자인 동문가(東門賈)와 진고리(秦鼓吏)가 언사의 기묘한 발명에 대해 듣고는, 즉시 두 철학자에게 이를 전했다. 이에 노반과 묵자는 더 이상 자신들의 기술을 자랑스럽게 말하지 못하고, 다만 곡척(曲尺, 컴퍼스)과 구척(矩尺, 직각자)을 지닌 채 침묵할 수밖에 없었다.[82]

이 고대 이야기는 기발하고 재치가 넘치지만, 낯설고 이국적이어서가 아니라 우리 현대 감각에 맞고 놀라울 만큼 친숙하기 때문에 더욱 흥미롭다. 오늘날의 공학자들이나 비평가들 역시 미래의 인간형 로봇을 이런 식으로 상상하고 있다. 다만 그 재료가 나무, 가죽, 아교가 아니라 강철, 실리콘, 플라스틱으로 바뀌었을 뿐이다. 이들은 첨단 기술을 활용해 로봇을 제작하면서도, 마치 자신들이 처음 이런 꿈을 꾼다고 생각한다. 하지만 그 과정에서 성공, 실패, 집착, 위험, 성취가 교차하지만, 기계와 인간 사이의 경계에 대한 불안감은 수천 년 전과 같이 강하게 남아 있다. 『열자』의 이야기는 다양한 해석이 가능하며, 도가의 맥락에서 보면 자동체는 오

82) 영어 번역본을 몇 가지 수정해 사용했다. A. C. Graham, trans., *The Book of Lieh-tzü*, 110~111을 보라.

히려 이런 경계를 모호하게 만들어, 언사의 뛰어난 예술적 성취를 긍정할 때조차도, 인간 중심주의적 유가 사상의 자기 이미지는 불안정해지는 듯하다.[83]

이 이야기를 4세기의 원조 공상과학 소설이라 간주할 수도 있지만, 이 이야기가 불교 경전인 『본생경(本生經, Jātaka Sūtra)』의 중국어 번역본(285년경)과 상호 텍스트적으로 연결되어 있음을 알게 되면 상황은 달라진다.[84] 이보다 오래된 불교 이야기에서도 왕이 질투심에 사로잡혀 왕비에게 추파를 던진 존재가 자동체라는 사실을 모른 채 연기를 하던 자를 처형하려 한다. 장인은 자기 아들이라 부르며 눈물로 선처를 호소하지만, 왕은 마음을 돌리지 않는다. 이에 장인은 직접 손으로 그를 죽이겠다고 청하고, 왕은 이를 허락한다. 그러자 장인은 자동체의 어깨에서 작은 기계 부품 하나를 제거하고, 그러자마자 그것은 360개의 나무 조각으로 분해되고 만다. 이에 깜짝 놀란 왕은 자신이 처형하려 했던 것이 나무로 만든 자동체임을 깨닫고 장인의 지혜에 감탄하며 수만 냥의 황금을 하사한다.[85]

이 마지막 부분에서 왕이 장인에게 황금을 후하게 내리는 장면은 『열자』에서 생략되었을지 모르지만, 기술적 발명에 대한 왕실 후원이라는 주제는 나중 텍스트에도 여전히 유지되고 있는데, 그 이야기에는 권력, 유혹, 가면/탈가면, 생명 부여와 박탈, 선물 교환 같은 요소가 얽혀 있고,

---

83) 『열자』의 자동체에 대한 도교적 해석에 관해서는 Jeffrey L. Richey, "I, Robot: Self as Machine in the Liezi"를 보라.

84) 이 이야기는 중국어판 『본생경』 3권에 나온다.

85) 이 중국 불교 이야기의 프랑스어 번역본이 있다. Édouards Chavannes, trans. *Cinq cents contes et apologues: extraits du Tripitaka Chinois*, vol. 3, 170~172. 샤반의 번역에서는 중국어 원문에 언급된 숫자 360에 대한 특정한 언급이 빠져 있다.

이는 과거 자동체에 대한 기술적 판타지를 지배했던 사회적 의미들을 풍부하게 드러내며, 그리고 이런 의미들은 우리 시대 로봇의 환상과 설계에도 여전히 강한 영향을 미치고 있다. 물론 『본생경』에서 등장하는 인간형 자동체의 형상은 불교의 업(業, karma)과 12연기(緣起, codependent origination) 사상과 깊이 연결되어 있다. 그렇다면 이 불교적 사유는 현대 로봇과 어떻게 연결될 수 있을까?

일본의 로봇공학자 모리 마사히로는 그의 저서 『로봇 속의 부처』에서 "로봇도 불성을 지니고 있으며, 즉 부처가 될 가능성을 가지고 있다"는 매우 대담한 주장을 펼친다.[86] 모리는 "언캐니 밸리" 개념을 1970년대에 제안한 인물로, 그의 이론은 이후 전 세계 로봇공학자들이나 영화 제작자들이 인간형 로봇의 손과 얼굴 디자인에서 발생하는 정신적 문제를 탐구하는 데 중요한 단서를 제공했다. 모리는 불교와 불상 조삭이 언캐니 밸리 문제를 해결하는 실마리를 제공할 수 있다고 주장한다. 그는 이렇게 설명한다. "불상을 조각하는 예술가는 나무로 인간 손의 모델을 만들었다. 손가락 관절이 구부러지고 지문은 없으며 나무의 자연스러운 색을 띤다. 그러나 우리는 그것을 아름답다고 느끼며, 언캐니를 느끼지 않는다. 어쩌면 이 나무 손이 미래 로봇 디자인을 위한 참고가 될 수 있다."[87] 이것은 인공지능 공학자가 아날로그 매체의 예술가와 종교적 조각품 일반으로부터 배울 점이 무엇인지, 그리고 왜 예술가가 비인간적 아날로그 재료

86) 그 책에서 모리 마사히로의 주장은 사이버네틱스를 불교 철학의 관점에서 체계적으로 재고하는 것이 아니라, 오히려 불교를 사이버네틱스 관점에서 재구성하는 것에 가까운데, 이는 내게 다소 실망스럽다.

87) Mori, "Bukimi no tani," 35; MacDorman, "Androids as an Experimental Apparatus: Why Is There an Uncanny Valley and Can We Exploit It?" (appendix B, translation of Mori), 10.

(나무, 금속, 실리콘 등)의 흔적과 그것의 존재론적 차이를 제거하기보다 유지하는 것이 중요한지와 관련해 흥미로운 이슈들을 제기한다. 디지털 미디어 이론가 매켄지 워크는 그의 저서 『게이머 이론』에서 디지털이 아날로그를 점점 흡수해 가는 과정에서 설계자가 예술가의 역할을 대체하고 있다고 지적한다. 하지만 그는 "설계자 안의 예술가가 여전히 디지털의 중심에 아날로그적 요소를 환원할 수 없는 그 무엇으로 새겨 넣을 가능성"도 열어 둔다.[88] 모리가 목제 자동체를 만든 『본생경』의 아날로그 장인과 자신을 동일시했는지는 알 수 없지만, 불교도로서 그는 아날로그에서 디지털로의 미디어 테크놀로지 변화 속에서 "환원할 수 없는 그 무엇"이 있음을 강조한다. 이런 움직임 속의 정신적 문제를 인식한 모리는 과학 공동체가 인간의 자기 이미지에 대한 나르시시즘적 집착에 빠지지 말 것을, 그리고 언캐니 밸리에 빠질 위험이 있음을 반복해서 경고한다.

붓다 자성을 지닌 로봇이 프로이트 로봇의 대안을 제시해 줄 것인가? 우리는 알지 못하며, 인간형 로봇이나 그 공학자들이 붓다 자성을 어떻게 획득할 수 있을지 상상하기도 어렵다. 그들이 지금까지 해 온 일은, 자신들이 구사하는 재주넘기들이 여래(如來, 부처)의 손바닥에서[89] 벗어나 숭고한 불멸의 영역을 향한다는 그 거대한 착각 속에서 고군분투하지만 사실은 여래의 널찍한 손바닥 위에서 춤을 추고 있는 것일 뿐이다. 하지만 우리는 불멸의 존재도 아니며, 붓다 자성을 지닌 로봇의 미래를 차분

88) McKenzie Wark, *Gamer Theory*, 098.

89) 나는 16세기 중국 소설 『서유기』에 나오는 손오공 이야기를 말하는 것이다. 이 원숭이 왕은 수많은 마법 능력을 지녔으며 신성한 권위에 반역하는 인물이다. 그는 72가지 변신술을 쓸 수 있고, 근두운을 타고 한 번에 5만4000킬로미터를 날아갈 수 있다. 그러나 그는 여래와의 내기에서 여래의 손바닥을 벗어나지 못해 패배한다. 이 이야기의 유쾌한 묘사는 오승은(吳承恩)의 『서유기』 제1권, 173~174쪽을 보라.

히 성찰할 수 있을 만큼의 단계에도 이르지 못했다. 그럼에도 불구하고, 나는 이 가능성을 배제하는 것이 프로이트 로봇의 자기애적 끌림에 미리 항복하는 것과 같다고 생각한다. 우리가 할 수 있는 일은, 역사적·비교적 관점에서 세계 문명을 조망하는 것—수천 년에 걸친 인간의 기술적 상상력과 진화에 대해 회고하는 것—이 우리가 프로이트 로봇과 어떤 관계에 있는지 비판적으로 성찰할 수 있는 좋은 출발점이 된다는 점을 명심하고, 미래에 대해 경계를 유지하면서도 급진적 개방성을 견지하는 것이다.

6장
무의식의 미래

인간은, 의식 없이, 의지만을 갖고 역사를 만들어 갈 것이다.

- 위르겐 하버마스, 『이성적 사회를 향하여』

막스 호르크하이머(Max Horkheimer)는 그의 유명한 도구적 이성 비판에서, 과학자와 전문가가 생산 수단을 결정할 유일한 권한을 부여받고 그 외 모든 사람은 수단과 목적에 대한 공적 논의에서 배제될 때, 기술 관료적 의식이 사회적・정치적 생활을 지배하기 시작한다고 주장한다. 이로 인해 민주주의는 기술 관료제로 변질되며, 언어는 빈곤해지고 단순한 도구로 축소된다. 철학에서 이것이 의미하는 바는 객관적 이성이 주관적 이성으로 타락하고, 근대 자본주의 생산 기계 속에서 형식주의로 전락한다는 것이다.[1] 이는 프랑크푸르트에서 뉴욕으로 나치에 의해 집단 망명을 강요당한 사회연구소의 비판 이론가들이 2차 세계대전부터 전후 시기까지 기술, 이성, 자본주의에 대한 체계적인 비판을 전개하는 과정에서 추구했던 방향을 요약해 준다.[2] 그리고 이들에게는 현대 세계에서의 언어,

1) Max Horkheimer, "Means and Ends," in Eclipse of Reason, 3~57을 보라.

계산 장치, 상징적 실천의 상황을 우려할 만한 정당한 이유가 있었다.

호르크하이머는 『이성의 상실』에서 언어의 문제를 다음과 같이 논의한다. "그[생산] 장치에서의 조작과 등가적이지 않은 모든 문장은 평범한 사람들에게 무의미하게 보이며, 마찬가지로 현대의 의미론자들에게도 그렇게 간주되는데, 이들은 그것이 순전히 상징적이고 조작적인 문장, 즉 순전히 무의미한 문장이 나름의 의미를 가지게 될 것이라고 본다. 의미는 사물과 사건의 세계에서 기능과 효과로 대체된다."(22) 이 인용문에서 장치라는 개념은 저자가 모호하게 남겨 두고 있는데, 그것이 전쟁 중 개발되고 전후 여러 분야로 확장된 텔레커뮤니케이션 기계를 포함하는지 여부는 명확하지 않다.[3] 호르크하이머는 기계가 이성에 가할 수 있는 손상의 본질에 대해 매우 구체적으로 서술한다. 그는 다음과 같이 쓴다. "단어들이 기술적으로 관련된 확률을 계산하거나 심지어 휴식을 포함해 다른 실용적인 목적을 위해 사용되지 않는 한, 그것들은 일종의 판매 전략으로 의심받을 위험에 처해 있다. 왜냐하면 진리는 그 자체로 목적이 아니기 때문이다."(22) 언어적 교환과 전반적인 상징적 삶에서의 감각과 의미의 부정은 호르크하이머가 가장 우려했던 일이며, 그는 일반 대중, 즉 현대의 정치적 삶을 지배하는 기술적 기계의 조작에서 배제된 대다수를 대변하고 있다.

---

2) 프랑크푸르트학파에 관해서는 Martin Jay, *The Dialectical Imagination: A History of the Frankfurt School and the Institute of Social Research, 1923-1950*을 보라.

3) 『이성의 상실』의 출간(1947)은 위너의 『사이버네틱스』(1948)보다 1년 앞서며, 사이버네틱스 학자들의 첫 번째 메이시 학술 대회는 이미 1946년 피드백과 순환 체계라는 이름으로 뉴욕에서 개최된 바 있다.

『이성의 상실』이 출간된 지 몇십 년 후, 이와 비슷한 우려를 표명한 컴퓨터 과학자가 있었는데, 바로 MIT의 독일계 유대인 망명 학자이자 일라이자 프로그램의 개발자인 요제프 바이첸바움(Joseph Weizenbaum)이다. 그는 이성과 디지털 미디어를 비판적으로 성찰하며 다음과 같은 경고의 말을 남겼다. "우리는 셀 수 있지만, 셀 가치가 있는 것이 무엇인지, 그리고 왜 그런지는 점점 잊어 가고 있다."[4] 그런 이유에서, 과학자들 중에서 판단과 인간 운명에 대한 이런 문제들을 바이첸바움처럼 제기하는 이는 드물다. 이는 놀랄 일이 아니다. 그러나 내가 예상하지 못했던 것은 한 컴퓨터 과학자가 호르크하이머와 해나 아렌트를 읽고 비판 이론의 논지를 숙지하고 있었다는 점이다. 실제로 바이첸바움은 두 학자의 서작을 읽었으며, 그의 저서 『컴퓨터 힘과 인간 이성』은 인간 정신이 과학과 인문학의 중간 지점에서 만날 가능성을 엿보게 해 준다.

일라이자와 상호 작용하는 사람들에게 기계가 착각을 만들어 낸다는 것을 반박하기 위해, 바이첸바움은 기계가 쓴 텔레타이프의 "의미"는 대화하는 인간이 공급해 주는 것이라는 점을 강조했다. 인간 대화자가 일라이자가 "말하는" 것에 의미와 해석을 부여하는 방식은 점쟁이가 말하는 방식과 다르지 않다. 하지만 동시대의 많은 사람이 일라이자가 인간과 의미 있는 대화를 나눌 수 있다는 착각과 확신을 쉽게 버리지 못하는 모습을 보고 바이첸바움은 충격을 받았다. 그런 확신은 컴퓨터 프로그램이 어떻게 작동하는지 모르는 사람들뿐만 아니라 컴퓨터 프로그램을 설계해 인간의 인지 행동을 기계에서 시뮬레이션해 왔던 콜비, 파이겐바움, 아

4) Weizenbaum, *Computer Power and Human Reason*, 16.

벨슨, 테리 위노그라드, 뉴웰, 쇼, 허버트 사이먼과 같은 인공지능 프로그래머들도 갖고 있었다.

다시 강조하지만, 바이첸바움이 컴퓨터와 시뮬레이션 프로그램의 한계를 비판한 것은 자신의 저서에서 직접 인용하고 있는 호르크하이머와 아렌트의 저작에서 영감을 받은 것이다. 바이첸바움은, 인간을 방어하며 컴퓨터를 비판한 철학자 휴버트 드레이퍼스의 논지보다 호르크하이머의 도구적 이성 비판이 문제의 본질을 더욱 정확하게 파악하고 있다고 보았다. 그는 다음과 같이 말한다. "예를 들어, 휴버트 드레이퍼스는 인간에 대한 컴퓨터 모델에 현상학이라는 강력한 무기를 겨눈다. 그러나 그는 자신의 논지를 컴퓨터가 무엇을 할 수 있고 할 수 없는가라는 기술적 문제로 한정한다. 나는 만약 컴퓨터가 인간을 모든 측면에서 모방할 수 있다고 하더라도—실제로는 그럴 수 없지만—그때에도 여전히, 아니 오히려 더욱더, 인간이 세계 속에서 자신의 자리를 찾고자 하는 영원한 필요성의 관점에서 컴퓨터를 검토하는 것이 적절하며 시급한 일이라고 주장할 것이다."(Weizenbaum, *Computer Power and Human Reason*, 12) 이런 비판은 단순히 인간과 비교하며 컴퓨터의 한계를 지적하는 드레이퍼스의 접근보다 인간-기계 관계에 대한 더 깊은 철학적 이해를 보여 준다. 비판 이론의 언어를 구사하는 컴퓨터 과학자로서 바이첸바움은 다음과 같이 말한다. "언어는 단지 또 하나의 도구가 되어 버렸고, 예술가나 작가가 컴퓨터가 이해할 수 있는 언어로 바꿔 표현할 수 없다면 모든 개념, 관념, 이미지는 그 기능과 힘을 상실한 것이 된다."(Weizenbaum, *Computer Power and Human Reason*, 250) 이는 매우 이례적이다. 그러나 역설적으로, 정작 비판 이론가들은 자신들 눈앞에서 전개되고 있던 사이버네틱스나 커뮤니케이션 기계가 제기하는 문제들에 주목하지 않았다. 앞서 보았듯이, 이런 문제들은 사회연구소의 비판적 의제와 밀접히 관련된다.

하지만 미국 망명 시절, 연구소 구성원 중 누구도 사이버네틱스 연구자들과 대화를 시도하거나 사이버네틱스 기계가 제기하는 이론적 · 기술적 · 사회적 문제들을 숙고하지 않은 듯하다. 나는 인문학자들에게 전문가 수준의 기술 지식을 습득해 컴퓨터 과학자가 되어야 한다고 주장하는 것이 아니다. 다만 강조하고 싶은 것은, 인문학자들이 최소한 과학자들이 언어, 글쓰기, 기호논리 코드와 같은 개념을 어떻게 다루고 있는지를 이성의 도구화보다는 더 심화된 수준에서 이해할 필요가 있다는 것이다.[5)]

기계가 그들의 비판에서 주요 대상이 되었음에도, 아쉽게도 프랑크푸르트학파와 많은 추종자들은 커뮤니케이션 기계와 사이버네틱 기계의 근본 원리를 언어와 기호논리 코드라는 기초 수준에서 탐구할 기회를 놓쳤다.[6)] 궁극적으로 언어에 대한 집착은 호르크하이머와 아도르노의 공동 연구를 특징짓는 요소였고 그들의 도구직 이성 비판에서도 중심석이었다. 호르크하이머가 조작 장치(또는 컴퓨터)와 관련된 무의미나 무의미한 문장들에 대해 불평하며, 그는 순전히 상징적이고 조작 가능한 것이 의미를 가진다고 생각하는 가상의 의미론자들을 비난한다. 물론 그가 "무의미한" 정보에 대한 섀넌의 접근과 의미의 형식화에 대한 도널드 맥

---

5) 데이비드 골럼비아의 계산 언어학에 대한 논의는 여전히 프랑크푸르트학파의 도구적 이성 비판과 공명한다. 그러나 그는 1960년대 이후 정신에 대한 인지 모델에서의 소위 "언어에 대한 연산 관점"을 분석하고 이해하려고 시도한다. Golumbia, *The Cultural Logic of Computation*, 83~103을 보라.

6) 허버트 마르쿠제의 『에로스와 문명』(1955)은 비판 이론가가 자신이 살고 있는 세계의 테크놀로지 발전과 얼마나 단절될 수 있는지를 보여 주는 뼈아픈 사례라 할 수 있다. 프로이트의 메타심리학에 대한 마르쿠제의 논의는 피상적일 뿐만 아니라 종종 그릇된 해석을 포함하고 있다. 예를 들어, 그는 죽음 충동을 비존재의 형이상학과 동일시하고, 에로스를 존재의 원리와 동일시하는 오류를 범한다(125). 더욱이, 그의 저작은 그가 활동하던 시대에 발전하고 있던 정신 기계의 문제를 외면하고 있다.

케이의 시도 사이의 논쟁을 예견할 수는 없었겠지만, 적어도 기계와 관련하여 언어, 글쓰기, 기호논리 코드 사이의 차이, 혹은 언어적 의미와 수학적 의미의 구별은 생각할 수도 있었을 것이다. 전후 수십 년 동안 위르겐 하버마스의 연구를 포함한 비판 이론과 사이버네틱스가 서로 만날 기회를 놓친 이유는 역사적인, 지적인 여러 요인에 기인한다. 그중에서도 가장 중요한 요인은 언어와 그것의 이성과의 관계에 대한 철학적 관점이다. 비판 이론가에게 다음과 같은 질문을 던질 수 있을 것이다. 언어적 무의미와 의미에 대한 그들의 비판은 사전에 형성된 언어 개념에서 비롯된 것인가, 아니면 일관된 철학에 기반한 것인가? 만약 후자라면, 어떤 언어 철학이 비판 이론가들로 하여금 언어와 의미를 탐구하면서 언어, 글쓰기, 기호논리 코드의 구별을 무시하거나 보류하게 만들었던 것인가?

징후적으로 호르크하이머가 선언하기를, "철학은, **사물을 올바른 이름으로 부르는** 언어적 구조에 대한 우리의 모든 지식과 통찰을 엮어 내려는 의식적 노력이다"라고 말한다(나의 강조).[7] 올바른 언어 사용은 사회연구소에서 철학적 작업의 중심으로 간주되었으며—이는 후술할 후기 하버마스의 규범적 강조와도 일정한 목적론적 연속성을 공유한다—호르크하이머와 아도르노는 자신들의 철학과 진리 개념을 모방적 지식에, 그리고 그 지식을 "이름과 사물의 일치"(Horkheimer, *Eclipse of Reason*, 180)로 번역하는 것에 뿌리를 두려 했던 것으로 보인다. 하버마스는 이런 접근에 반론을 제기하며, 호르크하이머와 아도르노가 언어의 모방적 능력을 신비화하고—이름과 사물을 동일시하며—도구적 이성 이전의 이성을 가정함으로써 여전히, "사물을 표상하고 그것들을 다루는 주체"[8]를

7) Max Horkheimer, *Eclipse of Reason*, 179.

8) Habermas, *The Theory of Communicative Action, Volume One, Reason and*

전제하는 의식 철학 안에 갇혀 있다고 주장한다. 이런 철학적 유산이 갖는 힘은 그들의 『계몽의 변증법』에서 분명하게 드러난다.

그 책에서 호르크하이머와 아도르노는 "테크놀로지 합리성은 지배의 합리성 그 자체이며, 이는 자기 소외된 사회의 강제적 본성"이라고 주장한다.[9] 그들이 분석한 테크놀로지는 자동차, 폭탄, 영화, 문화 산업 일반이다. 이런 테크놀로지의 지배 아래에서 "중앙 통제에 저항할 필요 자체가 이미 개인의식에 대한 통제를 통해 억압되었다"(Horkheimer and Adorno, *Dialectic of Enlightenment*, 121)고 지적한다. 호르크하이머와 아도르노는 진리와 지식의 조건을 탐구하면서 의식, 언어, 도구적 이성, 사회적 지배가 긴밀히 얽혀 있다고 본다. "계몽이 대중에 대한 전면적인 기만이 된다"(42)는 그들의 테제는 사고와 언어의 관계에 대한 분석에 기초한다.[10] 이런 분석에 따르면, 수학, 기계, 조직의 형태를 띠는 물상화 과정은 필연적으로 "사고의 포기"(41)로 이어진다. "사고의 포기"라는 주장은 앞서 논의한 생각하는 기계의 문제와도 연관될 수 있다. 그러나 우리는 그들의 통찰을 더욱 확장해 몇 가지 추가적인 질문을 제기하고자 한다. 사고를 포기한 인간은 새로운 사회적 환경에서 생각하는 기계로 대체되는가? 사고의 포기는 분열증, 자동성, 혹은 들뢰즈와 가타리가 『안티오이디푸스』에서 탐구한 자본주의의 사회정신적 기계로 귀결되는가?

분명한 것은 호르크하이머와 아도르노가 도구적 이성에 대한 비판을 확장할 수 없었던 개념적 장벽이 바로 의식 철학이라는 점이다. 하버마스는 도구적 언어 사용의 대안으로 그들이 제시한 이성 개념이 철학, 의식,

---

the Rationalization of Society, 390.

9) Horkheimer and Adorno, *Dialectic of Enlightenment*, 121.

10) 그들은 언어에 대한 형이상학적 관점 때문에 사이버네틱스라는 돌파구를 못 보게 된 것이다.

언어 사이의 불안정한 관계에서 벗어나 정초될 수는 없다고 지적한다. 이 비판은 그들의 사유 속에 암묵적으로 자리한 형이상학적 언어 철학의 모순을 보여 준다. 예를 들어, 호르크하이머나 아도르노가 기계에 의식적이든 무의식적이든 어떠한 형태의 지능을 부여하는 것을 상상하기란 어렵다. 그러나 역설적으로, 그들의 판단이 초래한 의도하지 않은 귀결 중 하나, 즉 "사고의 포기"는 곧 생각하지 않는 인간과 생각하는 기계를 동일한 형이상학적 토대 위에 놓게 되는 결과를 초래한다. 하버마스는 의식 철학에 대한 대안으로, 상호 주관성을 강조하고 언어 철학을 중심에 두는 커뮤니케이션 행위 이론을 제시한다. 그는 "커뮤니케이션 이론으로의 패러다임 전환이 도구적 이성 비판으로 인해 중단된 과제로 돌아갈 수 있는 가능성을 열어 주고, 사회에 대한 비판 이론의 오랫동안 방치된 과제를 다시 수행할 수 있도록 해 줄 것"이라고 주장한다.[11]

하버마스의 상호 주관적 커뮤니케이션 모델은 "이성의 인지적 · 도구적 측면을 보다 포괄적인 **커뮤니케이션 합리성**의 일부로 적절히 위치시킨다"고 할 수 있다(Habermas, *The Theory of Communicative Action*, 390). 언어 철학은 비판 이론을 정초하는 역할을 부여받으며, 객관적 이성과 주관적 이성 사이의 난제에서 비판 이론을 벗어나게 할 역할을 맡는다. 그렇다면 하버마스가 말하는 상호 주관적 커뮤니케이션 모델이란 무엇인가? 물론 그의 커뮤니케이션 합리성 이론을 전면적으로 재평가하는 것은 이 연구의 범위를 벗어난다. 여기서 우리가 집중할 것은 언어, 커뮤니케이션, 상호 주관성에 대한 그의 전제인데, 이는 필연적으로 이 책이 다루고자 하는 글쓰기, 사이버네틱스, 무의식, 미디어 테크놀로지 등의

11) Habermas, *The Theory of Communicative Action, Volume One, Reason and the Rationalization of Society*, 386.

문제와 연관되기 때문이다. 제한적으로나마 하버마스의 상호 주관적 커뮤니케이션 모델을 다시 살펴보는 것은 비판 이론과 사이버네틱스 발전 사이의 어긋난 만남을 보다 명확히 해명하는 데 도움이 될 것이다.

나는 하버마스가 사회연구소의 초기 멤버들이 간과한 정보 이론과 사이버네틱스 발전을 전혀 인식하지 못했다고 이야기하려는 것이 아니다. 오히려 그는 사이버네틱스를 새로운 자기 조절 체계로 인식하고, 이를 "신체적 · 심리적 통제"의 수단으로 본다. 그는 "유전 정보의 유전자적 전달 과정에의 개입이 갖는 더 큰 결과는 말할 것도 없고, 행동 통제는 내분비 조절 시스템에 대한 생명공학적 개입을 통해 한층 더 깊은 수준에서 이루어질 수 있다"고 우려한다.[12] 나아가 하버마스는 일상 언어를 통한 커뮤니케이션 과정에서 형성된 기존의 의식 영역이 결국 완전히 말라 버리는 것은 아닌지 고민한다. 만약 그렇게 된다면, 그는 "인간은, 의식 없이, 의지만을 갖고 역사를 만들어 갈 것"(Habermas, *Toward a Rational Society*, 118)이라고 생각한다. 이런 통찰을 보면 하버마스가 사이버네틱스의 정신 기계와 진정한 조우를 할 가능성이 있는 듯하지만, 그는 곧 제한 없는 커뮤니케이션과 합리화된 사회적 규범이라는 유토피아를 옹호하며 반대 방향으로 나가고 만다.

사이버네틱스와의 이런 아슬아슬한 조우 실패는 어떤 면에서 놀라운 일이 아니다. 새로운 테크놀로지 발전에 대한 하버마스의 지식 대부분은 간접적인 경로, 즉 체계 이론의 매개를 통해, 특히 자신의 저술에서 집중적으로 다룬 탤컷 파슨스와 니클라스 루만과의 연관 속에서 이루어졌다. 구조주의와 체계 이론을 논하면서 하버마스는 이 둘을 "주체 없는" 그리고 "익명의 규칙 체계"로 간주하며, 두 이론 사이에 유의미한 유사성이 있

---

12) Habermas, *Toward a Rational Society*, 118.

다고 본다.[13] 그는—부정확하게도—구조주의는 문법을 토대로 그 규칙들을 모델링하고, 체계 이론은 자기생산(autopoiesis)이라는 자기 조절 체계 또는 계기들로 체계를 이해한다고 주장한다.[14] 사회이론으로서 구조주의와 체계 이론의 가치는 제한적인데, 그 명백한 이유는 "문법적 규칙의 체계는 그것을 실제로 구현할 수 있는 유능한 화자를 필요로 하지만, 기계는 스스로를 조절하며 어떠한 주체도 필요로 하지 않기" 때문이다. 하버마스는 "두 경우 모두 상호 주관적으로 구속하는 의미 구조가 어떻게 생성되는지를 정확히 설명하기에는 적절한 패러다임이 아니다"라고 결론짓는다. 하지만 그는 언어적 의미에 몰두한 나머지, 자신의 이전 통찰과는 모순되게, 정보 이론이 사회적 삶에 미친 혁신적인 영향을 과소평가한다. 이것의 의미는 바로 기계가 언어 패러다임을 넘어 의미와 무의미를 재구성해 낸다는 데 있으며, 이를 우리는 섀넌, 매컬러, 피츠, 그리고 라캉의 작업과 연관 지어 살펴본 바 있다.[15]

---

13) Habermas, *On the Pragmatics of Social Interaction: Preliminary Studies in the Theory of Communicative Action*, 15.

14) 루만의 자기생산 개념은 도널드 맥케이의 입장에 가깝다. 『사회 체계』에서 루만은 커뮤니케이션을, 수신자인 "자아"와 발신자인 "타자" 사이에서 이루지는 "정보", "발화", "이해" 측면에서의 세 가지 선택이 통합된 과정으로 정의한다. 반면, 라캉의 커뮤니케이션 회로는 무의식적으로 작동하며, 인간의 발화나 이해를 전제하지 않는다. 따라서 루만은 커뮤니케이션을 본질적으로 언어적 체계로 접근한다고 볼 수 있으며, 이것이 그의 작업에서 "의미", "합리성", "지시성"이 핵심적인 개념으로 자리 잡은 이유다. 그러나 커뮤니케이션에 대한 루만의 의미론적 접근은 그가 움베르토 마투라나와 프란시스코 바렐라에게서 빌려온 자기생산 개념과는 잘 어울리지 않는다. 마투라나와 바렐라의 자기생산 개념은 인간의 언어적 커뮤니케이션보다는 사이버네틱스 기계를 모델로 삼기 때문이다.

15) 정보 이론과 사이버네틱스에 대해 루만과 키틀러의 반응 차이에 관한 비판적 분석은 Geoffrey Winthrop-Young, "Silicon Sociology, or, Two Kings on Hegel's Throne? Kittler, Luhmann, and the Posthuman Merger of German Media Theory"

달리 말하면, 하버마스는 기계가 주체를 필요로 하지 않는다고 본 점에서는 옳지만, 사이버네틱스와 정보 이론을 단순한 자기 조절 체계로 축소하여 더 이상 비판적으로 고찰할 필요가 없다고 보는 점에서 근시안적이다. 그는 사이버네틱스 기계가 제기하는 새로운 철학적 문제들은 완전히 간과한 채 언어 철학을 토대로 커뮤니케이션 행위 이론을 정립하는 데 집중한다. 그러나 정보 테크놀로지는 언어 철학을 전후 수십 년 동안 텔레커뮤니케이션을 둘러싼 가장 시급한 이슈들과 무관한 것으로 만들어 버렸다. 그의 생각에 커뮤니케이션 행위란 여전히 "상호 작용하는 참여자들이 자신들의 발화 행위에 대한 타당성 주장을 합의하는, 즉 비판 가능한 타당성 주장들을 상호 주관적으로 인정하는" 사회적 상황에서 벌어지는, "이해에 도달하는 언어적 과정" 또는 언술 행위다.[16] 그러나 이런 견해는 라캉이 상징계에 대한 정신분석학적 연구에서 제시한 커뮤니케이션 개념과는 정면으로 배치된다.

하버마스는 『커뮤니케이션 행위 이론』에서 언어 기능의 네 가지 모델을 제시하고, 각각이 개인들 사이의 사회언어적 상호 작용을 어떻게 가능하게 하는지를 비교한다. 이 네 가지는 그의 합리적 기준에 의한 의미론적 모델들인데, 이는 목적론적 모델(지향적 의미론에 기반), 규범적 모델(문화적 합의에 기반), 연극적 모델(명제와 발화 행위에 기반), 그리고 커뮤니케이션 행위 모델이다. 가장 중요한 네 번째 모델은 형식적 화용론에 근거하며, 그의 이론에서 핵심적인 위치를 차지한다. 그는 이를 통해 "오직 커뮤니케이션 행위 모델만이 언어를 제한 없는 커뮤니케이션의 매체로 가정하는바, 발화자와 청자는 그들의 선이해된 생활 세계의 맥락 속에

를 보라.

16) Habermas, *On the Pragmatics of Communication*, 300.

서 객관적 · 사회적 · 주관적 세계를 동시에 참조하여 상황에 대한 공동 정의를 협상할 수 있다"고 주장한다.[17] 이런 언어관이 하버마스의 작업을 호르크하이머와 아도르노의 로고스 중심적 언어관과 얼마나 거리를 두게 만드는가? 만약 언어가 단순히 "발화자"와 "청자" 사이의 제한 없는 커뮤니케이션 매체로 이해된다면, 혹은 루만이 말하는 "타자"와 "자아" 사이의 상호 작용으로 정의된다면, 그 차이는 크지 않다.[18] 커뮤니케이션이—낙관적 사회 계약 관계에 대한, 오래된 자유주의 개념 속에서—사물에 대한 참조나 공동 정의의 협상 문제라는 전제는 그가 설명하고자 하는 생활세계에서 너무 많은 요소를 배제하는 로고스 중심주의에 대한 집착이다. 이런 요소들에는 분명히 전신에서 정보 테크놀로지와 위성 통신에 이르는 같은 텔레커뮤니케이션 테크놀로지들이 포함된다. 이 책은 이런 테크놀로지들이 사회적 커뮤니케이션에 큰 영향을 미쳤을 뿐만 아니라 의미와 무의미에 대한 철학적 고려를, 의미론, 언술 행위 이론, 의미 이론 등 인간 발화자와 청자 사이의 면대면 대화를 전제로 한 모든 이론적 모델들을 넘어서는 수준으로 밀어붙였다고 주장하는 바다. 사이버네틱스 관점에서 보면—라캉이 우리에게 보여 주었듯이—커뮤니케이션은 본질적으로 분열증적(schizophrenic)이다.

이미 1844년 새뮤얼 모스의 전신 기술은 인간-기계 관계의 미래에 엄청난 영향을 미칠 새로운 커뮤니케이션 모델을 선보였다. 2장에서 논의했듯이, 모스의 동료였던 앨프리드 베일은 이런 가능성을 예견했다. 미국에서 최초의 전신망이 구축될 당시 베일은 수신 단말기에 인간 행위자가 반드시 필요하지 않으며, "거기 있습니까?"라는 질문조차 불필요하다

17) Habermas, *The Theory of Communicative Action, Volume One*, 95.

18) Luhmann, *Social Systems*, 141~143을 보라.

고 말했다.[19] 지난 150여 년 동안 즉각적인 정보 전송의 자동화는 발화자와 청자 사이의 제한 없는 언어적 커뮤니케이션이 가지는 사회정치적 중요성을 크게 감소시켰다. 전신뿐만 아니라 전화와 정보 테크놀로지에서도 언어는 코드화되고 매개되고 전달되면서 끊임없이 이동한다. 이런 테크놀로지들은, 전달 방식의 중심이 구두 발화 행위에서 점점 더 표의문자적 글쓰기로 전환되는 커뮤니케이션에 관한 새로운 철학적 질문들을 제기하고 있다. 또다시 라캉은 이를 이미 간파하고 있었으며, 그의 "「도둑맞은 편지」에 대한 세미나"에서 커뮤니케이션 과정을 다음과 같이 알레고리화했다. "발신자가 일정한 권리를 보유한 편지는 과연 수신자의 것이라고 할 수 있는가? 아니면, 그 수신자는 진짜 수신자가 아니었는가?"[20] 포의 단편 소설을 분석하면서 라캉은 인간의 정신 기계와 사이버네틱 기계가 어떻게 서로를 구성할 수 있는지에 대해 사유했다. 그는 이 두 가지를, 모든 사이버네틱 기계에서 자동적으로 플레이되는 홀수 짝수 게임이라는 하나의 개념 안에서 다루었다.

이데올로기 기계

사실 사이버네틱 기계 자체가 이데올로기를 자동적 · 무의식적 과정으로 재구성하는 데 사용된 적이 있다. 1960년대 컴퓨터 시뮬레이션 프로그램 중 하나를 살펴보자. 로버트 P. 아벨슨(Robert P. Abelson)의 작업은 특

19) Alfred Vail, *Description of the American Electro Magnetic Telegraph: Now in Operation Between the Cities of Washington and Baltimore* (1845), 21.
20) Jacques Lacan, "Seminar on 'The Purloined Letter,'" 19.

히 주목할 만한데, 그의 컴퓨터 프로그램인 이데올로기 기계(Ideology Machine)는 냉전 시대 전사의 이데올로기를 시뮬레이션하도록 설계됐다. 케네스 콜비와 마찬가지로 아벨슨은 신념 체계의 구조와 그 예측 가능성 등을 탐구하는 데 관심이 있었지만, 그의 이데올로기 기계는 정신병리에 대한 막연한 유추나 이론적 주장보다는 미국의 정치적 담론이라는 정확한 역사적 파라미터들 내에서 작동한다. 그는 "세계에서 가장 심각한 국제적 · 국가적 갈등의 대부분이 사람들 사이에서 과잉 단순화된 기호 체계를 자신과 외부 세계 사이에 두려는 인간 성향 때문에 크게 악화된다"고 가정했다.[21] 이데올로기는 이런 기호 체계에 의존해 매우 예측 가능한 방식으로 국제 관계를 왜곡하고 위험한 갈등을 더 악화한다. 이런 점에서 기호 체계는 속임수나 자기기만보다는 **단순화, 자동화, 예측 가능성**으로 특징지어진다.

정치적 정신병리 연구에서 아벨슨은 강한 감정과 충동이 사람들로 하여금 환경을 극단적으로 잘못 지각하도록 밀어붙인다고 인간 행동 분석가들이 가정하는 경향이 있음을 지적한다. 감정을 비합리성에 맞춤으로써, 종종 그 반대도 맞다고 가정한다는 것이다. 즉 누군가가 세계에 대해 매우 부정확한 상징적 관점을 가진다면 그 사람은 강한 감정적 힘의 주체라고 가정한다는 것이다. 아벨슨은 이 견해에 반대하며, "부정확한 세계관을 생산하는 '차가운' 인지적 요인들이 있으며, 이런 인지적 요인들이 어떻게 스스로 작동하게 되는지 이해하는 것이 중요하다"(Abelson, "The Structure of Belief Systems," 288)고 주장한다. 컴퓨터는 감정을 갖지 않으며—마빈 민스키는 달리 생각할 수도 있지만—따라서 컴퓨터는 "차가운" 인지적 요인이 어떻게 공산주의에 대한 우익 극단주의적 광신을 생성

---

21) Robert P. Abelson, "The Structure of Belief Systems," 287.

하는지를 테스트하는 완벽한 매체가 될 수 있다는 것이다.

이데올로기 기계는 외교 정책 질문에 대한 반응을 시뮬레이션하도록 설정됐다. 컴퓨터 시스템은 정치적 이데올로기의 언어를 메모리에 저장하고, 타이핑된 영어 입력을 받으면 이 이데올로기를 타이핑된 영어 텍스트로 표현한다. 컴퓨터 메모리의 어휘는 "Nixon", "Vietnam", "sell-arms-to" 등의 외교 정책과 관련된 500개의 명사구와 100개의 동사구로 구성된다. 이 항목들은 몇 가지 일반적인 개념적 범주로 분류된다. 그 범주로는 명사가 15개(공산주의 국가, 좌파 성향의 중립 국가, 자유세계 국가, 자유주의자들 등), 동사가 11개(중립 국가에 대한 물리적 공격, 물질적 지원 등) 등이 있다. 이런 개념적 범주는 300개의 일반적 사건을 특정하기 위해 통합될 수 있고(예, 공산주의 국가의 중립 국가에 대한 물리적 공격), 이 사건들은 다시 결합돼 에피소드를 형성한다. 아벨슨의 시뮬레이션 프로그램의 핵심은 "분자 채우기(fill molecules)"를 행하는 서브루틴이다. 입력은 대개 (간단한 주어-동사-목적어 형태의) 단일 문장이고, 출력은 분자 집합을 완성하는 데 필요한 입력 문장과 다른 적절한 문장들이 포함된 '채워진 분자'가 되거나 시스템이 입력 문장을 설명할 수 없다는 실패 신호가 된다. 이데올로기 기계의 마스터 스크립트는 이데올로기의 생산이 매우 자동적인 과정임을 보여 준다(그림 26). 아벨슨과 캐롤 M. 레이히에 따르면, "자동화된 상원의원이 제시된 입력 문장에 대해 답변을 하는 것은 실제 상원의원이 할 수 있는 답변을 시뮬레이션하는 것이다."[22] 자동화된 상원의원의 모델은 극우 이데올로그인 배리 골드워터다. 연설에 표현된 골드워터의 정치적 신념이 단순하고 예측 가능하기

22) Robert P. Abelson and Carol M. Raich, "Implicational Molecules: A Method for Extracting Meaning from Input Sentences," 643.

<그림 26> 로버트 P. 아벨슨의 이데올로기 기계에 대한 마스터 스크립트

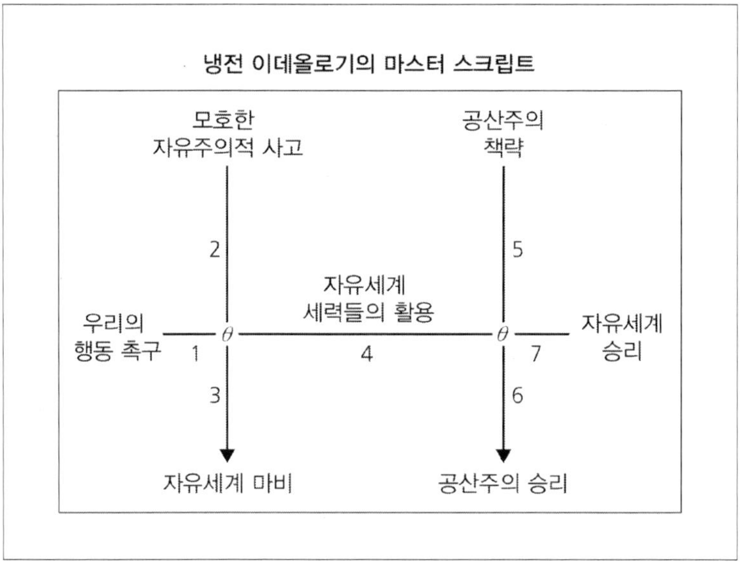

출처: Robert P. Abelson, "The Structure of Belief Systems," in Roger C. Schank and Kenneth Mark Colby, eds., *Computer Models of Thought and Language* (San Francisco: W. H. Freeman and Company, 1973), 291.

때문에 아벨슨은 그를 모델로 선택했다.[23]

마스터 스크립트는 냉전에서의 주요 행위자를 공산주의 국가, 자유세계, "좋은 미국인들", 자유주의자와 좌파들이라는 네 가지 범주로 제시한다. 투쟁은 자유세계와 공산주의 세력 간에 이루어지며, 공산주의자들은 세계를 지배할 때까지 승리를 추구할 것으로 예상된다. 많은 자유세계 정부를 지배하는 자유주의자들이나 좌파들은 공산주의의 계획에 유리하게 작용한다. 자유세계에서 그들의 영향을 제거하기 위해 냉전 전사들은 단

23) Abelson, "The Structure of Belief Systems," 288~289.

호히 행동해야 하며, 강한 미국이 다른 자유 국가들과 협력 관계를 맺어 공산주의의 계획을 막고 자유세계의 승리를 이끌어야 한다.[24] 예를 들어, 입력 사건이 "공산주의자들이 태국을 공격하면 어떻게 될까?"였을 때, 이데올로기 기계는 "공산주의자들이 태국을 공격하면, 태국은 미국에 도움을 요청해야 하며, 미국이 태국에 도움을 주지 않으면 공산주의자들이 준비되지 않은 국가들을 장악한다"(Abelson, "The Structure of Belief Systems," 292)라고 응답했다. 때때로 출력은, 기계가 역사적 지식이 부족하고 국가 간 물리적 거리를 판단할 수 없기 때문에 의미론적인 맹점을 보일 수 있다. 보든이 지적한 바와 같이, 만약 "붉은 중국이 베를린 장벽을 만들었다"는 명제의 신뢰성을 평가해야 할 경우, 이데올로기 기계는 이것을 악한 중국이 예상할 수 있는 반미 활동이라고 결론짓겠지만, 진짜 골드워터 상원의원은 그렇게 무지하거나 순진하지 않을 것이다.[25] 아벨슨의 마스터 스크립트는 의미론적으로 작동하며 기호 조작과 무의식 사이에 근본적인 관계를 전제한다. 그의 시뮬레이션 프로그램은 냉전에서의 특정 담론 구성물이 보여 주는 자동성에 대한 흥미로운 통찰을 제공하지만, 기호 조작과 무의식 사이의 정확한 관계는 탐구되지 않은 채 기계에 프로그래밍된 신념 체계에 따라 임의로 결정된다. 이런 신념 체계는 의문이 제기될 수 없는 의미론과 언어 규범에 연결되어 있다. 우리는 앞서 오그던과 리처즈의 논의에서 의미론과 규범적 의미에 대한 관심이 어떻게 이데올로기적 전투와 비합리성에 대한 두려움과 얽혀 있었는지를 보았다.

---

24) Abelson, "The Structure of Belief Systems," 331.

25) Margaret Boden, *Artificial Intelligence and Natural Man*, 74.

의미, 커뮤니케이션 적합성(*adequatio*), 합리성 등에 대한 불안은 오그던과 리처즈가 전쟁 기간 중에 발간한 고전 『의미의 의미』를 쓰게 된 동기다. 이 책은 1923년에서 1943년까지 여섯 번의 개정을 거쳤지만, 정보이론이 등장하면서 그 영향력은 가려졌다. 이 야심 찬 작업에서 오그던과 리처즈는 소쉬르가 기호에만 집중하고 "기호가 나타내는 것들"에 대해서는 다루지 않았다고 비판하면서,[26] "기호"를 "지시체"와 구별하고 "의미"를 그것에 대응하는 기호와 상징 상황 속에서 체계적으로 정의하는 합리적인 절차를 제안한다. 이 의미 이론은 정신적 과정들(THOUGHTS)이 한편으로는 기호(WORDS)와 다른 한편으로는 대상(THINGS)과 과학적으로 어떻게 연관되는가라는 문제를 해결하려는 목표를 가지고 있으며, 이를 통해 정상적인 사회언어적 커뮤니케이션 과정에서 나타나는 병리적 방해물을 식별하고 최소화하려고 한다(10~23). 흥미롭게도, 오그던과 리처즈가 논의한 예시 중 하나는 "내 파이프가 꺼졌다"와 "내 파이프가 불붙었다"(103~105)는 발언의 참조 대상을 어떻게 파악할 수 있는지에 관한 것이었다. 이 분석에서 그들은 문맥 속에서 각 발언의 정확한 의미를 해석할 수 있는 규범적인 기준을 사용한다. 한편 벨기에 초현실주의자 르네 마그리트가 〈이것은 파이프가 아니다(*Ceci n'est pas une pipe*)〉라는 제목의 그림을 그릴 때 오그던과 리처즈나 그들의 규범적 접근을 염두에 두지 않았더라도, 나는 푸코가 〈이것은 파이프가 아니다〉에서 보여준 시각적·언어적 상호 작용에 대한 해석이, 초현실주의적 장난이 언어적·시각적 기호에 대한 규범적 주장들에 지적으로 어떻게 도전했는지

26) C. K. Ogden and I. A. Richards, *The Meaning of Meaning*, 6.

를 부각시켜 주었다고 본다.[27)]

3장에서 언급한 바와 같이, 『의미의 의미』가 내세운 목표는 저자들의 표현으로 "언어 우생학"을 성취하는 것이다. 오그던과 리처즈는 이렇게 말한다. "우리가 단어들의 마법의 숲(Enchanted Wood of Words)에 들어갈 때, 우리의 경험 법칙은 음운적 속임수, 실체적 속임수, 이중적 속임수와 같은 사악한 요정들뿐만 아니라 자극하는 존재, 구걸하는 존재, 떠도는 존재와 같은 다른 불안한 환영들을 다룰 수 있게 해 줄 것이다."(138) 저자들은 고대에서 현대까지, 원시 사회에서 문명사회까지, 동양에서 서양까지, 넓은 지리적 · 사회언어학적 풍경을 보면서 동양이 언어적 미신의 진정한 본고장이라고 결론짓는다.[28)] 그럼에도 불구하고, 그

---

27) 푸코의 아름다운 소책자 Foucault, *This Is Not a Pipe*를 보라. 또한 동일한 주제를 자기반영적 회로로 다룬 Mark Taylor, *The Moment of Complexity* (75~77)도 보라.

28) 리처즈가 중국에서 기본 영어(Basic English)를 보급하는 데 그렇게 많은 시간과 에너지를 쏟았으면서도 정작 그곳에서 자신이 보고 들은 것에 대해 깊이 이해하려는 노력은 거의 기울이지 않은 이유가 여기에 있을지도 모른다. 대표적인 사례로, 그가 베이징의 칭화대에서 토머스 하디의 『테스』를 가르칠 때의 일화가 있다. 소설의 마지막 장면, 테스가 비극적으로 처형되는 장면을 읽어 내려가던 중 학생들로부터 박수가 터져 나오는 것을 듣고, 리처즈는 크게 당황했다. 그는 이를 학생들이 이야기를 '유교적' 도덕극으로 해석해, 테스가 아버지의 뜻을 거스른 대가로 마땅히 벌을 받았다고 여겼기 때문이라고 설명했다(Russo, *I. A. Richards*, 406). 리처즈는 이 사건을 『기본 영어: 동양과 서양』 등 여러 저서에서 동서양의 문화적 감수성 차이를 설명하는 사례로 삼았지만, 그가 내린 결론은 매우 의심스럽다. 우선, 지난 1000년간 중국 전통 희곡과 소설에는 아버지의 권위에 맞서 비극적이거나 성공적인 반란을 일으키는 딸들의 이야기가 무수히 등장한다. 『모란정(牡丹亭)』과 『홍루몽(紅樓夢)』은 대표적인 예로, 이를 직접 읽지 않았더라도 중국인이라면 연극을 통해 익히 접했을 작품들이다. 더군다나 리처즈가 베이징에 머물던 1930년대에는 바진(巴金)의 감성소설 『가(家)』가 전국적인 베스트셀러였으며, 이 소설은 유교적 가부장제를 가차 없이 비판하고 그 희생양이 된 여성들을 애

들의 눈에 언어적 미신은 동양의 전유물이 아니며 어디서나 발견될 수 있다. 리처즈는 『비평의 실제』에서, 케임브리지대의 학부생들이 저자와 문맥 정보를 제거한 채 읽은 개별 시를 어떻게 해석하는지를 테스트하기 위해 택했던 몇 가지 프로토콜을 설명한다. 이 작업에서 영감을 받은 신비평의 정독 관행은 언어적 유령과 해석적 일탈을 쫓아내고 정신적 방해물을 막기 위한 전 세계적인 캠페인의 일환이라 할 수 있다.

하버마스가 전후의 텔레커뮤니케이션 테크놀로지가 갖는 함의를 위의 관점에서 성찰하지 못한 이유 중 하나는 그의 커뮤니케이션 합리성 이론이 전쟁 이전의 언어 및 의미 이론가들의 규범적 입장을 공유하고 있었기 때문일 수도 있다. 그는 언어에 대한 의미론적 이해를 바탕으로 커뮤니케이션 행위의 규범적 모델을 제안하며 사회적 상호 작용에서 비합리성의 폭발에 맞서 싸우는 전투를 다시 재구성하려 했다. 그는 언어적 커뮤니케이션의 붕괴, 또는 의식과 무의식의 차원에서 나타나는 이른바 "커뮤니케이션 병리"를 방어해야 하는 같은 상황에 처했다. 하버마스가 보기에, 의식 수준에서는 고의적인 기만과 조작이, 무의식 수준에서는 "체계적으로 왜곡된 커뮤니케이션"이 나타난다.[29] 후자는 "정신분석학

도하는 내용을 담고 있다. 뿐만 아니라, 당시 중국에서는 여성운동과 반유교 캠페인이 활발하게 전개되었고, 이는 사회적으로도 상당한 개혁을 이끌어 냈다. 리처즈가 조금만 관심을 가졌다면 이런 변화를 분명히 목격할 수 있었을 것이다. 만약 그가 칭화대의 여학생들과 대화를 나누어 보았다면, 많은 학생이 이미 입센의 『인형의 집』을 읽었거나 공연한 경험이 있었다는 것을 알았을 것이다. 그랬다면 그는 문화적 차이에 대한 지나치게 일반화된 결론을 내리지 않았을 것이다. 당시 학생들이 왜 박수를 쳤는지 확실한 이유는 알 수 없다. 충분한 증거 없이 추측할 수는 없지만, 적어도 리처즈가 제시한 유교적 사고방식 때문이라는 설명은 명백히 사실과 어긋난다. 리처즈가 중국 학생들이 자국 문학 전통에 대해 가지고 있던 지식에 관심을 두지 않은 것이, 서구 문학을 배우는 과정에서의 문화적 차이에 대한 그의 오판을 초래한 셈이다.

자가 방어 기제로 설명하는 갈등의 무의식적 억제"에 비유되며, 이는 "정신 내에, 그리고 정신 간에"(Habermas, *The Theory of Communicative Action*, 332) 커뮤니케이션 장애를 초래한다. 이렇게 제한적으로만 프로이트를 적용할 때, 커뮤니케이션과 무의식의 관계는 **왜곡된 커뮤니케이션**이라는 병리적 순간에만 의미를 가질 뿐이며 병리가 커뮤니케이션 자체의 근본적인 것으로 다루어지지 않는다. 전자는 그가 살았던 시대의 정신분석학자들과 사이버네틱스 전문가들에 의해 광범위하게 논의되고 발전된 주제였다. 앨런 리우에 따르면, "모든 형태의 비합리성은 이제 조직 내에서 강력하고 합리적인 관리의 수단으로 활용되어야 한다."[30] 이처럼 하버마스가 정보 이론과 사이버네틱스 모델의 근본적 문제에 접근하지 못한 결과, 그의 커뮤니케이션 모델은 기이하게 구식이 되어 디지털 미디어 테크놀로지의 변화가 제기하는 새로운 지적 도전과 무관한 것이 되어 버렸다.

바이첸바움은 컴퓨터 프로그램 일라이자에서 의사(DOCTOR)가 인간 대화자와의 커뮤니케이션에서 점쟁이 같은 역할을 하는 모습을 보여주었으며, 이로 인해 비합리성은 인간-기계 상호 작용에서 이미 합리성을 가로막는 그림자처럼 존재한다고 말했다. 그렇다면 초기의 텔레커뮤니케이션 순간에서도 같은 일이 일어났을까? 예를 들어, 전자기식 전신은 커뮤니케이션 합리성의 편에 서 있었을까, 아니면 비합리성과 마법의 편에 서 있었을까, 아니면 둘 다였을까? 예일칼리지가 새뮤얼 모스에게 법학박사 명예학위를 수여했을 때, 그는 자신에게 주어진 새로운 칭호

---

29) Habermas, *The Theory of Communicative Action, Volume One*, 332.

30) Alan Liu, *The Laws of Cool: Knowledge Work and the Culture of Information*, 50.

LL.D.를 "Lightning Line Doctor(번개 라인 박사)"로 해석했다.[31] 초상화가였던 모스는 전자기식 전신의 도래를 신의 계시를 전달하는 도구로 보았다. 그는 이 "천둥과 번개 '짐크랙'"을 상원 상업위원회에서 전시하며 미국 정부가 그의 프로젝트에 자금을 지원하도록 설득했다. 실제로 1844년 5월 24일 워싱턴 D.C.와 볼티모어를 연결하는 최초의 전자기식 전신 선로의 공식적인 완공을, 모스가 전송한 가장 중요한 전보 메시지 중 하나인, 고대 예언자 발람(Balaam)의 "하나님께서 무엇을 행하셨는가?(What hath God wrought?)"라는 문구로 기념했다.[32] 전신의 성공을 목격한 일부 동시대인의 경이와 예언적인 메시지들은 미래 세대를 위한 기록으로 남아 있다. "시간과 공간은 이제 파괴되었다."(Mabee, *The American Leonardo*, 207) 이런 발언들이 오늘날 진부하게 느껴진다면, 그것은 최근의 포스트모던한 시간과 공간 압축이란 말 등으로 지난 150여 년 동안 반복되었기 때문이다. 그러나 모스의 시대에는 이런 발언들이 실제로 진지한 통찰을 전달하는, 정말로 독창적인 무언가의 시작을 알리는 것이었다.

프랑크푸르트학파의 비판 이론가들과 달리, 라캉은 전자기식 메시지와 디지털 메시지 모두에 귀 기울였으며 정보 테크놀로지의 현대적 발전을 깊이 성찰했다. 그는 섀넌의 커뮤니케이션 기계나 위너의 사이버네틱스를 이성의 도구화로 가볍게 일축하지 않았다. 오히려 그의 정신분석학적 통찰은 게임 이론, 사이버네틱스, 정보 이론에서 얻을 수 있는 것들로부터 크게 풍부해졌다. 그는 사이버네틱스 학자들이 우리의 작은 "문자

---

31) Carleton Mabee, *The American Leonardo: A Life of Samuel F. B. Morse*, 294.
32) 이 문구는 애니 엘스워스라는 젊은 여성이 선택했다. Mabee, *The American Leonardo*, 275.

들"과 중요한 게임을 하고 있다는 것을 알게 되었으며, 그 결과 우리는 무의식과 상징계에 대해 심각하게 고민해야 한다는 점을 알게 되었다. 라캉의 지적 노력은 컴퓨터 프로그래밍 기술이 내가 독자들에게 전달하려는 것을 비전문가가 배우기 위해 터득해야 할 전제 조건이 아님을 상기시켜 준다. 오히려 그런 지식의 전제 조건은 다른 곳에 있는데, 그것은 우리가 세상의 것들이 주는 독창성에 마음을 열 수 있는가 하는 것이다.

현대 커뮤니케이션 기계의 이산적인 문자숫자 기호에 대해 몇 가지 기본적인 것을 배우기 전까지는 무의식의 테크네는 눈에 띄지 않고 가려져 있을 것이다. 이 지점이 바로 디지털 테크놀로지에 의한 무의식의 프레이밍이라는, 이데올로기의 마지막 저항이 드러나는 곳일 수 있다. 나는 현대에서 무의식의 테크네가 단어 연상 게임과 기억에 관한 선구적인 심리물리학적 · 정신분석학적 실험에서 어떻게 등장했는지, 그리고 유럽과 미국의 최고조 모더니즘 문학 및 예술 실험을 통해 어떻게 발전했는지를 보여 주었다. 전쟁 직후 그것은 인쇄 영어의 통계적 확률에 대한 클로드 섀넌의 계산에서 예상치 않게 재등장했다. 섀넌, 튜링 등과 같은 이들의 작업을 통해 27번째 문자와 공백 처리 메커니즘이 발명되었고, 인쇄 영어는 디지털 혁명 속에서 그 존재론을 성취했다. 알파벳 글쓰기 테크놀로지의 최근 발전—특히 전후의 신경망과 정신 기계에 관한 연구—은 무의식의 테크네를 사이버네틱 과정으로 재구성할 수 있게 해 주었다.

지금까지의 논의는 결말이란 의미에서 어떤 식의 이데올로기 비판으로 결론을 이끄는 것처럼 보인다. 그러나 결말이 가능하거나 필요한가? 이데올로기 문제에 대한 적절한 결말을 짓기 전에, 어떻게 디지털 미디어를 우리 시대의 사회적 또는 비판적 이론에 효과적이고 철저하게 통합할 것인지를 먼저 고민해야 한다. 의식과 인간중심주의라는 전통적인 철학적 문제들에 계속 매달리기보다 우리의 비판적 노력은 글쓰기와 무의식의 테크네에 숨겨진 책략들에 맞서야 하는데, 이는 디지털 미디어가 가능하게 해 준 인간-기계 생태계에 철저히 내재해 있다. 비판 이론의 중요한 유산 중 하나는 언어의 작업을 철학적 비판의 장으로 접근하는 지적 경각심이다. 미래의 이론가들도 글쓰기 테크놀로지에 비슷한 정도의 경각심을 가질 것인가? 비판 이론은 디지털 미디어와 관련된 사회 이론의 과제를 구상하는 데 얼마나 도움이 될 것인가? 또한 무의식을 역조작하는 것이 가능하다면, 즉 프로이트 로봇이 포스트휴먼 사회 구조의 무의식을 구현하도록 허용한다면, 그 가능성은 어느 정도인가? 나는 이런 질문들을 전면에 내세워 공개적으로 토론을 벌이는 것이 디지털 미디어에서 무의식의 테크네에 대처하는 첫걸음이 될 것이라고 생각한다.

인쇄 영어로, 그리고 디지털 혁명 속에서 글쓰기 장면에 등장한 이산 기호로, 이제 음성 알파벳의 표의문자적 움직임은 한 바퀴를 돌았다고 할 수 있다. 이 움직임은 우리가 언어, 글쓰기, 미래의 프로이트 로봇을 어떻게 생각할지와 관련해 큰 차이를 만들어 왔다.

참고문헌

Abelson, Robert P. "The Structure of Belief Systems." In *Computer Models of Thought and Language,* edited by Roger C. Schank and Kenneth Mark Colby, 287~339. San Francisco: W. H. Freeman, 1973.

Abelson, Robert P., and Carol M. Raich. "Implicational Molecules: A Method for Extracting Meaning from Input Sentences." *International Joint Conference on Artificial Intelligence* (1969): 641~647.

Andrews, S. "Lexical Retrieval and Selection Processes: Effects of Transposed-Letter Confusability." *Journal of Memory and Language* 35, no. 6 (1996): 775~800.

Armand, Louis. *Technē James Joyce, Hypertext & Technology.* Prague: Univerzita Karlova v Praze, 2003.

Aubin, David. "The Withering Immortality of Nicolas Bourbaki: A Cultural Connection at the Confluence of Mathematics, Structuralism, and the Oulipo in France." *Science in Context* 10, no. 2 (1997): 297~342.

Barnett, Lincoln. "Basic English: A Globalanguage." *Life*, October 18, 1943, 57~64.

Barthes, Roland. *Elements of Semiology.* Translated by Annette Lavers and Colin Smith. New York: Hill and Wang, 1968.

Beadle, George Wells, and Muriel Beadle. *The Language of Life: An Introduction to the Science of Genetics.* Garden City, N.Y.: Doubleday, 1966.

Beckett, Samuel. "Dante...Bruno. Vico.. Joyce." In *Our Exagmination Round His Factification for Incamination of Work in Progress*, edited by Samuel Beckett, 16~17. London: Faber and Faber, 1929.

Benjamin, Walter. "Painting and the Graphic Arts." In *The Work of Art in the Age of Its Technical Reproducibility and Other Writings on Media,* edited by Michael W. Jennings, Brigid Doherty, and Thomas Y. Levin, 219~220. Translated by Edmund Jephcott, Rodney Livingstone, Howard Eiland, et al. Cambridge, Mass.: Harvard University Press, 2008.

Benveniste, Emile. "Le Jeu comme structure." *Deucalion*, no. 2 (1947): 161~167.

Bernal, J. D. *Science in History*. 4 vols. London: C. A. Watts, 1969.

Bernfeld, Siegfried, and Sergei Feitelberg. "The Principle of Entropy and the Death Instinct." *International Journal of Psycho-Analysis* 12 (1931): 61~81.

Bleuler, Eugen. "Consciousness and Association." In *Studies in Word-Association: Experiments in the Diagnosis of Psychopathological Conditions Carried Out at the Psychiatric Clinic of the University of Zurich*, edited by C. G. Jung, 266~296. London: Routledge & Kegan Paul, 1918.

Bloom, Harold. *Agon: Towards a Theory of Revisionism*. New York: Oxford University Press, 1982.

Boden, Margaret A. *Artificial Intelligence and Natural Man*. New York: Basic Books, 1977.

______. *Mind as Machine: A History of Cognitive Science*. 2 vols. Oxford: Clarendon Press, 2006.

Boltz, William G. *The Origin and Early Development of the Chinese Writing System*. New Haven: American Oriental Society, 1994.

Bonnet, C. "Les Scribes phoenico-puniques." In *Phoinikeia Grammata*, edited by Claude Baurain, Corinne Bonnet, and V. Krings, 147~171. Namur: Société des Etudes classiques, 1991.

Bono, James J. "Science, Discourse, and Literature: The Role/Rule of Metaphor in Science." In *Literature and Science: Theory & Practice*, edited by Stuart Peterfreund, 59~90. Boston: Northeastern University Press, 1990.

Boodberg, Peter. "'Ideography' or Iconolatry?" *T'oung Pao* 35, no. 1-5 (1939): 266~288.

Borel, Émile. *Leçons sur la théorie des fonctions*. 3rd ed. Paris: Gauthier-Villars, 1928.

Boswell, James. *Life of Johnson.* Edited by G. B. Hill and L. F. Powell. 6 vols. Oxford: Oxford University Press, 1934.

Brooks, Rodney A. *Flesh and Machines: How Robots Will Change Us.* New York: Vintage Books, 2003.

Brown, Bill. "Reification, Reanimation, and the American Uncanny." *Critical Inquiry* 32, no. 2 (2006): 175~207.

Caillois, Roger. *Les jeux et les hommes.* Paris: Gallimard, 1958.

______. *Man, Play, and Games.* Translated by Meyer Barash. New York: Free Press of Glencoe, 1961.

Carson, Cathryn. "Science as Instrumental Reason: Heidegger, Habermas, Heisenberg." *Continental Philosophy Review*, Dec. 5, 2009. http://www.springerlink.com/content/e5772880g7750031/

Cavell, Stanley. "The Uncanniness of the Ordinary." In *In Quest of the Ordinary: Lines of Skepticism and Romanticism*, 153~178. Chicago: University of Chicago Press, 1988.

Chao, Yuen Ren. "Dimensions of Fidelity in Translation With Special Reference to Chinese." *Harvard Journal of Asiatic Studies* 29 (1969): 109~130.

______. *Mandarin Primer.* Cambridge, Mass.: Harvard University Press, 1948.

______. "Meaning in Language and How It Is Acquired." In *Cybernetics, Circular Causal and Feedback Mechanisms in Biological and Social Systems: Transactions of the Tenth Conference*, edited by Heinz von Foerster. New York: Josiah Macy, Jr. Foundation, 1953.

Chargaff, Erwin. *Essays on Nucleic Acids.* New York: Elsevier, 1963. Chavannes, Édouard, trans. *Cinq cents contes et apologues: extraits du Tripitaka Chinois.* 4 vols. Paris: Ernest Leroux, 1911.

Chen, Jiujin, and Zhang Jingguo. "Hanshan Chutu Yupian Tuxing Shikao" (a preliminary analysis of the iconography in the jade fragments from the excavation site in Hanshan). *Wenwu*, no. 4 (1989): 14~17.

Cherry, Colin. *On Human Communication: A Review, a Survey, and a Criticism.* Cambridge, Mass.: MIT Press, 1957.

Cherry, Colin, Morris Halle, and Roman Jakobson. "Toward the Logical Description of Languages in Their Phonemic Aspect." *Language* 29, no. 1 (1953): 34~46.

Chomsky, Noam. *Syntatic Structures*. The Hague: Mouton, 1957. Cixous, Hélène. "Fiction and Its Phantoms: A Reading of Freud's '*Das Unheimliche*' (the 'Uncanny')." *New Literary History* 7, no. 3 (1976): 525~548.

Clarke, Arthur C. *2001: A Space Odyssey*. New York: New American Library, 1968.

______. *Voice Across the Sea*. New York: Harper & Row, 1959.

Clarke, Bruce. "From Thermodynamics to Virtuality." In *From Energy to Information: Representation in Science and Technology, Art, and Literature*, edited by Bruce Clarke and Linda Dalrymple Henderson, 17~33. Stanford: Stanford University Press, 2002.

Colasse, Bernard, and Francis Pavé. "La Mathématique et le social: entretien avec Georges Th. Guilbaud." *Gérer et Comprendre* no. 67 (2002): 67~74.

Colby, K. M. *Artificial Paranoia: A Computer Simulation of Paranoid Processes*. New York: Pergamon Press, 1975.

______. "Simulations of Belief Systems." In *Computer Models of Thought and Language*, edited by Roger C. Schank and Kenneth Mark Colby, 252~286. San Francisco: W. H. Freeman, 1973.

Colby, K. M, J. B. Watt, and J. P. Gilbert. "A Computer Method of Psychotherapy: Preliminary Communication." *Journal of Nervous and Mental Disease* 142, no. 2 (1966): 148~152.

Colby, K. M., Sylvia Weber, and Franklin Dennis Hilf. "Artificial Paranoia." *Artificial Intelligence* 2, no. 1 (Spring 1971): 1~25.

Conway, Flo, and Jim Siegelman. *Dark Hero of the Information Age: In Search of Norbert Wiener, the Father of Cybernetics*. New York: Basic Books, 2005.

Coulmas, Florian. *Writing Systems: An Introduction to Their Linguistic Analysis*. Cambridge: Cambridge University Press, 2003.

______. *The Writing Systems of the World*. Oxford: Blackwell, 1989. Crick, Francis. *What Mad Pursuit: A Personal View of Scientific Discovery*. New York: Basic Books, 1988.

Crick, Francis H. C., J. S. Griffith, and L. E. Orgel. "Codes Without Commas." *PNAS* 43 (1957): 413~421.

Daniels, Peter T., and William Bright. *The World's Writing Systems*. Oxford: Oxford University Press, 1996.

DeFrancis, John. *Visible Speech: The Diverse Oneness of Writing Systems*. Honolulu: University of Hawaii Press, 1989.

Deleuze, Gilles. *Cinema 2: The Time-Image*. Translated by H. Tomlinson and B. Habberjam. Minneapolis: University of Minnesota Press, 1989.

______. *Difference and Repetition*. Translated by Paul Patton. New York: Columbia University Press, 1994.

______. *The Logic of Sense*. Translated by Mark Lester with Charles Stivale. London: Athlone Press, 1990.

Deleuze, Gilles, and Félix Guattari. *Anti-Oedipus: Capitalism and Schizophrenia*. Volume 1. Trans. Robert Hurley, Mark Seem and Helen R. Lane. Minneapolis: University of Minnesota Press, 1983.

______. *A Thousand Plateaus: Capitalism and Schizophrenia*. Volume 2. Trans. Brian Massumi. Minneapolis: University of Minnesota Press, 1987.

Dennett, Daniel C. *Consciousness Explained*. Boston: Little, Brown and Co., 1991.

______. *Kinds of Minds: Toward an Understanding of Consciousness*. New York: Basic Books, 1996.

Derrida, Jacques. *Dissemination*. Translated by Barbara Johnson. Chicago: University of Chicago Press, 1981.

______. *Glas*. Translated by John R. Leavey Jr. and Richard Rand. Lincoln: University of Nebraska Press, 1986.

______. *Margins of Philosophy*. Translated by Alan Bass. Chicago: University of Chicago Press, 1982.

______. *Of Grammatology*. Translated by Gayatri Chakravorty Spivak. Baltimore: Johns Hopkins University Press, 1976.

______. "Plato's Pharmacy." In *Dissemination*, 61~155. Chicago: University of Chicago Press, 1981.

______. *The Post Card: From Socrates to Freud and Beyond*. Translated by Alan Bass. Chicago: University of Chicago Press, 1987.

______. "The Purveyor of Truth." In *The Purloined Poe: Lacan, Derrida, and Psychoanalytic Reading*, edited by John P. Muller and William J.

Richardson, 173~212. Baltimore: Johns Hopkins University Press, 1988.

______. "Two Words for Joyce." In *Post-Structuralist Joyce: Essays from the French*, edited by Derek Attridge and Daniel Ferrer, 145~159. Cambridge: Cambridge University Press, 1984.

______. "Ulysses Gramophone: Hear Say Yes in Joyce." In *Acts of Literature*, 253~309. New York: Routledge, 1992.

Dimand, Mary Ann, and Robert W. Dimand. *The Foundations of Game Theory*. Vol. 3. Cheltenham, UK: Edward Elgar, 1997.

Dosse, François. *History of Structuralism*. 2 vols. Translated by Deborah Glassman. Minneapolis: University of Minnesota Press, 1997.

Doyle, Richard. *On Beyond Living: Rhetorical Transformations of the Life Sciences*. Stanford: Stanford University Press, 1997.

______. *Wetwares: Experiments in Postvital Living*. Minneapolis: University of Minnesota Press, 2003.

Dubarle, D. "Idées scientifiques actuelles et domination des faits humains." *Esprit* 18, no. 9 (1950): 296~317.

Dumit, Joseph. "Neuroexistentialism." In *Sensorium: Embodied Experience, Technology, and Contemporary Art*, edited by Caroline A. Jones, 182~189. Cambridge, Mass.: MIT Press, 2006.

Dupuy, Jean-Pierre. *The Mechanization of the Mind: On the Origins of Cognitive Science*. Translated by M. B. DeBevoise. Princeton: Princeton University Press, 2000.

Eakin, Emily. "Writing as a Block for Asians." *New York Times*, May 3, 2003.

Edwards, Paul N. *The Closed World: Computers and the Politics of Discourse in Cold War America*. Cambridge, Mass.: MIT Press, 1996.

Ellmann, Richard. *James Joyce*. New and rev. ed. New York: Oxford University Press, 1982.

Enright, Michael J. "The Japanese Facsimile Industry in 1990." *Harvard Business School Cases* (May 1991): 1~21.

Fagen, M. D., ed. *A History of Engineering and Science in the Bell System*. Murray Hill, N.J.: Bell Telephone Laboratories, 1978.

Feigenbaum, Edward A. "The Simulation of Verbal Learning Behavior." In Edward A. Feigenbaum and Julian Feldman, eds., *Computers and*

Thought, 297~309. New York: McGraw-Hill, 1963.

Feigenbaum, Edward A., and Julian Feldman, eds. *Computers and Thought.* New York: McGraw-Hill, 1963.

Felman, Shoshana, ed. *Literature and Psychoanalysis: The Question of Reading, Otherwise.* Baltimore: Johns Hopkins University Press, 1982.

Fink, Bruce. *Lacan to the Letter: Reading Écrits Closely.* Minneapolis: University of Minnesota Press, 2004.

______. "The Nature of Unconscious Thought, or Why No One Ever Reads Lacan's Postface to the 'Seminar on "The Purloined Letter."'" In *Reading Seminars I and II: Lacan's Return to Freud*, edited by Richard Feldstein, Bruce Fink, and Maire Jaanus, 173~191. Albany: SUNY Press, 1996.

Fisher, Simon E., C. S. Lai, and A. P. Monaco. "Deciphering the Genetic Basis of Speech and Language Disorders." *Annual Review of Neuroscience* 26 (2003): 57~80.

Forrester, John. *The Seductions of Psychoanalysis: Freud, Lacan, and Derrida.* Cambridge: Cambridge University Press, 1990.

Foucault, Michel. *Dits et Écrits, 1954-1988.* Vol. 1 (1954~1975). Paris: Gallimard, 1994.

______. *"Society Must be Defended": Lectures at the College de France 1975-1976.* Translated by David Macey. New York: Picador, 2003.

______. *This Is Not a Pipe.* Translated and edited by James Harkness. Berkeley: University of California Press, 1983. Freud, Sigmund. *Beyond the Pleasure Principle.* In *The Standard Edition of the Complete Psychological Works of Sigmund Freud*, vol. 18, 7~64.

______. *Civilization and Its Discontents.* In *The Standard Edition of the Complete Psychological Works of Sigmund Freud*, vol. 21, 57~146.

______. *The Interpretation of Dreams.* In *The Standard Edition of the Complete Psychological Works of Sigmund Freud*, vol. 4 (1900), ix~627.

______. *Jokes and Their Relation to the Unconscious. In The Standard Edition of the Complete Psychological Works of Sigmund Freud*, vol. 8, 1~247.

______. "Psycho-Analysis and the Establishment of the Facts in Legal Proceedings." In *The Standard Edition of the Complete Psychological*

Works of Sigmund Freud, vol. 9 (1906~1908): 97~114.

______. *The Psychopathology of Everyday Life*. In *The Standard Edition of the Complete Psychological Works of Sigmund Freud*, vol. 6, vii~296.

______. *The Standard Edition of the Complete Psychological Works of Sigmund Freud*. Translated and edited by James Strachey. 24 vols. London: Hogarth Press, 1953~1974.

______. "The 'Uncanny.'" In *The Standard Edition of the Complete Psychological Works of Sigmund Freud*, vol. 17, 219~252.

Galison, Peter. "The Ontology of the Enemy: Norbert Wiener and the Cybernetic Vision." *Critical Inquiry* 21, no. 1 (1994): 228~266.

Gallop, Jane. *Reading Lacan*. Ithaca, N.Y.: Cornell University Press, 1985.

Gambarara, Daniele. "The Convention of Geneva: History of Linguistic Ideas and History of Communicative Practices." In *Historical Roots of Linguistic Theories*, edited by Lia Formigari and Daniele Gambarara, 279~294. Amsterdam: J. Benjamins, 1995.

Gamow, George, Alexander Rich, and Martynas Yčas. "The Problem of Information Transfer from the Nucleic Acids to Proteins." In *Advances in Biological and Medical Physics*, edited by John Hundale Lawrence and Cornelius A. Tobias, 23~68. New York: Academic Press, 1956.

Gamow, George. "Possible Relation between Deoxyribonucleic Acid and Protein Structures." *Nature* 173 (1954): 318.

Géfin, Laszlo. *Ideogram: History of a Poetic Method*. Austin: University of Texas Press, 1982.

Golumbia, David. *The Cultural Logic of Computation*. Cambridge, Mass.: Harvard University Press, 2009.

Graham, A. C., trans. *The Book of Lieh-tzü*. London: John Murray, 1960.

Guilbaud, Georges Théodule. *La Cybernétique*. Paris: Presses universitaires de France, 1954.

______. "Divagations cybernétiques." *Esprit* 18, no. 9 (1950): 281~295.

______. *Eléments de la théorie mathématique des jeux*. Paris: Dunod, 1968.

______. "Leçons sur les éléments principaux de la théorie mathématique des jeux." In *Stratégies et Décisions Economiques*, edited by G. Th. Guilbaud, P. Masses, and R. Henon, chaps 1-5. Paris: CNRS, 1954.

______. "La Mathématique et le social: entretien avec Georges Th. Guilbaud," Interview with Bernard Colasse and Francis Pavé. *Gérer et Comprendre* 67 (March 2002): 67~74.

______. "La Théorie des jeux: contributions critiques à la théorie de la valeur." *Economie Appliquée* 2 (1949): 275~319.

______. "The Theory of Games: Critical Contributions to the Theory of Value." In *The Foundations of Game Theory*, edited by Mary Ann Dimand and Robert W. Dimand, 348~376. Cheltenham, UK: Edward Elgar, 1997.

______. *What Is Cybernetics?*, Translated by Valerie MacKay. New York: Grove Press, 1959.

Habermas, Jürgen. *Knowledge and Human Interests*. Translated by Jeremy J. Shapiro. Boston: Beacon Press, 1971.

______. *On the Pragmatics of Communication*. Edited by Maeve Cooke. Cambridge, Mass.: MIT Press, 1998.

______. *On the Pragmatics of Social Interaction: Preliminary Studies in the Theory of Communicative Action*. Translated by Barbara Fultner. Cambridge, Mass.: MIT Press, 2002.

______. *The Theory of Communicative Action*. Translated by Thomas McCarthy. 2 vols. Boston: Beacon Press, 1984.

______. *Toward a Rational Society: Student Protest, Science, and Politics*. Boston: Beacon Press, 1970.

Hansen, Mark. "Cinema Beyond Cybernetics, or How to Frame the Digital Image." *Configurations* 10, no. 1 (2002): 51~90.

______. *Embodying Technesis: Technology Beyond Writing*. Ann Arbor: University of Michigan Press, 2000.

Haraway, Donna. *Simians, Cyborgs, and Women: The Reinvention of Nature*. New York: Routledge, 1991.

Harris, Roy. *Signs of Writing*. London and New York: Routledge, 1995.

Hayles, N. Katherine. *How We Became Posthuman: Virtual Bodies in Cybernetics, Literature, and Informatics*. Chicago: University of Chicago Press, 1999.

______. *My Mother Was a Computer: Digital Subjects and Literary Texts*. Chicago: University of Chicago Press, 2005.

Healy, Alice F. "Detection Errors on the Word *The*: Evidence for Reading Units

Larger Than Letters." *Journal of Experimental Psychology: Human Perception and Performance* 2, no. 2 (1976): 235~242.

Hegel, F., S. Krach, T. Kircher, B. Wrede, and G. Sagerer. "Theory of Mind (ToM) on Robots: A Functional Neuroimaging Study." *Proceedings of the 3rd ACM/IEEE International Conference on Human Robot Interaction.* Amsterdam, Netherlands, March 12~15 (2008): 335~342. http://portal.acm.org/citation.cfm?id=1349866.

Heidegger, Martin. The Question Concerning Technology, and Other Essays. Translated by William Lovitt. New York: Harper & Row, 1977.

Heims, Steve J. *The Cybernetics Group.* Cambridge, Mass.: MIT Press, 1991.

Heisenberg, Werner. *The Physicist's Conception of Nature.* London: Hutchinson Scientific and Technical, 1958.

Henrion, Pierre. *Jonathan Swift Confesses.* Versailles: Henrion, 1962.

Hinsley, F. H., and Alan Stripp. *Codebreakers: The Inside Story of Bletchley Park.* Oxford: Oxford University Press, 1993.

Hinton, Charles Howard. *Scientific Romances.* London: Swan Sonnenschein, 1886.

Hodges, Andrew. *Alan Turing: The Enigma.* London: Burnett Books, 1983.

Hoffmann, E. T. A. "Automata." Translated by Major Alexander Ewing. In *The Best Tales of Hoffmann*, edited by E. F. Bleiler, 71~103. New York: Dover, 1967.

______. *Der Sandmann.* Commentary by Peter Braun. Frankfurt am Main: Suhrkamp Verlag, 2003.

______. *Tales of E. T. A. Hoffmann.* Edited and translated by Leonard J. Kent and Elizabeth C. Knight. Chicago: University of Chicago Press, 1969.

Hofstadter, Douglas R. *Gödel, Escher, Bach: An Eternal Golden Braid.* New York: Basic Books, 1999.

Horkheimer, Max. *Eclipse of Reason.* New York: Oxford University Press, 1947.

Horkheimer, Max, and Theodor W. Adorno. *Dialectic of Enlightenment.* Translated by John Cumming. New York: Continuum, 1991.

Huang, Yunte. "Basic English, Chinglish, and Translocal Dialect." In *English and Ethnicity*, edited by Janina Brutt-Griffler and Catherine Evans Davies, 75~103. New York: Palgrave Macmillan, 2006.

Hyppolite, Jean. "*Le coup de dés* de Stéphane Mallarmé et le message." *Etudes philosophiques* no. 4 (1958): 463~468.

______. *Logic and Existence*. Translated by Leonard Lawlor and Amit Sen. Albany: SUNY Press, 1997.

Ifrah, Georges. *The Universal History of Numbers: From Prehistory to the Invention of the Computer*. Translated by David Bellos, E. F. Harding, Sophie Wood, and Ian Mark. New York: John Wiley and Sons, 2000.

Innis, Harold Adams. *Empire and Communications*. Toronto: University of Toronto Press, 1972.

Jacob, François. "Genetics of the Bacterial Cell." In *Nobel Lectures in Molecular Biology: 1933-1975*, 148~171. New York: Elsevier North-Holland, 1977.

______. *Leçon inaugurale au Collège de France*. Paris: Collège de France, 1965.

______. *The Logic of Life: A History of Heredity*. Translated by Betty E. Spillmann. New York: Pantheon Books, 1974.

Jakobson, Roman. *Language in Literature*. Edited by Krystyna Pomorska and Stephen Rudy. Cambridge, Mass.: Harvard University Press, 1987.

______. "Linguistics." In *Main Trends of Research in the Social and Human Sciences 1. Social Sciences*, edited by UNESCO, 437~438. The Hague: Mouton, 1970.

______. "Linguistics and Poetics." In *Language in Literature*, 62~94. Cambridge, Mass.: Harvard University Press, 1987.

______. "Two Aspects of Language and Two Types of Aphasic Disturbances." In *Language in Literature*, 95~119. Cambridge, Mass.: Harvard University Press, 1987.

Jakobson, Roman, C. Gunnar M. Fant, and Morris Halle. *Preliminaries to Speech Analysis*. Cambridge, Mass.: MIT Press, [1951] 1969.

Jakobson, Roman, and Morris Halle. *Fundamentals of Language*. The Hague: Mouton, 1956.

Jameson, Fredric. "Imaginary and Symbolic in Lacan: Marxism, Psychoanalytic Criticism, and the Problem of the Subject." In *Literature and Psychoanalysis: The Question of Reading, Otherwise*, edited by Shoshana Felman, 351~358. Baltimore: Johns Hopkins University

Press, 1982.

______. *The Political Unconscious: Narrative as a Socially Symbolic Act.* Ithaca, N.Y.: Cornell University Press, 1981.

______. *The Prison-House of Language: A Critical Account of Structuralism and Russian Formalism.* Princeton: Princeton University Press, 1972.

Jay, Martin. *Downcast Eyes: The Denigration of Vision in Twentieth-Century French Thought.* Berkeley: University of California Press, 1993.

Jentsch, Ernst. "On the Psychology of the Uncanny." Translated by Roy Sellars. *Angelaki* 2, no. 1 (1997): 7~16.

______. "Zur Psychologie des Unheimlichen." *Psychiatrisch-Neurologische Wochenschrift* 8.22 (25 Aug. 1906): 195~198 and 8.23 (1 Sept. 1906): 203~205.

Johnson, Barbara. "The Frame of Reference: Poe, Lacan, Derrida." In *The Purloined Poe: Lacan, Derrida, and Psychoanalytic Reading*, edited by John P. Muller and William J. Richardson, 213~251. Baltimore: Johns Hopkins University Press, 1988.

Johnson, John. *The Allure of Machinic Life: Cybernetics, Artificial Life, and the New AI.* Cambridge, Mass.: MIT Press, 2008.

Jolas, Eugene. "The Revolution of Language and James Joyce." In *Our Exagmination Round His Factification for Incamination of Work in Progress*, edited by Samuel Beckett, 77~92. London: Faber and Faber, 1929.

Jones, Ernest. *The Life and Work of Sigmund Freud.* 3 vols. New York: Basic Books, c. 1953~1957.

______. *Papers on Psycho-Analysis.* New York: William Wood, 1918. Joyce, James. *Finnegans Wake.* London: Faber & Faber, 1975.

______. *Ulysses.* New York: Random House, 1961.

Judson, Horace Freeland. *The Eighth Day of Creation: Makers of the Revolution in Biology.* New York: Simon and Schuster, 1979.

Jung, C. G. "The Association Method." In *Experimental Researches.* Translated by Leopold Stein in collaboration with Diana Riviere, 439~465. Rollinggen Series XX. Princeton: Princeton University Press, 1990.

______. "Experimental Observations on the Faculty of Memory." In *Experimental Researches.* Translated by Leopold Stein in collaboration with Diana Riviere, 272~287. Rollinggen Series XX. Princeton: Princeton University Press, 1990.

______. *Experimental Researches.* Translated by Leopold Stein in collaboration with Diana Riviere. Rollinggen Series XX. Princeton: Princeton University Press, 1990.

______. "New Aspects of Criminal Psychology." In *Experimental Researches.* Translated by Leopold Stein in collaboration with Diana Riviere, 586~596. Rollinggen Series XX. Princeton: Princeton University Press, 1990.

______. "On Psychophysical Relations of the Association Experiment." In *Experimental Researches.* Translated by Leopold Stein in collaboration with Diana Riviere, 483~491. Rollinggen Series XX. Princeton: Princeton University Press, 1990.

______. "Psychoanalysis and Association Experiments." In *Experimental Researches.* Translated by Leopold Stein in collaboration with Diana Riviere, 288~317. Rollinggen Series XX. Princeton: Princeton University Press, 1990.

______. "The Reaction-Time Ratio in the Association Experiment." In *Experimental Researches.* Translated by Leopold Stein in collaboration with Diana Riviere, 221~271. Rollinggen Series XX. Princeton: Princeton University Press, 1990.

______, ed. *Studies in Word-Association: Experiments in the Diagnosis of Psychopathological Conditions Carried Out at the Psychiatric Clinic of the University of Zurich.* London: Routledge & Kegan Paul, 1918.

Kapp, Reginald O. "Comments on Bernfeld and Feitelberg's 'The Principle of Entropy and the Death Instinct.'" *International Journal of Psycho-Analysis,* 12 (1931): 82~86.

Kay, Lily E. *Who Wrote the Book of Life?: A History of the Genetic Code.* Stanford: Stanford University Press, 2000.

Keightley, David N. "The Origin of Writing in China: Scripts and Cultural Contexts." In *The Origins of Writing,* edited by Wayne M. Senner. Lincoln: University of Nebraska Press, 1989.

Kittler, Friedrich A. *Discourse Networks 1800/1900.* Translated by Michael Metteer and Chris Cullens. Stanford: Stanford University Press, 1990.

______. *Gramophone, Film, Typewriter.* Translated by Geoffrey

Winthrop-Young and Michael Wutz. Stanford: Stanford University Press, 1999.

______. *Literature, Media, Information Systems.* Edited and introduced by John Johnson. Amsterdam: G+B Arts International, 1997.

______. "There Is No Software." *Stanford Literature Review* 9, no. 1 (1992): 81~90.

Koeneke, Rodney. *Empires of the Mind: I. A. Richards and Basic English in China, 1929-1979.* Stanford: Stanford University Press, 2004.

Kuhn, H. W. "Extensive Games." *Proceedings of the National Academy of Sciences of the United States of America* 36 (1950): 570~576.

______. Introduction to John von Neumann and Oskar Morgenstern, *Theory of Games and Economic Behavior.* Commemorative edition, with an introduction by Harold Kuhn and an afterword by Ariel Rubinstein. Princeton: Princeton University Press, 2004.

Kurzweil, Ray. *The Singularity Is Near.* New York: Viking, 2005.

Lacan, Jacques. "Aggressiveness in Psychoanalysis." In *Écrits: Thc First Complete Edition in English*, 82~101. New York: W. W. Norton, 2006.

______. "The Circuit." In *The Seminar of Jacques Lacan. Book 2, the Ego in Freud's Theory and in the Technique of Psychoanalysis, 1954-1955*, edited by Jacques-Alain Miller and John Forrester, 77~90. New York and London: W. W. Norton, 1988.

______. "Conference et entretien dans des universities nord-americaines: Yale University, Kanzer Seminar." *Scilicet*, nos. 6/7 (1976): 7~31. English translation by Jack W. Stone at http://web.missouri.edu/~stonej/Kanzer_seminar.pdf.

______. "L'Écrit et la parole" (Writing and speech). In *Le Séminaire Livre XVIII: D'un Discours qui ne serait pas du semblant*, edited by Jacques-Alain Miller, 77~94. Paris: Seuil, 2007.

______. *Écrits: The First Complete Edition in English.* Translated by Bruce Fink in collaboration with Héloïse Fink and Russell Grigg. New York: W. W. Norton, 2002.

______. "Freud, Hegel, and the Machine." In *The Seminar of Jacques Lacan. Book 2, the Ego in Freud's Theory and in the Technique of Psychoanalysis, 1954-1955*, edited by Jacques-Alain Miller and John Forrester, 64~76. New York and London: W. W. Norton, 1988.

______. "Homeostasis and Insistence." In *The Seminar of Jacques Lacan. Book 2, the Ego in Freud's Theory and in the Technique of Psychoanalysis, 1954-1955*, edited by Jacques-Alain Miller and John Forrester, 53~63. New York and London: W. W. Norton, 1988.

______. "Joyce le Symptôme." In *Le Sinthome: Le seminaire de Jacques Lacan, XXIII, 1975-1976*, 161~169. Paris: Seuil, 2005.

______. "La lettre volée." In *Le Moi: dans la théorie de Freud et dans la technique de la psychanalyse*, 261~279. Paris: Seuil, 1978.

______. "Logical Time and the Assertion of Anticipated Certainty." In *Écrits: The First Complete Edition in English*, 161~175. New York: W. W. Norton, 2006.

______. *Le Moi: dans la théorie de Freud et dans la technique de la psychanalyse*. Paris: Seuil, 1978.

______. "Odd or Even? Beyond Intersubjectivity." In *The Seminar of Jacques Lacan. Book 2, the Ego in Freud's Theory and in the Technique of Psychoanalysis, 1954-1955*, edited by Jacques-Alain Miller and John Forrester, 175~190. New York and London: W. W. Norton, 1988.

______. "Of Structure as an Inmixing of an Otherness Prerequisite to Any Subject Whatsoever." In *The Structuralist Controversy: The Languages of Criticism and the Sciences of Man*, edited by Richard Macksey and Eugenio Donato, 186~200. Baltimore: Johns Hopkins Press, 1970.

______. "Psychoanalysis and Cybernetics, or on the Nature of Language." In *The Seminar of Jacques Lacan. Book 2, the Ego in Freud's Theory and in the Technique of Psychoanalysis, 1954-1955*, edited by Jacques-Alain Miller and John Forrester, 294~308. New York and London: W. W. Norton, 1988.

______. "The Purloined Letter." In *The Seminar of Jacques Lacan. Book 2, the Ego in Freud's Theory and in the Technique of Psychoanalysis, 1954-1955*, edited by Jacques-Alain Miller and John Forrester, 191~205. New York and London: W. W. Norton, 1988.

______. *Le Séminaire Livre XVIII: d'un Discours qui ne serait pas du semblant*. Edited by Jacques-Alain Miller. Paris: Seuil, 2007.

______. *The Seminar of Jacques Lacan. Book 2, the Ego in Freud's Theory and in the Technique of Psychoanalysis, 1954-1955*. Translated by Sylvana Tomaselli. Edited by Jacques-Alain Miller and John Forrester. New

York: W. W. Norton, 1988.

______. "Seminar on the 'Purloined Letter.'" In *Écrits: The First Complete Edition in English*, 7~48. New York: W. W. Norton, 2006.

______. *Le Sinthome: Le seminaire de Jacques Lacan, XXIII, 1975-1976*. Paris, 2005.

______. "Some Questions for the Teacher." In *The Seminar of Jacques Lacan. Book 2, the Ego in Freud's Theory and in the Technique of Psychoanalysis, 1954-1955*, 206~220. New York and London: W. W. Norton, 1988.

______. "Where Is Speech? Where Is Language?" In *The Seminar of Jacques Lacan. Book 2, the Ego in Freud's Theory and in the Technique of Psychoanalysis, 1954-1955*, edited by Jacques-Alain Miller and John Forrester, 277~293. New York and London: W. W. Norton, 1988.

Lach, Donald F. "Leibniz and China." *Journal of the History of Ideas* 6, no. 4 (1945): 436~455.

Lacoue-Labarthe, Philippe, and Jean-Luc Nancy. *The Title of the Letter: A Reading of Lacan*. Translated by Francois Raffoul and David Pettigrew. Albany: SUNY, 1992.

Lafontaine, Céline. *L'empire cybernétique: Des machines penser la pensée machine*. Paris: Seuil, 2004.

Lakoff, George, and Rafael E. Nunez. *Where Mathematics Comes From: How the Embodied Mind Brings Mathematics into Being*. New York: Basic Books, 2000.

Leroi-Gourhan, André. *Gesture and Speech*. Cambridge, Mass.: MIT Press, 1993.

Lévi-Strauss, Claude. *Structural Anthropology*. Translated from the French by Claire Jacobson and Brooke Grundfest Schoepf. 2 vols. New York: Basic Books, 1963.

Lewis, Mark Edward. *Writing and Authority in Early China*. Albany: SUNY, 1999.

Li, Xueqin, G. Harbottle, J. Zhang, and C. Wang. "The Earliest Writing? Sign Use in the Seventh Millennium BC at Jiahu, Henan Province, China." *Antiquity* 77, no. 295 (2003): 31~44.

Link, David. "Chains to the West: Markov's Theory of Connected Events and Its

Transmission to Western Europe." *Science in Context* 19, no. 4 (2006): 561~590.

______. "Classical Text in Translation: An Example of Statistical Investigation of the Text *Eugene Onegin* Concerning the Connection of Samples in Chains." *Science in Context* 19, no. 4 (2006): 591~600.

______. "Traces of the Mouth: Andrei Andreyevich Markov's Mathematization of Writing." *History of Science* 44, no. 145 (2006): 321~348.

Liu, Alan. *The Laws of Cool: Knowledge Work and the Culture of Information.* Chicago: University of Chicago Press, 2004.

Liu, Lydia H. *The Clash of Empires: The Invention of China in Modern World Making.* Cambridge, Mass.: Harvard University Press, 2004.

______, ed. *Tokens of Exchange: The Problem of Translation in Global Circulations.* Durham, N.C.: Duke University Press, 1999.

Livingston, Ira. *Between Science and Literature: An Introduction to Autopoetics.* Urbana: University of Illinois Press, 2006.

Lotringer, Sylvere, and Sande Cohen. "Introduction: A Few Theses on French Theory in America." In *French Theory in America*, edited by Sylvere Lotringer and Sande Cohen, 1~9. New York: Routledge, 2001.

Luhmann, Niklas. *Social Systems.* Translated by John Bednarz, Jr., with Dirk Baecker. Stanford: Stanford University Press, 1995.

Lyotard, Jean-François. *The Postmodern Condition: A Report on Knowledge.* Translated by Geoff Bennington and Brian Massumi. Minneapolis: University of Minnesota Press, 1984.

Mabee, Carleton. *The American Leonardo: A Life of Samuel F. B. Morse.* New York: A. A. Knopf, 1943.

MacDorman, Karl F. "Androids as an Experimental Apparatus: Why Is There an Uncanny Valley and Can We Exploit It?" with MacDorman and Takashi Minato collaborating on the Mori translation in appendix B. Cognitive Science Society Workshop on Toward Social Mechanisms of Android Science, 2005. http://www.androidscience.com/proceedings2005/MacDormanCogSci2005AS.pdf.

MacDorman, K. F., and H. Ishiguro. "The Uncanny Advantage of Using Androids in Cognitive and Social Science Research." *Interaction Studies* 7, no. 3 (2006): 297~337.

MacKay, Donald M. *Information, Mechanism, and Meaning*. Cambridge, Mass.: MIT Press, 1969.

Macksey, Richard, and Eugenio Donato, eds. *The Structuralist Controversy: The Languages of Criticism and the Sciences of Man*. Baltimore: Johns Hopkins University Press, 1970.

Mallarmé, Stéphane. *Collected Poems*. Translated by Henry Weinfield. Berkeley: University of California Press, 1994.

Manovich, Lev. *The Language of New Media*. Cambridge, Mass.: MIT Press, 2001.

Marcus, G. F., and S. E. Fisher. "FOXP2 in Focus: What Can Genes Tell Us About Speech and Language?" *Trends in Cognitive Sciences* 7, no. 6 (2003): 257~262.

Marcuse, Herbert. "Aggressiveness in Advanced Industrial Society." In *Negations: Essays in Critical Theory*, 248~268. Translated by Jeremy J. Shapiro. Boston: Beacon Press, 1968.

______. *Eros and Civilization: An Inquiry into Freud*. Boston: Beacon Press, 1974.

Marion, Denis. *La Méthode intellectuelle d'Edgar Poe*. Paris: Les éditions de minuit, 1952.

Markov, A. A. "An Example of Statistical Investigation of the Text *Eugene Onegin* Concerning the Connection of Samples in Chains." *Science in Context* 19, no. 4 (2006): 591~600.

Masani, Pesi Rustom. *Norbert Wiener, 1894-1964*. Basel: Birkhäuser Verlag, 1990.

Maturana, Humberto R., and Francisco J. Varela. *Autopoiesis and Cognition: The Realization of the Living*. Dordrecht, Netherlands: D. Reidel Publishing Company, 1980.

Mayall, Kate, Glyn W. Humphreys, and Andrew Olson. "Disruption to Word or Letter Processing? The Origins of Case-Mixing Effects." *Journal of Experimental Psychology: Learning, Memory, and Cognition* 23, no. 5 (1997): 1275~1286.

McCulloch, Warren S. *Embodiments of Mind*. Cambridge, Mass.: MIT Press, 1965.

McCulloch, Warren S., and W. Pitts. "A Logical Calculus of the Ideas Immanent in Nervous Activity." *Bulletin of Mathematical Biology* 5 (1943): 99~115.

McCusker, L. X., P. B. Gough, and R. G. Bias. "Word Recognition Inside Out and Outside In." *Journal of Experimental Psychology: Human Perception and Performance* 7, no. 3 (1981): 538~551.

McLuhan, Marshall. "Cybernation and Culture." In *The Social Impact of Cybernetics*, edited by Charles Richard Dechert, 95~108. Notre Dame: University of Notre Dame Press, 1966.

______. *The Gutenberg Galaxy: The Making of Typographic Man*. Toronto: University of Toronto Press, 1965.

______. *Understanding Media: The Extensions of Man*. Cambridge, Mass.: MIT Press, 1994; 1964.

Meltzer, Françoise. "The Uncanny Rendered Canny: Freud's Blind Spot in Reading Hoffmann's 'Sandman.'" In *Introducing Psychoanalytic Theory*, edited by Sander L. Gilman, 218~239. New York: Brunner/Mazel, 1982.

Merleau-Ponty, Maurice. *Sense and Non-Sense*. Translated by Hubert L. Dreyfus and Patricia Allen Dreyfus. Evanston: Northwestern University Press, 1971.

Mindell, David A. *Between Human and Machine: Feedback, Control, and Computing before Cybernetics*. Baltimore: Johns Hopkins University Press, 2004.

Mindell, David, Jérôme Segal, and Slava Gerovitch. "From Communications Engineering to Communications Science: Cybernetics and Information Theory in the United States, France, and Soviet Union." In *Science and Ideology: A Comparative History*, edited by Mark Walker, 66~95. London: Routledge, 2003.

Minsky, Marvin. *Computation: Finite and Infinite Machines*. Englewood Cliffs, N.J.: Prentice-Hall, 1967.

______. *The Emotion Machine: Commonsense Thinking, Artificial Intelligence, and the Future of the Human Mind*. New York: Simon and Schuster, 2006.

______. "Jokes and the Logic of the Cognitive Unconscious." In *Cognitive Constraints on Communication*, edited by Lucia Vaina and Jaakko Hintikka, 175~200. Boston: Reidel, 1981.

______. "Our Robotized Future." In *Robotics*, edited by Marvin Minsky, 287~307. New York: Anchor Press, 1985.

______, ed. *Robotics.* New York: Anchor Press, 1985.

______. *The Society of Mind.* New York: Simon and Schuster, 1986.

Mitchell, W. J. T. *Iconology: Image, Text, Ideology.* Chicago: University of Chicago Press, 1986.

______. *Picture Theory: Essays on Verbal and Visual Representation.* Chicago: University of Chicago Press, 1994.

______. *What Do Pictures Want?: The Lives and Loves of Images.* Chicago: University of Chicago Press, 2005.

______. "The Work of Art in the Age of Biocybernetic Reproduction." *Modernism/ modernity* 10, no. 3 (2003): 481~500.

Mori, Masahiro. *The Buddha in the Robot: A Robot Engineer's Thoughts on Science and Religion.* Translated by Charles S. Terry. Tokyo: Kosei, 1999.

______. "Bukimi no tani" (the uncanny valley). *Energy* 7, no. 4 (1970): 33~35. English translation by Karl F. MacDorman and Takashi Minato in appendix B to MacDorman, "Androids as an Experimental Apparatus: Why Is There an Uncanny Valley and Can We Exploit It?" 9~10.

Morlock, Forbes. "Doubly Uncanny: An Introduction to 'On the Psychology of the Uncanny.'" *Angelaki* 2, no. 1 (1997): 17~21.

Muller, John P., and William J. Richardson, eds. *The Purloined Poe: Lacan, Derrida, and Psychoanalytic Reading.* Baltimore: Johns Hopkins University Press, 1988.

Nelson, Victoria. *The Secret Life of Puppets.* Cambridge, Mass.: Harvard University Press, 2001.

Nietzsche, Friedrich. *Human, All Too Human: A Book for Free Spirits.* Translated by R. J. Hollingdale. Cambridge: Cambridge University Press, 1986.

O'Connor, M. "Epigraphic Semitic Scripts." In *The World's Writing Systems*, edited by Peter T. Daniels and William Bright, 88~107. Oxford: Oxford University Press, 1996.

Ogden, Charles Kay. *Basic English: A General Introduction with Rules and Grammar.* London: Kegan Paul, Trench, Trubner, 1935.

______. *Basic English: International Second Language*. Rev. and expanded ed. New York: Harcourt, Brace & World, 1968.

______. *Debabelization: With a Survey of Contemporary Opinion on the Problem of a Universal Language*. London: Kegan Paul, 1931.

Ogden, C. K., and I. A. Richards. *The Meaning of Meaning: A Study of the Influence of Language upon Thought and of the Science of Symbolism*. 6th ed. New York: Harcourt, Brace & World, 1944.

Ong, Walter J. *Orality and Literacy: The Technologizing of the Word*. New York: Routledge, 1982.

Pelli, D. G., B. Farell, and D. C. Moore. "The Remarkable Inefficiency of Word Recognition." *Nature* 423, no. 6941 (2003): 752~756.

Penrose, L. S. "Freud's Theory of Instinct and Other Psycho-Biological Theories." *International Journal of Psycho-Analysis* 12 (1931): 87~97.

Perea, M., and S. J. Lupker. "Does *jugde* Activate court? Transposed-Letter Similarity Effects in Masked Associative Priming." *Memory & Cognition* 31, no. 6 (2003): 829~841.

______. "Transposed-Letter Confusability Effects in Masked Form Priming." In *Masked Priming: The State of the Art*, edited by Sachiko Kinoshita and Stephen Jeffrey Lupker, 97~120. New York: Psychology Press, 2003.

Piaget, Jean. "The Affective Unconscious and the Cognitive Unconscious." *Journal of the American Psychoanalytic Association* 21 (1973): 249~261.

Pierce, John Robinson. *Science, Art, and Communication*. New York: C. N. Potter, 1968.

Pierce, John Robinson, and A. Michael Noll. *Signals: The Science of Telecommunications*. New York: Scientific American Library, 1990.

Plato. *Phaedrus*. Translated by Robin Waterfield. Oxford: Oxford University Press, 2002.

Plotnitsky, Arkady. *The Knowable and the Unknowable: Modern Science, Nonclassical Thought, and the "Two Cultures."* Ann Arbor: University of Michigan Press, 2002.

Porge, Erik. *Se compter trios: Le temps logique de Lacan* (counting the self as three: Lacan's logical time). Toulouse: Érè, 1989.

Porter, David. *Ideographia: The Chinese Cipher in Early Modern Europe*.

Stanford: Stanford University Press, 2001.

Pound, Ezra. "Debabelization and Ogden." *New English Weekly*, no. 4 (28 February 1935): 411.

______. *Machine Art and Other Writings: The Lost Thought of the Italian Years*. Edited by Maria Luisa Ardizzone. Durham, N.C.: Duke University Press, 1996.

______. *Selected Letters: 1907-1941*. Edited by D. D. Paige. London: Faber and Faber, 1950.

______. *The Spirit of Romance*. New York: New Directions Books, 1968.

______. "Vorticism." *Fortnightly Review* 96, no. 573 (September 1914): 461~471.

Poundstone, William. *Prisoner's Dilemma*. New York: Doubleday, 1992.
Problemy Peredachi Informatsii. "Claude Elwood Shannon." *Problems of Information Transmission* 37, no. 2 (2001): 87~90. Translated from the Russian journal *Problemy Peredachi Informatsii*, no. 2 (2001): 3~7.

Psalmanazar, George. *A Historical and Geographical Description of Formosa*. London, 1704.

Rabinow, Paul. *French DNA: Trouble in Purgatory*. Chicago: University of Chicago Press, 1999.

Ragland, Ellie, and Dragan Milovanovic, eds. *Lacan: Topologically Speaking*. New York: Other Press, 2004.

Raley, Rita. "Machine Translation and Global English." *Yale Journal of Criticism* 16, no. 2 (2003): 291~313.

Reed, Brian. "Hart Crane's Victrola." *Modernism/modernity* 7, no. 1 (2000): 99~125.

Reicher, G. M. "Perceptual Recognition as a Function of Meaningfulness of Stimulus Material." *Journal of Experimental Psychology* 81, no. 2 (1969): 275~280.

Rheinberger, Hans-Jörg. "The Notions of Regulation, Information, and Language in the Writings of François Jacob." *Biological Theory* 1, no. 3 (2006): 261~267.

Rice, Thomas Jackson. *Joyce, Chaos, and Complexity*. Urbana: University of Illinois Press, 1997.

Richards, I. A. *Basic in Teaching: East and West*. London: K. Paul, Trench,

Trubner, 1935.

______. "English Language Teaching Films and Their Use in Teacher Training." *English Language Teaching* 2, no. 1 (1947): 1~7.

______. "Responsibilities in the Teaching of English." In *Speculative Instruments*, 91~106. Chicago: University of Chicago Press, 1955.

______. *Speculative Instruments*. Chicago: University of Chicago Press, 1955.

______. "Toward a More Synoptic View." In *Speculative Instruments*, 113~126. Chicago: University of Chicago Press, 1955.

______. "Toward a Theory of Comprehending." In *Speculative Instruments*. Chicago: University of Chicago Press, 1955.

Richey, Jeffrey L. "I, Robot: Self as Machine in the Liezi." In *Riding the Wind with Liezi: New Perspectives on the Daoist Classic*, edited by Ronnie Littlejohn and Jeffrey Dippmann. Albany: SUNY Press, forthcoming.

Rickels, Laurence A. *Nazi Psychoanalysis*. Vol. 2: *Crypto-Fetishism*. Minneapolis: University of Minnesota Press, 2002.

Rotman, Brian. "The Technology of Mathematical Persuasion." In *Inscribing Science: Scientific Texts and the Materiality of Communication*, edited by Timothy Lenoir, 55~69. Stanford: Stanford University Press, 1998.

Roudinesco, Elisabeth. *Jacques Lacan*. Translated by Barbara Bray. New York: Columbia University Press, 1997.

______. *Jacques Lacan & Co.: A History of Psychoanalysis in France, 1925-1985*. Translated by Jeffrey Mehlman. Chicago: University of Chicago Press, 1990.

Rousseau, Jean-Jacques. *On the Origin of Language*. Translated by John H. Moran and Alexander Gode. Chicago: University of Chicago Press, 1966.

Roux, Ronan Le. "Psychanalyse et cybernétique: Les machines de Lacan." *L'Evolution Psychiatrique* 72, no. 2 (2007): 346~369.

Royle, Nicholas. *The Uncanny*. Manchester: Manchester University Press, 2003.

Russo, John Paul. *I. A. Richards: His Life and Work*. Baltimore: Johns Hopkins University Press, 1989.

Sartre, Jean-Paul. "Jean-Paul Sartre Rêpond." *L'Arc*, no. 30 (1966): 87~96.

Saul, Leon J. "Freud's Death Instinct and the Second Law of Thermodynamics." *International Journal of Psycho-Analysis* 39 (1958): 323~325.

Saussure, Ferdinand de. *Course in General Linguistics*. Translated by Wade Baskin. New York: McGraw-Hill, 1966.

______. *Ferdinand de Saussure: Troisième cours de linguistique générale (1910-1911) d'après les cahiers d'Emile Constantin*. Edited by Eisuke Komatsu and Roy Harris. Oxford: Pergamon Press, 1993.

Schank, Roger C., and Kenneth Mark Colby, eds. *Computer Models of Thought and Language*. San Francisco: W. H. Freeman, 1973.

Schmandt-Besserat, D. "The Earliest Precursors of Writing." *Scientific American* 238, no. 6 (1978): 50~59.

Schönberger, Martin Maria. *The I Ching and the Genetic Code: The Hidden Key to Life*. Translated by D. Q. Stephenson. Santa Fe, N.M.: Aurora Press, 1992.

Searchinger, Gene. *The Human Language Series*. Video in 3 parts. Equinox Films, 1995.

Sebastian, Thomas. "Technology Romanticized: Friedrich Kittler's *Discourse Networks 1800/1900*." *MLN* 105 (1990): 583~595.

Serrano, Richard. "Lacan's Oriental Language of the Unconscious." *SubStance* 26, no. 3 (1997): 90~106.

Shannon, Claude E. *Claude Elwood Shannon: Collected Papers*. Edited by Neil J. A. Sloane and Aaron D. Wyner. New York: IEEE Press, 1993.

______. "Communication Theory of Secrecy Systems." *Bell System Technical Journal* 28 (1949): 656~715.

______. "The Mathematical Theory of Communication." *Bell System Technical Journal* 27, nos. 3-4 (1948): 379~423, 623~656.

______. "A Mind-Reading Machine." In *Claude Elwood Shannon: Collected Papers*, edited by N. J. A. Sloane and A. D. Wyner, 688~690. New York: IEEE Press, 1993.

______. "Prediction and Entropy of Printed English." *Bell System Technical Journal* 30, no. 1 (1951): 50~64.

______. "A Universal Turing Machine with Two Internal States." In *Claude Elwood Shannon: Collected Papers*, edited by N. J. A. Sloane and A. D. Wyner, 733~741. New York: IEEE Press, 1993.

Shannon, Claude Elwood, and Warren Weaver. *The Mathematical Theory of Communication*. Urbana: University of Illinois Press, 1963. Originally published 1949.

Shillcock, R., T. M. Ellison, and P. Monaghan. "Eye-Fixation Behaviour, Lexical Storage and Visual Word Recognition in a Split Processing Model." *Psychological Review* 107, no. 4 (2000): 824~851.

Singh, Simon. *The Code Book: The Science of Secrecy from Ancient Egypt to Quantum Cryptography*. New York: Anchor Books, 2000.

Sohn, Pow-Key. "Early Korean Printing." *Journal of the American Oriental Society* 79, no. 2 (1959): 96~103.

______. "Printing since the 8th Century in Korea." *Koreana* 7, no. 2 (1993): 4~9.

Sokal, Alan D., and J. Bricmont. *Fashionable Nonsense: Postmodern Intellectuals' Abuse of Science*. New York: Picador, 1998.

Sproat, Richard William. *A Computational Theory of Writing Systems*. Cambridge: Cambridge University Press, 2000.

Stent, Gunther S. *The Coming of the Golden Age: A View of the End of Progress*. New York: Natural History Press, 1969.

Stewart, Garrett. *Reading Voices: Literature and the Phonotext*. Berkeley: University of California Press, 1990.

Stiegler, Bernard. *Technics and Time, 1: The Fault of Epimetheus*. Translated by Richard Beardsworth and George Collins. Stanford: Stanford University Press, 1998.

______. *Technics and Time, 2: Disorientation*. Translated by Stephen Barker. Stanford: Stanford University Press, 2009.

Swift, Jonathan. *Travels into Several Remote Nations of the World in Four Parts by Lemuel Gulliver*. Dublin, 1726.

Taylor, Mark C. *Altarity*. Chicago: University of Chicago Press, 1987.

______. *The Moment of Complexity: Emerging Network Culture*. Chicago: University of Chicago Press, 2003.

Thacker, Eugene. *Biomedia*. Minneapolis: University of Minnesota Press, 2004.

Theall, Donald F. *Beyond the Word: Reconstructing Sense in the Joyce Era of Technology, Culture, and Communication*. Toronto: University of

Toronto Press, 1995.

______. "The Hieroglyphs of Engined Egypsians: Machines, Media and Modes of Communication." In *Joyce Studies Annual 1991*, edited by Thomas F. Staley, 129~176. Austin: University of Texas Press, 1991.

Tiffany, Daniel. *Radio Corpse: Imagism and the Cryptaesthetic of Ezra Pound.* Cambridge, Mass.: Harvard University Press, 1995.

Tofts, Darren, and Murray McKeich. *Memory Trade: A Prehistory of Cyberculture.* North Ryde, New South Wales: 21C/Interface Book, 1998.

Tong, Q. S. "The Bathos of a Universalism, I. A. Richards and His Basic English." In *Tokens of Exchange: The Problem of Translation in Global Circulations*, edited by Lydia H. Liu, 331~354. Durham, N.C.: Duke University Press, 1999.

Toulmin, Stephen Edelston. *The Philosophy of Science.* London: Hutchinson, 1953. Tsien, Tsuen-Hsuin. *Paper and Printing.* In "Science and Civilization in China," edited by Joseph Needham, vol. 5 part 1. Cambridge: Cambridge University Press, 1985.

______. *Written on Bamboo and Silk: The Beginnings of Chinese Books and Inscriptions.* Chicago: University of Chicago Press, 2004.

Turing, A. M. "Computing Machinery and Intelligence." *Mind* 59, no. 236 (1950): 433~460.

______. "On Computable Numbers, with an Application to the Entscheidungsproblem." *Proceedings of London Mathematical Society Ser.* 2, no. 42 (1937): 230~265.

Uhr, Leonard, and Charles Vossler. "A Pattern-Recognition Program that Generates, Evaluates, and Adjusts Its Own Operators." In *Computers and Thought*, edited by Edward A. Feigenbaum and Julian Feldman, 251~268. New York: McGraw-Hill, 1963.

Vachek, Josef. *Written Languages Revisited.* Amsterdam: John Benjamins, 1989.

Vail, Alfred. *Description of the American Electro Magnetic Telegraph Now in Operation Between the Cities of Washington and Baltimore.* Washington, D.C., 1845.

Van de Walle, Jürgen. "Roman Jakobson, Cybernetics, and Information Theory: A Critical Assessment." *Folia Linguistica Historica* 29, no. 1

(December 2008): 87～124.

Varela, Francisco, Evan Thompson, and Eleanor Rosch. *The Embodied Mind.* Cambridge, Mass.: MIT Press, 1992.

Vendler, Helen. "I. A. Richards at Harvard." *Boston Review* (April 1981). http://www.bostonreview.net/BR06.2/vendler.html.

Vidler, Anthony. *The Architectural Uncanny: Essays in the Modern Unhomely.* Cambridge, Mass.: MIT Press, 1992.

von Foerster, Heinz, Margaret Mead, and Hans Lukas Teuber, eds. *Cybernetics: Circular Causal and Feedback Mechanisms in Biological and Social Systems: Transactions of the Eighth Conference, March 15-16, 1951, New York, N. Y.* New York: Josiah Macy, Jr. Foundation, 1952.

von Neumann, John. "The General and Logical Theory of Automata." In *The Collected Works of John von Neumann*, vol. 5, 288～326. Oxford: Pergamon Press, 1963.

von Neumann, John, and Oskar Morgenstern. *The Theory of Games and Economic Behavior.* Princeton: Princeton University Press, 1963.

Wachowski, Larry and Andy. *The Matrix: The Shooting Script.* New York: Newmarket Press, 2002.

Waismann, Friedrich. *Introduction to Mathematical Thinking: The Formation of Concepts in Modern Mathematics.* Translated by Theodore J. Bena. New York: F. Ungar, 1951.

Wallach, Wendell, and Colin Allen. *Moral Machines: Teaching Robots Right from Wrong.* Oxford: Oxford University Press, 2009.

Wark, McKenzie. *Gamer Theory.* Cambridge, Mass.: Harvard University Press, 2007.

Warrington, E. K., and T. Shallice. "Word-Form Dyslexia." *Brain: A Journal of Neurology* 103, no. 1 (1980): 99～112.

Watson, James D. *The Double Helix.* New York: New American Library, 1968.

eaver, Warren. *Alice in Many Tongues: The Translations of Alice in Wonderland.* Madison: University of Wisconsin Press, 1964.

______. "Translation." In *Machine Translation of Languages*, edited by William N. Locke and Andrew Donald Booth, 15～23. Cambridge and New York: Technology Press of the Massachusetts Institute of Technology,

1955.

Weber, Samuel. *The Legend of Freud.* Expanded ed. Stanford: Stanford University Press, 2000.

______. "Vertigo: The Question of Anxiety in Freud." In *Lacan in the German-Speaking World*, edited by Elizabeth Stewart, Maire Jaanus, and Richard Feldstein, 203~220. Albany: SUNY, 2004.

Wegener, Mai. "L'entwurf de Freud-une lettre volée." *Cairn* 12, no. 1 (2004): 175~195.

______. *Neuronen und Neurosen: Der psychische Apparat bei Freud und Lacan: Ein historisch-theoretischer Versuch zu Freuds Entwurf von 1895.* Munich: W. Fink Verlag, 2004.

Weizenbaum, Joseph. *Computer Power and Human Reason: From Judgment to Calculation.* San Francisco: W. H. Freeman, 1976.

Wiener, Norbert. *Cybernetics: or Control and Communication in the Animal and the Machine.* Cambridge, Mass.: MIT Press, 1961.

______. *The Human Use of Human Beings: Cybernetics and Society.* Boston: Houghton Mifflin, 1954.

______. *I Am a Mathematician.* Garden City, N.Y.: Doubleday, 1956.

______. "L'homme et la machine." In *Collected Works with Commentaries*, vol. 4, edited by P. Masani, 824~842. Cambridge, Mass.: MIT Press, 1985.

Wilden, Anthony. "Marcuse and the Freudian Model: Energy, Information, and Phantasie." *Salmagundi*, nos. 10/11 (1969): 196~245.

______. *System and Structure: Essays in Communication and Exchange.* London: Tavistock Publications Limited, 1972.

Winthrop-Young, Geoffrey. "Silicon Sociology, or, Two Kings on Hegel's Throne? Kittler, Luhmann, and the Posthuman Merger of German Media Theory." *Yale Journal of Criticism* 13, no. 2 (2000): 391~420.

Wittgenstein, Ludwig. *Tractatus Logico-Philosophicus.* Translated by C. K. Ogden. With an introduction by Bertrand Russell. London: K. Paul, Trench, Trubner, 1922.

Wolfe, Cary. *What Is Posthumanism?*, Minneapolis: University of Minnesota Press, 2010.

Wright, Arthur Frederick, ed. *Studies in Chinese Thought.* Chicago: University of Chicago Press, 1953. Yan, Johnson F. *DNA and the I Ching: The Tao of Life*. Berkeley: North Atlantic Books, 1991.

Yčas, M. *The Biological Code*. New York: American Elsevier, 1969.

Zhuangzi (Chuang Tzu). *The Complete Works of Chuang Tzu*. Translated by Burton Watson. New York: Columbia University Press, 1968.

Žižek, Slavoj. *The Plague of Fantasies*. London: Verso, 1997.

찾아보기

ㄹ

ㅁ

ㅇ

ㅍ

기타

저자 소개

리디아 H. 리우(Lydia H. Liu)

컬럼비아대학교 인문학 분야에서 운춘탐 석좌교수다. 그녀의 주요 연구 관심사는 현대 중국, 문화 간 교류, 현대사에서의 세계적 변화이며, 특히 단어, 이론, 유물의 국가 간 이동, 그리고 글쓰기, 텍스트성 미디어 테크놀로지 발전에 주목하고 있다.

리우 교수는 현대 중국 문학과 문화를 강의하며, 비교문학 및 사회 연구소에서 비교문학, 비판적 번역 이론, 뉴미디어 관련 대학원 과목들을 강의한다. 또한 창작 작가로서 활동 중이다. 중국어로 집필한 『네즈빗 코드』를 홍콩 옥스퍼드대학교 출판부에서 출간했으며, 이 책은 2014년 홍콩 도서상을 수상했다. 구겐하임 펠로십(1997~1998)을 수상했고 베를린 학문연구소의 펠로(2004~2005)를 역임했다. 이후 프린스턴대학교 인문학위원회 펠로(2013)로 선정되었으며 프린스턴대학교 고등연구소의 연구원(2018~2019)으로 활동했다.

주요 연구 업적은 다음과 같다.

"Wittgenstein in the Machine," *Critical Inquiry*, 47.3 (Spring 2021): 425~455.

"The Incalculable: Thoughts on the Collapse of the Biosecurity Regime," *Critical Inquiry*, 47.S2 (Winter 2021): 110~114.

"Das Digitale in der psychischen Maschine," in *Technosphäre*, edited by Katrin Klingan and Christoph Rosol, Berlin: Matthes & Seitz, 2019.

The Birth of Chinese Feminism: Essential Texts in Transnational Feminism(co-author with Rebecca Karl and Dorothy Ko, Columbia, 2013)

The Freudian Robot: Digital Media and the Future of the Unconscious(University of Chicago Press, 2010).

The Clash of Empires: The Invention of China in Modern World Making(Harvard, 2004).

Tokens of Exchange: The Problem of Translation in Global Circulations(editor, Duke, 1999).

Translingual Practice: Literature, National Culture, and Translated Modernity(Stanford, 1995).

역자 소개

이재현

서울대학교 언론정보학과 교수로 미디어 이론가이자 기술 비평가다. 연구 영역은 미디어 이론과 기술 철학, 디지털 미디어와 문화, 소프트웨어 연구, 기술 비평, 미디어 수용자 연구 등이다.

우리나라 1세대 인터넷 연구자로, 인터넷에 관한 최초의 사회과학 연구서인 『인터넷과 사이버사회』(1999)를 시작으로 역서 『인터넷 연구방법: 쟁점과 사례』(2000), 편저서 『인터넷과 온라인 게임』(2001) 등 '인터넷 3부작'을 출간하며 인터넷 연구를 시작했다.

곧이어 당시 급속히 발전하는 디지털 미디어에 주목해 『멀티미디어와 디지털 세계』(2004)와 『모바일 미디어와 모바일 사회』(2004)를 저술했는데, 이 책들은 『인터넷과 사이버사회』와 더불어 저자의 '뉴미디어 3부작'으로 불렸다. 그즈음 스티븐 홀츠먼의 『디지털 모자이크』(2002), 제이 볼터와 리처드 그루신의 『재매개: 뉴미디어의 계보학』(2006), 스티브 존스 편저 『뉴미디어 백과사전』(2005)을 번역 출간하며 외국의 디지털 미디어 이론과 연구를 국내에 소개했다.

새로운 디지털 미디어가 등장하는 상황에서 편저서인 『컨버전스와 다중 미디어 이용』(2011), 『트위터란 무엇인가: 다학제적 접근』(2012)을 출간함은 물론 소프트웨어 연구의 대표적 연구서인 레프 마노비치의 『소프트웨어가 명령한다』(2014)를 번역 출간하며 소프트웨어 연구로 관심 영역을 확장해 나갔다. 그리고 베르나르 스티글레르, 마크 핸슨과 같은 유력한 기술 철학자들을 국내에 처음 소개하기도 했다.

커뮤니케이션북스와 네이버가 공동 기획한 '네이버 지식백과'의 뉴미디어 항목 100개를 기술하고 이 항목들을 『모바일 문화를 읽는 인문사회과학의 고전적 개념들』, 『SNS의 열 가지 얼굴』, 『뉴미디어 이론』, 『디지털 문화』, 『디지털 시대의 읽기 쓰기』, 『멀티미디어』, 『모바일 미디어』, 『인터넷』, 『디제라티』 등의 책으로 나누어 2013년 출간했다.

1990년대 후반 이후 미디어 이론과 철학에서 디지털 미디어 분석, 미디어 행동 데이터 수집 및 분석, 나아가 알고리듬 개발에 이르는 연구 궤적을 그려 온 역자는 최근 다양한 철학적 조류와 기술 발전에 대한 탐색을 기반으로 『인공지능과 알고리듬 사회』(2023), 『인공 지능 기술 비평』(2019), 『공명: 미디어 기술 비평』(2019), 『사물 인터넷과 사물 철학: 초연결 사회의 기술 비평』(2020) 등의 저서를 연속 출간하며 인공지능과 사물 인터넷 등 최신 기술 지형 변화에 주목함은 물론 미디어 기술 비평이라는 새로운 영역을 개척하고 있다.

다수의 저서, 번역서, 그리고 논문이 희관언론상(저술 및 번역), 대한민국학술원 및 세종(문화체육관광부) 우수학술도서, 한국언론학회 우수논문 등에 선정되었다.